Fitmacher

für jeden Tag

Klaus Oberbeil
Norbert Treutwein

Fitmacher
für jeden Tag

Schön, fit und gesund durch Vitamine, Mineralien & Spurenelemente

Südwest

Inhalt

Aus Aminosäuren entsteht alles Leben.

Ohne Vitamine geht gar nichts.

MINERALSTOFFE – KEIMZELLEN DES LEBENS 84

Mineralien – Biostoffe aus Metall.

Spurenelemente – nur in kleinsten Mengen, aber unverzichtbar.

LEBENSWICHTIGE SPURENELEMENTE 124

INHALT

Frucht oder Pille – was ist gesünder?

Die richtige Ernährung für jeden Zweck.

Krankheiten natürlich kurieren.

Für jeden Typ das richtige Essen.

Kein Leben ohne Biostoffe

Der Mensch ist der komplizierteste Organismus, den die Natur in vier Milliarden Jahren Entwicklungsgeschichte hervorgebracht hat. Doch was ihn auszeichnet – ein wunderbar vielseitiger Bewegungsapparat und ein enorm leistungsfähiges Gehirn –, macht ihn auch anfällig: Als hochkomplexes Wesen ist er auf eine Vielzahl von Nährstoffen angewiesen, ohne die sein Körper nicht überleben könnte.

Der Lebensbaustein Eiweiß und seine Helfer

Der Mensch – Krönung der Schöpfung

Als der Mensch vor etwa zwei Millionen Jahren die Bühne der Erdgeschichte betrat, befand er sich, kulturgeschichtlich betrachtet, noch ganz am Anfang seiner Entwicklung. Naturgeschichtlich gesehen aber stand er am Ende einer Kette von Organismen, die schon drei Milliarden Jahre Zeit gehabt hatten, sich immer weiterzuentwickeln und immer komplexere Strukturen hervorzubringen.

Die frühesten Formen des Lebens auf unserem Planeten mussten sich damit begnügen, Wassermoleküle (H_2O) mit Hilfe des Sonnenlichts zu spalten und aus dem frei gewordenen Wasserstoff (H_2) mit dem in der Erdatmosphäre vorhandenen Kohlendioxid (CO_2) denkbar primitive Kohlenhydrate (CH_2O) als Energiespeicher zu bilden. Höher entwickelte Organismen nutzten den bei diesem Vorgang freigesetzten Sauerstoff (O): Die Atmung entstand, biochemische Reaktionen waren nun auch ohne direkte Sonneneinstrahlung möglich. Mit der Zeit brachten – nunmehr immer weniger primitive – Organismen immer kompliziertere Kohlenhydrate zustande. Sie produzierten Zucker, Stärke, Fette und Aminosäuren. Als durch den

Der ideale Mensch, wie ihn der italienische Renaissancekünstler Michelangelo gesehen hat (»David«, Florenz).

von den Meeresbewohnern freigesetzten Sauerstoff eine entsprechend lebensfreundliche Atmosphäre entstanden war, begannen vor ungefähr 400 Millionen Jahren die ersten Pflanzen das feste Land zu besiedeln.

Die in den Organismen gebildeten Stoffe wurden immer komplizierter – am Ende dieser Entwicklungskette standen Eiweiße, die aus einer Vielzahl von Aminosäuren zusammengesetzt sind. Und weil die Produktion dieser Eiweiße nicht gerade einfach ist, setzten sich jene Lebewesen durch, die solche Substanzen nicht ausschließlich selbst herstellten, sondern Stoffe vertilgten, die andere Organismen bereits gebildet hatten. Für den Menschen bedeutet das: Er muss nicht weniger als 50 verschiedene chemische Substanzen von außen aufnehmen, um überleben zu können.

Das Leben und die Vielfalt im Pflanzen- und Tierreich entwickelten sich auf der Erde in einem Jahrmillionen andauernden Prozess.

Am Eiweiß hängt alles

Eine der neuesten wissenschaftlichen Erkenntnisse stammt aus der Genforschung. Sie lautet: Bei allem, was in unserem Körper geschieht, ist Eiweiß vonnöten, gebildet aus insgesamt 20 verschiedenen Aminosäuren, den Eiweißbausteinen.

Aus Eiweiß, Wasser und einigen weiteren Nährstoffen stellt der menschliche Körper seine Zellen her – und das nicht nur einmal. Sie werden unablässig abgenutzt und permanent erneuert. Doch Eiweiße allein sind für den Organismus gar nichts wert: Mineralstoffe, Spurenelemente und Vitamine sind es, die Eiweiß erst lebendig und stoffwechselfähig machen. Sie sind also die eigentlichen Fitmacher im Körper.

Eiweiß biochemisch betrachtet

Alles, was auf der Erde wächst, ob Bäume, Tiere oder Menschen, baut sich aus Aminosäuren auf. Dies sind Moleküle, die ihrerseits aus Wasserstoff, Sauerstoff, Kohlenstoff und Stickstoff bestehen.

Acht dieser Eiweißbausteine sind essenziell, das bedeutet, wir müssen sie unbedingt mit der Nahrung aufnehmen. Die anderen zwölf Aminosäuren kann unser Stoffwechsel selbst herstellen. Die 20 Aminosäuren kann man sich wie bunte Perlen vorstellen, aus denen der Stoffwechsel seine Perlenketten knüpft, die Proteine. Manche Miniproteine (Peptide genannt) bestehen aus nur zwei Aminosäuren, andere wiederum aus mehreren Hundert.

Notwendige Hilfestellung

Von alleine knüpfen sich die lebensnotwendigen Proteine im Zellstoffwechsel nicht zu Eiweiß zusammen. Aminosäuren brauchen dazu Enzyme und Substanzen, die sie miteinander verbinden und funktionsfähig machen. Dies besorgen Vitamine, Mineralien und Spurenelemente.

Wann immer also diese kleinen Stoffwechselkatalysatoren auf Eiweißbausteine treffen, regt sich Leben, entsteht Vitalität. Die Fitmacher – von denen dieses Buch handelt – sind also die eigentlichen Drahtzieher. Sie sind die Stoffe, die unermüdlich, tagaus, tagein, für unsere körperliche und psychische Gesundheit wirken.

Da wird schon klar: Wir können uns noch so eiweißreich ernähren und diese Proteine bestens verwerten – ohne Mineralstoffe und Vitamine geht gar nichts. Wie perfekt unser Zellstoffwechsel funktioniert und wie sehr er auf die Fitmacher angewiesen ist, beweist eine weitere Entdeckung der Genforscher.

Telefonate in der Körperzelle

In jeder der rund 70 Billionen Zellen sitzen kleine Informationseinheiten (Wissenschaftler sprechen von »stringent factors«, deutsch etwa: Zwangsfaktoren). Diese melden den Genen im Zellkern laufend, ob ausreichend Mineralstoffe, Aminosäuren oder Vitamine vorhanden sind.

Wenn z.B. das Spurenelement Mangan oder die Vitamine C oder B6 fehlen, drosseln die Gene – die Manager der Zelle – den Zellstoffwechsel auf 90, 80, 70 oder noch weniger Prozent. Die Folge: Wir fühlen uns müde, schlapp, lustlos, sind unkonzentriert und überhaupt nicht fit.

Etwa zwei Stunden nach einer kerngesunden Mahlzeit mit viel Biostoffen (z.B. einer bunten Gemüseplatte) strömen den Zellen die ersehnten Nährstoffe zu, und die kleinen »stringent factors« melden dies den Genen. Die wiederum drücken nun aufs Gaspedal des Zellstoffwechsels – der Lebensmotor wird angekurbelt, wir fühlen uns wieder fit.

Was Vitamine in unserem Körper bewirken

Oft ist es lediglich der Mangel an einem einzigen Mineral oder Vitamin, das dazu führt, dass eine Zelle zu wenig Proteine herstellt. Und zu wenig Proteine bedeutet: mangelnde Fitness. Führt man dem Körper den fehlenden Biostoff zu, reagiert er wenig später mit spürbarer Belebung. Dass wir uns mal gut und eine Stunde später hundemüde fühlen, einmal froh und heiter und bald darauf bedrückt und sorgenvoll, hängt mit dem Nährstoffangebot in der Zelle zusammen. Dies variiert permanent – je nach dem, was wir essen und welchem Ausmaß an Stress wir unterworfen sind. Denn Stress ist der größte Nährstoffräuber, egal, ob es sich um körperlichen Stress handelt (Leistungsdruck, Sport) oder um psychische Belastungen (Konflikte, Leidenschaften, Kummer, Probleme).

Belebung des Stoffwechsels durch Vitamine

Vitamine haben eine ganz besondere Eigenschaft: Sie können scheinbar Totes zum Leben erwecken. Kaum verbindet sich z.B. ein Zinkion mit einem Vitaminmolekül, wird es plötzlich, innerhalb des Bruchteils einer Sekunde, funktionsfähig. In den Körperzellen sitzen viele Metallionen und warten auf Vitamine, um »lebendig« werden zu können. Nur: In den Körperzellen warten sie oft vergebens, weil in der Nahrung der Menschen zu wenig Vitamine enthalten sind. So bleiben Teile des Stoffwechsels unausgeschöpft, wobei der Körper schneller altert und krank wird. Ohne Vitamine verdorren die Körperzellen wie Blumen ohne Wasser.

Eilboten für Vitamine

Die Körperzellen verlangen ihre Portion Vitamine nicht nur einmal pro Woche, sondern andauernd. Darum hat die Natur ein Eilbotensystem für Vitamine entwickelt. Diese werden aus dem Magen-Darm-Trakt viel schneller herausgelöst als Mineralien, Spurenelemente oder andere Nährstoffe und viel flinker übers Blut zu den Zellen verschickt.

Vitamin C, das im Körper die erste Geige spielt, wird beispielsweise schon in der Mundschleimhaut aufgenommen, damit es möglichst schnell verwertet werden kann.

Vitamin C spielt für die Psyche eine Sonderrolle. Ohne diesen Biostoff könnte sich der Mensch nicht freuen oder begeistern.

Vitaminmangel wird oft übersehen

Wenn jemand müde, krank oder auch unglücklich ist, fehlt es meist an Vitaminen. Die verblüffendste Erkenntnis der modernen Molekularbiologie lautet: Von Ärzten werden Befindlichkeitsstörungen, Beschwerden und Krankheiten, deren eigentliche Ursache Vitaminmangel ist, oft falsch eingeschätzt und damit falsch behandelt.

Ein Hormonmangel, Eisenmangel oder Eiweißmangel ist in Wirklichkeit oft nichts anderes als ein Mangel an Vitaminen. Eisen, Eiweiß oder Hormone sind in solchen Fällen meist ausreichend vorhanden. Aber ihre Verwertung im Stoffwechsel scheitert am Vitaminmangel.

Lebensnotwendige Mineralstoffe

Zink, Mangan, Chrom und Kupfer bringen die meisten von uns eher mit schnellen Autos in Verbindung als mit gesunder Ernährung. Phosphor, Molybdän und Nickel erinnern allenfalls an den Erdkundeunterricht in der Schule, als wir über die Rohstoffvorkommen der einzelnen Länder abgefragt wurden.

Doch all diese Stoffe haben nicht nur mit Abraumbaggern und der Schwerindustrie zu tun, mit immer härteren Werkzeugen und immer leichteren Großraumjets, sondern spielen auch in unserem Stoffwechsel eine bedeutende Rolle. Diese Salze, Metalle bzw. Mineralstoffe können uns – wenn sie dem Körper in ausgewogener Konzentration zugeführt werden – schön, glücklich, gesund und leistungsfähig erhalten. Mehr noch: Gäbe es sie nicht, würde kein Leben auf unserem Planeten existieren.

Anorganische Substanzen

Um den Menschen zu vollenden, musste sich die Natur mit dem begnügen, was auf der Erdkruste und in den Meeren an Material vorhanden war. Das waren einerseits organische Stoffe, nämlich chemische Verbindungen des Kohlenstoffs, die das Wesen der belebten Natur ausmachen, und andererseits anorganische Stoffe, das sind solche, die keinen Kohlenstoff enthalten und eher das Wesen der unbelebten Natur ausmachen. Zu denen zählen alle Mineralstoffe und Spurenelemente. Im Menschen sind etwa 46 Mineralstoffe eingelagert; rund 30 davon gelten als lebensnotwendig – auf die anderen könnten wir möglicherweise verzichten. Sieben Elemente (Kalzium, Phosphor, Natrium, Schwefel, Chlor, Kalium, Magnesium) trägt der Mensch in nennenswerten Mengen in sich, zusätzlich 23 oder auch mehr Spurenelemente (Eisen, Kupfer, Chrom usw.), die im Körper nur in äußerst geringen Konzentrationen enthalten sind (alle Spurenelemente zusammen passen auf einen Teelöffel).

Im Lauf der Evolution haben alle diese Mineralstoffe in unserem Körper eine wichtige Aufgabe übernommen. In Konkurrenz zueinander sind sie Bestandteile von Knochen, Blut, Enzymen, Hormonen und allen unseren Körperzellen geworden. Sie haben sich unentbehrlich gemacht und können einander auch nicht ersetzen, wohl aber verdrängen.

Die Natur hat es so eingerichtet, dass wir mit der täglichen Nahrung Mineralien und Spurenelemente aufnehmen und diese dann übers Blut zielstrebig ihren jeweiligen Arbeitsplatz ansteuern. Mineralstoffe sind also – neben den Hauptakteuren Kohlenstoff, Sauerstoff, Wasserstoff und Stickstoff – wesentliche Bestandteile des Stoffwechsels.

Mehr als tote Materie

Die technische Entwicklung geht von Jahr zu Jahr in einem immer rasanteren Tempo vonstatten, insbesondere im Bereich von Elektronik und Computertechnologie. Die medizinische Forschung hat diese Chance erkannt und nutzt sie auch weidlich. Ihr stehen seit wenigen Jahren Analysegeräte zur Verfügung, mit denen man ein billionstel oder billiardstel Gramm von Blut und Gewebe untersuchen kann. Wie durch ein Schaufenster blicken Biochemiker heute mitten hinein in das aufregende Leben der Zellen mit ihren rund einer Million einzelnen Bestandteilen.

Und sie entdecken Verblüffendes. Mineralstoffe z. B. sind kein totes Gestein. Kaum Bestandteil des Stoffwechsels geworden, werden sie plötzlich lebendig und wirken emsig an Billionen von chemischen Reaktionen im Organismus mit. Noch etwas anderes entdeckten Wissenschaftler mit Hilfe ihrer elektronischen Sensoren: wie eine Krankheit in der Nerven- oder Körperzelle nur deshalb entsteht, weil z. B. ein paar winzigste Teilchen von Vanadium oder Schwefel fehlen.

Das phantastisch Neue daran: Es gibt jetzt, gegen Ende der neunziger Jahre, völlig neue Einblicke in die Entstehung und Behandlung von Krankheiten und deshalb auch neue Hoffnung für viele Menschen, die krank sind oder unter Beschwerden leiden. Vermutlich spielen Biostoffe eine noch weitaus komplexere Rolle im Organismus, als wir bisher angenommen haben.

Krankheit durch Mangel

Viele Menschen sind nur deshalb krank, weil ihnen Mineralstoffe fehlen oder weil ein Stoff in zu hoher Konzentration vorliegt. Weil sich Mineralstoffe im Stoffwechsel immer auch untereinander die Waage halten (z. B. Kalzium, Magnesium und Phosphor), bedeutet ein Zuwenig eines solchen Stoffs gleichzeitig ein Zuviel des »Gegenminerals«. Ein Beispiel: Das im vollen Getreidekorn enthaltene Spurenelement Zink ist im Stoffwechsel Gegenspieler von Kupfer. Wenn man zu wenig Vollkornprodukte isst, lagert sich zu viel überschüssiges Kupfer in Gehirn- und Nervenzellen ein, und man wird unruhig, nervös, gereizt – man hat das Gefühl, »an die Decke springen zu müssen«.

Mehr Zink in der Nahrung – und das Problem löst sich von allein. Leider verschreiben die Ärzte in solchen Fällen immer noch chemisch hergestellte Psychopharmaka oder Neuroleptika, wo schon täglich zwei, drei Esslöffel Vollkorn auf viel bessere und natürlichere Weise helfen würden.

Im Gemüse steckt eine Vielzahl von Vitaminen, Mineralien und Spurenelementen, auf die der Zellstoffwechsel angewiesen ist.

Gesunde Ernährung ist (fast) alles

Dieses Buch fasst die erstaunlichen und atemberaubenden Erkenntnisse der internationalen Vitamin- und Mineralstoffforschung zusammen, insbesondere aus berühmten Stoffwechselzentren der US-Hochschulen, aber auch aus Europa, Japan und anderen Teilen der Welt: Es soll Ihnen zeigen, wie die wichtigsten Vitamine, Mineralien und Spurenelemente im Organismus wirken, welche Aufgaben sie im Wechselspiel untereinander erfüllen und was sie für Ihre Gesundheit tun. Und wie Sie all diese Fitmacher auf die denkbar einfachste Art für sich arbeiten lassen können: indem Sie sich ausgewogen und gesund ernähren.

Vitamine – Wunder der Natur

Die spektakulärsten Erkenntnisse über die vielfältigen Aufgaben der Vitamine im menschlichen Stoffwechsel hat die Forschung erst in jüngster Zeit gewonnen. Inzwischen steht fest, dass der Organismus ohne diese Biostoffe nicht überlebensfähig wäre. Vitamine sind an allem beteiligt, was den Menschen ausmacht: seinem Aussehen, seiner Gesundheit, an Gefühlen, Leistungsfähigkeit und Kreativität.

Vitamin A – Schutz für die Zellen

Vitamin A oder Retinol ist ein lebensnotwendiger Nährstoff, der das Immunsystem unterstützt, ihm bei der Abwehr von Viren und Bakterien hilft und die Körperzellen erneuert. Es ist unverzichtbar für ein gesundes Sehvermögen und trägt zum Erhalt einer abwehrstarken, stabilen Haut bei. Schließlich sollte eine gesunde Haut nicht nur geschmeidig sein, sondern auch die Fähigkeit haben, den Organismus vor Krankheitserregern zu schützen.

Die chemische Struktur von Vitamin A wurde bereits im Jahr 1931 erforscht, seit 1947 kann es auch synthetisch hergestellt werden. Dennoch haben Wissenschaftler erst in letzter Zeit die vielfältigen Wirkungsweisen dieses Moleküls aufgeschlüsselt. Der Biostoff ist allerdings immer noch nicht vollständig erforscht. Mit Hilfe spezieller chemischer Analysemethoden werden immer wieder neue Wirkungen dieses Vitamins entdeckt.

Die rote Farbe der Tomaten beruht auf einer dichten Ansammlung von Karotenen.

Karotene – Abwehrstoffe der Pflanzen

Vitamin A bildete sich ursprünglich in den Pflanzen als Abwehrstoff gegen die ständigen Angriffe von außen. Dazu gehörten Parasiten und Pilze, aber auch Viren und Bakterien. Im Lauf ihrer Entwicklungsgeschichte mussten sich die Pflanzen zunehmend gegen die aggressiven Attacken freier Radikale wehren. Gegen diese Angriffe entwickelten die Lebewesen Abwehrmechanismen, die sie über Jahrmillionen perfektionierten.

Die Grundlagen der Immunabwehr lassen sich daher sehr gut bei den Pflanzen studieren und auf die Funktion des menschlichen Abwehrsystems übertragen.

Pflanzliche Karotene wie jene im Spinat wandelt der Körper in Vitamin A um.

Seit ihrer Entstehung bilden Pflanzen Karotene. Um diese produzieren zu können, entziehen sie ihrer Umgebung Kohlenstoffatome, die sie zur Herstellung der komplizierten Karotenmoleküle benötigen.

Karotene sind jene Farbstoffe, denen Pflanzen und Tiere ihre leuchtenden Farben verdanken. Das schöne Rot der Tomaten beispielsweise, das Orange von Lachs oder Hummer, aber auch die pinkfarbenen Federn der Flamingos sind nichts weiter als eine dichte Ansammlung von Karotenmolekülen.

Aber in der Natur geht es nicht um die Schönheit, sondern um Überlebensstrategien. Ohne Karotene wären weder Pflanzen noch Tiere überlebensfähig. Die Moleküle schützen sie vor schädlichen Mikroorganismen und unterstützen den ziemlich explosiven chemischen Prozess der Photosynthese. Hierbei werden Wassermoleküle mit Hilfe von Sonnenlicht in Wasserstoff und Sauerstoff gespalten.

Schutz vor freien Radikalen

Schon am frühen Morgen, mit den ersten Sonnenstrahlen, werden die freien Radikale aktiv: Sobald die Pflanzen Sauerstoff freisetzen, versuchen diese äußerst aggressiven Substanzen, schutzlose Zellteile zu oxidieren, also sie zu verbrennen. Würden Blumen, Gräser und Bäume nicht über ihr Potenzial an schützenden Karotenen verfügen, wäre die

Melonen gehören zu den wertvollsten Vitamin-A-Lieferanten unter den Obstsorten.

gesamte Flora schon gegen Mittag verblüht. Die Pflanzen wären den zerstörerischen Prozessen der freien Radikale ausgeliefert. Nur mit Hilfe der Karotenmoleküle können diese Organismen die täglich erneut stattfindenden chemischen Reaktionen unter Kontrolle halten.

Die Hunzas in Pakistan leben aufgrund ihres hohen Aprikosenkonsums besonders lang.

Perfekte Abwehr

Mit der Entwicklung der Karotene hat sich die Pflanzenwelt mit einem perfekten Abwehrsystem gegen die Zerstörungswut der freien Radikale ausgestattet. Allerdings entstanden im Gegenzug stets neue Sorten dieser aggressiven Substanzen, so dass die Pflanzen inzwischen über 500 unterschiedliche Karotene bildeten und ihre Zellen damit versorgen.

Da die empfindlichsten Zellteile einer Pflanze in der Blüte, also im Fortpflanzungsorgan, liegen, verfügt sie über die meisten Karotene. Dieser Tatsache verdanken wir die unendliche Farbenpracht der Natur.

Energieumsatz und Verbrennung

Das Provitamin A wird im menschlichen Organismus zu Vitamin A umgewandelt. Karotene als Provitamine schützen genauso wie bei den Pflanzen die menschlichen Zellen vor Verbrennung. Dieser Schutz ist deshalb notwendig, weil die Zelle mit ihrem ungeheuren Energieumsatz sonst durch ihre eigene Aktivität schmelzen würde. Um sich dagegen zu wappnen, braucht sie noch weitere Hilfsstoffe, wie z. B. Selen. Ohne den konstanten Einsatz dieser Biostoffe würde der Mensch sofort sterben, da die Zellen an ihrem eigenen Stoffwechsel zugrunde gingen.

Trotz ihres zerstörenden Potenzials sind freie Radikale eine sinnvolle Einrichtung der Natur. Sie sorgen dafür, dass Neues entsteht und Altes stirbt. Ohne sie gäbe es für die Organismen kein natürliches Lebensende. Freie Radikale sorgen für die Gesunderhaltung der Natur, indem sie sich auf die kranken Zellen stürzen und diese vernichten. Dabei sind sie von der Sonne abhängig, die nicht nur für die Entstehung von Leben, sondern auch für den Sterbeprozess verantwortlich ist.

Zellen bleiben frisch

In der Natur gibt es an sich keine Krankheiten, sofern sie nicht dege-

Die Aprikosenfrucht verfügt über hochwertiges Karoten, das die menschlichen Zellen länger frisch und dadurch jung hält.

neriert ist. Alterungsprozesse hingegen finden statt.

Solange die Zellwände ausreichend mit Karotenen ausgepolstert sind, fühlt man sich gesund und jung. Fehlt hingegen die notwendige Karotenkonzentration im Zellgewebe, beschleunigt sich der Alterungsprozess. Sobald dieser einmal in Gang gekommen ist, lässt er sich zwar noch günstig beeinflussen, aber nicht mehr rückgängig machen.

Zwar spielen für ein gutes Aussehen auch andere Faktoren eine Rolle, dennoch kann mit Hilfe einer stets ausreichenden Vitamin-A-Versorgung manch 50-Jährige um zehn Jahre jünger wirken.

Für die Tiere gilt das Gleiche. Sie behalten bis zu ihrem Lebensende ihr glänzendes Fell, Feder- oder Schuppenkleid, weil ihre Zellwände über ausreichend Karoten verfügen. Dazu tragen sie selbst bei: Tiere ernähren sich richtig, indem sie nur das fressen, was für ihren Organismus notwendig ist.

Die richtige Ernährung ist alles

Eine ausgewogene Ernährung ist deshalb so wichtig, weil sich die Körperzellen nur mit den notwendigen Substanzen versorgen können, wenn diese in ausreichendem Maß vorhanden sind. Das bedeutet, dass Gewebe nur dann mit Karotenen ausgepolstert werden kann, wenn genügend dieser Moleküle im Blut schwimmen. Hierzu kann man selbst beitragen, indem man darauf achtet, vermehrt karotenreiche Nahrung zu sich zu nehmen.

Karoten findet sich hauptsächlich in dunkelgrünen sowie in gelben und roten Obst- und Gemüsesorten wie z. B.

- Aprikosen
- Brokkoli
- Karotten
- Kürbis
- Mangold
- Paprika
- Spinat
- Tomaten

In diesen Lebensmitteln ist Vitamin A enthalten

Lebensmittel	Mikrogramm (je 100 Gramm)
Leberwurst	1430
Karotten	1120
Spinat	595
Karottensaft	435
Grünkohl	350
Emmentaler Käse	300
Aprikosen	298
Hühnerei	265
Brokkoli	195
Honigmelone	100
Bohnen, weiß	60
Eiernudeln	60
Weizenvollkornmehl	50
Gans	41
Heringsfilet	40
Vollmilch	28

Aprikosen halten länger jung

Angehörige der Hunzas in Pakistan, im nordwestlichen Karakorum, leben auffallend lange. Der Stoffwechselexperte Dr. S. A. Mahmud führt dies auf ihren intensiven Aprikosenverzehr zurück.

Der amerikanische Nobelpreisträger George Hoyt Whipple vergleicht die verjüngende Kraft der Aprikosen sogar mit der stärkenden Kraft der Leber. Aprikosen enthalten eine hohe Menge an Karotenen. Wenn sie in großen Mengen gegessen werden, sind die Körperzellen

Vitamin A kräftigt die Kieferknochen und das Zahnfleisch.

ausreichend vor freien Radikalen geschützt. Die Zellen werden jung erhalten, die Lebenserwartung steigt.

Interessante Experimente

Wenn Tomatensaft mit einem Prozent Maisöl vermischt bei 100 °C eine Stunde lang gerührt wird, erhöht sich der Karotenstoff Lycopin beträchtlich. Dies fanden Forscher vom Institut für Physiologische Chemie in Düsseldorf heraus.

Damit zeigt sich, dass Gemüse in Verbindung mit Fett leichter sein Vitamin A freisetzt. Deshalb sollte man Vitamin-A-haltige Gemüse immer mit etwas Fett zubereiten. Lycopin findet sich neben Beta-Karotin am häufigsten im Blut. Es ist in roten Beeren, Tomaten, Butter und Leber enthalten.

Auch die Zubereitungsart von Gemüse ist wichtig: Es sollte am besten zerkleinert oder püriert werden.

Produktion im Körper

Unser Körper kann aufgrund mangelnder Hilfsstoffe nicht immer alle der zugeführten Karotene verwerten. Etwa 40 Prozent der Karotene in der Nahrung werden im Darm aus dem Nahrungsbrei aufgeschlossen. Von diesen »freien« Karotenen kann oft nur die Hälfte in Vitamin A umgewandelt werden, weil es an den hierfür notwendigen Enzymen oder Gallensalzen fehlt.

Je vollwertiger man sich ernährt, und je höher die zugeführte Nährstoffdichte ist, desto mehr Vitamin-A-Moleküle gelangen ins Blut und können zu den Körperzellen entsandt werden.

Die Aufnahme von Vitamin A im Stoffwechsel ist aus diesen Gründen individuell sehr unterschiedlich und hängt im Wesentlichen von den Ernährungsgewohnheiten ab.

Warnsymptome

Vitamin-A-Mangel kann folgende Beschwerden verursachen:

- Appetitmangel
- Sehstörungen, Nachtblindheit
- Brüchige Fingernägel
- Trockenes, sprödes Haar
- Trockene Haut, Ausschlag
- Häufige Infektionen
- Unfruchtbarkeit
- Wachstumsstörungen

Der Vitamin-Check-up

FEHLT MIR VITAMIN A?

- ☐ Ist Ihre Sehkraft auffällig schwankend, mal schärfer, mal schwächer?
- ☐ Ist Ihr Mund-, Rachen-, Nasenraum öfter entzündet, z. B. auch bei Heuschnupfen?
- ☐ Leiden Sie unter Libidomangel oder unter sinnlicher Gefühlsschwäche?
- ☐ Ist Ihre Haut oft trocken und rissig?
- ☐ Ernähren Sie sich viel von Fertig-, Mikrowellen- oder Kantinenessen?

Wenn Sie höchstens zweimal mit Ja antworten, ist Ihr persönlicher Vitamin-A-Status noch in Ordnung. Bei drei- bis viermal Ja müssen Sie unbedingt mehr frisches Gemüse zu sich nehmen. Wenn Sie gar fünfmal mit Ja antworten, sind Sie ein typischer »Fall für Vitamin A«. Jetzt heißt es: Tageskost total umstellen auf naturbelassene Lebensmittel. Sonst stellen sich Beschwerden oder gar ernsthafte Erkrankungen ein.

Schadet zu viel Vitamin A?

Wer Vitamine über die Nahrung zu sich nimmt, wird kaum zu viel davon aufnehmen. In Gemüse kommt es nur als Provitamin vor, in der Kalbsleber ist sein Anteil extrem hoch.

Schädlich wirkt zu viel Vitamin A nur dann, wenn es über längere Zeit in Tablettenform eingenommen wird. Besondere Vorsicht gilt dabei für Frauen im letzten Drittel der Schwangerschaft. Das Vitamin ist fettlöslich und kann von Zellen zu toxischen (giftigen) Konzentrationen gespeichert werden. Absolut unschädlich sind hingegen die Provitamine von Vitamin A, die in Obst und Gemüse enthaltenen Karotene. Wer beispielsweise zu viel Karotten isst, kann davon bestenfalls gelbe Handflächen bzw. eine gelb schimmernde Haut bekommen.

Der tägliche Bedarf

Der Körper ist ausreichend mit Vitamin A versorgt, wenn man täglich etwa ein Milligramm zu sich nimmt. Bei Schwangeren liegt die Dosis in etwa gleich hoch, stillende Mütter benötigen 1,8 Milligramm.

Wann braucht der Körper viel Vitamin A?

- Kinder und Jugendliche benötigen es im Wachstum
- Wenn Schleimhäute häufig infiziert sind
- Bei Sehstörungen (vor allem nachts, in der Dämmerung)
- Bei trockener Haut, sprödem Haar, brüchigen Nägeln
- Bei allgemeiner Anfälligkeit gegenüber Infektionen
- Bei vorzeitigen Alterungserscheinungen
- Bei Störungen im Zellstoffwechsel
- Bei Libidomangel, Impotenz

Pikantes Gemüse auf türkische Art

Gemischtes gebratenes Gemüse

Zutaten für 3–4 Personen

3 kleine Zucchini • 1 mittelgroße Aubergine • 1 rote Paprikaschote 2 mittelgroße Kartoffeln (fest kochende Sorte) • 2 mittelgroße Karotten • 2 Zwiebeln • 1 Knoblauchzehe • 150 ml Öl zum Braten Saft von 1 Zitrone • 1 TL Salz 1/2 TL Pfeffer • 1 TL Paprikapulver 1 Bund Petersilie

Zubereitung

1 Alle Gemüse gründlich waschen oder schälen und in sehr kleine Würfel schneiden. Zwiebeln und Knoblauch schälen und fein hacken.

2 Das Öl portionsweise in einer großen Pfanne erhitzen. Die verschiedenen Gemüsesorten jede für sich so lange bei mittlerer Hitze braten, bis sie gerade eben weich sind. Das gedünstete Gemüse herausnehmen und in einem großen Sieb abtropfen lassen. Als letzte Zutat die Zwiebeln und den Knoblauch im verbliebenen Öl goldgelb braten und zum Gemüse geben.

3 Alle Zutaten gut durchmischen und mit dem Saft 1 Zitrone beträufeln. Mit Salz, Pfeffer und Paprika abschmecken. Die Petersilie waschen, trockentupfen und fein zerkleinern. Vor dem Anrichten das Gemüse mit der Petersilie bestreuen.

Tipp

Bei der Auswahl des Gemüses sollten Sie sich am Angebot der Jahreszeit orientieren und nur frische Ware auswählen. Statt Auberginen und Zucchini können auch Knollensellerie, Porree oder in kleine Rauten geschnittene Weißkohlblätter verwendet werden. Unverzichtbar sind bei diesem Gericht jedoch Karotten und Paprika wegen ihres hohen Gehalts an Vitamin A.

Vitamin C – Baustein der Natur

Vor einigen Milliarden Jahren waren Flora und Fauna auf der Erdoberfläche in ihrem Entwicklungsprozess zu einem Stillstand gekommen. Pflanzen – also Moose, Algen, Flechten – und Mikroorganismen wie Einzeller und Pantoffeltierchen bevölkerten die Landmassen. Um eine neue Stufe der Entwicklung einzuleiten und das stabile System Erde in Bewegung zu bringen, war die Schöpfung eines neuen Stoffs angeraten; eines einfachen Stoffs, dessen Bestandteile bereits reichlich vorhanden und einfach zusammenzubauen sein mussten. Die Substanz sollte problemlos Stoffwechselhindernisse überwinden können, also kleiner, wendiger und schneller als andere Stoffe sein und die für eine neue Entwicklungsstufe erforderliche Dynamik in den Stillstand des Systems Erde bringen. Vorhanden im Übermaß waren die Elemente Kohlen-, Wasser- und Sauerstoff.

Durch die Zusammensetzung dieser drei Elemente schuf Mutter Natur eine der Glukose ähnliche Verbindung, das Vitamin-C-Molekül. Sie versorgte das Immunsystem ihrer Lebewesen mit der Fähigkeit, diese neue Molekülkombination innerhalb ihres Stoffwechsels aus Glukose selbst zu produzieren, damit sie auch bei widriger Witterung und in extremen Lagen überleben könnten. Daher erkälten sich weder Pinguine noch Eisbären, denn ihr Stoffwechsel produziert aus Glukose jeweils so viel Vitamin C wie die Tiere gerade benötigen.

Überlebenswichtiger Stoff für jedes Lebewesen

Die Berechnungen von Mutter Natur gingen voll auf: Vitamin C beschleunigte die Entwicklungsprozesse auf dem Erdball. Es brachte Bewegung in den statischen Haushalt. Je vitaler ein Tier oder ein Mensch sein sollte, desto mehr dieses neuen Stoffs wurde seinem Organismus zugeführt. Umgekehrt bedeutete dies, dass ortsständige Organismen, wie beispielsweise Pflanzen, wenig von diesem Stoff benötigen. Das Vitamin C ist darüber hinaus einer der Katalysatoren der biologischen Entwicklung vom Tier zum Menschen. Es ist maßgeblich beteiligt an der

Wer Zitronen isst, nimmt das Vitamin C schon in der Mundschleimhaut auf.

Orangen – ein attraktiv verpacktes natürliches Antibiotikum.

Entstehung abstrakter Prozesse im menschlichen Hirn, beispielsweise an der Fähigkeit, Zeit und ihren Verlauf wahrzunehmen, also in den Kategorien Vergangenheit, Gegenwart und Zukunft zu denken. Vitamin C beeinflusste die Psyche, indem es Empfindungen spürbar machte, und es steuerte die Entwicklung der Optik, d. h., es ist für unsere Fähigkeit, Farben zu unterscheiden, mitverantwortlich. Eine Weiterentwicklung des Lebens ohne Vitamin C war und ist undenkbar.

Aufgaben der Askorbinsäure

Heute ist bekannt, dass Vitamin C, auch Askorbinsäure genannt, im Körper zwei wichtige Aufgaben hat: Immunschutz und Stabilisierung der Psyche.

- Innerhalb des Immunsystems unseres Organismus bekämpft das Vitamin sämtliche Krankheitserreger, Viren, Parasiten und Mikroben, sowie die so genannten freien Radikale. Freie Radikale, die chemisch äußerst reaktionsfähig sind, weil sie an beinahe jedes Molekül andocken und es durch negative Ladung zerstören können, strecken gegenüber dem Vitamin-C-Molekül die Waffen. Vitamin C verhindert damit den durch freie Radikale ausgelösten Alterungsprozess unseres Körpers.
- Vitamin C sorgt innerhalb unseres psychischen und mentalen Systems für die Produktion von Hormonen, Nervenpeptiden und vor allem von Neurotransmittern (Nervenreizstoffen). Dies sind die Botenstoffe, die den Transport unserer Empfindungen auf den Nervenbahnen vom Hirn zu den einzelnen Organen bewerkstelligen. Vitamin C sorgt für eine gesunde Hormonstruktur und damit für eine positive Lebenseinstellung.

Grüne Erbsen enthalten 26 Milligramm Askorbinsäure je 100 Gramm und überflügeln damit Äpfel und Tomaten.

Vitamin C macht glücklich

Hormone und Neurotransmitter arbeiten richtig, wenn sie uns morgens neugierig und erwartungsvoll erwachen, also »mit dem richtigen Fuß aus dem Bett steigen« lassen. Hängt man jedoch durch und ist schon mies gelaunt, bevor man die Augen aufgeschlagen hat, dann ist die Biochemie des Gehirns und Nervensystems nicht im Gleichgewicht. Es mangelt an »Glückshormonen«.

Mit der Zufuhr von Vitamin C wird im Zentralnervensystem und Nebennierenmark die Produktion von Noradrenalin gesteigert. Das ist ein Stoff, der Euphoriesignale aus dem Gehirn über die Nervenzellen in den Körper weiterleitet und so dafür sorgt, dass Freudengefühle körperlichen Ausdruck finden. Ist zu wenig Vitamin C im Organismus vorhanden, kann die Synthese von Noradrenalin nicht ablaufen. Positive Gefühle werden nicht weitergeleitet, das Lächeln versickert. Die Erkenntnis der modernen Biochemie, dass die aktive Zufuhr von Biostoffen Depressionen lindern kann, ist so neu nicht. Schon unsere Großeltern behaupteten: »Sauer macht lustig!«

Schnelle Reaktionen

Um den Stoffwechsel effektiv und gesund zu halten, legen die einzelnen Nervenzellen Vitamin-C-Depots an. Im Gefahrenfall plündern sie diese und synthetisieren mit Hilfe des Vitamin C und der Aminosäure Phenylalanin den Stoff Noradrenalin. Dieser steigert die Reaktionsfähigkeit und bewirkt, dass wir auf Gefahren schneller reagieren, als wir denken können.

Ein strahlendes Aussehen hängt nicht zuletzt von der Vitaminzufuhr ab.

Die Himbeere liefert neben Vitamin E und Vitaminen der B-Gruppe auch Askorbinsäure sowie weitere Biostoffe wie z. B. Kalium und Kalzium.

Rasant wirkender Biostoff

Seine einfache Bauweise führt dazu, dass das Vitamin-C-Molekül besonders schnell im Körper eingesetzt wird. Es gelangt beispielsweise, wenn man frisch gepressten Orangensaft trinkt, bereits über die Mundschleimhaut ins Blut, wenn auch in äußerst geringen Mengen. Es wird folglich bevorzugt innerhalb der unzähligen Stoffwechselprozesse des Organismus eingesetzt. Außer im Blutkreislauf wird das Vitamin C auch in den Körperzellen und im interzellulären Raum aktiv. Im Zentralnervensystem und im Nebennierenmark erreicht es seine höchsten Konzentrationen.

Wichtiges Antioxidans

Vitamin C ist der Stoff, der aus Eiweißbausteinen (Aminosäuren) so genannte biogene Amine macht, also das Eiweiß für biologische Prozesse aktiviert. Auch die für das Immunsystem wichtigen weißen Blutkörperchen (Leukozyten) enthalten hohe Konzentrationen an Vitamin C und sind damit für den Kampf gegen Viren und Bakterien und freie Radikale bestens gerüstet. Freie Radikale sind Substanzen mit einem ungesättigten Elektron, die andere Moleküle vernichten, indem sie ihnen ein Elektron entreißen und so die Zellbalance stören.

Dieser Biostoff ist also neben Vitamin A, Vitamin E und Selen eines der vier wichtigsten so genannten Antioxidanzien.

Erste Hilfe für das Bindegewebe

Weil es die Fähigkeit hat, die Eiweißbausteine Glyzin und Prolin zu dem elastischen, aber unzerreißbaren Kollagen zu verbinden, setzt der Körper Vitamin C ein, um sein Bindegewebe zu stützen. Er nutzt es zur Stabilisierung sämtlicher Gefäßwände, seien es Schlagadern oder haarfeine Kapillaren, er glättet Runzeln, Falten und Krampfadern mit seiner Hilfe. Vitamin C findet sich in frischen Wunden in erhöhter Konzentration, weil es für die Reparatur und Neubildung von Bindegewebe sorgt. Es beseitigt Risse in den Blutbahnen des Zahnfleischs und festigt die Gefäße. Zahnfleischbluten beispielsweise stillt Vitamin C schon eine halbe Stunde nach der Einnahme. Auch bei Quetschungen, Prellungen und bei Sportverletzungen sollte Vitamin C sofort verabreicht werden.

Ein sauberes Pärchen

Vitamin C ist außerdem Transportmittel für einen weiteren, im Körper dringend benötigten Biostoff: das Kalzium. Kalzium ist ein sehr langsamer und schwerfälliger Stoff. Um sich schneller durch den Körper bewegen zu können, bildet er mit Vitamin C zusammen Komplexe, die so genannten Chelate. Diese bringen ihn schneller zu seiner Wirkungsstätte. Erfolg zeitigt dieses »Rikschasystem« besonders in der Kalziumversorgung des Zahnbeins und des Kieferknochens. Letzterer hat von allen Knochen im Körper den höchsten Kalziumumsatz. Beide Knochen werden durch erhöhte Vitamin-C-Zufuhr gekräftigt.

Und das Teamwork der beiden Biostoffe geht noch weiter: Während Vitamin C die kariesbildenden Bakterien auf dem Zahnschmelz auflöst, stärkt Kalzium die Kieferknochen und die Zähne. Moderne Biochemiker gehen inzwischen einen Schritt weiter: Sie lassen gelegentlich die Zahncreme und -bürste beiseite und essen stattdessen zwei Zitronen täglich. Dabei verweisen sie auf Gebissfunde aus der Steinzeit, die vollständig erhalten waren, ohne das kleinste Anzeichen von Karies oder Zahnausfall aufzuweisen. Die Kombination Vitamin C und Kalzium macht's offensichtlich möglich.

In diesen Lebensmitteln ist Vitamin C enthalten

Lebensmittel	Milligramm (je 100 Gramm)
Kiwis	100,0
Kohlrabi	66,0
Zitrone mit Fruchtfleisch	53,0
Zitronensaft	51,3
Orangen	50,1
Grapefruitsaft (frisch gepresst)	40,0
Johannisbeeren, rot	37,8
Holunderbeeren	37,1
Leber	35,0
Himbeeren	27,7
Rüben, Zwiebeln	26,2
Spinat	26,1
Erbsen, grün	26,0
Tomaten	24,0
Spargel	23,7
Kohl	23,6
Kartoffeln	22,0
Brombeeren	21,2
Sojabohnen (Tofu)	18,5
Äpfel	12,0
Artischocken	10,2

Vehikel für die Salze der Schwefelsäure

Neben dem Kalzium dient Vitamin C auch den Salzen der Schwefelsäure als Transporteur. Es schleust die Salze in die gelartige Substanz zwischen den Körperzellen. Dort kitten diese Salze mikroskopisch winzige Risse im Bindegewebe, beschleunigen also die Heilungsprozesse des Organismus.

Ein Vitamin-C-Mangel zeigt sich zuallererst in blutendem Zahnfleisch oder langsam heilenden Wunden. Hier ist grundsätzlich Vorsicht geboten: Blutendes Zahnfleisch kann nämlich ein Hinweis auf weitere verborgene Blutungen im Körperinneren sein.

Gesunder Schlankmacher

Wir werden schlank, wenn Stresshormone die Fettzellen des Körpers aufschließen und die dort gespeicherten Fettmoleküle über die Blutbahn zur Verbrennung in die Körperzellen schicken. Karnitin heißt der Spediteur, der die Fettmoleküle aus dem Blut holt und sie zwecks Verbrennung (Oxidation) durch die feinen Kanäle der Zellmembran zu den Mitochondrien im Zellinnern chauffiert. Dort werden die Fettmoleküle in Kraft bzw. Energie umgewandelt. Konsequenz: Wir nehmen ab. Vitamin C beschleunigt die Synthese von Karnitin aus dem Eiweißbaustein Lysin.

In nasskalten Jahreszeiten ist der Vitamin-C-Verbrauch unseres Körpers deutlich erhöht.

Der Vitamin-Check-up

FEHLT MIR VITAMIN C?

- ☐ Haben Sie manchmal (z. B. nach dem Zähneputzen oder wenn Sie einen Apfel essen) Zahnfleischbluten?
- ☐ Erkälten Sie sich schnell?
- ☐ Leiden Sie zeitweise unter Gedächtnisschwäche, Vergesslichkeit?
- ☐ Ist Ihr Bindegewebe (z. B. im Bereich von Bauch, Brust, Hals) morgens straffer als am Abend?
- ☐ Leiden Sie unter wechselnden, kippenden Stimmungen (mal fröhlich-heiter, dann wieder betrübt)?

Wenn Sie zweimal mit Ja antworten, sollten Sie mehr Vitamin-C-Reiches in Ihren täglichen Speiseplan aufnehmen. Bei drei oder vier Kreuzchen dürsten Ihre Körperzellen nach Vitamin C. Durch Obst vor oder zum Frühstück bzw. gegen den kleinen Hunger verschwinden Ihre Mangelsymptome möglicherweise sehr schnell. Bei fünfmal Ja hapert's ganz gewaltig. In Ihrem Körper fehlt Vitamin C an allen Ecken und Enden. Die gute Nachricht: Eine Kurzkur mit sehr viel frischem Obst und kurz gegartem Frischgemüse kann schon in wenigen Tagen die Symptome beseitigen.

Eisenstoffwechsel

Ohne Sauerstoff kann keine Verbrennung in der arbeitenden Muskelzelle stattfinden. Es ist das Spurenelement Eisen, das den Sauerstoff an den roten Blutfarbstoff (Hämoglobin) bindet. Vitamin C wiederum ist für den Eisenstoffwechsel unverzichtbar, weil es Eisen aus Milz und Darmwand abbaut. Auch die dritte Stufe der Fettverbrennung unterstützt Vitamin C, denn es schützt das empfindliche Schilddrüsenhormon Thyroxin, das den Stoffwechsel anregt. Jedes Thyroxinmolekül muss von zwölf Vitamin-C-Molekülen in Schutz genommen werden, damit es gefeit vor freien Radikalen zu den Körperzellen gelangt.

Wann braucht der Körper viel Vitamin C?

- In den nasskalten Jahreszeiten als Schutz vor Erkältungen und Infektionen
- Immer dann, wenn man unter starkem körperlichem oder mentalem Stress steht
- Wenn man sich lustlos, verzagt oder gar depressiv fühlt, sich nicht freuen, begeistern kann
- Immer bei plötzlich auftretenden Alterserscheinungen wie Haarausfall, Falten, welker Haut, Sehschwäche, Antriebsschwäche, Libidomangel
- Bei Konzentrationsschwäche, vor wichtigen Prüfungen oder Herausforderungen
- Bei Nasen- oder Zahnfleischbluten, schlecht heilenden Wunden
- Wenn man viel Sport, Gymnastik usw. treibt

Schadet zu viel Vitamin C?

Grundsätzlich ist eine Überdosierung mit Vitamin C ungefährlich, weil das Vitamin wasserlöslich ist. Überschüssige Mengen werden also über die Harnwege ausgeschieden. Selbst in Harnröhre und Blase setzt das Vitamin C noch seine bakterientötenden Kräfte ein: Es verhindert das Eindringen von Keimen über die Schleimhäute. Zu viel Vitamin C in Pulver- oder Tablettenform kann bei Personen mit Magenschleimhautschwäche zu Sodbrennen führen.

Warnsymptome

Vitamin-C-Mangel kann folgende Beschwerden verursachen:

- Sehschwäche
- Entzündungen der Atemwege
- Krampfadern und Hämorrhoiden
- Nervenschwäche
- Depressive Verstimmungen
- Schlafstörungen, Müdigkeit
- Haarausfall

Der tägliche Bedarf

Der Körper ist ausreichend mit Vitamin C versorgt, wenn man täglich etwa 75 Milligramm zu sich nimmt. Bei Schwangeren liegt die Dosis bei 100, bei stillenden Müttern bei 125 Milligramm.

Großmutters Sommerklassiker

Rote Grütze

Zutaten für 4 Personen
500 g Johannisbeeren
200 g Zucker • 1 Prise Salz
1 EL Stärkemehl • 50 g gehackte Mandeln • 1 EL kalte Butter

Zubereitung

1 Die Johannisbeeren verlesen, waschen und mit einer Gabel von den Rispen streifen. Die Beeren in einem Topf zusammen mit 3/8 Liter Wasser, Zucker und Salz zum Kochen bringen und aufwallen lassen.

2 Das Stärkemehl in etwas kaltem Wasser verquirlen, unter die gesüßten Beeren rühren und zusammen aufkochen lassen. Den Topf vom Herd nehmen, die Mandeln zufügen und die Butterflocken unterheben.

3 Die Grütze in eine Schüssel füllen und kalt stellen. Mit gesüßter Schlagsahne zu Tisch bringen.

Tipp

Außer Johannisbeeren können Sie auch andere Beerenarten oder Kirschen verwenden. Das meiste Vitamin C enthalten saure Beeren.

Vitamin D – Sonnenvitamin für die Seele

Neben Vitamin D enthalten Eier auch wichtige Mineralstoffe.

Vitamin D ist die Bezeichnung für eine Gruppe von fettlöslichen Substanzen, deren Entwicklung von Ultraviolettstrahlung abhängt. Daher wird Vitamin D häufig auch als das Sonnenvitamin bezeichnet. Im Gegensatz zu vielen anderen Vitaminen wird Vitamin D nicht in unserem Darm, sondern in der Haut produziert. Denn in den Hautzellen befindet sich der dazu notwendige Cholesterinstoff, der wiederum erst durch Sonnen- oder Lichtstrahlen aktiviert wird.

Wenn diese UV-Strahlen auf die Haut treffen, entsteht von selbst, ohne jegliche Mitarbeit von Enzymen, ein Provitamin. Dieses entwickelt sich allmählich zu Vitamin D3 (Cholekalziferol) und wird dann von Eiweißträgern übers Blut zu den Körperzellen transportiert.

Vitamin D ist das einzige Vitamin, das im menschlichen Körper selbst produziert werden kann. Zusätzlich kann Vitamin D aber auch über die Darmwände aus der Nahrung zugeführt werden. Vor allem Fischöle (Lebertran) bzw. fetter Fisch sowie Eier und Getreideprodukte sind besonders reich an diesem Leben spendenden Biostoff.

Wichtiger Katalysator für Kalzium

Die wichtigste Aufgabe der Vitamin-D-Moleküle im Körper besteht einerseits in der Aufnahme von Kalzium aus dem Darm und andererseits im Einbau von Kalziumsalzen in Knochen und Zähne. Zusätzlich reguliert das Vitamin unseren Phosphathaushalt.

Damit ist Vitamin D eine unerlässliche Voraussetzung, um das Skelett kräftig und stabil zu erhalten. Es wird auch als das antirachitische Vitamin bezeichnet. Jugendliche, die in der Wachstumsphase Knochenmasse aufbauen, und Frauen, die in den Wechseljahren bekanntlich viel Knochenmasse verlieren, müssen besonders auf eine ausreichende Vitamin-D-Versorgung achten.

Gebräunte Haut kann bis zu zwei Drittel mehr Vitamin D speichern. Aber Vorsicht: Zu viel Sonne kann Hautkrebs verursachen.

Kalzium sorgt für gesunde Knochen und Zähne

Bis Vitamin D Kalzium überhaupt erschließen und somit seinen Beitrag zum Knochenbau leisten kann, laufen erst einmal komplizierte Vorgänge im Körper ab. Mit Hilfe von Gallensalzen wird Vitamin D, das fettlöslich ist, im Darm aus dem Nahrungsbrei herausgelöst und als so genanntes Lipoprotein oder Chylomikron über den Blutkreislauf zur Leber transportiert. Ebenso wie das Vitamin D aus der Haut werden die Moleküle dann zu den Nieren geschickt und dort noch einmal dynamisch aufgeladen.

Erst jetzt steht Vitamin D in der entsprechenden Form zur Verfügung, um beim Knochenbau mitzuhelfen. Unterstützt wird es dabei von seinem Schwestervitamin A, das ebenfalls fettlöslich ist.

Eine der wichtigen Aufgaben von Vitamin D besteht dabei in der Überwachung der Kalziumkonzentration im Blut. Das Zusammenwirken von Vitamin D und von Parathormon aus den Nebenschilddrüsen, die der Schilddrüse von hinten anliegen, garantiert nämlich, dass der Kalziumbestand normalerweise in engen Grenzen konstant bleibt. Und das ist die Voraussetzung für kräftige Knochen. Die Knochen wie die Zähne sind lebendige Gebilde, die stets ihre Struktur verändern. Das bedeutet, sie sind nie gleich fest. Verbrauchte Knochenmasse wird abgebaut, neue gebildet.

Wegen ihres relativ hohen Vitamin-D-Gehalts sollten Getreideprodukte vor allem in den Wintermonaten häufig auf dem Speiseplan stehen.

Nahrung für die Nerven- und Gehirnzellen

Knochen und Zähne sind mit 99 Prozent Anteil die Hauptnutznießer des Kalziums. Dem letzten freien Prozent kommt jedoch eine andere wichtige Aufgabe zu: Kalziumionen sind für die Weiterleitung von Nervensignalen von Zellmembran zu Zellmembran zuständig und spielen damit bei der Reizübertragung in allen Nerven- und Gehirnzellen eine überragende Rolle. Somit wird die Voraussetzung geschaffen, dass die Muskelarbeit richtig koordiniert und die für uns so selbstverständlichen normalen Bewegungen überhaupt ausgeführt werden können. Und nicht zu vergessen: Das Herz besteht ebenfalls aus Muskeln, die ohne Kalziumionen nicht angeregt werden könnten.

Des Weiteren ist Kalzium auch an der Übertragung von Hormonen, Wachstumsfaktoren und Neurotransmittern (Botenstoffen) beteiligt. Letztere sorgen – wie Neurophysiologen bestätigen – für ein ruhiges und heiteres Gemüt und stimmen uns optimistisch. Nicht umsonst wird Kalzium als eines der besten natürlichen Stimmungsaufhellungs- und Beruhigungsmittel bezeichnet. Damit Kalzium aber überhaupt seine Wirkung entfalten kann, muss erst einmal das Sonnenvitamin D aktiviert werden.

Milchprodukte sollten dem Körper besonders in der lichtarmen Jahreszeit zugeführt werden.

Was Neurophysiologen und Biochemiker heute wissen

Neurophysiologen entdeckten in den Zellen des Immunsystems immer neue Rezeptoren, also Aufnahme- und Empfangsapparate für Reize. Darüber hinaus sind Biochemiker inzwischen in der Lage, das komplizierte Zusammenspiel von Östrogen, Kalzium und Vitaminen zu entschlüsseln: Sie machten die

Der Vitamin-Check-up

FEHLT MIR VITAMIN D?

- ☐ Haben Sie Gebissprobleme, z. B. wackelige Zähne?
- ☐ Leiden Sie an Schlafstörungen?
- ☐ Fehlt Ihnen der rechte Schwung, der Spaß am Stress?
- ☐ Müssen Sie sich zu irgendwelchen Unternehmungen oft mühsam aufraffen?
- ☐ Haben Sie oft Phasen starker Nervosität, Gereiztheit?
- ☐ Sind Sie ein zappeliger, ungeduldiger Typ, immer auf dem Sprung und in Eile?
- ☐ Sind Sie ein pessimistischer Mensch mit wenig positivem Antrieb? Können Sie sich kaum noch über kleine Dinge freuen?

Wenn Sie bis zu zweimal mit Ja antworten, sind Sie nicht der sonnige Typ, der Sie sein könnten. Bei drei- oder viermal Ja fehlen den Genen in Ihren Körperzellen die Vitalimpulse durch das Sonnenvitamin D. Wenn Sie fünfmal oder öfter mit Ja antworten mussten, nutzen Sie die Kraft der Sonnenstrahlen nicht mehr für ein frohes Wohlbefinden. Die Sonne als Leben spendender Planet hat zu wenig Einfluss auf Sie, weil Ihnen der so genannte Transkriptionsfaktor Vitamin D fehlt. Der nämlich setzt Photonen (Lichtteilchen) erst in Energie um.

hochinteressante Entdeckung, dass Vitamin D im Zellkern der knochenbildenden Zellen denselben Rezeptor ansteuert wie Östrogen. Ein Mangel an diesem Sexualhormon ist bekannterweise bei Frauen in den Wechseljahren für verstärkten Knochenabbau verantwortlich.
Neuere Erkenntnisse lassen zudem vermuten, dass Vitamin D an der Entwicklung der Muskelkraft beteiligt ist und auch mit Eisen in einem Wirkungsverhältnis steht.

Warum trübe Wintertage depressiv stimmen

Gerade in der lichtarmen und tristen Winterzeit, wenn der Nebel die Sonnenstrahlen am Durchkommen hindert, reicht das Tageslicht zur Produktion von Vitamin D in der Haut oft nicht aus – der ideale Nährboden für Mangelerscheinungen, die sich in sattsam bekannten Phänomenen wie depressiver Stimmung, Pessimismus und Antriebslosigkeit äußern können. Aber auch überzeugte Stubenhocker, die sich nur selten dem Tageslicht aussetzen, sind anfällig. Und in Gegenden mit starkem Smog kann sich die für die Vitaminproduktion wichtige Ultraviolettstrahlung ebenfalls nicht durchsetzen.

Ein Vitamin-D-Mangel kann aber auch körpereigene Gründe haben und die Folge mangelhafter Fettverwertung sein: Ohne Gallensäuren gelangt Vitamin D aus dem Darm nicht ins Blut.

Im sonnigen Süden Vitamin D tanken

Viele Menschen fühlen sich im Urlaub, den sie in südlichen Gefilden verbringen, außerordentlich wohl. Fern von der anstrengenden Arbeit ist das durchaus verständlich. Ein weiterer Grund liegt sicher darin, dass sie durch die dort gnädiger gestimmte Sonne und die weniger verhüllten Körperteile mehr Ultraviolettstrahlung ausgesetzt sind und auf diese Weise ausreichend Vitamin D und damit viel neue Knochensubstanz produzieren.

Dazu muss man nicht unbedingt seinen Urlaub im Süden verbringen. Es hilft bereits, wenn man sich täglich etwa 20 Minuten in der Sonne aufhält oder viel Hautfläche etwa

In diesen Lebensmitteln ist Vitamin D enthalten

Lebensmittel	Mikrogramm (je 100 Gramm)
Lebertran	242
Hering	31
Aal	13
Lachs, geräuchert	12
Ölsardinen	9
Milch	3
Vollkorngetreide	3
Makrele	2
Eier (1 Eigelb)	3
Leber	1

Im Winter Ersatz für den Sonnenschein: Fettreiche Fische – sie sind besonders reich an Vitamin D.

30 Minuten dem hellen Tageslicht aussetzt. Also grünes Licht für Sonnenfans: Personen, die stets sonnengebräunt sind oder häufig ins Bräunungsstudio gehen, müssen entsprechend weniger Vitamin D über die Nahrung zu sich nehmen. Doch Vorsicht: Zu langes Sonnenbaden oder gar ein Sonnenbrand ist unbedingt zu vermeiden.

Versorgung über die Ernährung

Wenn man selten Gelegenheit hat, ein paar Sonnenstrahlen aufzufangen, besteht immerhin noch die Möglichkeit, den Vitamin-D-Bedarf über die Nahrung zu decken. Dazu empfiehlt sich grundsätzlich eine ausgewogene Ernährung mit Betonung auf Fisch (Hering, Sardinen, Makrele, Forelle), Eiern und Milchprodukten. So kann beispielsweise ein Liter Milch genauso gut den Tagesbedarf an Vitamin D decken. Fischlebertran ist übrigens enorm reich an Vitamin D, so dass er weniger als Nahrungsmittel denn vielmehr als Erzeugnis mit therapeutischer, also arzneiähnlicher Wirkung angesehen werden kann.

Gesundheitstipp

Verwenden Sie viel Butter, die Vitamin D enthält, sowie Milch und Milchprodukte. Hin und wieder ein Ei schadet ebenfalls nicht. Vor allem in den lichtarmen Wintermonaten, in denen sich die Sonne nur selten blicken lässt, empfiehlt es sich, von Fleisch und Geflügel auf Kaltwasserfisch wie Kabeljau, Makrele, Heilbutt, Hering, Thunfisch usw. umzusteigen. Essen Sie zwischendurch auch immer wieder mal eine Avocado, die im übrigen wertvolles Eiweiß enthält.

Wann braucht der Körper viel Vitamin D?

- Im Wachstum
- Frauen nach der Menopause
- Wenn Zähne ungesund sind
- Bei depressiven Verstimmungen
- Wenn man morgens keine Euphorie, Tatkraft oder frohe Arbeitsbereitschaft entwickelt
- Wenn man häufig Stresssituationen ausweichen, Konflikten aus dem Wege gehen möchte
- Wenn man überaktiv und rastlos wird, nicht zu innerer Ruhe findet
- In den licht- und sonnenarmen Wintermonaten

Täglich ein Liter Milch empfiehlt sich für Personen, die selten an die Sonne und an die frische Luft kommen.

Schadet zu viel Vitamin D?

Wie bereits erwähnt, ist Vitamin D fettlöslich. Das bedeutet, es kann im Organismus gespeichert werden. Deshalb sollte man das Vitamin wohldosiert einnehmen. Vorsicht ist vor allem bei Vitamin D in Tablettenform geboten. Bei Überdosierung kann es zu Nebenwirkungen wie Übelkeit, Schwäche, Erbrechen und Bewusstseinsstörungen kommen. Das in unseren Hautzellen unter Sonneneinwirkung entstehende Vitamin D kann sich niemals schädlich auswirken. Wer sich allerdings zu wenig in der Sonne aufhalten kann, sollte, um Schäden zu vermeiden, lieber zu Milchprodukten oder gelegentlich zu Fisch statt zu Tabletten greifen.

Warnsymptome

Vitamin-D-Mangel kann folgende Beschwerden verursachen:

- Kurzsichtigkeit
- Muskelschwäche
- Vergrößerte Gelenke
- Gereiztheit
- Nervöse Störungen
- Depressive Verstimmung
- Schlafstörungen
- Eiternde Zähne, Zahnausfall

Der tägliche Bedarf

Der Vitamin-D-Bedarf richtet sich nach Alter und Wachstumsphase. Grundsätzlich gibt man für Kinder, Jugendliche und Erwachsene täglich zwischen fünf und zehn Mikrogramm an. Bei Heranwachsenden kann der Bedarf zehn Mikrogramm übersteigen.

Generell wird dieser Bedarf durch Eigensynthese gestillt. Da Vitamin D im Körper selbst produziert werden kann, stellt der Organismus die entsprechend notwendige Menge zur Verfügung. Auch aus diesem Grund sind Vitamin-D-Präparate normalerweise nicht sinnvoll.

Köstliches aus heimischen Gewässern

Forelle in der Folie

Zutaten für 4 Personen
4 Forellen • 2 Zitronen • Salz
frisch gemahlener weißer Pfeffer
3 Bund frische Kräuter (Zitronenmelisse, Petersilie, Schnittlauch, Estragon, Pimpinelle, Dill)
1 Hand voll Brunnenkresseblättchen • 100 g Butter • Butter zum Einfetten der Folie

Zubereitung

1 Die Forellen ausnehmen, unter fließendem Wasser waschen und mit Küchenpapier trockentupfen. Die Zitronen auspressen. Die Fische innen und außen mit Salz einreiben und mit dem Zitronensaft beträufeln.

2 Die Kräuter waschen, trockenschleudern und fein schneiden. Die Butter in einer Schüssel kräftig schlagen, dabei die Kräuter und die Brunnenkresse einrühren. Die Kräuterbutter mit Salz und Pfeffer würzen und die Forellen damit füllen.

3 Ausreichend Alufolie auf ein Backblech legen und mit Butter bestreichen. Die Forellen darauf legen, mit der Folie umwickeln und im vorgeheizten Backofen bei 180 °C etwa 25 Minuten garen. Die Fische herausnehmen und auf vorgewärmten Tellern anrichten.

Tipp

Dazu schmecken Petersilienkartoffeln oder frisches Weißbrot und ein knackiger Salat. Auch andere Süßwasserfische, insbesondere Saibling und Renke, können auf die gleiche, einfache Art zubereitet werden. Eine gesunde Mahlzeit ergeben sie allemal: Alle in unseren Gewässern lebenden Fische haben einen großen Gehalt an Vitamin D.

Vitamin E – Energie für die Zellatmung

Walnüsse senken aufgrund ihrer hohen Vitamin-E-Konzentration den Cholesterinspiegel im Blut.

Das Vitamin E gehört zu den vielfältigsten Biostoffen unter den Vitaminen und hat im Körper eine Vielzahl von Aufgaben zu erfüllen. Eine davon ist, die Fettsäuren, vor allem die mehrfach ungesättigten Fettsäuren, vor der Zerstörung durch freie Radikale zu schützen. Ungesättigte Fettsäuren sind ein wichtiger Bestandteil der Zellmembranen. Das Vitamin E agiert dabei in regem Wechselspiel mit den weiteren Antioxidanzien, den Vitaminen A und C sowie dem Spurenelement Selen, die der Körper zum Zellschutz braucht.

Zellschutz durch Umwandlung

Heute geht man davon aus, dass eine Zelle täglich bis zu 10 000-mal von freien Radikalen angegriffen wird. Dem setzt der Körper einen ausgeklügelten Abwehrmechanismus entgegen: Sobald ein Vitamin-E-Molekül auf ein freies Radikal trifft, wandelt es dieses in eine ungefährliche Substanz um. Dazu setzt das Vitamin-E-Molekül ein Elektron oder Ion frei, wodurch das freie Radikal entschärft wird. Der dabei entstehende Stoff wird dann in den Nieren abgebaut und mit dem Urin ausgeschieden.

Mangelerscheinungen

Indem Vitamin E die Fettsäuren vor Zerstörung schützt, wirkt es in seiner Eigenschaft als Antioxidans. Sobald dieser Schutz jedoch entfällt, sind die Fettsäuren den freien Radikalen ausgeliefert und werden vernichtet. Zerstörte Fettsäuren wiederum werden ranzig, genauso wie man es von der Butter her kennt. Ranzige Fettsäuren fließen nicht mehr im Blut, sondern werden vom Körper im Gewebe abgelagert, wo sie mit Eiweißstoffen harte Verbindungen eingehen.

Mehrfach ungesättigte Fettsäuren finden sich vor allem in kaltgepressten pflanzlichen Ölen.

Salat enthält eine Vielzahl wichtiger Enzyme, die mit den Vitaminen für einen gesunden Stoffwechsel sorgen.

Typische Anzeichen für oxidierte Fettsäuren (Lipofuszine) sind beispielsweise die so genannten Altersflecken an den Händen. Nicht weiter abbaubare Lipofuszine finden sich an vielen Stellen des Körpers – im Gehirn und im Nervensystem, in der Lunge, den Nieren, Muskeln und anderen Geweben. Wird dem Organismus ausreichend Vitamin E über die Nahrung zugeführt, können die Fettsäuren erst gar nicht oxidiert, also zerstört werden.

Ausreichend Sauerstoff für die Zellen

Die roten Blutkörperchen sind für den Transport des Sauerstoffs zum Herzen und in die Organe verantwortlich. Hierbei werden sie von Vitamin E unterstützt. Der Biostoff fördert somit die Zellatmung und reguliert den Sauerstoffverbrauch. Das Nervensystem und die Muskeln beispielsweise sollen mit möglichst wenig Sauerstoff auskommen, um Ausdauer und Kraft zu gewährleisten.

Sportler pumpen sehr viel mehr Atemluft als notwendig in den Körper. Dieses Übermaß an Sauerstoff kann die Zellen schädigen, weil es Oxidationsvorgänge ermöglicht und sich in freie Radikale, so genannte Sauerstoffperoxide, umwandelt. Sportler sollten deshalb vermehrt auf eine ausreichende Vitamin-E-Versorgung achten.

Die Aufgaben von Vitamin E

Vitamin E wirkt Durchblutungsstörungen entgegen, weil es der Klumpenbildung im Blut vorbeugt. Außerdem ist es ein wichtiger Schutzfaktor für die Drüsen, etwa für die Hirnanhangsdrüse, die Thymusdrüse oder die Nebennierenrinden.

Bei Männern kann sich Vitamin-E-Mangel auf die Spermienproduktion auswirken, die dann reduziert wird und zu Unfruchtbarkeit führt. Bei Frauen wird die Tätigkeit der Gebärmutter beeinträchtigt. Vitamin E ist gemeinsam mit Vitamin A für das Auge notwendig, vor allem in Linse und Netzhaut. Beide Vitamine unterstützen also die Sehkraft.

Entzündungen vorbeugen

Aufgrund falscher Ernährungsweisen neigen wir heute leicht zu Entzündungen. Forscher haben auch in diesem Bereich die Notwendigkeit von Vitamin E nachgewiesen. Das Vitamin ist nämlich in der Lage, die Produktion von Entzündungsstoffen zu unterdrücken. Bei Personen, die zu viel Fleisch essen, wurde eine erhöhte Ausschüttung entzündungsfördernder Stoffe festgestellt.

Die im Fleisch enthaltene Arachidonsäure, eine Fettsäure, ist eine biologische Vorstufe von Prostaglandinen. Wer zu viel Fleisch isst oder zu wenig Vitamin E einnimmt, entwickelt eine zu hohe Konzentration an Arachidonsäure und damit an Entzündungsstoffen.

Erythrozyten schützen

Das Vitamin E agiert vorwiegend in der ölig-feuchten Membranschicht der Körperzellen. Diese Schutzschicht um die Zelle ist die Durchgangsstation für Abermilliarden von Nährstoff- und Hormonmolekülen, die sich dort sammeln, um über ein hochkomplexes Kanalsystem ins Zellinnere geleitet zu werden.

Das Vitamin E fungiert dabei als eine Art Aufpasser, der freie Radikale abfängt und sonstige Schadstoffe

Der Körper nimmt bei sportlicher Betätigung enorm viel Sauerstoff auf. Damit dieser keine Zellschäden verursacht, brauchen Sportler viel Vitamin E.

Der Vitamin-Check-up

FEHLT MIR VITAMIN E?

- ☐ Haben Sie manchmal das quälende Gefühl, dass Ihre Nerven bloßliegen, dass Sie gereizt sind, so dass Sie »an die Decke springen« könnten?
- ☐ Leiden Sie mitunter an Sehschwäche?
- ☐ Neigen Sie zu Schleimhautentzündungen?
- ☐ Ist Ihre Haut welk, Ihr Bindegewebe schlaff?
- ☐ Fühlen Sie sich oft schlapp, hundemüde, kaputt?

Wenn Sie bis zu zweimal mit Ja antworten, fehlt Ihnen möglicherweise Vitamin E – vor allem wenn Sie sich ungesund ernähren und außerdem unter Stress stehen. Haben Sie drei- bis viermal mit Ja geantwortet, ist ein Vitamin-E-Mangel noch wahrscheinlicher. Bei fünfmal Ja sollten Sie in der Küche möglichst nur noch kaltgepresste Pflanzenöle verwenden und Ihre Ernährung auf »kerngesund« umstellen. Vitamin-E-reiche Snacks sind Nüsse, Samen, Kerne. Ebenfalls empfehlenswert: ein Vitamin-E-Präparat aus der Apotheke über einen Zeitraum von 30 oder 60 Tagen gemäß dem Beipackzettel einnehmen.

Statt Süßigkeiten sollte man für den kleinen Hunger zwischendurch lieber ein paar Nüsse wählen.

daran hindert, ins Zellinnere zu gelangen. Vor allem sind die Erythrozyten gefährdet, die roten Blutkörperchen, deren Zellhaut besonders empfindlich und verletzlich ist. Werden sie nicht vollständig von Vitamin-E-Molekülen umringt, können freie Radikale sie beschädigen. Daraufhin verändern Erythrozyten ihre Struktur, das Protein in ihrer Zellhaut verklebt, und der Sauerstoff kann nicht mehr zu den Zellen transportiert werden.

Pro Kubikmillimeter Blut verfügen wir über etwa fünf Millionen rote Blutkörperchen. Fehlt der Schutz von Vitamin E, ist nur noch ein Teil dieser Menge voll funktionsfähig. Deshalb verändert sich auch unser Blutbild stündlich, je nachdem, wie viel Vitamin E oder andere Schutzstoffe wir zu uns nehmen.

Alkohol und Zigaretten zerstören Erythrozyten

Nach einer durchfeierten Nacht mit starkem Alkohol- und Zigarettenkonsum fühlen wir uns auch deshalb hundemüde, weil Milliarden roter Blutkörperchen zerstört wurden.

In diesen Lebensmitteln ist Vitamin E enthalten

Lebensmittel	Milligramm (je 100 Gramm)
Sonnenblumenöl	55,0
Sojaöl	29,0
Mandeln	25,0
Walnüsse	20,8
Margarine	13,5
Erdnüsse	8,8
Butter	1,6
Vollkorngetreide	1,6
Eier	1,2

Derart schädigende Nebenwirkungen kann man schon im Voraus ein wenig abmildern:

Wer lange Nächte vor sich hat, sollte einen Esslöffel Sonnenblumenöl zu sich nehmen. Damit hilft man den roten Blutkörperchen, ihre Zellmembran zu schützen.

Wer regelmäßig Alkohol trinkt, sollte dem Körper grundsätzlich mehr Vitamine in Form von Rohkost, wie beispielsweise frischem Salat oder Nüssen, zuführen und sich vollwertig ernähren.

Küchentipp

In Pflanzenölen sind die verschiedenen Vitamin-E-Moleküle (Tokopherole) in hohen Konzentrationen zu finden. Wer regelmäßig Sonnenblumenöl, Sojaöl oder kaltgepresstes Olivenöl verwendet, sorgt für eine ausreichende Vitamin-E-Zufuhr. Der Biostoff wirkt bereits im Pflanzenkeim, wo er die mehrfach ungesättigten und äußerst verletzlichen Fettsäuren vor Oxidation schützt. Das Alpha-Tokopherol, das für unsere Gesundheit wichtigste Vitamin E, ist vorwiegend in kaltgepressten Pflanzenölen, Samen und Nüssen vorhanden. Die Tokopherole in der Margarine hingegen sind nicht so gut, weil sie um etwa ein Viertel weniger wirksam sind.

Wer seiner Gesundheit etwas Gutes tun will, sollte auf industriell zubereitete Speiseöle verzichten. Durch den Verfeinerungsprozess werden bis zu zwei Drittel des natürlichen Vitamins zerstört. Tokopherole bleiben zwar bis etwa 200 °C hitzestabil, bei wiederholtem Erhitzen geht jedoch der Großteil des Vitamins verloren. Kaltgepresste Pflanzenöle sollten daher immer nur einmal und äußerst schonend erhitzt werden.

Wann braucht der Körper viel Vitamin E?

- Bei anhaltenden Durchblutungsstörungen
- Bei hohen Blutfett- und Cholesterinwerten
- Als Vorbeugung gegen altersbedingte Beschwerden
- Als Vorbeugung gegen entzündliche Prozesse
- Für das Wachstum im Kindesalter
- Bei starkem körperlichem Stress
- Wenn man sich – berufsbedingt oder leichtsinnigerweise – vorwiegend von Kantinenkost oder Fastfood ernährt
- Bei Kribbeln oder Taubheitsgefühlen in Armen und Beinen

Schadet zu viel Vitamin E?

Vitamin E kann negative Nebenwirkungen haben, wenn es z. B. als synthetisch hergestellte Nährstoffergänzung in Kapselform in hoher Dosierung über einen längeren Zeitraum eingenommen wird. Dann kann sich das Vitamin in ungesunder Form in den Körperzellen ansammeln. Als Folge davon wird der Vitamin-K-Stoffwechsel gestört. Weil Vitamin K für die Blutgerinnung

Vollkorngetreide enthält zwar im Vergleich zu Pflanzenöl und Nüssen nur einen geringen Vitamin-E-Anteil, trotzdem lässt sich damit ein großer Teil des täglichen Bedarfs decken.

unerlässlich ist, kann es zu Gerinnungsstörungen und schlecht heilenden Wunden kommen.

Der tägliche Bedarf

Kinder bis zu 14 Jahren sollten je nach Alter sechs bis zwölf Milligramm zu sich nehmen. Für Erwachsene liegt die empfohlene Menge bei 13 Milligramm. Schwangere und stillende Frauen benötigen etwas mehr, nämlich bis zu 16 Milligramm.

Dennoch glauben Forscher, dass auch diese Menge für die Abwehr freier Radikale nicht ausreicht. Wie hoch die tatsächliche Tokopherolkonzentration in den Zellen ist, bleibt bei Untersuchungen unberücksichtigt. Dieser Wert ist von Person zu Person unterschiedlich, je nachdem, in welchem Ausmaß man Schad- und Giftstoffen ausgesetzt ist. Wer zu viel Fett statt ballaststoffreicher Kohlenhydrate in Gemüse und Vollkorn isst, braucht auf alle Fälle mehr Vitamin E.

Auch unsere viel zu mangelhafte Versorgung mit dem Entgifter Selen erfordert höhere Dosierungen von Vitamin E. Selbst Gesundheitsbewusste, die nur Pflanzenöle verwenden, sollten zusätzlich Vitamin E zuführen, um hochkomplizierte Fettsubstanzen vor der Zerstörung durch freie Radikale zu schützen. Aus diesem Grund empfehlen Biochemiker inzwischen eine tägliche Einnahme von 15 Milligramm Vitamin E.

Warnsymptome

Vitamin-E-Mangel kann folgende Beschwerden verursachen:

- Altersflecken
- Schlecht heilende Wunden
- Welke Haut
- Herzkrankheiten
- Müdigkeit, Leistungsschwäche
- Nervöse Reizbarkeit
- Sehschwäche
- Entzündungen im Magen-Darm-Bereich
- Unfruchtbarkeit

Schmackhafte vegetarische Küche

Buchweizen mit Tofu

Zutaten für 4 Personen

2 Tassen Buchweizen • 7 EL Öl
1 TL Salz • 1/2 TL Muskatpulver
1 TL Majoran • 1 TL Thymian
1 große weiße Zwiebel, • 2 grüne, 1 rote, 1 gelbe Paprikaschote
3–4 Tomaten • 1 TL gekörnte Gemüsebrühe • 2 EL Tamari
8 Scheiben Tofu • 1/4 TL Pfeffer

Zubereitung

1 Den Buchweizen zwei- bis dreimal waschen und gut abtropfen lassen.
2 In einer Kasserolle 1 Esslöffel Öl erhitzen, den Buchweizen darin anbraten und mit 6 Tassen Wasser ablöschen; die Gewürze dazugeben und 5 Minuten bei starker Hitze kochen lassen. Weitere 20 Minuten auf der heißen Kochstelle ausquellen lassen.
3 In der Zwischenzeit für das Mischgemüse Zwiebel und Paprika säubern, in große Würfel schneiden und in 1 Esslöffel Öl anbraten.
4 Die Tomaten mit kochendem Wasser überbrühen, häuten und klein geschnitten zum Paprikagemüse geben.
5 Mit der gekörnten Gemüsebrühe würzen und 10 Minuten bei schwacher Hitze dünsten.
6 4 Esslöffel Öl und Tamari zu einer Marinade verrühren, die Tofuscheiben darin wenden.
7 Den Tofu pfeffern und in dem restlichen Öl auf beiden Seiten goldbraun braten.
8 Den gebratenen Tofu zusammen mit dem Buchweizen und dem Mischgemüse noch heiß servieren.

Vitamin B1 – Vitalität mit Thiamin

Pistazien, hierzulande eine Delikatesse, werden in der arabischen Küche häufig verwendet.

Nervenärzte beobachten immer häufiger, dass Patienten, die neu zu ihnen kommen, viel zu wenig Vitamin B1 (Thiamin) im Blut haben. Bei den meisten von ihnen ist der Thiaminspiegel oftmals seit Jahren niedrig, was sich im Zustand der Nerven niederschlägt.

Die Symptome und Beschwerden sind bei nahezu allen gleich: Es fängt an mit ständiger, quälender Müdigkeit, erhöhter Reizbarkeit, Appetitmangel, Vergesslichkeit und Konzentrationsschwäche. Später folgen Schlafstörungen, Mutlosigkeit – und erste wirklich gefährliche Warnzeichen: Prickeln und Nadelstiche in den unteren Gliedmaßen, Herzflattern und Verwirrtheitszustände.

Der eigentliche Auslöser dieser Beschwerden wird beim normalen Hausarzt häufig nicht diagnostiziert. Der Patient bekommt ein Rezept und holt sich in der Apotheke Tropfen und Tabletten, die lediglich die Symptome seiner Leiden bekämpfen, nicht aber die Ursache.

Obst und Vollkornnahrung sind für die Vitaminaufnahme im Körper unentbehrlich.

In den meisten Fällen sorgt hier Thiamin, das Vitamin, auf das die Nervenzellen angewiesen sind, für schnelle Abhilfe.

Im Darm wird Vitamin B1 schnell aufgenommen und von dort über die Blutbahn zur Leber transportiert, wo es zusammen mit dem Spurenelement Mangan und speziellen Proteinen (Eiweißstoffen) Enzyme bildet.

Glukose für die Gehirnzellen

Milliarden solcher Enzyme spalten dann in Akkordarbeit rund um die Uhr die in der Nahrung enthaltenen Kohlenhydrate zu Glukose. Im Gegensatz zu allen anderen Körperzellen, die zusätzlich auch Fett und Eiweiß zu Energie verwerten können, sind Gehirn- und Nervenzellen heikel: Sie akzeptieren nur Glukose und lassen z. B. Fettmoleküle erst gar nicht in das Zellinnere vordringen.

Baustoffe für die Nervenzellen

Wenn Nervenzellen nicht fortlaufend mit Glukose versorgt werden, quellen sie auf, um über die größere Außenfläche Kontakt zu zusätzlichen Arteriolen, den allerwinzigsten Blutgefäßen, zu bekommen. Dies ist etwa vergleichbar mit der Schilddrüse, die sich zum Kropf aufbläht, wenn sie nicht ausreichend Jod zur Hormonbildung bekommt.

Ursachen von Reizzuständen

Bei vergrößerten Nervenzellen verringert sich die Glukoseverwertung um bis zu 60 Prozent. Die schützende Myelinschicht der Nervenzelle dehnt sich aus und verliert dadurch ihre natürliche Konsistenz und Viskosität. Letztere ist der ganz bestimmte Flüssigkeitsgrad, den das darin enthaltene Cholesterin sowie die Phosphor- und Eiweißstoffe haben müssen. Die Folge: »bloßliegende«, reizbare Nerven.

Das Thiaminmolekül, das hier helfen könnte, ist allerdings auch äußerst leicht angreifbar und verletzlich. Es wird durch lange Lagerung, Hitze und durch Gefrieren zerstört, ebenso durch ein bestimmtes Enzym, das u. a. in rohem Fisch, in Austern oder anderen Schaltieren enthalten ist. Nikotin, Alkohol und der übermäßige Genuss von Zucker sorgen für einen zusätzlichen Thiaminentzug im Körper.

30 Milligramm Thiamin im Körper sind genug

Weil viele Menschen in den westlichen Ländern so gern Weißbrot anstatt Vollkornbrot oder vollwertiger Lebensmittel essen, ist es nicht verwunderlich, dass sogar schon Kinder an Thiaminmangel leiden. 30 Milligramm dieses wertvollen Nervenvitamins sollte jeder Mensch ständig im Körper vorrätig haben. Weil Thiamin jedoch nur dann gespeichert werden kann, wenn es an Enzyme gebunden ist, lassen sich keine Depots anlegen. Werden über

Vollkornnudeln sind besonders nährstoffreich und wesentlich gesünder als Eiernudeln.

die tägliche Nahrung weniger als die nötigen 1,0 bis 1,5 Milligramm pro Tag zugeführt, ist es um unser Nervensystem bald schlecht bestellt.

Thiamin wird schnell zerstört

Je nach Art der Zubereitung verlieren Lebensmittel bis zu 70 Prozent ihres Thiaminanteils. Tiefgefrorener Spinat hat im Gegensatz zu frischem Spinat bereits die Hälfte seines Vitamin-B1-Gehalts verloren.

Auch beim Toasten von Brot gehen innerhalb einer Minute bis zu 30 Prozent aller Thiaminmoleküle verloren. Und schließlich können so genannte Tannine, also natürliche pflanzliche Gerbstoffe, die in Wein oder Tee vorkommen, das Vitamin oxidieren. In Gegenden, in denen starker Teekonsum herrscht, leidet die Bevölkerung deshalb auch vermehrt unter Vitamin-B1-Mangelerscheinungen. »Bei uns in Thailand ist Thiaminmangel immer noch ein ganz großes Problem«, erklärt Dr. T. Kositawattanakul von der Nahidol-Universität in Thailands Hauptstadt Bangkok. »Hauptursachen sind die Gewohnheit des Teetrinkens und das Kauen der tanninhaltigen Teeblätter.«

Die sehr hohe Kindersterblichkeit in der Dritten Welt geht im Übrigen häufig auf Vitaminmangel zurück.

In diesen Lebensmitteln ist Vitamin B1 enthalten

Lebensmittel	Milligramm (je 100 Gramm)
Sonnenblumenkerne	1,95
Weizenkeime	1,76
Pistazien	0,74
Schweineschinken	0,68
Buchweizen	0,58
Vollkorngetreide	0,54
Haselnüsse	0,43
Naturreis	0,40
Grüne Erbsen	0,28
Leber	0,26
Kartoffeln	0,12

Gerichte mit Vollkorn- bzw. Wildreis oder Hülsenfrüchten wie Erbsen, sind eine thiaminreiche Abwechslung auf dem Speisezettel.

Eiweiß- und Cholesterinmüll im Gehirn

Wenn es im Gehirn an Thiamin mangelt, sterben bestimmte Neuronen in Massen ab. Die Gedanken quälen sich mühsam voran, und man kann sich nicht einmal mehr eine Telefonnummer merken.

Wird der Thiaminspiegel daraufhin nicht wieder aufgefüllt, verkrusten ganze Kolonien abgestorbener Zellen zu so genannten Amyloiden (Cholesterin- und Eiweißmüll). Dies wiederum erhöht das Risiko, die gefürchtete Alzheimerkrankheit zu bekommen.

Wunden heilen leichter

Wenn manche Wunden nur sehr langsam verheilen, dann kann auch dies auf einen Thiaminmangel hinweisen. Thiamin beschleunigt die Wundheilung, kurbelt den Zellstoffwechsel an und ist schmerzlindernd.

Radikale Diäten führen zu Vitamin-B1-Mangel

Frauen, die um jeden Preis ihre schlanke Linie halten wollen, leiden häufig unter Vitamin-B1-Mangel. »Ausreichend Thiamin kann man natürlich nur aufnehmen, wenn man auch isst«, so Dr. Robert E. Keith von der Abteilung für Ernährung an der Auburn-Universität in Alabama (USA). »Kalorienreduzierte Diäten führen deshalb fast immer zu nervösen Störungen. Viele Frauen, die abnehmen wollen, essen Salat, aber der enthält nicht viel Thiamin.« Bei einer Diät ist Vollwertkost daher besonders wichtig.

Vitamin B 1 in der Muttermilch

Säuglinge erhalten mit der Muttermilch alle lebensnotwendigen Nährstoffe und Vitamine in weitaus ausgewogenerem Maß als etwa über Fertigmilch. Bei einem Vitamin-B1-Mangel der Mutter hingegen sind sie einer besonderen Gefahr ausgesetzt: Sie können an Beriberi erkranken, einer schweren Mangelkrankheit, die, sofern sie nicht rechtzeitig erkannt und behandelt wird, tödlich verlaufen kann. Solange eine Frau ihr Baby stillt, sollte sie unbedingt auf eine ausreichende Thiaminversorgung ihres Körpers achten.

Vorsicht beim Abnehmen: Einseitige Diäten führen zu Vitamin- und Mineralstoffmangel. Deshalb sollte man bei reduzierter Kost besonders auf vollwertige Ernährung achten.

Der Vitamin-Check-up

FEHLT MIR VITAMIN B1?

- ☐ Haben Sie manchmal Taubheitsgefühle, oder spüren Sie ein Kribbeln in Händen und Beinen?
- ☐ Werden Sie am späten Vormittag oder am späten Nachmittag schnell nervös?
- ☐ Leiden Sie unter einer unerklärlichen Müdigkeit? Fehlt Ihnen oft der Appetit?
- ☐ Leiden Sie häufig unter Verdauungsstörungen, vor allem an einem Wechsel von Durchfall und Verstopfung?

Ein- oder zweimal Ja bedeutet, dass es um die Vitamin-B1-Versorgung in Ihrem Körper schon recht dürftig aussieht. Haben Sie dreimal mit Ja geantwortet, müssen Sie unbedingt mehr von diesem lebensnotwendigen Vitamin einnehmen, z. B. in Form von Bierhefe, Weizenkeimen oder Melasse. Viermal mit Ja geantwortet, wird es höchste Zeit, die Ernährung umzustellen. Wichtig: viel Getreide, Naturreis, Nüsse, grüne Erbsen. Wenn Sie zwischendurch der kleine Hunger plagt, hilft eine Hand voll Sonnenblumenkerne.

Wann braucht der Körper viel Vitamin B1?

- Wenn man unruhig, nervös, gereizt ist oder generell unter Nervenschwäche leidet
- Ab dem 35. Lebensjahr, denn mit steigendem Alter benötigt der Körper mehr Vitamin B1
- Bei Vergesslichkeit, Gedächtnisschwäche, Konzentrationsmangel
- Wenn man krank und über längere Zeit bettlägerig ist
- Bei starkem beruflichem oder privatem Stress

- Wenn es in den Armen, Beinen oder Füßen kribbelt oder zu Taubheitsgefühlen kommt
- Bei Muskelschwäche
- Bei Einschlafstörungen

Schadet zu viel Vitamin B1?

Grundsätzlich kann zu viel Thiamin nicht schaden. Als wasserlösliches Vitamin wird es nicht im Körpergewebe gespeichert, sondern mit dem Harn ausgespült. Es kann somit nicht zu toxischen (giftigen) Anreicherungen kommen. Wer seinem Stoffwechsel Thiamin zuführen möchte, sollte auf Bierhefe zurückgreifen, die neben Thiamin auch andere B-Vitamine in hoher Konzentration enthält. Natürliches Vitamin B1 ist für den Körper leichter abbaubar als synthetisches.

Der tägliche Bedarf

Der Körper ist ausreichend mit Vitamin B1 versorgt, wenn man täglich etwa 1,3 Milligramm zu sich nimmt. Schwangere sollten 1,5 Milligramm zu sich nehmen, stillende Mütter benötigen 1,7 Milligramm.

Warnsymptome

Vitamin-B1-Mangel kann folgende Beschwerden verursachen:

- Aggressivität
- Appetitmangel
- Depressive Verstimmungen
- Herzrhythmusstörungen
- Konzentrationsmangel
- Ständige Müdigkeit
- Kribbeln in Armen und Beinen
- Nervenschwäche und leichte Reizbarkeit
- Schlafstörungen
- Schweratmigkeit
- Verstopfung

Fitmacherfrikadellen

Grünkernbratlinge auf Sellerieschnitzel

Zutaten für 4 Personen
Bratlinge: *300 g Grünkern • 1 mittelgroße Zwiebel • Öl • 100 g getrocknetes Suppengemüse*
250 g Quark • 1 Bund Petersilie
2 TL Salz • 1 TL Pfeffer • 1 EL Majoran • 1 TL Thymian • Knoblauch nach Geschmack • Semmelbrösel nach Bedarf
Sellerieschnitzel: *2 kleine Sellerieknollen • Salz • Pfeffer • Öl*
Kräuterbutter

Zubereitung

1 Das Getreide mittelgrob schroten und aussieben. Den mehligen Anteil können Sie als Bindemittel für eine feine Sauce verwenden.

2 Die Zwiebel schälen und klein hacken.

3 Schrot und Zwiebeln in Öl anrösten, 1/4 Liter Wasser und das klein geschnittene Suppengemüse dazugeben und unter Rühren bei kleiner Hitze 5 bis 10 Minuten kochen lassen.

4 So viel Wasser zugießen, dass ein sehr fester Brei entsteht, Quark zufügen.

5 Petersilie waschen, trockenschleudern und fein hacken. Mit sämtlichen übrigen Gewürzen unter das Schrot mischen. Die Semmelbrösel zufügen.

6 Aus der Masse Bratlinge formen und entweder im Backofen auf einem gut gefetteten Backblech bei 180 °C ca. 45 Minuten backen oder in Öl in der Pfanne ausbacken, dabei ab und zu wenden.

7 Sellerieknollen schälen und in 1 Zentimeter dicke Scheiben schneiden. In Salzwasser al dente kochen, abtropfen lassen und mit Salz und Pfeffer einreiben. Mit Öl bepinseln und auf beiden Seiten kurz grillen. Die vorbereiteten Bratlinge ebenfalls kurz auf den Grillstein oder Rost legen.

8 Jeweils einen Bratling auf eine gebratene Selleriescheibe legen, Kräuterbutter darauf geben und servieren.

Vitamin B6 – Wunderwaffe gegen Stress

Beim Vitamin B6 unterscheidet man zwischen drei Arten: dem pflanzlichen Pyridoxin und den an Phosphor gebundenen tierischen Formen Pyridoxal und Pyridoxamin.

Der Stoffwechsel des menschlichen Organismus nimmt das Vitamin in der Hauptsache in seiner pflanzlichen, phosphorfreien Version auf. Beim Eintritt in die Körperzellen wird auf das pflanzliche Vitamin B6 eine Phosphatgruppe übertragen (Phosphorylierung). Dadurch wird es für die Produktion von Enzymen aufgeladen. Tierisches Vitamin B6 hingegen wird im Darm erst einmal vom Phosphor befreit und dann weitergeleitet. Laut neuesten Erkenntnissen der Biochemie ist der menschliche Darm in der Lage, Vitamin B6 in geringen Mengen mit Hilfe bestimmter Bakterien selbst herzustellen.

Regulativ für den Eiweißstoffwechsel

Die Haupttätigkeit des Pyridoxins liegt in der Belieferung der Leber mit Enzymen (Transaminasen). Diese regeln die Stoffwechselverwertung von Eiweiß. Sie helfen, aus den 20 im Organismus vorhandenen Eiweißbausteinen, den Aminosäuren, verschiedenste langkettige Sequenzen (Proteine, Peptide und Polypeptide) zu bilden. Fehlt Vitamin B6, wird der Stoffwechselprozess der Aminosäuren unterbrochen, und es kommt zu Eiweißmangel.

Nimmt man jedoch zu viel Eiweiß zu sich, wird für die Verwertung dieser massiven Eiweißzufuhr sämtliches Pyridoxin aus dem Darm, der Leber und den Zellen gesogen, und das Vitamin B6 fehlt an anderen wichtigen Stellen.

Steht man unter Stress, sei er körperlich oder seelisch bedingt, dann pumpen die Nebennierenrinden Stresshormone (so genannte Glukokortikoide) in den Blutkreislauf. Die Glukokortikoide steigern den Eiweißstoffwechsel, damit der Körper mit dem Stress fertig werden kann.

Kalbsleber verfügt unter den Innereien über den weitaus höchsten Anteil an Vitamin B6.

Avocados sind reich an der mehrfach ungesättigten Fettsäure Linol sowie an Mineralstoffen und Vitaminen. Das macht sie zu einem bewährten ergänzenden Therapeutikum bei vielen Hautkrankheiten.

Dabei werden die allerletzten Vitamin-B6-Reserven mobilisiert, und der vielseitige Biostoff steht für die rund 120 anderen Aufgaben im Körper nicht mehr zu Verfügung. Das Zusammenspiel zwischen Pyridoxin und Eiweißverwertung im menschlichen Organismus ist also sehr komplex und leicht zu stören.

Formen von Aminosäuren

Die einzelnen Aminosäuren haben unterschiedliche Qualitäten, d. h., sie setzen sich jeweils zu eigenen Proteinen zusammen, die wiederum vollkommen verschiedene Aufgaben in unserem Organismus erfüllen.

Die Diagnose »Eiweißmangel« ist letztlich undifferenziert, denn sie weist allenfalls auf einen Mangel an verschiedenen Aminosäuren hin. Dabei sollte man zwischen folgenden Arten unterscheiden:

- Aminosäuren, die für Gehirn und Nerven lebensnotwendig sind, wie Phenylalanin, Tyrosin, Tryptophan, Methionin und Histamin
- Aminosäuren, wie Prolin oder Zystein, die vom Bindegewebe gebraucht werden
- Muskelaminosäuren, zu denen Valin, Isoleuzin oder Leuzin zählen

Stress und seine Folgen

Je stärker der Körper Stress ausgesetzt ist, desto mehr kurbeln die Enzyme den Eiweißstoffwechsel an. Die so genannten biogenen Amine aus den Eiweißbausteinen, also aktives Eiweiß, zirkulieren dann im Blut. Weil sich die meisten Menschen heute sehr wenig bewegen, reichen die Muskelaminosäuren im Nahrungseiweiß in der Regel aus. Da wir in der westlichen Gesellschaft jedoch bis zu 70-mal mehr seelischem und nervlichem Stress ausgesetzt sind als dies früher der Fall war, ist unser Eiweißbedarf trotzdem sehr hoch. An manchen Tagen mag dann zwar genügend Eiweiß vorhanden sein, meistens fehlt jedoch Vitamin B6, um dieses auch verwerten zu können.

Pyridoxin härtet ab

Stressforscher in den USA vermuten die Ursache für Erschöpfungssymptome auch in einem Mangel an Vitamin B6. Pyridoxin allein schafft je-

Je kleiner die Banane, desto süßer schmeckt sie. Bananen versorgen uns mit 0,34 Milligramm Vitamin B6 je 100 Gramm Fruchtfleisch.

doch keine Abhilfe, denn das Vitamin kann nur im Zusammenspiel mit Vitamin B2 (Riboflavin) sein kräftigendes Potenzial voll entfalten. Inzwischen stellen die Wissenschaftler sogar die bisher geltenden Richtwerte infrage. Sie gehen davon aus, dass der Körper wesentlich mehr dieses Biostoffs benötigt als man bisher angenommen hat.

Gestärktes Immunsystem

Pyridoxin erfüllt innerhalb des Eiweißstoffwechsels eine weitere wichtige Aufgabe: Es ist mit am Aufbau der Abwehrkörper des Immunsystems beteiligt. Fehlt der Biostoff, sind die Antikörper nicht voll funktionsfähig. Außerdem schrumpft bei Vitamin-B6-Mangel die Thymusdrüse, die maßgebliche Schaltzentrale für das Abwehrsystem. Zumal dieses Organ mit zunehmendem Alter ohnehin an Größe verliert, sollte man das Immunsystem durch ausreichende Vitamin-B6-Zufuhr vorsorglich unterstützen.

Frauen in den Wechseljahren

Nach der Menopause sollten Frauen Pyridoxinmangel vermeiden, da dieses Vitamin auch dem fortschreitenden Knochenabbau entgegenwirkt. Gemeinsam mit Vitamin B12 und Folsäure unterstützt Pyridoxin die Umwandlung des Eiweißbausteins Methionin in die Aminosäure Zystein, die der Körper wiederum für die Kräftigung des Bindegewebes braucht.

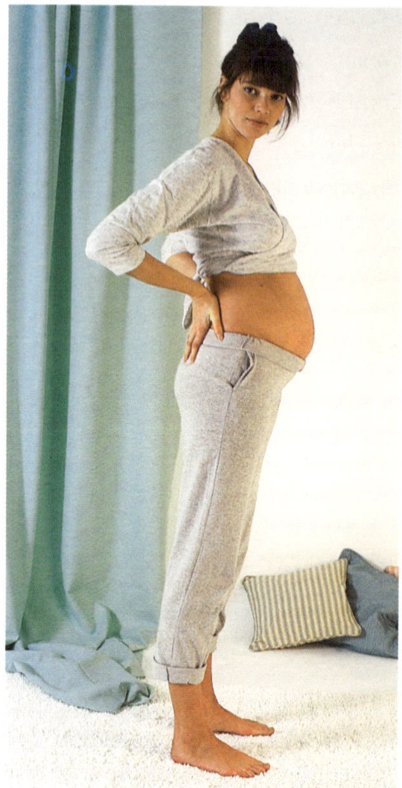

Pyridoxin ist auch für die Zellteilung wichtig. Deshalb haben Frauen während der Schwangerschaft einen erhöhten Vitamin-B6-Bedarf.

Osteoporose vorbeugen

Fehlen die Vitamine und Folsäure, stellt der Körper statt Zystein aus den vorhandenen Stoffen das so genannte Homozystein her. Dieser Stoff ist für die Schwächung des Knochenaufbaus verantwortlich. Das Homozystein hemmt den Kollagenstoff-

Der Vitamin-Check-up

FEHLT MIR VITAMIN B6?

- ☐ Sind Sie morgens, nach dem Aufstehen, oft müde und bedrückt?
- ☐ Leiden Sie manchmal unter Schwindelgefühlen, oder sind Sie sehr wetterempfindlich?
- ☐ Haben Sie gelegentlich rissige, gesprungene Mund- oder Augenwinkel?
- ☐ Sind Sie öfter depressiv, insbesondere wenn Sie nachts zwischen drei und vier Uhr wach sind?
- ☐ Leiden Sie unter Haarausfall?

Wenn Sie ein- oder zweimal mit Ja antworten, ist Ihr Vitamin-B6-Haushalt bereits gestört. Wenn Sie drei- bis viermal mit Ja antworten, steht es schlecht um Ihren Eiweißstatus. Sie müssen Abhilfe schaffen – durch Umstellung auf eine gesunde Basiskost. Bei fünfmal Ja braucht Ihr Organismus eine Vitamin-B6-Frischekur: viel Soja-/Tofuprodukte, Nüsse, Samen, Kerne und Bananen als Snack gegen den kleinen Hunger.

wechsel und begünstigt damit den Abbau der Knochenmasse. Den Krankheiten Osteoporose und Arteriosklerose kann deshalb weitgehend vorgebeugt werden, wenn dem Organismus ausreichend Vitamin B6 zur Verfügung steht.

Wirkung im Gehirn

Experten sind sich mittlerweile darüber einig, dass Pyridoxin auch im Gehirnstoffwechsel eine zentrale Rolle spielt. Diese Funktion des Vitamin B6 hatte man bislang kaum zur Kenntnis genommen.

Der kanadische Psychiater und Forscher Dr. Abram Hoffer vertritt die These, dass rund drei Viertel der psychisch Kranken unter chronischem Vitamin-B6-Mangel leiden. Davon betroffen seien vor allem Schizophreniepatienten.

Gleichgewicht für die Mineralien

Pyridoxin verfügt über ein ausgesprochen weites Wirkungsfeld. Neben seinen vielfältigen Aufgaben im Stoffwechsel sorgt es auch für das Gleichgewicht zwischen Natrium und Kalium in den Körperflüssigkeiten. Dies ist vor allem für das Nervensystem wichtig, denn Natriumionen steuern in den Nervenzellen der Muskeln die Impulse.

Natrium ist ein Bestandteil des Kochsalzes und bindet in der Körperzelle Wasser. Bei zu salzhaltiger Ernährung oder Vitamin-B6-Mangel kommt es zu Wasseransammlungen (Ödemen) in den Beinen, im Gesicht oder in den Händen. Wasser staut sich aber auch im Bindegewebe von Bauch und Oberschenkeln, so dass statt mancher Abmagerungskur eher eine behutsame Entwässerung angebracht wäre.

In den unzähligen Kanälen des Darms steuert das Natrium den Übertritt der Nährstoffe ins Blut. Nach einem salzigen Essen werden Billionen Wassermoleküle gebunden. Schon eine zu salzige Mahlzeit genügt, um im Bauchgewebe einen Liter Wasser zurückzuhalten.

Wenn Eiweiß nicht verwertet wird

Wenn aufgrund falscher Ernährung mit überwiegend fetthaltiger und süßer Kost Vitamin B6 fehlt, können die Aminosäuren im Körper nur zum kleinsten Teil verwertet werden. Das an sich hochaktive Eiweiß verkommt, wird zum Abfallprodukt und belastet den Organismus. Dies gilt insbesondere für jene Eiweißbausteine wie Tryptophan, Methionin und Glyzin, die im Hirn-, Nerven- und Hormonstoffwechsel die psychische Befindlichkeit, die Tatkraft sowie den Optimismus beeinflussen.

Sojabohnen enthalten hochwertiges Eiweiß, das besonders für Vegetarier unverzichtbar ist. Der Eiweißstoffwechsel funktioniert jedoch nur, wenn genügend Vitamin B6 vorhanden ist.

Stabiles Nervensystem

Die Nervenzellen sind auf eine ausreichende Zufuhr von Glukose angewiesen, um stabil und gesund zu bleiben. Das Vitamin B6 stimuliert diese Glukoseversorgung. Schätzungsweise drei Viertel der Menschen in den Industrienationen leiden unter ernährungsbedingtem Glukosemangel im Blut, dem so genannten Unterzucker (Hypoglykämie). Werden die Nervenzellen nicht ausreichend mit Glukose versorgt, treten Symptome wie ständige Müdigkeit, Nervenschwäche, Mutlosigkeit und Antriebsarmut auf. Der Blutdruck sinkt, außerdem kommt es zu Schlafstörungen und der zunehmenden Unfähigkeit, den Anforderungen des Alltags zu begegnen. Davon betroffen sind häufig Schwangere und Frauen während der Tage vor ihrer Regelblutung.

In diesen Lebensmitteln ist Vitamin B6 enthalten

Lebensmittel	Milligramm (je 100 Gramm)
Leber	0,90
Sojabohnen	0,86
Weizenkeime	0,72
Walnüsse	0,68
Avocado	0,50
Fisch	0,39
Bananen	0,34
Muskelfleisch	0,30
Spinat	0,25
Vollkorngetreide	0,17
Geflügel	0,17

Vorsicht bei Diäten

Vitamin B6 sollte täglich über die Nahrung zugeführt werden, weil dieser Biostoff im Körper nicht gespeichert werden kann. Radikale Abmagerungskuren bringen häufig einen Pyridoxinmangel mit sich. Wer sich einer strengen Diät unterzieht, sollte deshalb unbedingt für eine zusätzliche Vitamin-B6-Zufuhr sorgen. Dazu bietet sich vor allem die nährstoffreiche Bierhefe an (erhältlich in Apotheke, Supermarkt oder Reformhaus).

Grundsätzlich kann man mit einem Müsli, möglichst aus selbst gemahlenem Getreide, den Tagesbedarf an Vitamin B6 sicherstellen.

Naturbelassene Lebensmittel

Bekanntlich wirken die B-Vitamine nicht in ihrer vereinzelten Form, sondern im gemeinsamen Zusammenspiel. Deshalb sind sie in ihrer natürlich vorkommenden Kombination auch am verträglichsten.

Bei der Mehlherstellung wird praktisch jede Pyridoxinspur entfernt, weswegen Mitteleuropäer fast durchgehend unter Vitamin-B6-Mangel leiden. Weil das Vitamin in der Leber nicht gespeichert und schon acht Stunden nach der Einnahme über den Urin wieder ausgeschieden wird, sollte die Nahrung möglichst vollwertig und naturbelassen sein. Frisches gemahlenes Vollkorngetreide ist deshalb mit am gesündesten.

Kantinenessen wird oftmals mit zu viel Salz zubereitet. Vitamin B6 kann den schädlichen Folgen entgegenwirken.

Wann braucht der Körper viel Vitamin B6?

- In körperlichen und mentalen Stresssituationen, z. B. bei Kummer, Sorgen, Problemen
- Bei einem zu niedrigen Blutzuckerspiegel (typisches Symptom: chronische Müdigkeit, nervöse Schwäche)
- Bei mangelnder Vitalität, depressiver Stimmungslage
- Bei Herzbeschwerden
- Frauen brauchen das Vitamin in höheren Konzentrationen in den Tagen vor der Regel, wenn sie die Pille einnehmen und während der Schwangerschaft

Schadet zu viel Vitamin B6?

Nach neuesten Erkenntnissen geht man jetzt davon aus, dass zu viel Vitamin B6 auch schädliche Nebenwirkungen haben kann. Noch vor wenigen Jahren glaubten die Zellforscher, alle B-Vitamine seien aufgrund ihrer Wasserlöslichkeit auch in höheren Dosierungen unschädlich.

Inzwischen weiß man, dass sich Vitamin B6 im Gewebe ablagern kann, wenn es in Tablettenform über einen längeren Zeitraum eingenommen wird. Das liegt vor allem daran, dass der Körper synthetisch hergestellte Vitamine anders verarbeitet als natürliche. Über die Nahrung zugeführtes Pyridoxin kommt dagegen in ungefährlichen, niedrigen Dosierungen vor.

Warnsymptome

Vitamin-B6-Mangel kann folgende Beschwerden verursachen:

- Anhaltende Müdigkeit
- Nervosität, Gereiztheit
- Depressive Verstimmungen und Angstzustände
- Gesprungene Mundwinkel
- Taubheitsgefühl in den Gliedern
- Kreislaufstörungen
- Konzentrationsschwäche
- Arthritis
- Muskelschwäche
- Immunschwäche
- Haarausfall

Der tägliche Bedarf

Der Körper ist ausreichend mit Vitamin B6 versorgt, wenn man täglich etwa 1,8 Milligramm zu sich nimmt. Schwangere benötigen ab dem vierten Monat etwa 2,6; stillende Mütter müssen 2,2 Milligramm Vitamin B6 zu sich nehmen.

Hülsenfrüchte einmal ganz feurig

Linseneierkuchen mit Gemüse

Zutaten für 4 Personen

Eierkuchen: *1 grüne Pfefferschote 200 g rote Linsen • 100 g Weizenvollkornmehl • Salz • 1/2 l Buttermilch • 3 Eier • Öl zum Backen*

Gemüse: *1 Bund Lauchzwiebeln 1 kleine Dose rote oder schwarze Bohnen • 1 kleine Dose Zuckermais • 2 EL Maiskeimöl • 1 kleine Dose Tomatenfleisch in Stücken Harissa oder Sambal oelek nach Geschmack • 1 Hand voll Korianderkraut oder Petersilienblättchen*

Zubereitung

1 Pfefferschote halbieren, Kerne entfernen, Schotenhälften waschen und fein hacken. Linsen im Blitzhacker so fein wie Mehl zerkleinern. Beide Zutaten mit Mehl, Salz und Buttermilch verrühren. Zugedeckt bei Zimmertemperatur 6 Stunden stehen lassen.

2 Die Eier unter den Teig rühren. Das Öl in einer großen Pfanne erhitzen. Jeweils 1 Schöpfkelle Teig in die Pfanne geben und zugedeckt etwa 3 Minuten backen, bis sich der Eierkuchen leicht vom Pfannenboden lösen lässt. Wenden und etwa 2 Minuten auf der Rückseite backen. Insgesamt 8 Eierkuchen ausbacken und im Backofen warm halten.

3 Für das Gemüse die Lauchzwiebeln säubern und mit den saftigen grünen Blättern fein zerkleinern. Bohnen und Mais abgießen und kalt abbrausen.

4 Öl in einem Topf erhitzen. Lauchzwiebeln darin bei schwacher Hitze glasig braten. Bohnen, Mais und Tomatenstücke zugeben und bei starker bis mittlerer Hitze unter Rühren 5 Minuten schmoren. Mit Salz und Harissa oder dem indonesischen Gewürz Sambal oelek scharf abschmecken.

5 Korianderkraut oder Petersilie waschen, trockenschleudern, fein schneiden und als Garnierung abschließend über das Gemüse streuen.

Vitamin B12 – Tonikum für die Nerven

Das Vitamin B12 (Kobalamin), zählt zu den komplex gestalteten Biostoffen der Natur und ist als einziges Vitamin mit einem Mineralkern ausgestattet.

Der menschliche Organismus benötigt davon nur etwa drei millionstel Gramm pro Tag, pro Jahr also nur ein tausendstel Gramm und im ganzen Leben gerade so viel, wie ein Getreidekorn wiegt. Mit dieser Minimalmenge ist jedoch jede Einzelne unserer 70 Billionen Körperzellen ausreichend mit Vitaminmolekülen versorgt. Selbst herstellen kann unser Organismus Vitamin B12 nicht. Er muss es folglich von außen zugeführt bekommen. Vitamin B12 ist wie Vitamin D nur in tierischer Kost enthalten, also in Fleisch, Fisch, Milch und Käse, in Eiern, Leber und Molke.

Die Bauweise des Kobalamins

Das Vitamin B12 ist ein vielfältiges Molekül, in dessen Zentrum ein Mineralkern, das Kobaltion, sitzt. Dieses Ion hat die Funktion, das Kobalaminmolekül chemisch zusammenzuhalten. Durch das Kobaltion in seinem Zentrum ähnelt die Struktur des Vitamin B12 dem Hämoglobinmolekül (roter Blutfarbstoff) mit seinem Eisenatom im Zentrum oder dem Chlorophyll (grüner Pflanzenfarbstoff) mit seinem zentralen Magnesiumatom.

Die moderne Biochemie hat noch nicht herausgefunden, warum das Spurenelement Kobalt in dieses Vitamin und somit in die tierische und menschliche Körperzelle eingebaut wurde, denn im Stoffwechsel selbst spielt Kobalt keine Rolle.

Hüttenkäse, Quark und Joghurt sind zwar nicht die Stars unter den Vitamin-B12-Lieferanten, aber wie viele Milchprodukte in der Vielseitigkeit ihrer gesundheitlichen Wirkung kaum zu übertreffen.

Vitamin-B12-Lieferant für Vegetarier: Sie müssen auf Eier und Milchprodukte wie Käse zurückgreifen.

Kobalamin im Stoffwechsel

Die Bauweise des Vitamin B12 bringt im Stoffwechselprozess einige Probleme mit sich: Kein anderer Nährstoff hat einen so strapaziösen Weg vom Darmtrakt in die Körperzellen. Die unzähligen mikroskopisch winzigen Poren und Kanäle der Zellmembranen der Darmschleimhaut unterscheiden nämlich zwischen Vitamin und Mineralstoff.

Vitamine dürfen ohne weiteres ins Blut passieren, Mineralien und Spurenelemente hingegen müssen sich an ein Transportprotein anschließen. Deshalb werden Vitamine schneller resorbiert als Mineralien.

Das Transportunternehmen »Intrinsic factor«

Die Ausnahme bildet Vitamin B12 mit seinem Mineralkern. Um aus dem Darm ins Blut zu gelangen, braucht es ein Transporteiweiß. Speichel und Magensaft koppeln das Vitaminmolekül an ein Trägerprotein und schicken es in den Dünndarm. Dort trennt sich das Molekül vom Eiweiß, um an eine weitere Substanz, den so genannten Intrinsic factor gekoppelt zu werden. Der Intrinsic factor wird in den Magenwänden produziert, von den Zellen, die auch die Magensäure herstellen. Er trägt das Vitaminmolekül weiter zur Schleimhaut im Krummdarm, dem hinteren Teil des Dünndarms. Dort kann das Molekül die Zellmembran Richtung Blutbahn passieren. Ein Vitamin-B12-Mangel kann folglich durch eine zu niedrige Produktion dieses Intrinsic factor bedingt sein. In solchen Fällen helfen Injektionen des Biostoffs oder hohe Dosen von 30 Mikrogramm in Tablettenform. Von dieser Dosis wird im Darm nur zwischen 0,1 und 1,0 Prozent aufgenommen.

Vegetarier brauchen mehr

Rund 92 Prozent aller Vegetarier leiden, meist ohne es zu wissen, unter Vitamin-B12-Mangel. Insbesondere

Wer kein Fleisch isst, sollte regelmäßig Bierhefe zu sich nehmen: Sie stellt Vitamin B12 in konzentrierter Form zur Verfügung.

Veganer, die auch auf Milchprodukte und Eier verzichten, müssen unbedingt auf eine ausreichende Zufuhr von Vitamin B12 achten. Denn über die winzigen tierischen Parasiten in unserem Getreide, die früher die Versorgung mit Vitamin B12 in vegetarisch lebenden Gemeinschaften gewährleisteten, kann heutzutage ein Mangel an diesem Stoff nicht behoben werden: Unser Getreide ist durch Einsatz von Pestiziden vollkommen gereinigt von tierischen Parasiten, die Vitamin B12 enthalten.

Eine Alternative zu ungespritztem Getreide sind Seealgen. Die meisten Algensorten wirken zusätzlich Krebs vorbeugend und Krebs hemmend, denn sie enthalten den antikanzerogenen Wirkstoff Fucoidan. Überhaupt sind Muscheln und Schaltiere reich an Vitamin B12, weil sie sich von im Wasser lebenden tierischen Mikroorganismen ernähren, die selbst Vitamin B12 produzieren.

Außerdem sind Gärungs- oder Fermentprodukte wie Sauerkraut oder Joghurt bei Mangelerscheinungen hilfreich: Ihre Gärungsbakterien stellen Vitamin B12 her.

In Algen leben winzige Mikroorganismen, die den Biostoff B12 in sich tragen – nicht nur für Veganer die beste Alternative zu Fleisch und Milchprodukten.

Der Vitamin-Check-up

FEHLT MIR VITAMIN B12?

- ☐ Haben Sie manchmal Probleme beim Gehen, z. B. das Gefühl, dass Ihre Beinmuskeln nicht richtig gehorchen oder dass Sie manchmal einknicken?
- ☐ Spüren Sie gelegentlich ein Kribbeln in Armen und Beinen oder ein Taubheitsgefühl?
- ☐ Fühlen Sie sich oft schrecklich müde?
- ☐ Sind Sie häufig nervös?
- ☐ Fühlen Sie sich deutlich älter, als Sie in Wirklichkeit sind?

Wenn Sie ein- bis zweimal mit Ja antworten, sollten Sie bereits auf Ihren persönlichen Vitamin-B12-Fahrplan achten. Kreuzen Sie drei bis vier Kästchen an, müssen mehr Lebensmittel auf den Teller, die dieses Vitamin und auch Folsäure enthalten (beide Vitamine bedingen und ergänzen einander). Bei fünf Kreuzen sind möglicherweise Ihre Zelldepots an Vitamin B12 erschöpft.
Zusätzlich zu einer gesunden Ernährungsweise mit den auf Seite 58 aufgeführten Lebensmitteln sollten Sie 30 Tage lang ein Vitamin-B-Komplex-Präparat aus der Apotheke einnehmen (nach Beipackzettel). Es muss sowohl Folsäure als auch Vitamin B12 enthalten.

Eine weitere Quelle ist natürliches Wasser aus stehenden Gewässern: Es enthält Spuren von Vitamin B12, weil es von Mikroorganismen belebt ist. Schließlich bildet Bierhefe eine ausgezeichnete Zusatznahrung bei Vitamin-B12-Mangel, denn Hefen sind Mikroorganismen, die das Vitamin herstellen.

Die Aufgaben von Vitamin B12

Vitamin B12 arbeitet sehr vielseitig in unserem Körper. Es unterstützt die Umwandlung von Karotenen (Pflanzenfarbstoffen) in Vitamin A und hilft bei dessen Einbau ins Körpergewebe. Außerdem kurbelt es gemeinsam mit anderen Stoffen den Bau von DNS (Desoxyribonukleinsäure) und RNS (Ribonukleinsäure) an. Beides sind langkettige Eiweißstoffe, die zu Spiralen gedreht sind. Sie sind Bestandteile der Ribosomen in der Zelle und Bausteine unserer Zellkerne. Letztere enthalten alle unsere Erbinformationen.

Vitamin B12 ist aktiv am Stoffwechsel von Eiweiß, Fett und Kohlenhydraten beteiligt und arbeitet eng mit dem Vitamin C sowie den B-Vitaminen Folsäure und Pantothensäure zusammen. Gemeinsam mit den Folsäuremolekülen unterstützt es die körpereigene Produktion des Nervenstoffs Cholin. Cholin ist Bestandteil des Nervenreizstoffs Azetylcholin, der unsere 100 Milliarden Gehirnzellen jung erhält. Vitamin B12 trägt also dazu bei, dass wir dem Alltagsstress gewachsen sind. Außerdem ist Vitamin B12 unverzichtbar für den Eisenstoffwechsel.

Knochenbau

Neuere Untersuchungen der Biochemie haben einen Einsatz von Vitamin B12 beim Knochenbau festgestellt. Das Vitamin wird in den Osteoblasten, den knochenbildenden Zellen, eingelagert. Die Knochenbildung geht nur vonstatten, wenn die Osteoblasten ausreichend Vitamin B12 enthalten. Für Kinder bedeutet ein Vitamin-B12-Mangel verzögertes oder gar missbildendes Wachstum. Auch Frauen im reiferen Alter müssen ein Augenmerk auf ihre Versorgung mit diesem Vitamin haben, weil sie nach den Wechseljahren hormonell bedingt Knochenmasse abbauen.

Vitamin B12 und Kalzium

Ältere oder alte Menschen sollten ihre Vitamin-B12-Zufuhr erhöhen, weil die Aufnahmefähigkeit des Darms im Alter sinkt. Wer Abführmittel nimmt, führt dem Körper nur etwa fünf Prozent des in der Nahrung enthaltenen Vitamin B12 zu. Für die Resorption von Vitamin B12 im Darm ist eine ausreichende Konzentration von Kalzium notwendig. Käse ist ein sehr guter Kalziumlieferant.

Sushi besteht aus rohem Fisch, kaltem Reis und Gemüse. Es beugt Mangelerscheinungen vor, denn Meerestiere sind u. a. reich an Vitamin B12.

Nervennahrung

Die Nerven sind ummantelt von einer ölig-feuchten, mehrschichtigen Haut, der so genannten Myelinschicht. Sie bietet den Boden für Nährstoffe und Immunkörper und leistet den Transfer von Enzymen und Hormonen ins Zellinnere. Ihre biochemische Zusammensetzung erlaubt Übertragungen von Reizsignalen in Lichtgeschwindigkeit. Die Aufgabe von Vitamin B12 ist es, die Eiweiß- und Fettstrukturen der Myelinschicht aufzubauen. Ohne Vitamin B12 werden die Eiweißmoleküle des Myelins abgebaut, die Schutzschicht um die Nervenzelle wird dünner. Dann ist der Übertragungsprozess der Signale von einer Nervenzelle zur anderen gestört. Man ist ruhelos, gereizt, hypernervös. Schon geringfügiger Stress löst dann eine Nervenkrise aus. Folgen mangelnden Vitamin B12 können zudem Taubheitsgefühle, Prickeln und Lähmungserscheinungen in den Gliedmaßen sein.

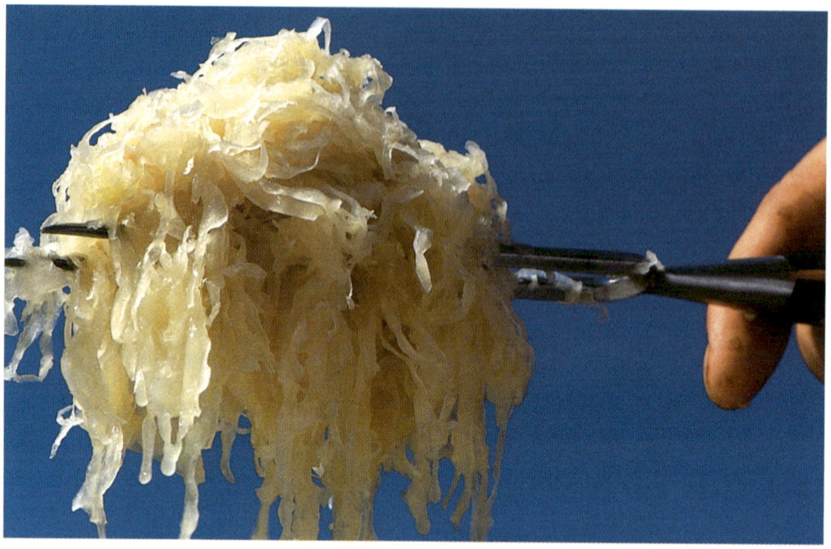

Die im Sauerkraut enthaltenen Gärungsbakterien stellen Vitamin B12 her, das sonst in Gemüsen nicht vorkommt.

In diesen Lebensmitteln ist Vitamin B12 enthalten

Lebensmittel	Mikrogramm (je 100 Gramm)
Entenleber	68,0
Hühnerleber	37,2
Leberwurst	23,4
Austern	18,2
Hering	13,0
Makrele	9,1
Ölsardinen	8,7
Forelle	7,4
Eigelb	3,6
Aal	2,9
Fleisch	2,4
Hühnchen	0,9
Milch	0,3
Joghurt	0,3

Ein Zuwenig lähmt

Wird ein Vitamin-B12-Mangel nicht früh genug erkannt, können sich schwere, irreversible Schäden entwickeln oder mit verursacht werden, wie z. B. die multiple Sklerose, eine schwere Nervenkrankheit, bei der sich fortschreitend die schützende Myelinschicht der Nervenzellen zersetzt. Sie kann Impulse aus anderen Nervenzellen nicht mehr weiterleiten, der Transfer von Informationen aus dem Hirn zu den Körperzellen ist gestört, was zu Lähmungen und in besonders schweren Fällen zum Tod führt.

Psychische Störungen

Ein Vitamin-B12-Mangel führt neben nervösen Störungen im physischen Bereich auch zu Störungen der Psyche, die sich in Depressionen äußern können. Denn die enzymatische Hauptaufgabe von Vitamin B12 ist die Produktion des so genannten bioaktiven Methionins. Dieses sorgt für positive Stimmung, für Wärme, Glück und Freude. Umgekehrt wird man bei Methioninunterversogung missgestimmt und antriebslos.

Wann braucht der Körper viel Vitamin B12?

- Wenn man oft nervenschwach, unruhig, aggressiv ist und morgens den Tag verzagt und lustlos beginnt
- Wenn Vitalität und Power fehlen
- Bei mentalen und körperlichen Alterserscheinungen
- Während einer Schwangerschaft
- Wenn man zu wenig Lebensfreude, Optimismus, Begeisterung entwickelt
- Wenn man leber- oder alkoholkrank ist
- Bei Taubheitsgefühlen oder Kribbeln in den peripheren Gliedmaßen
- Wenn man regelmäßig anstrengenden Leistungssport, Gymnastik usw. betreibt

Schadet zu viel Vitamin B12?

Grundsätzlich kann ein Zuviel an Vitamin B12 nicht schaden, weil das Vitamin wasserlöslich ist. D.h. der Körper speichert den Biostoff nicht, sondern baut ihn über die Nieren ab, von wo aus er mit dem Urin ausgeschieden wird.

Warnsymptome

Vitamin-B12-Mangel kann folgende Beschwerden verursachen:

- Mundentzündungen
- Üblen Körpergeruch
- Menstruationsbeschwerden
- Müdigkeit
- Ständige Nervosität
- Depressionen
- Taubheitsgefühl in den Gliedern
- Gehbeschwerden

Der tägliche Bedarf

Der Körper ist ausreichend mit Vitamin B12 versorgt, wenn man täglich etwa drei Mikrogramm zu sich nimmt. Bei Schwangeren liegt die Dosis bei etwa 3,5; stillende Mütter benötigen vier Mikrogramm.

Vitamin B12 für Gourmets

Hähnchenbrustfilet im Chicoréemantel

Zutaten für 2 Personen

2 Hähnchenbrustfilets à 150 g
4 Salbeiblätter • 40 g gekochter Schinken (dünn aufgeschnitten)
Rosmarin • 1 Chicorée • Schweinenetz • 1 TL Sonnenblumenöl
200 g Austernpilze • 1 TL Rapsöl
1 EL frisch gehackte Petersilie
Jodsalz

Zubereitung

1 Die Hähnchenbrustfilets waschen und mit Küchenkrepp trockentupfen.
2 Das eine Filet mit Salbeiblättern belegen, darauf den Schinken geben, anschließend mit Rosmarin bestreuen und zum Abschluss das andere Filet obenauf setzen.
3 Den Chicorée waschen, den Strunk entfernen und die Filets in die Blätter einwickeln. Das Schweinenetz auslegen und die in Chicorée gehüllten Filets damit einschlagen.
4 Das Öl heiß werden lassen, die Hähnchenbrustfilets darin von beiden Seiten anbraten und anschließend im Backofen bei einer Temperatur von 180 °C ca. 15 bis 20 Minuten fertig garen.
5 In der Zwischenzeit die Austernpilze putzen – nicht waschen – und in Rapsöl kurz andünsten. Etwas gehackte Petersilie und Rosmarin dazugeben und mit wenig Jodsalz würzen.
6 Die Pilze dekorativ auf Tellern anrichten. Die Hähnchenbrüste im Chicoréemantel in Scheiben schneiden und zu den Austernpilzen reichen. Die Hähnchenbrustfilets mit der frischen Petersilie bestreuen.

Vitamin B2 – Motor der Zellen

Das Vitamin B2 (Riboflavin) ist die treibende Kraft, der Motor allen Lebens: Dieser zentrale Teil zweier Enzyme ist in jeder Körperzelle enthalten und setzt dort die Energieproduktion aus Kohlenhydraten und Fett in Gang. Ohne den Kraftstoff Riboflavin würde das Zellleben und damit unsere Energie und unser Temperament erlahmen. Um zu gewährleisten, dass genügend Riboflavinenzyme gebildet und in den Zellen gebunden werden, wirkt die Schilddrüse mit dem ihr eigenen Hormon Thyroxin regelnd auf die Fett- und Glukosemoleküle ein.

Damit der Schweiß nicht umsonst fließt

Riboflavin erfüllt zwei wichtige Funktionen: Es hilft einerseits mit, die gewonnene Energie in Muskelaktivität umzusetzen, andererseits leistet es einen wichtigen Beitrag bei allen aufbauenden (anabolen) Prozessen. Wenn also aus Eiweiß schöne Muskeln und festes Fleisch wachsen sollen, muss dem Organismus ausreichend Riboflavin zur Verfügung stehen.

Sport, ganz egal ob Gymnastik, Jazztanz, Jogging, Schwimmen, Rad fahren, Ballspiele oder Bergsteigen, bringt wesentlich mehr Fitness und Muskelaufbau, wenn riboflavinreiche Kost auf dem Speiseplan steht. Nimmt man hingegen zu wenig von diesem Kraftfutter zu sich, kann das Training nicht anabol bzw. zur Energiegewinnung verwertet werden. Sportliche Betätigung macht dann eher müde als fit und frisch. Und der ganze Schweiß ist nahezu umsonst geflossen.

Das Vitamin gegen den täglichen Stress

Riboflavin steht darüber hinaus in engem Zusammenhang mit dem Hormonhaushalt. Der Ausstoß von Stresshormonen wie beispielsweise Adrenalin, aus dem Nebennierenmark, wird nämlich durch dieses dynamische Vitamin überhaupt erst ermöglicht. Wer unter psychischem oder körperlichem Stress steht, braucht daher besonders viel von dieser kräftigenden Zellnahrung. Damit opfern Stressgeplagte aber ge-

Fische enthalten viel Riboflavin. An der Spitze der Hitliste steht der Lachs, der auch wegen seiner essenziellen Fettsäuren eine gesunde Delikatesse ist.

Pilze sind weit mehr als eine würzige Beigabe der herbstlichen Küche: Sie versorgen den Organismus mit dem wichtigen Vitamin B2.

wissermaßen ihre Reserven an Riboflavin für die Dauerproduktion von Stresshormonen. Und die Rache des Organismus lässt nicht auf sich warten: Da das Vitamin im Zellstoffwechsel fehlt, kommt es – jeweils an der schwächsten Stelle im Organismus – zu vielfältigen Beschwerden.

Wie Riboflavin in den Körper gelangt

Wie die meisten Vitamine wird Riboflavin nicht im Körper selbst produziert, sondern muss über die Nahrung aufgenommen werden. Besonders riboflavinreich sind Innereien (Leber, Niere), Milchprodukte, Fisch, Geflügel, Vollkornprodukte, Eier und dunkle Blattgemüse. Der beste Nahrungszusatz ist Bierhefe. Neben Riboflavin enthält sie zudem alle anderen B-Vitamine. Ähnlich wie Thiamin (Vitamin B1) wird auch Riboflavin im oberen Dünndarm aus dem Nahrungsbrei abgespalten und ans Blut abgegeben.

Ernährungsbedingte Mangelerscheinungen

Zu einem gefährlichen Vitamin-B2-Verlust kann es bei Menschen kommen, die sich einer strengen Schlankheitskur unterziehen oder nur sehr wenig essen. Strikte Veganer, die neben Fleisch auch Milch

Nicht nur wegen Vitamin B2 gilt: Samen und Kerne gehören unbedingt ins morgendliche Müsli!

und Eier meiden, sind ebenfalls gefährdet und sollten ihren Riboflavinbedarf decken, indem sie ausreichend Sojaprodukte (z. B. Tofu) zu sich nehmen. Riboflavinmangel äußert sich u. a. in Hautproblemen wie Schuppen und eingerissenen Mundwinkeln, Haarausfall, aber auch in nachlassender Sehkraft.

Der richtige Umgang mit Riboflavin

Vitamin B2 ist ein gelbliches Kristall, das extrem lichtempfindlich ist. Wenn man beispielsweise eine Flasche Milch dreieinhalb Stunden im Licht steht lässt, werden bis zu 70 Prozent der ursprünglich enthaltenen Riboflavinmoleküle zerstört. Ähnliches geschieht beim Pasteurisieren (Haltbarmachen durch Erhitzen) oder Evaporieren (Kondensieren) von Milch – man ist also gut beraten, wenn man auf frische Ware zurückgreift. Aus dem gleichen Grund sollte man alle frischen Milchprodukte an einem dunklen Ort, z. B. im Kühlschrank, aufbewahren. Grundsätzlich sind Lebensmittel dunkel verpackt oder in undurch-

Durch viel Arbeit, Stress oder intensiven Sport kann sich der tägliche Bedarf an Vitamin B2 nahezu verdoppeln.

Der Vitamin-Check-up

FEHLT MIR VITAMIN B2?

- ☐ Schuppt sich Ihre Haut, speziell im Gesicht, oder haben Sie manchmal gesprungene Lippen?
- ☐ Leiden Sie unter Haarausfall und unter brüchigen Nägeln?
- ☐ Ist Ihre Zunge manchmal gerötet oder entzündet?
- ☐ Haben Sie oft das Gefühl, als wäre Sand unter Ihren Augenlidern?
- ☐ Leiden Sie manchmal unter Gliederschwäche, Zittern oder Schwindelgefühl?
- ☐ Haben Sie hin und wieder Beschwerden beim Harnlassen?

Wenn Sie ein- bis zweimal mit Ja antworten, könnte Ihnen vielleicht – aus Mangel an gesunder Kost – Vitamin B2 fehlen. Wenn Sie drei- bis viermal Ja sagen mussten, sollten Sie mehr Vitamin-B-reiche Lebensmittel in Ihren Speiseplan aufnehmen; bei fünf- bis sechsmal Ja müssen Sie voll auf Vitamin B2 setzen. Möglicherweise klingen etliche Ihrer Befindlichkeitsstörungen und Beschwerden ab. Nehmen Sie Vitamin B2 nicht als Einzelvitamin (z. B. als Tabletten aus der Apotheke). B-Vitamine werden stets nur in ihrer Gesamtkombination voll wirksam.

sichtigen Behältern zu lagern. Auf diese Weise können sie vor dem für viele Biostoffe unzuträglichen Einfluss des Tages- oder Sonnenlichts geschützt werden.

Wann braucht der Körper viel Vitamin B2?

- Wenn man bisweilen antriebsarm und traurig ist und keine Tatkraft aufbringt
- Bei Schwächegefühl und Schwindelanfällen
- Wenn man viel Sport treibt
- Bei Schlafstörungen und Konzentrationsmangel
- Sobald die Haut welk oder ölig wird und sich Hautschuppen an Nase, Mund, Stirn und Ohren zeigen
- Wenn die Haare dünn werden und ausfallen
- Wenn die Nägel brüchig sind
- Wenn die Sehschärfe der Augen deutlich nachlässt
- Bei geröteten und entzündeten Augen sowie Sehstörungen
- Wenn man zu mager ist und kein Gewicht ansetzen kann

Schadet zu viel Vitamin B2?

Durch eine zu hohe Vitamin-B2-Dosierung verursachte Schäden sind sehr ungewöhnlich, da das Vitamin nicht abgelagert wird.

Sofern dem Körper zu viel von diesem wasserlöslichen Vitamin – egal ob durch die Ernährung oder in Tablettenform – zugeführt werden sollte, spült er es in der Regel über Nieren und Blase wieder aus.

Warnsymptome

Vitamin-B2-Mangel kann folgende Beschwerden verursachen:

- Brennende Augen
- Lichtempfindlichkeit
- Gesprungene Lippen
- Risse in den Mundwinkeln
- Hautschuppungen
- Haarausfall
- Beschwerden beim Urinieren
- Konzentrationsmangel
- Schwindelgefühl

Der tägliche Bedarf

Grundsätzlich empfiehlt man Frauen eine tägliche Menge von etwa 1,5 Milligramm Vitamin B2. Dieser Wert kann sich jedoch um bis zu 0,5 Milligramm erhöhen, wenn sie beispielsweise durch Ärger in der Arbeit, Konflikte in der Familie oder sehr viel Arbeit, außerordentlich stressbelastet sind.

Je nach persönlichem Energieverbrauch benötigen Männer zwischen 1,4 und 1,7 Milligramm Riboflavin. Stress, Hektik, hoher Energieverbrauch durch Sport bzw. schwere körperliche Arbeiten verlangen eine Steigerung dieser Mengen auf bis zu 2,6 Milligramm Vitamin B2. Mit der entsprechenden Ernährung kann man jedoch zielgerichtet die Extrawünsche seines Körpers befriedigen, beispielsweise mit einem Stück gebratener Leber.

In diesen Lebensmitteln ist Vitamin B2 enthalten

Lebensmittel	Milligramm (je 100 Gramm)
Kalbsleber	2,80
Leberwurst	1,10
Mandeln	0,78
Wildbret	0,45
Käse (fett)	0,44
Pilze	0,42
Lachs, frisch	0,37
Käse (mager)	0,34
Forelle, geräuchert	0,32
Vollkorngetreide	0,30
Makrelen, frisch	0,28
Samen (Sonnenblume, Sesam)	0,25
Hering, frisch	0,22
Rindfleisch	0,20
Spinat	0,18
Vollmilch	0,16
Ei, 1 Stück	0,15
Joghurt	0,14
Walnüsse	0,13
Sojabohnen	0,11
Bohnen, Erbsen	0,10

Frauen benötigen während der Schwangerschaft und Stillzeit täglich mindestens zwei Milligramm Riboflavin. Ohne diesen Nährstoff kann sich im heranwachsenden Baby der Zellkernstoffwechsel aus Ribonukleinsäuren, der die Erbanlagen trägt, nicht entwickeln. Ungenügendes Wachstum oder das Absterben von Nerven kann die Folge sein.

Niazin – der Muntermacher

Vitamin B3, wie Niazin früher genannt wurde, ist ein Oberbegriff für zwei natürliche Stoffe, in denen diese Substanz vorkommt: Nikotinsäure und Nikotinamid. Im Gegensatz zu anderen, hoch komplexen Vitaminen verfügt das Niazin über eine sehr einfache chemische Struktur. Es ist stickstoffhaltig, wasserlöslich und ziemlich robust. Weder Säuren noch Laugen, weder Hitze noch starke UV-Bestrahlung vermögen dieses Molekül zu schädigen.

Flink und wendig

Niazin ist für die rund 70 Billionen Körperzellen des Menschen derart lebensnotwendig, dass es aus der Nahrung schnellstmöglich in die Zellen gelangen muss. Dabei hilft ihm seine unkomplizierte äußere Form. Diese schützt das Vitamin in der Blutbahn übrigens auch vor dem Angriff der freien Radikale, die überwiegend Großmoleküle abfangen. Von der Schnelligkeit des Vitamin B3 profitieren auch kranke Menschen: Niazin lindert im Eiltempo Beschwerden und Krankheiten, in seiner Flinkheit kommt ihm nur das Vitamin C gleich.

Helfer im Energiestoffwechsel

Mit Hilfe von Niazin können Elektronen in die Zellen transportiert werden. Dabei bilden Niazinenzyme mit Riboflavinenzymen eine Brücke, über die Wasserstoffatome im Verbrennungsvorgang weitergeleitet werden. Ohne Niazin wären die Gewebe nicht lebensfähig und würden absterben. Wird der Körper hingegen gesund ernährt, sorgt Niazin für eine ausreichende Energiezufuhr und einen gesunden Kreislauf.

Öfter mal ein Hähnchen statt des Schweinebratens: Geflügel verfügt über etwa dreimal so viel Niazin wie Schweinefleisch.

Der Niazinschub für zwischendurch: Erdnüsse oder Trockenobst, wie beispielsweise Pfirsiche, liefern viel Niazin.

Cholesterin im Gleichgewicht

Niazin erfüllt noch eine weitere wichtige Aufgabe im Stoffwechsel: In seiner Eigenschaft als Säure vermag es die Freisetzung von Fettsäuren zu regulieren und senkt damit den Cholesterinspiegel.

Wie eine in den USA durchgeführte Studie ergeben hat, konnten der Cholesterinspiegel mit einer Niazinbehandlung um 22 Prozent und der Triglyzerid-, also der Fettmolekülspiegel um bis zu 52 Prozent gesenkt werden.

Niazin erweitert auch die Blutgefäße. Das ist vor allem für jene wichtig, die ständig unter Kreislaufstörungen leiden. Bei ausreichender Niazinzufuhr können Blutdruckschwankungen unter Umständen behoben werden. Die Fähigkeit des Niazins, Gefäße zu erweitern, kann in manchen Fällen auch bei Migräne helfen.

So funktioniert Niazin

Vitamin B3 geht chemische Verbindungen mit Eiweißstoffen ein und bildet mit ihnen mehrere Hundert verschiedene Enzyme. Die Enzyme wiederum werden in den Zellen zur Produktion von Energie benötigt, indem sie dort Fett-, Eiweiß- oder Kohlenhydratmoleküle verbrennen. Der Körper baut Niazin aus den Lebensmitteln ab, kann es aber auch indirekt aus dem Eiweißstoff Tryptophan herstellen (siehe Kapitel »Fit, gesund und schön«, Seite 172ff.).

Abhilfe bei Schlafstörungen

Tryptophan ist für unser psychisches Gleichgewicht und für einen gesunden Schlaf notwendig.

Hierzulande leiden an die 40 Prozent der Bevölkerung an Schlafstörungen. Oftmals sind die Schlafprobleme ernährungsbedingt. Wer spätabends noch viel tierisches Eiweiß, also Fleisch oder Fisch, zu sich nimmt, trägt damit zu einem erhöhten Abbau der Aminosäure Tryptophan bei. Bei einer raschen Senkung des Tryptophanspiegels kann der Körper nicht mehr genügend Melatonin produzieren. Dieses Schlafhormon wird auch aus Tryptophan gebildet.

Wer öfter Hülsenfrüchte isst, stärkt seine Nerven.

Wer abends unbedingt eine größere Mahlzeit zu sich nehmen möchte (obwohl das dem Verdauungsapparat einiges abverlangt), ohne deshalb auf gesunden Schlaf verzichten zu wollen, sollte es einmal mit einem Linsengericht probieren. Diese Hülsenfrüchte sind reich an der Aminosäure Tryptophan (und kulinarisch gesehen deutlich besser als ihr Ruf). Durch den Abbau des in Linsen enthaltenen Eiweißes wird darüber hinaus das Vitamin B6 gefördert.

Während die meisten Eiweißstoffe eine anregende Wirkung besitzen, kann Tryptophan die Nerven beruhigen. Somit regt Niazin einerseits die Energieproduktion an und vermag andererseits für Ausgleich zu sorgen. Als einziges Vitamin ist es Bestandteil hormoneller Regelkreise.

Herstellung im Körper

Das meiste Vitamin B3 ist in Erdnüssen, Leber, Fisch, Geflügel und in Eiern enthalten. Etwas weniger Niazin findet sich in Milch und Gemüse. Vollkorngetreide und Mais enthalten zwar das Vitamin, allerdings in einer Form, in der es durch den Körper nicht abgebaut werden kann. Darüber hinaus ist unser Körper in der Lage, Niazin auch im eigenen Stoffwechsel aus dem Eiweiß Tryptophan herzustellen, das überwiegend in Fleisch, Fisch, Geflügel sowie in Magerkäse enthalten ist. Aus rund 60 Milligramm Tryptophan kann der menschliche Körper etwa ein Milligramm Niazin produzieren.

Zucker greift Niazin an und hebt seine Wirkung auf. Verzichten Sie deshalb weitgehend auf zuckerhaltige Nahrungsmittel wie Bonbons, Gummibärchen und Schokoriegel, aber auch auf Fertigmüslimischungen, Colagetränke und Limonaden. Hüten Sie sich zudem vor verstecktem Zucker in Fertiggerichten.

Erdnüsse sind eine ideale Nervennahrung. In ihrem Gehalt an Vitamin B3 werden sie nur von der Bierhefe geschlagen.

Der Vitamin-Check-up

FEHLT MIR NIAZIN?

- ☐ Ist Ihre Haut unrein, zeigen sich Risse, Pickel, nässende Hauterscheinungen, Geschwüre?
- ☐ Leiden Sie mitunter an unerklärlichen Angstempfindungen und Unruhe, verbunden mit Kopfschmerzen?
- ☐ Haben Sie Schlafprobleme? Können Sie schlecht einschlafen bzw. durchschlafen?
- ☐ Sind Sie oft müde, selbst wenn Sie gut geschlafen haben?
- ☐ Greifen Sie unbewusst gerne nach Süßigkeiten, eventuell auch zu Alkohol?

Wenn Sie jetzt ein- oder zweimal mit Ja geantwortet haben, spricht viel dafür, dass Ihnen Niazin fehlt. Wenn Sie gar drei- oder viermal Ja gesagt haben, sind Ihre Zellen sehr wahrscheinlich unterversorgt. Probieren Sie es doch einmal mit Bierhefe oder Melasse als Nahrungsergänzung – vielleicht helfen diese ganz natürlichen Vitamin-B-Bomben, die dazu noch viele kostbare Spurenelemente enthalten. Bei fünfmal Ja ist Ihr Stoffwechsel mit Sicherheit krank. Jetzt heißt es viel Vitamin-B-reiche Nahrungsmittel auf den Tisch bringen.

Wann braucht der Körper viel Niazin?

- Bei Hautveränderungen oder gar -geschwüren sollte der Niazinspiegel im Blut deutlich erhöht werden
- Gleiches gilt für Gedächtnisschwäche und Konzentrationsmangel
- Eine erhöhte Vitamin-B3-Versorgung ist auch angesagt, wenn man unter Schlafstörungen leidet
- Vitamin B3 kann darüber hinaus bei Kopfschmerzen, depressiven Verstimmungen und Nervosität Abhilfe schaffen

Schadet zu viel Niazin?

Solange Niazin über die Nahrung aufgenommen wird, kann es keine schädlichen Nebenwirkungen verursachen. Nimmt man es hingegen konzentriert in Tablettenform ein, sind nach einer längeren Einnahme organische Störungen wie Gefäßerweiterungen, Hautbrennen oder Juckreiz mögliche Folgen.

Niazin kann jedoch im Körper nicht gespeichert werden. Befindet sich zu viel Vitamin B3 im Blut, wird es sofort über die Nieren abgebaut und mit dem Urin ausgeschieden.

Der tägliche Bedarf

Der Körper ist ausreichend mit Vitamin B3 versorgt, wenn man täglich 15 bis 18 Milligramm zu sich nimmt. Bei Schwangeren liegt die Dosis bei mindestens 17 Milligramm, stillende Mütter benötigen 20 Milligramm.

Vitamine allein genügen nicht, wenn es um psychisches Wohlbefinden geht: Meditation verhilft langfristig zu innerem Gleichgewicht.

In diesen Lebensmitteln ist Niazin enthalten

Lebensmittel	Milligramm (je 100 Gramm)
Bierhefe	35,6
Erdnüsse, geröstet	20,0
Leber	12,2
Thunfisch, frisch	10,3
Schweinekotelett	10,0
Geflügel	9,6
Pfirsiche, getrocknet	8,2
Mandeln	8,0
Herz	7,4
Grünkern, volles Korn	7,0
Lachs	6,8
Lammkotelett	5,1
Grüne Erbsen	3,5
Sojabohnen	2,9

Warnsymptome

Niazinmangel kann folgende Beschwerden verursachen:

- Appetitmangel
- Hautveränderungen
- Hautkrankheiten
- Muskelschwäche
- Mundgeruch
- Mundgeschwüre
- Lippengeschwüre
- Empfindliches Zahnfleisch
- Durchfall und Übelkeit
- Kopfschmerzen
- Depressive Verstimmungen
- Müdigkeit
- Nervenschwäche
- Schlafstörungen

Folsäure – Garant für Lust und Lebensfreude

Die Folsäure, Kraftfutter für die Nerven und das Zellwachstum, ist ein Vitamin der B-Gruppe mit überragender Bedeutung. Sie entfaltet ihre Wirkung hauptsächlich im Gehirn und Nervensystem, ist dynamischer Bestandteil der Rückenmarksflüssigkeit und greift regelnd in unsere Magen-Darm-Tätigkeit ein.

Das ideale Paar – Folsäure und Vitamin B12

Folsäure und Vitamin B12 sind nicht nur fast immer gemeinsam anzutreffen, sondern stehen auch in einem symbiotischen Wirkungsverhältnis. Ist dieses Zusammenspiel nicht gegeben, so erfährt ihre Stoffwechselleistung eine enorme Einschränkung. Vitamin B12 sorgt dafür, dass ausreichend Folsäure in den Zellen gespeichert bleibt. Ohne Vitamin B12 können die Zellen ihre Folsäure nicht konservieren, sie entleeren sich, und es kommt in der Folge zu psychischen und physischen Störungen.

Blutbildung und Zellteilung

Folsäure ist unersetzlich für die Produktion der roten Blutkörperchen. Sie ist auch für den Bau der Nukleinsäuren wichtig, den Speichern unserer Erbanlagen. Damit kommt der Folsäure eine zentrale Rolle bei der Blutbildung, der Zellteilung und der Erneuerung der Zellen und damit der Entwicklung neuen Lebens zu.

Alles andere als wertlos: Ein Linsengericht versorgt den Darm mit Ballaststoffen, den Körper mit Folsäure.

Folsäure in ihrer delikatesten Form: Spargel enthält ebenso wie Spinat einen hohen Anteil an diesem Zellwachstumsvitamin.

Energie und Lebensfreude

Durch die Wechselwirkung zwischen Folsäure, Vitamin B12 und dem Eiweißbaustein Methionin entstehen die Nervenreizstoffe Serotonin und Noradrenalin. Das erste dieser beiden Glückshormone wirkt beruhigend und beschert einen gesunden Schlaf, das zweite gibt – als ausgesprochener Glücklichmacher – genügend Schwung und Elan für einen aktiven, dynamischen Tag.

So leicht geht das Nahrungsvitamin verloren

Nahezu allen Bevölkerungsgruppen mangelt es an Folsäure. Und das nicht nur deswegen, weil es alleine, ohne fremde Hilfe, seine Wirkung nicht erfüllen kann. Den Folsäuregehalt im Körper auf einem ausreichend hohen Niveau zu halten, ist gar nicht so einfach. So findet beispielsweise bei gesunden Menschen mit einem gut arbeitenden Verdauungssystem nur etwa die Hälfte – oft sogar nur 30 Prozent – des Vitamins Folsäure den Weg aus der Nahrung ins Blut und zu den Körperzellen.

Stress und Sonne – Todesstoß für das B-Vitamin

Wer gar unter Krankheiten leidet, die mit Erbrechen oder Durchfall verbunden sind, kann noch weniger Folsäure verwerten. Viele andere Umstände tragen ebenfalls dazu bei, dass Folsäure zerstört oder ausgeschieden wird, so z. B. Vitamin-B12-Mangel, Alkohol, Medikamente, Leberkrankheiten oder die Antibabypille. Darüber hinaus erhöht sich besonders bei stressgeplagten Menschen der Bedarf an Folsäure.

Schlechte Nachrichten aber auch für Sonnenfreaks: Wer lange Sonnenbäder nimmt oder gern des Öfteren ins Bräunungsstudio geht, muss dem Körper zusätzlich Folsäure zuführen, weil jeder einzelne Sonnenstrahl die Moleküle dieses Biostoffs verbrennt.

Ein Hoch auf die Rohkost

Folsäurereiche Lebensmittel wie viele grüne Salate oder alle dunklen Blattgemüse sollten möglichst frisch gegessen werden, weil bei jeder Lagerung und Verarbeitung ein hoher Anteil von diesem Nervenvitamin verloren geht. Klein gehacktes oder geschnittenes Gemüse als Rohkost führt dem Körper Folsäure in idealer Form zu. Frische, junge Blätter, z. B. von Feldsalat oder Spinat, sollten einfach roh gegessen werden. Auf diese Weise decken auch Tiere ihren Folsäurebedarf. Ausgezeichneter Zusatz zur Ernährung ist Bierhefe.

Energieschub am Morgen

Folsäure sollte dem Körper, wie andere Nährstoffe auch, bereits am Morgen zugeführt werden. Ein richtiges Folsäurefrühstück besteht aus Müsli mit Weizenkeimen und etwas frischem Obst sowie einem Ei mit Vollkornbrot. Gemüse wie Spargel, Brokkoli oder Blumenkohl versorgen den Körper ebenfalls mit diesem B-Vitamin.

Wann braucht der Körper viel Folsäure?

- Alle quirligen und ständig wie aufgedreht wirkenden Menschen sowie überaktive und herumzappelnde Kinder und Jugendliche in der Wachstumsphase benötigen übermäßig viel Folsäure.
- Frauen in der Schwangerschaft haben einen außerordentlich hohen Bedarf an diesem B-Vitamin. Sie brauchen mindestens 160 Mikrogramm pro Tag, um die gesunde Entwicklung des ungeborenen Kindes zu gewährleisten. Da in der Bevölkerung eher ein Folsäuremangel vorliegt und die Reserven zudem nicht von heute auf morgen aufgefüllt werden, empfiehlt es sich, mit einer zusätzlichen Folsäureeinnahme bereits bei der Kinderplanung zu beginnen.

Ein Müsli mit Weizenkeimen zum Frühstück – und man braucht sich um mangelnde Dynamik und Energie keine Sorgen mehr zu machen.

Der Vitamin-Check-up

FEHLT MIR FOLSÄURE?

- ☐ Leiden Sie unter Appetitmangel?
- ☐ Fühlen Sie sich manchmal müde, schlapp, kraftlos?
- ☐ Leiden Sie hin und wieder an depressiven Verstimmungen?
- ☐ Sind Ihre Lippen manchmal entzündet?
- ☐ Leiden Sie unter Einschlaf- und Durchschlafstörungen?

Wenn Sie bis zu zweimal mit Ja antworten, spricht bereits einiges dafür, dass Ihnen Folsäure fehlt. Bei drei- und viermal Ja müssen Sie darauf achten, dass Ihre Nahrung mehr Folsäure enthält – allein schon wegen der bedeutenden Wechselwirkung dieses Vitamins mit Vitamin B12. Wenn Sie fünf Kreuzchen gemacht und bereits stärkere Beschwerden haben, sollten Sie gezielt Folsäure zuführen.

Warnsymptome

Folsäuremangel kann folgende Beschwerden verursachen:

- Müdigkeit
- Unruhezustände, Verzagtheit
- Angstgefühle
- Mangelnde Lebensfreude
- Zerstreutheit, Gedächtnisschwäche
- Schlafstörungen
- Wachstumsstörungen
- Verdauungsstörungen
- Entzündungen der Zunge und der Lippenschleimhaut
- Vorzeitig ergrautes Haar

Schadet zu viel Folsäure?

Wenn sich tatsächlich einmal zu viel Folsäure im Körper angesammelt haben sollte, scheidet der Körper den Überschuss automatisch aus. Folsäure in hoher Dosierung in Tablettenform kann dazu führen, dass das Vitamin mit dem Spurenelement Zink unlösliche Verbindungen eingeht. Das für viele Enzymfunktionen wichtige Zink kann dann möglicherweise nicht mehr in ausreichender Menge durch die Darmschleimhaut ins Blut aufgenommen werden.

Der tägliche Bedarf

Eigentlich ist die Menge an Folsäure, die der Körper täglich benötigt, extrem gering. Etwa 160 Mikrogramm, das sind 160 millionstel Gramm, reichen bereits aus. Da wir aber aus oben genannten Gründen Folsäure relativ leicht wieder verlieren, gibt man den tatsächlichen Tagesbedarf, der in der Nahrung enthalten sein muss, mit etwa 400 Mikrogramm an. Um einen eventuellen Mangel auszugleichen, empfehlen Stoffwechselexperten sogar eine tägliche Einnahme von 600 Mikrogramm.

In diesen Lebensmitteln ist Folsäure enthalten

Lebensmittel	Mikrogramm (je 100 Gramm)
Entenleber	675
Weizenkeime	520
Kalbsleber	246
Eigelb	154
Fenchel	100
Vollkorngetreide	98
Rote Bete	95
Spargel	85
Spinat	80
Blumenkohl	55
Brokkoli	35
Linsen	35

Salate sollte man möglichst frisch essen, damit durch die Lagerung keine Folsäure verloren geht.

Biotin – Schönheit für Haut und Haare

Schöne, glatte, seidige Haut und fülliges, glänzendes Haar hängen im Wesentlichen von einer ausgewogenen Darmflora ab. Nur ein tausendstel Gramm Biotin muss als ständige Reserve in der Leber enthalten sein, um nicht nur die Haut- und Haarzellen, sondern auch alle anderen Körperzellen zu versorgen. Die Natur ist noch immer der preiswerteste Schönheitssalon.

Biotinversorgung durch eine gesunde Darmflora

Biotin ist vorwiegend in Hefe, Leber, Eigelb, Tomaten, Sojabohnen, Naturreis und Kleie enthalten. Der überwiegende Teil an Biotin wird jedoch im Darm durch Bakterien produziert. In diesem Fall stellt der Körper das Vitamin selbst her. Dies ist allerdings nur möglich, wenn die äußerst komplizierte und hochsensible Welt der Darmmikroben nicht gestört wird. In den rund acht Meter langen Darmschlingen gedeihen die Bakterien am besten durch die Einnahme von gesunder, vollwertiger Kost. Nur so können sie ihre Arbeit verrichten. Bereits die kleinste Störung, z. B. ein Glas scharfer Schnaps, ein Stück Würfelzucker oder eine Tablette eines Antibiotikums, kann die Ordnung der Darmflora empfindlich stören. Dies wirkt sich auch negativ auf die Biotinproduktion aus. Durch die Vielzahl an Falten und Zotten unserer Darmschleimhaut ist ihre eigentliche

Karotten enthalten Biotin und sind außerdem wichtig für eine intakte Darmflora.

Spinat gilt als ideale Gemüsebeilage für alle stressgeplagten Menschen.

Oberfläche fast so groß wie ein Tennisplatz. Hier tummeln sich rund eine Billiarde Mikroorganismen, die ungefähr so viel wiegen wie unsere Leber (ca. drei Pfund) und auch in etwa die gleiche Stoffwechselleistung vollbringen. Eine gesunde Darmflora ist daher besonders wichtig und leistet eine große Hilfe bei der Abwehr von Krankheitserregern. Gleichzeitig produziert sie wichtige Vitamine wie Biotin oder Vitamin K. Ist die Biosynthese im Darm jedoch gestört – beispielsweise durch Alkohol-, Tabletten- oder Tabakkonsum –, dann gewinnt die Nahrungszufuhr mit biotinreichen Lebensmitteln besondere Bedeutung.

Stabilisator des Blutzuckerspiegels

Biotin ist maßgeblich am Aufbau von Energiereserven in Leber und Muskeln und an der Freisetzung dieser Speicherdepots beteiligt. Außerdem wirkt es bei der so genannten Glukoneogenese mit, in der 16 der insgesamt 22 Aminosäuren (Eiweißbausteine im Körper) zu Glukose umgewandelt werden können. Dieser Vorgang ist für einen stabilen Blutzuckerspiegel außerordentlich notwendig.

Energisch und vital

Hypoglykämie, der medizinische Fachbegiff für einen zu niedrigen Blutzuckerspiegel, entwickelt sich zu einer neuen Volkskrankheit, von der beinahe schon jeder Zweite betroffen ist. Sowohl die Gehirnzellen als auch

Eiweiß von Fisch oder Meeresfrüchten ist für den Körper leichter verwertbar als jenes im Fleisch.

die Nervenzellen benötigen ständig Glukose (Blutzucker) als Energiespender. Deshalb ist es auch besonders wichtig, den Blutzuckerspiegel möglichst immer auf einem bestimmten Niveau zu halten und größere Schwankungen zu vermeiden. Der Idealwert liegt zwischen 80 und 100 Milligramm Glukose pro 100 Milliliter Blut. Niedrigere Werte beeinträchtigen nicht nur den Gehirnstoffwechsel, sondern auch das psychische Wohlbefinden:

- Bei nur noch 60 Milligramm wird man zunehmend nervös, gereizt, ängstlich und müde.
- Bei 40 Milligramm quält einen bereits morgens beim Aufstehen nur noch die Frage, wie man diesen Tag überstehen kann.

Glänzendes Haar, gesunde Haut und kräftige Fingernägel hängen vom Biotinspiegel ab.

Der Vitamin-Check-up

FEHLT MIR BIOTIN?

- ☐ Ist Ihr Haar stumpf, glanzlos, brüchig?
- ☐ Brechen Ihre Fingernägel leicht ab?
- ☐ Trinken Sie gerne Alkohol? Vor allem hochprozentigen?
- ☐ Fühlen Sie sich mental gebremst, ohne die richtige geistige Frische?
- ☐ Sind Sie oft schlapp, antriebsarm, ohne Schwung?

Bei ein- oder zweimal Ja könnte es durchaus sein, dass Ihnen Biotin fehlt. Haben Sie drei oder vier Kreuzchen gemacht, ist nicht auszuschließen, dass Ihre Darmflora zu wenig von diesem lebensnotwendigen Nährstoff produziert. Wenn Sie fünfmal mit Ja geantwortet haben, sollten Sie Ihre Ernährung verbessern, außerdem stets biotinreiche Snacks gegen den kleinen Hunger vorrätig haben – wie z. B. Nüsse, Samen, Kerne und Sojaknabbereien.

- Bei weniger als 30 Milligramm ist man unfähig, die Herausforderungen des Alltags zu meistern – ein harmloser Konflikt kann dann zum Nervenzusammenbruch führen.

Hilfe gegen Depressionen

Frauen können nur ca. 300 Gramm Glukose speichern – bei Männern sind es 400 Gramm. Aus diesem

Grund sind die Reserven bei Frauen schneller erschöpft. Der Blutzuckerspiegel sinkt rascher, deshalb werden Frauen schneller nervös oder auch depressiv und leiden häufiger unter Schlafstörungen als Männer. Daher sollten sie immer auf eine ausreichende Biotinzufuhr achten.

Schwefelreicher Biostoff

Weil in Biotin ebenso wie in Haut und Haaren viel Schwefel enthalten ist, transportiert es diesen wichtigen Mineralstoff dorthin, wo er gebraucht wird.

Schwefel verleiht der Haut und dem Haar ihren öligen Schutzmantel. Bei Biotinmangel wird die Haut deshalb grau und fahl, das Haar glanzlos und stumpf. Die Fingernägel wiederum können ohne Schwefel leicht brüchig werden.

Biotinmangel und die Folgen

Weil Biotin aktiv den Fettstoffwechsel kontrolliert und sich gleichzeitig überwiegend in Haut- und Haarzellen findet, beeinflusst es auch den Fettgehalt der Haut. Fehlt das Vitamin, kommt es schnell zu Seborrhö, einer krankhaft gesteigerten Absonderung der Talgdrüsen. In diesem Fall wird zu viel Fett auf Haut und Kopfhaut ausgeschüttet. Die Folge: Haarausfall und Schuppen.

Experimente mit Biotin

Wie wichtig Biotin wirklich ist, zeigt ein interessantes Experiment, das Schweizer Biotinexperten im Jahr 1991 gemacht haben: Sie verabreichten 32 Versuchspersonen mit brüchigen Fingernägeln sechs bis neun Monate lang täglich eine Extraration von 25 Mikrogramm Biotin. Das Ergebnis überrascht nicht: Nach Abschluss des Experiments waren die Fingernägel wieder intakt, ihre Dicke hatte um 25 Prozent zugenommen.

Wann braucht der Körper viel Biotin?

- Wenn man häufig müde und abgespannt ist
- Wenn geistige Frische und Optimismus fehlen
- Wenn das Haar glanzlos und brüchig ist
- Bei trockener, rissiger Haut
- Wenn man häufig deprimiert, lustlos und verzagt ist
- Bei übermäßig starkem Alkoholkonsum

Schadet zu viel Biotin?

Ein Überschuss an diesem Vitamin wird in der Regel problemlos aus dem Körper ausgeschieden. Nebenwirkungen sind bisher nicht bekannt. Wird Biotin nur über die Nahrung zugeführt, sind Überdosierungen ausgeschlossen.

Warnsymptome

Biotinmangel kann folgende Beschwerden verursachen:

- Trockene, rissige Haut
- Haarausfall
- Schuppen
- Gereiztheit, Nervosität
- Mattigkeit
- Muskelschmerzen
- Belegte Mundschleimhäute
- Welke Haut

In diesen Lebensmitteln ist Biotin enthalten

Lebensmittel	Mikrogramm (je 100 Gramm)
Kalbsleber	102
Sojamehl	63
Eigelb	54
Walnüsse	37
Erdnüsse	31
Sardinen	21
Mandeln	17
Champignons	16
Pilze	15
Naturreis	9
Vollkorngetreide	7
Spinat	6
Krabben	6
Schinken	5
Karotten	4
Tomaten	2

Der tägliche Bedarf

Der Körper ist ausreichend mit Biotin versorgt, wenn man täglich an die 30 bis 100 Mikrogramm zu sich nimmt. Bei Schwangeren liegt die Dosis ungefähr gleich hoch, auch stillende Mütter benötigen etwa genauso viel.

Pantothensäure – überall zu finden

Soja- und Mungbohnensprossen sind wegen ihres hohen Pantothensäuregehalts ein unverzichtbarer Fleischersatz für Vegetarier.

Erst relativ spät – 1931 – kamen die Wissenschaftler einem Vitamin der B-Gruppe auf die Spur, das praktisch in allen Körperzellen seine Wirkung tut: Vitamin B5 wurde es früher genannt, sein heute gebräuchlicher Name bedeutet im Griechischen »überall verbreitet«.

Ihr unauffälliges Schattendasein konnte die Pantothensäure lange Zeit fristen, weil ein Mangel an diesem Vitalstoff keine so dramatischen Folgen zeitigt, wie dies bei anderen Vitaminen der Fall ist. Wer zu wenig Pantothensäure im Körper hat, erkrankt nicht an Skorbut (wie wenn Vitamin C fehlte), an Pellagra (wenn man dem Körper Niazin vorenthielte) oder an Beriberi (bei Vitamin-B1-Mangel). Trotzdem kreisen nicht umsonst so viele Pantothensäuremoleküle im menschlichen Organismus. Der allgegenwärtige Biostoff sorgt dafür, dass wir fit, leistungsfähig und – im günstigsten Fall – schlank bleiben; wenn er fehlt, ist es vorbei mit jedem Fünkchen Vitalität.

Lassen Sie sich keine grauen Haare wachsen ...

Die Aufmerksamkeit der Biochemiker erregte die Pantothensäure, als man einen Zusammenhang zwi-

Nüsse sind reich an Vitamin E und K, an B-Vitaminen, Kalzium und Phosphor. Nicht zuletzt wegen ihres Gehalts an Pantothensäure sind sie als ideale Gehirnnahrung bekannt.

schen dem Vitamin und dem Ergrauen der Kopfhaare feststellte. Im Labor sah man, dass Versuchstiere in kurzer Zeit ein graues Fell bekamen, wenn ihnen die Pantothensäure in der Nahrung entzogen wurde. Fütterte man sie wieder mit dem Vitamin, wurde auch ihr Fell wieder farbig wie früher.

Allerdings legte sich der Jubel der Kosmetikindustrie über diese auf den ersten Blick revolutionäre Entdeckung bald wieder – Pantothensäuremangel führt zwar auch beim Menschen zu vorzeitigem Grauwerden; anders als bei den Vierbeinern im Labor aber lässt sich sein Haar nicht einfach wieder auf den alten Glanz bringen, wenn der Mangel beseitigt wird. Grau bleibt grau, da helfen auch noch so hoch dosierte Vitamine nichts mehr.

Geschmeidige Gelenke

Wer morgens so steife Glieder hat, dass er nur mit Mühe aus dem Bett kommt, sollte sich Gedanken über den Pantothengehalt seiner Nahrungsmittel machen. Bei klinischen Untersuchungen hat man immer wieder die Beobachtung gemacht, dass Patienten mit Arthritis niedrigere Pantothenwerte im Körper haben als gesunde Vergleichspersonen. Ausreichend hohe Dosen des Vitamins ließen die Schmerzen im Lauf einiger Wochen deutlich geringer werden.

Nicht nur eine Delikatesse: Kaviar – Ersatz noch mehr als der echte aus Russland – enthält viel Pantothensäure.

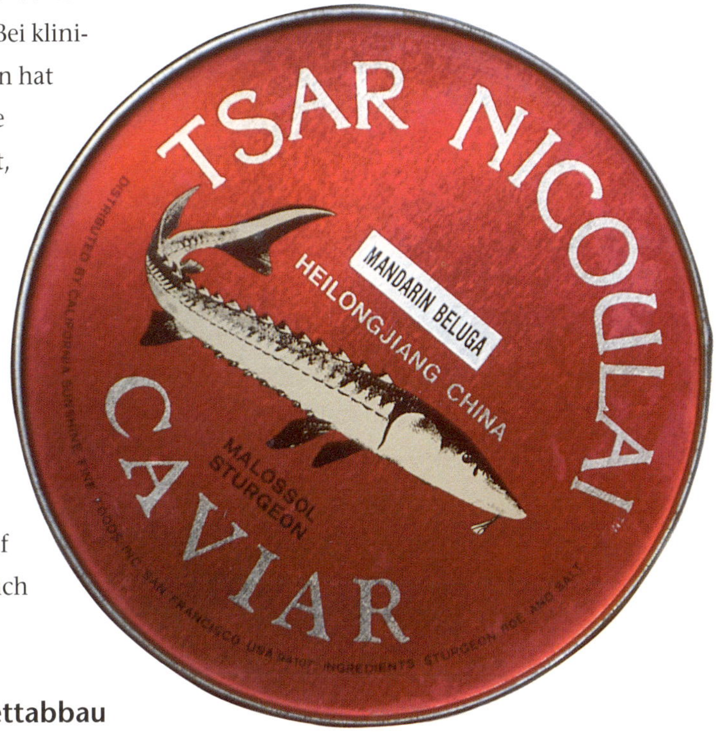

Nebenwirkung Fettabbau

Die entzündungshemmende Wirkung des Vitamins liegt in seinem Einfluss auf das gesamte Stoffwechselgeschehen des Körpers begründet. U. a. regt es in der Nebennierenrinde die Produktion von Kortikoiden – wie z. B. Kortisol – an, das sind Stresshormone, die nicht nur Entzündungen vorbeugen bzw. sie abklingen lassen, sondern die auch leistungsfähig erhalten, indem sie den Körper unter positiven Stress setzen. Auf diesem Weg wird die Pantothensäure zum Schlankheitsvitamin schlechthin.

Koenzym A mischt überall mit

Gemeinsam mit dem Molekül Adenosintriphosphat (ATP) bildet Pantothensäure das so genannte Koenzym A. Dieser Stoff ist maßgeblich an allen Um- und Aufbaureaktionen im Stoffwechsel beteiligt. Er sorgt u. a. für den Zellaufbau und damit für einen schnellen Heilungsprozess bei Verletzungen sowie für die Produktion von diversen Hormonen, körpereigenem Cholesterin und von Gallensäure.

Auch das Azetylcholin, das für die Übermittlung von Nervenreizen zuständig ist, und viele Antikörper, die Krankheitskeime im Körper aufspüren und unschädlich machen, verdanken ihre Existenz dem allgegenwärtigen Koenzym A und damit der Pantothensäure.

Ätherische Öle als Badezusatz helfen dem Nervensystem zusätzlich, sich zu entspannen und zu regenerieren. Ohne ausgleichende Maßnahmen kann das psychische Gleichgewicht nicht stabil bleiben.

Vitamin B5 – aus der Nahrung, aus dem Darm

Um die Versorgung mit Pantothensäure aufrechtzuerhalten, holt sich der Körper diesen wichtigen Biostoff aus zwei Quellen: Zum einen wird er im Darm aus der Nahrung gewonnen, zum anderen kann er, wenn von außen nicht genügend zugeführt wird, durch Mikroorganismen in der Darmflora selbst hergestellt werden. Solange man sich einigermaßen gesund ernährt, funktioniert diese Balance, und die Darmflora springt ein, wenn die Nahrung kurzfristig nicht das liefert, was der Körper braucht. Ernährt man sich aber über längere Zeit hinweg falsch – also durch nährstoffarme Fertigkost und industriell behandelte Lebensmittel, dann brechen schnell beide Versorgungswege ab, da in einem solchen Fall in der Regel auch die Darmflora in Mitleidenschaft gezogen wird. Und weil das Gehirn bis zu einem Viertel dieses wichtigen Vitamins für sich allein benötigt, sind die ersten Ausfallerscheinungen nervöse Symptome wie Konzentrationsschwäche.

Der Vitamin-Check-up

FEHLT MIR PANTOTHENSÄURE?

- ☐ Sind Ihre Haare grau, oder fallen sie frühzeitig aus?
- ☐ Leiden Sie häufig unter Gelenkschmerzen und -steifigkeit?
- ☐ Haben Sie oft kleine Risse in Mund- oder Augenwinkeln?
- ☐ Leiden Sie unter mangelnder Pigmentbildung in der Haut, d. h., sind Sie auffällig blass, und bekommen Sie leicht Sonnenbrand?
- ☐ Sind Sie reizbar, nervös oder chronisch müde?

Haben Sie ein- oder zweimal mit Ja geantwortet, spricht manches dafür, dass Ihnen dieses vielseitige Vitamin fehlt. Bei drei- oder viermal Ja sollten Sie öfter eine Fischmahlzeit auf den Tisch bringen. Mussten Sie gar fünfmal Ihr Kreuz machen, sollten Sie eine Zeit lang konsequent zu pantothensäurehaltigen Nahrungsmitteln greifen – ein entsprechender Mangel lässt sich erstaunlich schnell beheben.

Vitaminreiche Leber

Die meiste Pantothensäure liefert – abgesehen vom Ostseehering – Leber, egal ob von Geflügel, Lamm, Rind oder Schwein. Für Vegetarier empfehlen sich Sprossen, Nüsse, Steinpilze und Brokkoli.

Wann braucht der Körper viel Pantothensäure?

- Wenn man ohne gesundheitsschädliche Diäten abnehmen will
- Wenn sich erste Alterserscheinungen einstellen
- Bei Konzentrationsmangel und Lernschwäche
- Vor wichtigen Prüfungen
- Wenn man eine reibungslose Gelenkfunktion und gute Nervenversorgung der Gliedmaßen sicherstellen will

Schadet zu viel Pantothensäure?

Pantothensäure ist wasserlöslich, ein Zuviel wird also problemlos ausgeschieden. Bei extremer Überdosierung kann es zu allergischen Reaktionen und Durchfall kommen.

Der tägliche Bedarf

Fünf bis zehn Milligramm Pantothensäure pro Tag sind ausreichend, wer Leistungssport treibt oder unter Stress steht, braucht etwas mehr. Schwangere und stillende Mütter benötigen bis zu 15 Milligramm.

Warnsymptome

Pantothensäuremangel kann folgende Beschwerden verursachen:

- Vorzeitig ergraute Haare
- Gelenkschmerzen
- Taubheitsgefühle und Kribbeln in den Gliedmaßen
- Haarausfall
- Risse in Mund- und Augenwinkeln
- Vergesslichkeit, Konzentrationsschwäche
- Sehbeschwerden
- Nervöse Unruhe, Gereiztheit
- Chronische Müdigkeit
- Verstopfung
- Hautblässe, Neigung zu Sonnenbrand

Es muss wirklich nicht immer Kaviar sein: Auch das Fleisch des Störs liefert erhebliche Mengen an Pantothensäure.

In diesen Lebensmitteln ist Pantothensäure enthalten

Lebensmittel	Milligramm (je 100 Gramm)
Hering, Ostsee	9,3
Kalbsleber	7,9
Hühnerleber	7,2
Mungbohnen	3,5
Steinpilze	2,7
Kaviarersatz	2,6
Erdnüsse	2,6
Champignons	2,1
Sojabohnen	1,9
Truthahn	1,7
Wassermelone	1,6
Sonnenblumenkerne	1,4
Kaviar, echt	1,4
Brokkoli	1,3
Cashewnüsse	1,2
Haselnüsse	1,1
Hering, Nordsee	1,0
Scholle	0,8

Vitamin K – Helfer bei der Blutgerinnung

Dieser Nährstoff blieb lange Zeit von Wissenschaftlern unbeachtet. Dabei spielt Vitamin K eine bedeutende Rolle im Stoffwechsel der Knochen und des Bindegewebes und sorgt mitunter auch für eine gesunde Nierenarbeit. Unerlässlich ist dieser Biostoff darüber hinaus bei der Blutgerinnung. Ohne ausreichend Vitamin K würden Wunden ständig weiterbluten, weil dann entsprechende Gerinnungsfaktoren fehlten. Behindert wurde die Vitamin-K-Forschung lange Zeit dadurch, dass keine genauen Analysemethoden zur Verfügung standen. Seit Beginn der neunziger Jahre gibt es jedoch hochtechnisierte Geräte, mit denen die Wirkung dieses interessanten Vitamins bis ins Detail beobachtet werden kann.

Physiologen stellten fest, dass Vitamin K einen bislang unbekannten Eiweißbaustein enthält, der in Leberzellen aus der schon lange bekannten Glutaminsäure hergestellt wird. Vitamin K ist am Einbau und an der Verwertung von Kalzium wie auch am Zusammenwirken von Kalzium und Vitamin D maßgeblich beteiligt. Außerdem sorgt es für eine gleich bleibende Konzentration des Blutgerinnungsstoffs Prothrombin. In Herz und Lunge wurden wichtige Eiweißsubstanzen gefunden, die nur mit Hilfe von Vitamin K synthetisiert werden können.

Vitamin K im Fettstoffwechsel

Vitamin K ist, wie die Vitamine A, D und E, fettlöslich. Ein gesunder Fettstoffwechsel ist folglich für die Funktion des Vitamins unerlässlich, vor allem weil unser Körper durch die Nahrungsaufnahme nur sehr wenig Vitamin K zugeführt bekommt: Bei Erwachsenen lässt sich in der Regel bis zu 50-mal mehr Vitamin D, bis zu 1000-mal mehr Vitamin A und bis zu 10 000-mal mehr Vitamin E im Körper nachweisen.

Pro Kilogramm Körpergewicht genügt dem menschlichen Organismus schon die verschwindend geringe Menge von einem millionstel Gramm dieses Biostoffs. Vitamin K verteilt sich dann in Billionen Molekülen über sämtliche Körperzellen.

Der Vitamin-Check-up

FEHLT MIR VITAMIN K?

- ☐ Leiden Sie mitunter an Darmstörungen, speziell an Durchfall?
- ☐ Heilen Ihre Wunden schlecht?
- ☐ Haben Sie oft Nasenbluten?
- ☐ Haben Sie Gebissprobleme?
- ☐ Haben Sie manchmal gerötete Augen oder winzige rote Blutpunkte auf dem Augapfel?

Wenn Sie ein- oder zweimal mit Ja anworten, fehlt Ihnen möglicherweise Vitamin K. Bei drei- bis viermal Ja sollten Sie bei Gelegenheit Ihren Arzt auf Ihre Symptome hin ansprechen. Wenn Sie fünf Kreuzchen gemacht haben, müssen Sie Ihre Ernährung umstellen, auf Lebensmittel mit geringer Nährstoffdichte ganz verzichten (z. B. auf helle Teigwaren, Kuchen, Süßspeisen, polierten Reis, süße Getränke).

Zucchini gehören zu den Gemüsesorten, die uns auch mit Vitamin K versorgen können.

Dabei unterstützt es den Einbau von wichtigen Speicherkohlenhydraten in die Zellen.

Des Weiteren sorgt Vitamin K im Zusammenspiel mit anderen Vitaminen für eine gesunde Knochenbildung, gute Zähne, eine intakte Leberfunktion sowie allgemein für ausreichend Vitalität.

Blutgerinnungsfaktoren

Selbst bei der äußerst geringen Vitamin-K-Zufuhr von 0,03 millionstel Gramm pro Kilogramm Körpergewicht stellt unser Körper im Notfall noch ausreichend Gerinnungsstoff her. Durch unsere, in den westlichen Ländern übliche Ernährungsweise, die meistens zu fett- und eiweißhaltig ist, wird der Blutgerinnungsstoff Prothrombin allerdings stark in Mitleidenschaft gezogen. Kritisch wird es vor allem dann, wenn zusätzlich noch eine Darmkrankheit wie Durchfall, ein gestörter Fettstoffwechsel und Medikamentenmissbrauch hinzukommen.

Neugeborene leiden häufig unter einem Mangel an Vitamin K mit entsprechender Blutungsneigung.

Gemüse sorgt für einen ausgewogenen Speiseplan. Die Zutaten sollten möglichst aus biologischem Anbau stammen.

Vitamin-K-fördernde Nahrungsmittel

Gewisse Nahrungsmittel stellen eine ausreichende Vitamin-K-Versorgung sicher und stärken zugleich die körpereigene Produktion dieses wichtigen Vitamins:

- Milchprodukte wie Buttermilch, Joghurt oder Kefir sind ideale Zwischensnacks, um die Vitamin-K-Produktion zu unterstützen.
- Lebertran und Melasse, der sirupartige Rückstand bei der Zuckergewinnung, enthalten neben reichlich Vitamin K auch viele weitere Mineralstoffe und Vitamine.
- Ein Grünkohlgericht verabreicht dem Körper eine starke Vitamin-K-Spritze. Dabei sollte man den Kohl nicht zu weich kochen.
- Feld- oder Kopfsalat mit Kresse verfügt nicht nur über Vitamin K in ausreichender Menge, sondern bietet auch eine ausgewogene Mischung der verschiedenen Vitamine und Vitalstoffe.
- Fleisch liefert außerordentlich wenig Vitamin K, oft sind in einem ganzen Kilogramm nur zehn millionstel Gramm enthalten. Leber bildet dabei eine Ausnahme. Aber auch

hier gibt es beträchtliche Schwankungen. Es kommt darauf an, welches Futter das Tier zu Lebzeiten zu sich genommen hat.

- Soja- und Olivenöl sind ausgesprochen reiche Vitamin-K-Lieferanten, Sonnenblumenöl hingegen enthält nur wenig dieses Stoffs.
- Blattgemüse, z.B. Spinat, sowie Küchenkräuter (Kresse und Petersilie) enthalten pro Kilogramm bis zu fünf Milligramm – genug, um unseren Organismus mit ausreichend Vitamin K zu versorgen.

Freunde und Feinde von Vitamin K

Ein Mangel an Vitamin K ist relativ selten, vorausgesetzt, die Produktionskräfte des Darms sind intakt. Der Darm als chemische Schaltzentrale kann seine vielfältigen Aufgaben jedoch nur erfüllen, wenn die Darmflora gesund erhalten wird.

Eine gesunde Ernährung mit viel Gemüse, Salat, Milch, Eiern oder Käse deckt den Bedarf an Vitamin K, den man dem Körper über die Nahrung zuführen kann.

Dosen- und Fertigkost zerstört Vitamin K, verhindert seine Aufnahme und führt zu einem raschen und vorzeitigen Ausscheiden dieses wichtigen Vitamins. Die Vitamin-K-Versorgung nimmt enormen Schaden durch den Genuss von Fastfood.

Übermäßiger Fleisch-, Alkohol- und Süßwarenkonsum stört das empfindliche Gleichgewicht im Darm und beeinträchtigt so die körpereigene Vitamin-K-Produktion.

Zu den großen Feinden von Vitamin K gehören insbesondere:

- Ranzige Fette
- Zahlreiche Arzneimittel, wie z.B. Schmerzmittel, Schlafmittel und Antibiotika
- Konservierungsstoffe in den Nahrungsmitteln
- Verunreinigung in Dosen, die das Haltbarkeitsdatum überschritten haben
- Mit viel Fett gebratene und frittierte Nahrung

Eine Verbindung voller Geschmack und Gesundheit: Basilikum und Romanasalat sind exzellente Vitamin-K-Spender.

Wann braucht der Körper viel Vitamin K?

- Wenn sich die Narbenbildung bei Wunden verzögert
- Bei häufigem Nasenbluten
- Bei Verdauungsstörungen
- Wenn man sich ständig matt und schlapp fühlt
- Bei Arzneimittelmissbrauch

Schadet zu viel Vitamin K?

Vitamin K schadet, wenn man es über einen zu langen Zeitraum in Tablettenform zu sich nimmt. Dann kann es zu erhöhter Blutgerinnung mit krankhaft verändertem Blutbild kommen. Beobachtet wurden zudem Hitzewallungen, Schwitzen und Spannungen im Brustbereich. Das körpereigene Vitamin K wird im Gewebe gespeichert und ist harmlos.

In diesen Lebensmitteln ist Vitamin K enthalten

Lebensmittel	Mikrogramm (je 100 Gramm)
Sauerkraut, abgetropft	1540
Rosenkohl	550
Spinat	350
Rotkohl	300
Blumenkohl	300
Grünkohl	125
Feldsalat	200
Kopfsalat	200
Brunnenkresse	200
Sojabohnen	144
Brokkoli	130
Gurken	30

Warnsymptome

Vitamin-K-Mangel kann folgende Beschwerden verursachen:

- Nur langsam heilende Wunden
- Müdigkeit
- Menstruationsbeschwerden

Der tägliche Bedarf

Der Körper ist ausreichend mit Vitamin K versorgt, wenn man täglich 60 bis 80 Mikrogramm zu sich nimmt. Schwangere und stillende Mütter benötigen etwa 65 Mikrogramm.

Mineralstoffe – Keimzellen des Lebens

Für feste Knochen, straffes Gewebe, stabile Nerven und gesunde Haut sind im Wesentlichen die Mineralstoffe verantwortlich. Doch auch der Soffwechsel hängt von einem ausgewogenen Mineralienhaushalt ab. Nur wenn dem Körper Biostoffe in genügender Konzentration zugeführt werden, bleibt der Mensch gesund.

Kalzium – Baumeister des Skeletts

Als fünfthäufigstes Element der Erdkruste ist Kalzium, ein Erdalkalimetall, in Gesteinen, Böden, Organismen und Gewässern weit verbreitet. Aber auch im Stoffwechselgeschehen des menschlichen Körpers kommt diesem hier mengenmäßig wichtigsten Mineralstoff eine Vielzahl überragender Aufgaben zu.

Garant für harte und feste Knochen

Unser Körper enthält etwa 1,2 Kilogramm Kalzium. Davon sind 99 Prozent als Kalziumapatit – eine äußerst stabile und unlösliche Verbindung – in Knochen und Zähnen eingelagert.

Über die Nahrung aufgenommen und über das Blut in die Knochen transportiert, verbindet sich Kalzium mit Phosphorsäure zu einem festen, zementartigen Gerüst. Wenn die Trockenmasse der Knochen rund fünf Kilogramm wiegt, so besteht ein Kilogramm aus reinem Kalzium.

Die Knochen – ein lebendiges Gewebe

Beim Knochenbau kommt dem Kalzium eine äußerst passive Rolle zu. Es ist in hohem Maß von der Unterstützung anderer Nährstoffe abhängig, wie Silizium, Kupfer, Zink, Mangan und – allen voran – Vitamin D. Dieses Sonnenvitamin aktiviert die knochenbildenden Zellen und sorgt damit für die Entstehung von mehr Knochenmasse. Die Knochen sind keine unveränderlichen Gebilde, sondern lebendiges Gewebe, das unablässig Kalzium aufnimmt und wieder an das Blut abgibt, wenn dem Stoffwechsel Kalzium fehlt.

Auf der Knochengroßbaustelle geht's rund

Kalzium leitet die nötigen Nervenimpulse für alle kontrollierten Muskelbewegungen. Deshalb wird bei jeder Belastung Kalzium von den Knochen in die Muskeln transportiert. Um einer Demineralisation vorzubeugen, wird der Knochen unverzüglich mit einem neuen Kalziumschub versorgt. Das bedeutet konkret, dass auf der Knochengroßbaustelle der Kalziumumsatz rund um die Uhr auf Hochtouren läuft.

Nicht nur für süße Backwaren: Haselnüsse bestechen durch ihren Kalziumgehalt.

Dementsprechend sind unsere Knochen nie gleich kräftig, sondern wechseln ständig ihre Festigkeit. Je nach Art des Knochengewebes nehmen die knochenbildenden Zellen mehr oder weniger Kalzium auf.

Der Knochen mit dem höchsten Kalziumverbrauch ist der so genannte Alveolarfortsatz, der am Kieferknochen befindliche Knochenbogen, in dem die Zähne sitzen.

Kalzium in Blut und Körperzellen

Der Hauptanteil des Kalziums wird für Knochen und Zähne gebraucht. Aber gerade das restliche Körperkalzium (etwa ein Prozent) erfüllt im Blut und in den Körperzellen wichtige Aufgaben. Um diesen gerecht zu werden, zirkuliert das Blutplasma knapp zur Hälfte in Form freier Ionen. Ionen sind nämlich wesentlich beweglicher und garantieren, dass das Leben spendende Kalzium besonders schnell aus dem Blut an den Zielort gelangen kann. So ist Plasmakalzium (also das Kalzium im Blut) an der Aktivierung des Blutgerinnungssystems beteiligt.

Koordinierte Bewegungen und gute Laune

In den Zellen sorgt Kalzium für die Durchlässigkeit zwischen den einzelnen Zellen und für die Übertragung der neuromuskulären Erregungsprozesse. Damit wird überhaupt erst der Grundstein für koordinierte Bewegungen gelegt. Darüber hinaus ist Kalzium auch an der Übertragung von Hormonen und Neurotransmittern beteiligt. Letztere sorgen für ein heiteres Gemüt.

Die honigsüßen Feigen strotzen nur so von heilsamen Nährstoffen. Sowohl frisch als auch getrocknet zählen sie zu den gesündesten Snacks.

Beim Verzehr von Käse kann man Genuss und Nutzen miteinander verbinden: Er verwöhnt nicht nur den Gaumen, sondern spendet auch reichlich Kalzium.

In diesen Lebensmitteln ist Kalzium enthalten

Lebensmittel	Milligramm (je 100 Gramm)
Emmentaler Käse	1050
Hüttenkäse, Camembert, Schafskäse, Gouda	420–800
Mandeln, Haselnüsse	200–270
Joghurt	120–240
Feigen	180
Eigelb	130
Vollmilch	120
Kohl, Spinat, Fenchel	100–110
Erbsen, Linsen, Bohnen	55–108
Schokolade	100

Mehr als die Hälfte unseres täglichen Kalziumbedarfs wird mit Milch oder Milchprodukten gedeckt. Aber auch in frischem grünem Blattgemüse, Zitrusfrüchten, Sardinen und Schaltieren ist viel wertvolles Kalzium enthalten.

Konstante Kalziumkonzentration ist wichtig

Damit die elementaren, aber hochkomplizierten nerven- und hormongesteuerten Vorgänge auch reibungslos ablaufen können, muss die Kalziumkonzentration im Blut stets einen nahezu konstanten Wert von zehn Milligramm pro zehntel Liter Blutserum aufweisen. Das wird durch drei Hormone garantiert. So wird in den Nebenschilddrüsen das Parathormon produziert, das für einen konstanten Kalziumspiegel im Blut sorgt. Das Kalzitonin reduziert dagegen einen Kalziumüberschuss, und das Kalzitriol im Vitamin D bewirkt schließlich, dass Kalzium aus der Nahrung über die Darmschleimhaut in die Blutbahn gelangt.

Der Manager in Gehirn und Nervensystem

Viele Mineralstoffe oder Spurenelemente wie beispielsweise Mangan oder Magnesium sind daran beteiligt, Nervenreizstoffe herzustellen. Kalzium dagegen ist selbst einer der mächtigen »Bosse« in unserem Gehirn und Nervensystem. Zwei weitere wichtige Mineralstoffe, Natrium und Kalium, wirken dann bei Reizübertragungen mit Kalzium eng zusammen.

Kalziummangel in Nerven- und Gehirnzellen verursacht Symptome in der Spannbreite zwischen nervös-ängstlicher Unruhe und schwer psychotischen oder auch neuromuskulären Ausfallserscheinungen.

Veränderungen im Alter

Schließlich ist auch das Alter ein wichtiger Faktor für den Kalziumbedarf. Während beispielsweise ein Kleinkind sein Skelett innerhalb von ein bis zwei Jahren vollständig erneuern kann, sinkt der Kalziumumsatz mit zunehmendem Lebensalter. So überwiegt bereits ab dem 40. Lebensjahr der Knochenabbau. Das liegt nicht an einer verschlechterten

Fenchel spendet zwar nicht ganz so großzügig Kalzium, liefert aber zusätzlich beachtliche Mengen an Vitamin C und Kalium.

Aufnahmefähigkeit, sondern vielmehr daran, dass im Alter die Kalziumausscheidung in den Darm erhöht und die Ablagerung von Kalzium im Skelett reduziert ist.

Das Problem Osteoporose

Die Gründe für diese veränderten Ausscheidungs- und Ablagerungskapazitäten sind vor allem in Schwankungen des Hormonhaushalts zu suchen. Deshalb treten Kalziummangelerscheinungen am deutlichsten bei Frauen in der hormonellen Umbruchphase, also nach der Menopause, zutage. Die Eierstöcke stellen dann die Produktion des Hormons Östrogen ein, das für die Erhaltung der Knochenmasse sorgt.

Das Missverhältnis von Knochenabbau und -erneuerung führt zu einer drastischen Verminderung der Knochenmasse. Dies ist verständlich, denn das Kalzium zirkuliert über das Blut und steht in ständigem Austausch mit den Knochen und Körperzellen, wo es auch am dringendsten benötigt wird. Gleichzeitig zieht der Körper das Mineral dort ab, wo es nicht unmittelbar lebensnotwendig ist: aus den Knochenzellen. Bei anhaltendem Kalziummangel und -raub aus den Knochen kann deshalb Osteoporose entstehen.

Das Pflichtprogramm für ein gesundes Skelett: Käse und andere Milchprodukte aus natürlicher Herstellung versorgen sowohl Knochen als auch Zähne mit lebenswichtigen Nährstoffen.

Entwarnung sei jedoch eifrigen Sportlern gegeben: Regelmäßiges Training kann die Demineralisation der Knochen verzögern.

Wozu braucht der Körper viel Kalzium?

- Feste Knochen
- Gesunde Zähne
- Gerinnungsfähigkeit des Bluts
- Wundheilung
- Muskeltätigkeit
- Herzfunktion
- Ruhige, entspannte Nerven
- Schlaf
- Hormonelle Reizübertragung
- Ausgeglichene und heitere Stimmungslage
- Glück, Euphorie, Optimismus
- Enzymtätigkeit
- Eisenverwertung

Geeignete Lebensmittel

Besonders kalziumreiche Lebensmittel sind Milch und Milchprodukte. Aber auch in einigen Gemüsearten wie Grünkohl, Brokkoli, Fenchel, Lauch oder Wirsing ist Kalzium in beachtlicher Menge enthalten. Dabei ist zu bedenken, dass zu langes Wässern und Kochen den wertvollen Mineralstoff ausschwemmt.

Der Mineralstoff-Check-up

FEHLT MIR KALZIUM?

- ☐ Haben Sie manchmal Muskelkrämpfe, Kribbeln und Taubheitsgefühle in Armen und Beinen?
- ☐ Sind Sie oft nervös, in Stresssituationen sehr erregt?
- ☐ Leiden Sie unter Kiefer- oder Zahnproblemen, sind Sie oft beim Zahnarzt?
- ☐ Nehmen Sie Kummer und Sorgen besonders schwer?
- ☐ Heilen kleine Wunden (Risse, Schnitte) schlecht?

Wenn Sie bis zu zweimal mit Ja antworten, könnte Ihre persönliche Kalziumbalance bereits aus dem Gleichgewicht geraten sein. Drei- oder viermal Ja bekräftigen diese Selbstdiagnose. Wenn Sie gar fünfmal mit Ja antworten, könnte eine Kalziumkur einen neuen, lebenstüchtigeren Menschen aus Ihnen machen.

Licht für den optimalen Kalziumumsatz

Ohne Vitamin D geht im Knochenstoffwechsel zunächst gar nichts. Dieser Biostoff, der durch die Einwirkung von UV-Strahlung in cholesterinhaltigen Hautzellen im Körper von selbst entsteht, aktiviert bekanntlich den Knochenaufbau. Als Folge davon wird in der Darmschleimhaut mehr Kalziumnachschub angefordert.

Wer sich also nur selten im Tageslicht aufhält oder seine Haut nicht regelmäßig den Sonnenstrahlen aussetzt, verschenkt möglicherweise viel Kalzium, das er über die Nahrung aufgenommen hat, da dem Organismus mangels Vitamin D die notwendigen Hilfsstoffe fehlen.

Feindliche Substanzen

Bestimmte Substanzen in manchen Lebensmitteln sind dagegen von Natur aus kalziumvernichtend, das bedeutet, sie binden das Mineral im Darm und machen es damit unbrauchbar. Dazu zählen beispielsweise oxalsäurereiche Lebensmittel wie Rhabarber und Mangold, aber auch Spinat, der eigentlich einen hohen Kalziumanteil aufweist.

Ähnlich wirken die Phytinsäuren (vor allem in Getreide enthalten). Sie bilden zusammen mit Kalzium, Eisen, Zink und Magnesium schwer lösliche Salze, die dann ebenfalls ausgeschieden werden.

Auch vor dem Verzehr von zu viel tierischem Eiweiß sei gewarnt. Es sorgt für ein stetiges und irgendwann verhängnisvolles Ausscheiden von Kalzium über den Urin. Schließlich fördern auch Koffein und Theophyllin (im Schwarztee) die Kalziumausscheidung über Nieren und Urin.

Phosphor und Kalzium – das richtige Verhältnis macht's

Das Mineral Phosphor erfüllt zwar wichtige Funktionen im Organismus, die Phosphate, Salze der Phosphorsäure, können jedoch in konzentrierter Form zu einem Abbau von Kalzium aus der Knochenmasse führen. Ein Phosphor-Kalzium-Verhältnis von 1,5 : 1 kann der Stoffwechsel gerade noch verkraften.

Wer hingegen viele phosphalthaltige Lebensmittel wie Fleisch, Fertiggerichte und süße, kohlensäurehaltige Getränke (z. B. Colagetränke) zu sich nimmt, kommt leicht auf ein zusätzliches Gramm Phosphor pro Tag und somit auf ein Verhältnis von 2 : 1 oder gar 2,5 : 1.

Schadet zu viel Kalzium?

Wenn zu viel Kalzium (mehr als 2500 Milligramm täglich) in Tablettenform zugeführt wird, kann es tatsächlich zu schädlichen Nebenwirkungen kommen.

An erster Stelle stehen dabei Verstopfung sowie die mögliche Bildung von Blasensteinen. Außerdem können Zink, Eisen und andere wichtige Spurenelemente unter Umständen nicht mehr optimal aus dem Darm aufgenommen werden.

Warnsymptome

Kalziummangel kann folgende Beschwerden verursachen:

- Muskelkrämpfe
- Kribbeln und Taubheitsgefühl
- Lähmungserscheinungen
- Fehlende Muskelkontrolle
- Zu niedrigen Puls
- Herzklopfen, Schlafstörungen
- Blutungen, Gelenkschmerzen
- Angstzustände
- Wachstumsstörungen bei Kindern
- Zahnverfall

Nur gesunde Knochen können solch extreme Belastungen abfangen, wie sie beim Skifahren auftreten.

Der tägliche Bedarf

Der Körper ist ausreichend mit Kalzium versorgt, wenn man täglich etwa 900 Milligramm zuführt. Jugendliche, die während der Wachstumsphase besonders viel Knochenmasse aufbauen müssen, benötigen mindestens 1200 Milligramm täglich. Schwangeren Frauen empfiehlt man die gleich hohe Dosis, und stillende Mütter sollten 1300 Milligramm zu sich nehmen.

Aus Frankreichs Spezialitätenküche

Roquefortkuchen

Zutaten für 6–8 Personen
250 g Mehl • 125 g Butter • 2 EL kaltes Wasser • Salz • weißer Pfeffer • 80 g Roquefort (regelmäßig grün gesprenkelt) • 120 g Emmentaler • 3 Eier • 250 g Crème fraîche • 250 ml Milch Fett und Mehl für die Form

Zubereitung

1 Für den Teig Mehl, Butter, Wasser und Salz zu einer Kugel formen und 30 Minuten kühlen.

2 Für den Belag den Roquefort mit einer Gabel fein zerdrücken. Den Emmentaler reiben. Eier schaumig schlagen, mit Crème fraîche und Milch verrühren. Die Käse untermischen. Mit Salz und Pfeffer würzen.

3 Eine Springform (Durchmesser 28 bis 30 Zentimeter) mit weichem Fett ausstreichen, mit etwas Mehl ausstreuen und mit dem Teig auslegen. Dafür zuerst mit dem Handballen, dann mit den Fingerspitzen die Teigkugel in der Form auseinander drücken. Zuletzt mit dem Daumen rundherum einen 3 Zentimeter hohen Rand drücken.

4 Die Roquefortmischung gleichmäßig auf dem Teigboden verteilen. Kuchen in den kalten Backofen (mittlere Schiene) schieben und bei 200 °C etwa 35 Minuten backen. Sobald sich der Kuchen goldgelb färbt, die Oberfläche zum Schutz mit einem Stück Alufolie abdecken.

Magnesium – Fleißarbeiter im Stoffwechsel

Während der Schwangerschaft und der anschließenden Stillzeit müssen Frauen besonders viel Magnesium zu sich nehmen.

Genauso wie Kalzium zählt auch Magnesium zu den Erdalkalimetallen. Mit 2,5 Prozent Anteil ist es das achthäufigste Element der Erdrinde. Es ist im Gestein, im Meerwasser sowie im Grund- und Oberflächenwasser in unterschiedlichen Konzentrationen enthalten.

Kein Pflanzenleben ohne Magnesium

Im Pflanzenreich ist Magnesium weit verbreitet. Es ist ein wichtiger Baustein für die Zellfunktion der Pflanze, vor allem für die Chlorophyllbildung. Chlorophyll wiederum, das Blattgrün, baut mit Hilfe des Sonnenlichts Kohlenstoff aus dem Kohlendioxid der Luft in die Pflanzenzellen ein und sichert damit der Pflanze ihr Überleben. Schließlich ist Magnesium auch für Menschen und Tiere ein essenzieller Stoff. Der menschliche Körper enthält 20 bis 28 Gramm Magnesium. Etwa 60 Prozent davon sind im Skelett gelagert. Rund 40 Prozent befinden sich im weichen Gewebe (vor allem in der Skelett- und Herzmuskulatur, in Leber, Darm, Schilddrüse und Nieren). In der Muskulatur ist der Magnesiumanteil siebenmal so hoch wie der des Kalziums.

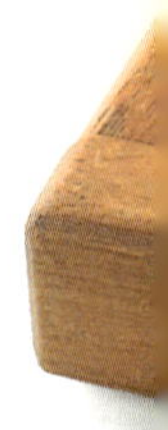

Herrscher über das Reich der Enzyme

Ein sehr geringer Teil des Körpermagnesiums befindet sich außerhalb der Zellen (extrazellulär) und mischt dort mit, wo unser Stoffwechsel seine höchste »Intelligenz« entfaltet, nämlich im genialen Zusammenspiel von Neuropeptiden, Hormonen und Nervenreizstoffen.

Die wichtigsten enzymatischen Prozesse laufen in Gegenwart von Magnesium ab. Mehr als 300 Enzy-

Getreidekörner und Nüsse sind kleine Mineralstoffbomben. Cashewnüsse nehmen dabei eine Vorrangstellung ein.

Der ideale Snack für zwischendurch sind Kürbiskerne: Jeder einzelne ist ein kleiner Bioschatz.

me werden durch Magnesium aktiviert, also überhaupt erst funktionsfähig gemacht. Damit beherrscht Magnesium einen Großteil aller chemischen Reaktionen im Körper, die ja immer nur durch Enzyme eingeleitet werden.

Teufelskreis Magnesium und Stress

Magnesium wird einerseits für die Herstellung der Stresshormone Noradrenalin bzw. Adrenalin benötigt, ohne die wir die Herausforderungen des Alltags niemals bewältigen würden. Andererseits dämpft es den Anstieg dieser Stresshormone und wirkt übermäßiger Gereiztheit, Aggressivität und anderen schädlichen stressbedingten Überreaktionen des Körpers entgegen. Zwischen Magnesium und Stress kann nämlich ein regelrechter Teufelskreis entstehen: Unter größeren seelischen und geistigen Belastungen verringert sich das Magnesium in den Zellen immer mehr, was gleichzeitig zu einer verstärkten Stressreaktion führt. Immer dann, wenn Menschen träge, überängstlich oder nervös auf Herausforderungen und Stress reagieren oder nicht dynamisch genug in Konfliktsituationen hineingehen, fehlt ihnen womöglich das wichtige Magnesium.

Auf ähnliche Weise greift Magnesium nachhaltig in den Fett- und Kohlenhydratstoffwechsel ein und ist überhaupt einer der großen Hauptbeteiligten am Eiweißstoffwechsel in unserem Organismus.

Bananen weisen von allen Obstsorten die beste Magnesiumbilanz auf.

Herzkrankheiten vorbeugen

Die Arbeit des Herzmuskels ist in hohem Maße von einer ausreichenden Versorgung der Zellen mit sauerstoff- und nährstoffreichem Blut abhängig. Magnesium ist hier nicht nur an der autonomen, von unserem Willen nicht beeinflussbaren Kontrolle des Herzschlags beteiligt, sondern auch aktiv an der Steuerung der Zellversorgung.

In die ununterbrochen tätigen Herzmuskelzellen müssen ständig weit mehr Biostoffe »hineingeschossen« werden als in die anderen Zellen. Magnesium ist für unser Herz deshalb wichtig, weil es die Leistung des Herzmuskels verbessert, die Herzkranzgefäße erweitert sowie die Gerinnungsfähigkeit des Bluts positiv beeinflusst.

Damit ist es ein wichtiger Faktor bei der Vorbeugung von Herzinfarkt. Darüber hinaus wird vermutet, dass Magnesium eine vorbeugende Wirkung gegen Arteriosklerose hat.

Was geschieht bei Magnesiummangel?

Der Organismus versucht, den Magnesiumspiegel im Blut aufrechtzuerhalten. Als Steuerungsorgane sind dabei vermutlich die Nebenschilddrüsen wichtig. Bei Magnesiummangel ist zunächst immer der Magnesiumgehalt des Bluts betroffen. Auf dieses beeinträchtigte Gleichgewicht reagiert der Körper mit einer erhöhten neuromuskulären Erregbarkeit, die sich in Krämpfen, Durchfällen und Depressionen äußern kann.

Der Mineralstoff-Check-up

FEHLT MIR MAGNESIUM?

- ☐ Leiden Sie mitunter an Muskelschwäche?
- ☐ Wird Ihnen manchmal übel, verbunden mit Darmstörungen wie Durchfall?
- ☐ Verspüren Sie manchmal ein Taubheitsgefühl oder ein Kribbeln in Armen und Beinen?
- ☐ Fühlen Sie sich häufig körperlich oder mental »gebremst«, oder fehlt Ihnen der rechte Schwung?
- ☐ Haben Sie manchmal Herzprobleme, eventuell verbunden mit depressiven Verstimmungen?

Wenn Sie ein- oder zweimal mit Ja antworten, spricht schon einiges dafür, dass Ihnen Magnesium fehlt. Bei drei- bis viermal Ja sollten Sie konsequent darauf achten, dass täglich Grüngemüse oder Salat auf dem Speiseplan steht. Bei fünfmal Ja dürfte Ihr Stoffwechselgeschehen alles andere als ausgeglichen sein. Eine mögliche Ursache: akuter Magnesiummangel. Jetzt ist es höchste Zeit, die Alltagskost umzustellen – vor allem wenn Sie bislang vorwiegend von Fertiggerichten oder anderer nährstoffarmer Kost gelebt haben.

Als Baustein des Chlorophylls befindet sich Magnesium in allen grünen Pflanzen.

Wozu braucht der Körper viel Magnesium?

- Kohlenhydrat- und Eiweißstoffwechsel
- Mineralstoffverwertung
- Knochenwachstum
- Harten Zahnschmelz
- Muskeltätigkeit
- Herzfunktionen
- Ausgewogene, heiter-gelassene Stimmungslage
- Blutgerinnung
- Nervenreizübertragung
- Hormonproduktion
- Stressabbau

Die Urkraft aus dem Pflanzenreich

Als wichtiger Baustein der Photosynthese ist Magnesium in erster Linie in pflanzlichen Lebensmitteln zu finden. Ganz klar, dass gerade grüne oder dunkelgrüne Blattpflanzen wie Spinat besonders reich an Magnesium sind. Es empfiehlt sich jedoch, sehr genau auf die Herkunft des Gemüses zu achten: Falscher Landanbau, stark säurehaltige Böden oder saurer Regen entziehen den Pflanzen Magnesium. In seiner extremen Form kann Magnesiummangel bis zur Zerstörung der Pflanze führen.

In diesen Lebensmitteln ist Magnesium enthalten

Lebensmittel	Milligramm (je 100 Gramm)
Kürbiskerne	510
Cashewnüsse	260
Mandeln	170
Haselnüsse, Erdnüsse, Walnüsse	130–190
Getreide	115–155
Spinat, Sojaprodukte	80
Bohnen, Erbsen, Linsen	45–65
Meeresfische, Krabben	26–48
Bananen	36
Rindfleisch, Schweinefleisch, Schinken, gekocht	17
Kartoffeln, Tomaten	14
Bockwurst, Wiener Würstchen	9

Magnesium aus dem vollen Korn

Noch höhere Konzentrationen an Magnesium finden sich in allen Samen, in Nüssen, im vollen Getreidekorn und in Hülsenfrüchten.

Dabei ist allerdings zu beachten, dass beim Getreide die wichtigsten Nährstoffe in der Schale und im

Gerade Kraftsportler sollten Magnesiummangel nicht unterschätzen, da sie sich häufig einseitig und zu eiweißbetont ernähren und zudem über den Schweiß viel Magnesium ausscheiden.

Bei anstrengendem und ausdauerndem Training scheiden Sportler vermehrt Magnesium aus. Wird der Verlust nicht ausgeglichen, können Muskelkrämpfe die schmerzhafte Folge sein.

Keimling stecken. Wenn beispielsweise bei der Mehlerzeugung der feine nährstoffreiche Keimling vom Korn abgetrennt wird, gehen gleichzeitig 80 Prozent des enthaltenen Magnesiums verloren. Dagegen sind tierische Lebensmittel wie Fisch, Geflügel, Fleisch, Milch und Milchprodukte vergleichsweise arm an Magnesium. Dasselbe gilt – mit Ausnahme von Bananen – für die meisten marktüblichen Früchte.

Bioverfügbarkeit von Magnesium

Wie der Körper das Magnesium verwertet, hängt letztlich – genauso wie bei Kalzium – von der Bindungsform ab. So bilden vor allem Oxalsäure und Phytinsäure zusammen mit Magnesium oder Zink schwer lösliche Komplexe im Darm. Diese werden nicht mehr gespalten, sondern ausgeschieden, ohne dass der Körper die wichtigen Nährstoffe hätte aufnehmen können. In ähnlicher Weise hemmt eine fettreiche Ernährung die Verwertbarkeit von Magnesium.

Darüber hinaus gehen Wissenschaftler zunehmend davon aus, dass eine zu kalziumbetonte Kost sich negativ auf die Magnesiumaufnahme auswirkt.

Schadet zu viel Magnesium?

Solange die Nieren gesund sind und überschüssiges Magnesium ausspülen können, sind Schäden durch ein Zuviel an Magnesium unwahrscheinlich. Bei eingeschränkter Nierenfunktion können Magnesiumtabletten jedoch Übelkeit, Erbrechen, niedrigen Blutdruck und sogar ernsthaftere Symptome auslösen. Auch plötzliche starke Müdigkeitserscheinungen können auftreten.

Wer regelmäßig Abführmittel oder Medikamente gegen zu viel Magensäure einnimmt (so genannte Antazida), sollte sich vergewissern, dass nicht Magnesium als Hauptwirkstoff enthalten ist.

Gesundheitstipp

Um dem Körper über die Nahrung ausreichend Magnesium zuzuführen, sollte der Speiseplan viel Grünes enthalten: Salate, Rohkost, Gemüse, Kohl, Hülsenfrüchte. Dabei ist darauf zu achten, dass die Gemüsesorten nicht zu lange gekocht, sondern nur ganz kurz gegart werden. Außerdem sollte man täglich ein Müsli aus selbst geschrotetem Getreide zum Frühstück essen, da nur im vollen Korn und Keimling die Nährstoffe erhalten bleiben.

Der tägliche Bedarf

Erwachsene benötigen etwa 300 bis 350 Milligramm Magnesium täglich. Schwangeren und stillenden Frauen empfiehlt man etwa 400 Milligramm pro Tag. Dies gilt allerdings nur unter besten Voraussetzungen: kein Stress, optimale Magnesiumaufnahme aus dem Nahrungsbrei im Darm ins Blut.

Wer hingegen stets durch die Stressmühle gedreht wird und sich außerdem katastrophal ernährt, braucht unter Umständen die fünf- bis zehnfache Menge an Nahrungsmagnesium. Auch bei Durchfall, chronischem Alkoholismus oder Missbrauch von Abführmitteln ist der Bedarf erhöht. Das liegt daran, dass der Organismus vermehrt Magnesium über den Urin ausscheidet und gleichzeitig weniger über den Darm aufnehmen kann.

Warnsymptome

Magnesiummangel kann folgende Beschwerden verursachen:

- Durchfall
- Muskelschwäche
- Wadenkrämpfe
- Störungen der Herzfunktion
- Zahnverfall
- Knochenbeschwerden
- Kribbeln in Armen und Beinen
- Nervosität
- Angst- und Verwirrungszustände
- Depressive Verstimmungen
- Konzentrationsstörungen
- Schmerzhafte Monatsblutung

Pikante Zwischenmahlzeit

Gemüse mit Butterklößchen

Zutaten für 4 Personen
Klößchen: *80 g weiche Butter Salz, schwarzer Pfeffer • frisch geriebene Muskatnuss • 4 Eier 120 g Mehl*
Gemüse: *500 g frische dicke Bohnen (oder 1/2 Paket tiefgefrorene) • 200 g Spitzkohlblätter • 200 g grüne Bohnen 200 g Brokkoli • 250 g runde Tomaten • 1 Gemüsezwiebel 2 Knoblauchzehen • 1 Bund Rosmarin, Thymian, Salbei und Lorbeer (gemischt) • Salz, Pfeffer 6 EL Gemüsebrühe • 1 Bund Schnittlauch*

Zubereitung

1 Butter mit Salz, Pfeffer und Muskatnuss schaumig rühren. Eier und Mehl unterrühren. Zugedeckt ruhen lassen.

2 Dicke Bohnen aus den Schoten lösen. Spitzkohl und grüne Bohnen mundgerecht zerkleinern. Brokkoli in Stiele und Röschen teilen, die Stiele schälen. Alle diese Gemüse waschen und tropfnass in einen Topf geben.

3 Die Tomaten abziehen und halbieren. Zwiebel in Stücke schneiden. Knoblauch schälen, frische Kräuter waschen, aber nicht trockenschwenken.

4 Alles mit dem Gemüse mischen. Salz, Pfeffer und Gemüsebrühe zugeben. Zugedeckt aufkochen und bei mittlerer Hitze etwa 15 Minuten garen, bis die grünen Bohnen weich sind.

5 Wasser mit Salz aufkochen. Den Teig mit einem in kaltes Wasser getauchten Löffel als Klößchen abstechen. Zugedeckt bei schwacher Hitze ungefähr 5 Minuten kochen, dann 10 Minuten ziehen lassen.

6 Das Gemüse auf eine vorgewärmte Platte geben. Die Butterklößchen darauf anrichten und alles mit Schnittlauch bestreuen.

Natrium – Wasserhaushalt im Gleichgewicht

Ebenso wie Fisch zeichnen sich auch Meeresfrüchte durch einen hohen Natriumgehalt aus.

Natrium kommt in der Natur vorwiegend in seiner gebundenen Form als Natriumchlorid, also als Kochsalz, vor. Zum Mineralstoffanteil im Körper steuert es rund zwei Prozent bei. 90 Prozent davon befinden sich in der Flüssigkeit außerhalb der Zellen, hier ist Natrium das wichtigste Kation.

Steuerung des Wasserhaushalts

Eine tragende Aufgabe erfüllt Natrium bei der Steuerung des Wasserhaushalts im Organismus. Immerhin besteht der Körper zu über 50 Prozent aus Wasser. In Blut und Nieren finden sich über 80 Prozent, Muskeln und Gehirn bestehen zu etwa 75 Prozent und die Knochen zu 22 Prozent aus Wasser. Etwa die Hälfte des Körperwassers ist in den Zellen gelagert, die andere Hälfte befindet sich in der so genannten extrazellulären Flüssigkeit, von der die Zellen umgeben sind.

Oliven sind sehr natriumreich. Wer sie regelmäßig verzehrt, sollte seinen Kochsalzkonsum reduzieren.

Wasser transportiert Mineralstoffe und Enzyme

In dieser extrazellulären Flüssigkeit wird Natrium vor allem in seiner Eigenschaft als Transportmittel gebraucht. In dynamischer Abstimmung mit Kalium sorgt es dafür, dass Nährstoffe aus dem Inneren der Zellen dorthin gelangen, wo sie gebraucht werden. Besonders wichtig ist hierbei, dass das Wasser sowie die darin gelösten Nährstoffe zwischen dem Zellinneren und der Zellumgebung ausgetauscht werden können. Zu diesem Zweck sind einzelne Elemente ungleich auf verschiedene Flüssigkeitsteilmengen verteilt. So sorgen Natriumionen (so genannte Elektrolyte) u. a. dafür, dass die Menge der Flüssigkeit außerhalb der Zelle stets möglichst gleich bleibt. Wenn die Zellen nämlich zu viel Wasser verlieren, trocknen sie aus, altern schnell und sterben ab.

Der zweite wichtige Elektrolyt, das vor allem in den Zellen überwiegende Kalium, garantiert wiederum – in Abstimmung mit Natrium –, dass Wasser ins Zellinnere gepumpt wird. Dieses Verhältnis bzw. Spannungs- oder Konzentrationsgefälle zwischen Zellinnerem und -äußerem ist die Basis dafür, dass Nährstoffe überhaupt ausgetauscht, Nervensignale weitergeleitet und Muskelzellen zu einer Bewegung angeregt werden können. Nur der gesunde Wassergehalt der Zelle ermöglicht Milliarden chemische Stoffwechselreaktionen und alle wichtigen Zellfunktionen.

Feinschmecker schwören darauf, dennoch sind sie nicht jedermanns Sache: Schnecken glänzen zwar durch ihren hohen Mineralstoffgehalt, finden sich jedoch nur noch selten auf den Speisekarten.

In diesen Lebensmitteln ist Natrium enthalten

Lebensmittel	Milligramm (je 100 Gramm)
Oliven, grün, mariniert	2100
Salzbrezeln	1790
Schinken, gekocht	1050
Emmentaler, Gouda, Edamer	700
Ölsardinen	510
Vollkornbrot	450
Sellerie, Radieschen	130
Steinbutt	115
Heilbutt, Kabeljau	70
Vollmilch	50

Von Nervenzelle zu Nervenzelle

Sämtliche Zellen des menschlichen Körpers verfügen über mikroskopisch kleine Pumpen, die so genannten Natrium-Kalium-Pumpen. Wenn eine Nervenzelle ein Gehirnsignal empfängt, führt das zu einer kurzen Arbeitspause der Natrium-Kalium-Pumpe. Im Anschluss daran wechseln elektrische Impulse wie bei einer Kettenreaktion von einer Zelle auf die andere über. Somit wird der Impuls weitergegeben, die Gehirnsignale pflanzen sich auf diese Weise fort.

Der Auslöser für diese enorme Betriebsamkeit der Nervenzellen ist das durch Natrium- und Kaliumionen entstandene Konzentrationsgefälle innerhalb und außerhalb der Zellen.

Von Muskelzelle zu Muskelzelle

Die weitergeleiteten Nervenimpulse werden schließlich über bestimmte Substanzen auf eine Muskelzelle übertragen. Auch daran sind die kleinen Natrium-Kalium-Pumpen beteiligt. Hier pressen sie nun Natrium in die Zelle und Kalium aus der Zelle. Dabei wird Kalzium aus der Zelle ausgeschieden und – endlich – eine Muskelbewegung eingeleitet. Unverzüglich danach strömt Natrium wieder aus der Zelle, während Kalium in die Zelle zurückgedrückt wird – der alte Zustand ist also wiederhergestellt. Um eine reibungslose Muskeltätigkeit zu garantieren, müssen diese Vorgänge stets optimal ablaufen. Und das vor allem im außerordentlich wichtigen Herzmuskel.

Statt stets zum Salzstreuer zu greifen, sollte man Lebensmittel auf den Tisch bringen, die viel jodreiches Salz enthalten, wie beispielsweise Austern und andere Meerestiere.

Der Mineralstoff-Check-up

FEHLT MIR NATRIUM?

- ☐ Sind Sie wetterfühlig, z. B. bei Föhn oder heraufziehendem Schlechtwetter?
- ☐ Sind Sie oft unerklärlich müde, selbst wenn Sie gut geschlafen haben und ausgeruht sind?
- ☐ Leiden Sie unter Schwindelgefühlen?
- ☐ Empfinden Sie Ihre Haut als zu dünn, Ihr Bindegewebe als zu wenig gepolstert?
- ☐ Haben Sie kaum Durstempfindungen?
- ☐ Trinken Sie extrem wenig?

Wenn Sie ein- oder zweimal mit Ja antworten, könnte Natriummangel Ursache mancher Beschwerden sein. Bei drei- bis viermal Ja sollten Sie sich fragen, ob Sie sehr salzarm essen. Wenn Sie fünfmal mit Ja antworten, sollten Sie Ihre Hauptmahlzeit mittags mit viel Sojasauce würzen (enthält viel Natrium), danach viel trinken (Kräutertee, Frucht- und Gemüsesäfte, Mineralwasser).

Nährstoffversorgung der Zelle

Auch beim Transport der Nährstoffe ist Natrium unverzichtbar. Dazu sitzen in den Schleimhäuten des Darms Millionen winziger Natriumpumpen. Sie sind damit beschäftigt, Nährstoffe über Schleimhautzellen in die Blutbahn zu befördern. Weil Kohlenhydratmoleküle keine elektrische Ladung haben, können sie sich nicht selbstständig bewegen. Natriumionen sind für sie das Transportmittel ins Blut. Die Darmschleimhäute sind deshalb sehr reich mit Natrium besetzt.

Dem Bauchansatz clever zu Leibe rücken

Da Natrium die Eigenschaft hat, Wasser zu binden, gelangt bei salzreicher Kost viel Wasser in den Bauch und Körper. Bei einer einzigen extrem salzreichen Mahlzeit kann bis zu einem halben oder gar ganzen Liter Wasser im Bauchraum gebunden werden – Wasser übrigens, das den Nieren für ihre wichtige Filtertätigkeit fehlt. Aus diesem Grund macht salzreiche Kost auch besonders durstig. Manch einer treibt wie verrückt Sport, um seinen vermeintlichen Fettansatz am Bauch loszuwerden. Wie viel einfacher wäre es dagegen, öfter einmal kaliumreiche und natriumarme Mahlzeiten zu sich zu nehmen.

Wachtmeister für den Säure-Basen-Haushalt

Aber zurück zu den Glanzleistungen des Natriums. Natrium ist einer der Mineralstoffe, die den Säurewert des Bluts überwachen. Dieser so genannte pH-Wert ist besonders wichtig für unser Wohlbefinden. Wenn er nämlich zu weit absinkt, kann es zu schweren Stoffwechselstörungen (gelegentlich mit Reizen auf das Atemzentrum) kommen.

Darüber hinaus erhält Natrium die Gewebespannung aufrecht und greift schließlich auch noch in den Blutdruck mit ein. Dazu werden wiederum die Natrium-Kalium-Pumpen aktiv. Sie pressen Wasser aus dem Blut in die extrazelluläre Flüssigkeit bzw. geben überschüssiges Zellwasser an den Blutstrom ab. Dies ist ein wichtiger Mechanismus für die Regulierung des Blutdrucks.

Und schließlich schiebt Natrium zusammen mit Kalium auch Biostoffe ins Zellinnere, welche für die Spaltung und den Abbau von schädlichen Stoffen und Abfallprodukten (hauptsächlich Eiweiß) sorgen.

Wozu braucht der Körper viel Natrium?

- Optimale Regulierung des Wasserhaushalts im Körper
- Gesunden Blutdruck
- Neuromuskuläre Erregung
- Säure-Basen-Haushalt
- Vitalität, Lebensenergie
- Positive Stimmungslage
- Erschließung von Nährstoffen aus dem Nahrungsbrei

Diese Brotzeit schmeckt sicher köstlich, ist aber leider kein Gewinn für die Gesundheit: Mit Räucherschinken führt man dem Körper zu viel Salz zu. Und Wein trägt mit seiner ausscheidenden Wirkung zusätzlich dazu bei, wichtige Mineralien aus dem Körper zu spülen.

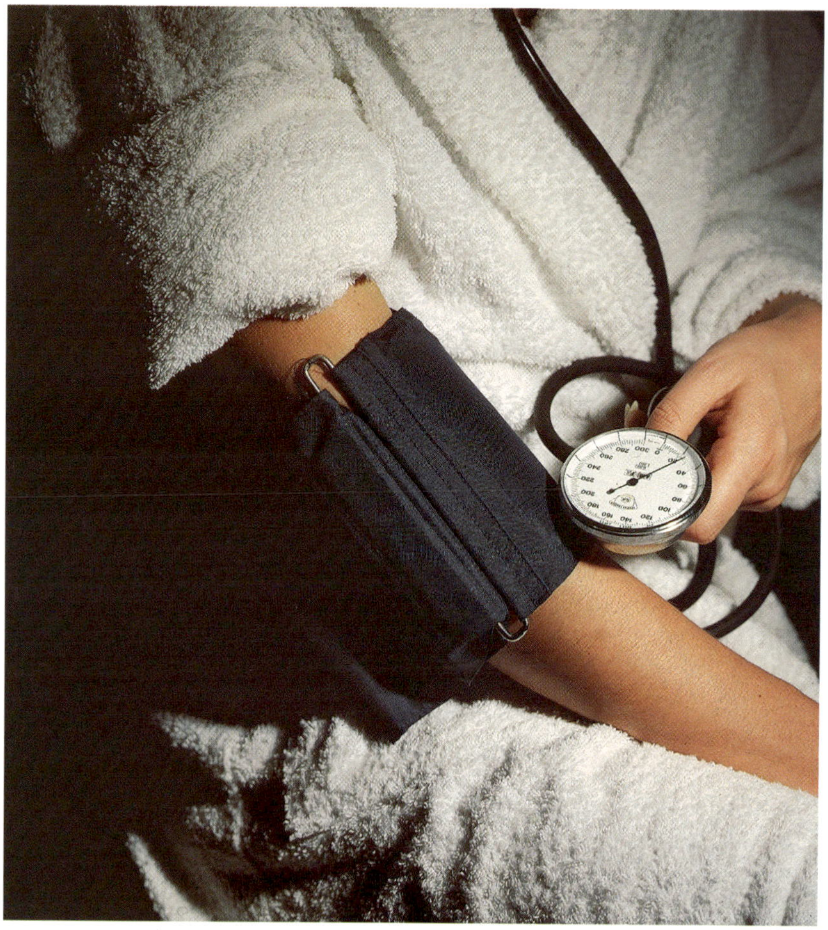

Bluthochdruck zählt zu den am weitesten verbreiteten Zivilisationskrankheiten. Eine natriumarme Kost kann dazu beitragen, den Blutdruck im akzeptablen Rahmen zu halten.

Die Nieren beseitigen das Salzdrama

Ernährungsbedingter Natriummangel dürfte für Nordeuropäer eher unwahrscheinlich sein. Im Gegenteil: Natrium ist wohl das einzige Mineral, mit dessen Überschuss der Körper zu kämpfen hat.

Mit ihren zwei Millionen Filterchen sind die Nieren ständig beschäftigt, rund 700 Liter Blut täglich zu filtern. Sie sorgen dafür, dass die Blutkonzentration aller wichtigen Nährstoffe möglichst optimal bleibt. Zu diesem Zweck scheiden sie überschüssiges Natrium aus. Daran ist aber gleichzeitig die Ausscheidung des lebenswichtigen Kaliums gekoppelt. Eine tägliche Kochsalzaufnahme von bis zu zehn Gramm pro Kopf ist in Industrienationen heutzutage fast schon die Regel – das hat verheerende Kaliumverluste über die Urinausscheidung zur Folge.

Natriumreiche Nahrungsmittel

Besonders natriumreich sind Meeresfische bzw. Krabben, Austern und andere Meeresfrüchte sowie Geflügel und Fleisch. Aber auch in Oliven, Ketchup, Salzstangen und Senf verstecken sich unvermutet große Mengen Natrium.

Schließlich ist Salz als Konservierungsmittel in Fleischwaren und in Konserven billiger Standard. Und auch unser tägliches Brot enthält so viel Salz, dass es allein oft schon ausreichen würde, den täglichen Natriumbedarf zu decken. Das bedeutet konkret, dass man auf den zusätzlichen Einsatz des Salzstreuers beim Essen nur sehr selten angewiesen ist.

Schadet zu viel Natrium?

Zu viel Natrium kann massiven Schaden anrichten. Bei extrem salzreicher Kost wird enorm viel Wasser im Körper gebunden. Das kann bei chronischem Natriumüberschuss schließlich zu Ödemen, also krankhaften Wasseransammlungen in Zellen und Geweben, führen. Im schlimmsten Fall kann es zu Herz- und Nierenschäden kommen.

Zivilisationskrankheit Bluthochdruck

Das am weitesten verbreitete, teilweise durch zu salzreiche Kost verursachte Übel ist jedoch der Bluthochdruck. Die Ursache: Das durch

Natrium vermehrt gebundene Wasser erhöht auch das Blutvolumen. Außerdem hat Natrium eine verengende Wirkung auf die Gefäße. So wird also – manchmal schon eine Stunde nach einer salzreichen Mahlzeit – viel mehr Blut durch eng gestellte Adern gepresst – was eine große Gefahr für entsprechend vorbelastete Personen darstellt.

Gesundheitstipp

Kochsalz sollte man nur in geringen Dosen verwenden. Eine gelungene und raffinierte Alternative zum Salz sind Kräuter und Gewürze (z. B. Pfeffer, Ingwer, Curry). Auch sie sorgen für die nötige Würze. Besonders erfahrene Köche ersetzen Salz bisweilen durch frisch geriebenen Meerrettich – etwas tränentreibend, aber geschmacklich raffiniert.

Man sollte ruhig auch einmal das Salz ganz weglassen und dafür Lebensmittel auf den Tisch bringen, die viel jodreiches Meersalz enthalten, wie Austern, Krabben und Seefisch, oder die Speisen mit natriumreichen Oliven würzen.

Der tägliche Bedarf

Mit dem natürlichen Natriumanteil in den Lebensmitteln deckt man den täglichen Bedarf von ungefähr 1,2 Gramm Natrium (entspricht etwa drei Gramm Kochsalz) mehr als großzügig ab. Bis zu fünf Gramm täglich könnten auch noch akzeptiert werden. Das Gebot der Stunde wäre beim Durchschnittsmenschen jedoch eher eine natriumarme Kost. Lediglich fleißige Sportler, die durch anstrengendes Training regelmäßig große Mengen Schweiß – und damit Natrium, verbunden mit Kalium – verlieren, dürfen immer wieder mal bedenkenlos großzügig zum Salzstreuer greifen.

Warnsymptome

Zu hoher Salzkonsum kann folgende Beschwerden verursachen:

- Erhöhten Blutdruck
- Erhöhte Cholesterinwerte
- Nierenbeschwerden
- Gefäßkrankheiten
- Herzklopfen
- Leberbeschwerden
- Bauchspeicheldrüsenunterfunktion
- Zu niedrigen Blutzuckerspiegel
- Zuckerkrankheit

Vereinte Frische von Land und Meer

Misosuppe

Zutaten für 4 Personen
2 EL Hiziki-Algen • 1 TL gekörnte Gemüsebrühe • 1 kleine Rote Bete 1 Karotte • 1 Frühlingszwiebel 1 Tasse Kürbis, Gurke oder Zucchini, gewürfelt • 50 g Glasnudeln • 1 EL Miso • 1 Bund Kräuter 3 EL Sojasauce • 1 EL Sojaöl

Zubereitung

1 Die Algen in 1 Liter Wasser zum Kochen bringen und die Gemüsebrühe hinzufügen.

2 Die Rote Bete schälen, die Karotte bürsten, beides grob raspeln und einige Minuten mit in der Brühe kochen lassen.

3 Die Frühlingszwiebel in Ringe schneiden, das Gemüse zugeben und das Ganze 10 bis 15 Minuten ebenfalls in der Brühe kochen.

4 Dann die Glasnudeln zufügen, kurz aufkochen lassen und den Topf von der Kochstelle nehmen.

5 In eine Tasse etwas kochende Brühe abschöpfen und das Miso damit glatt rühren.

6 Die Kräuter waschen, klein schneiden und mit dem angerührten Miso, der Sojasauce und dem Sojaöl unter die Suppe mischen.

Kalium – Spannungspol im Stoffwechsel

Kaufen Sie Ihre Äpfel im Bioladen, dann können Sie auch die Schale mitessen, in der besonders viel Kalium sitzt.

Nach Natrium ist Kalium ein weiteres Alkalimetall, das in chemisch gebundener Form in der Natur vorkommt. Im menschlichen Organismus befinden sich etwa zwei Gramm Kalium pro Kilogramm Körpergewicht. 98 Prozent davon sind – im Gegensatz zu Natrium – innerhalb der Zellen angesiedelt.

Im Inneren der Zelle selbst geht es eher wässrig zu, denn Wasser ist das ideale Lösungsmittel für viele Enzyme und Eiweißstoffe. Diese können ihre unglaubliche Betriebsamkeit jedoch nur dann entwickeln, wenn in der Zelle ausreichend Wasser vorhanden ist – und dafür sorgt das Kalium. Während Natrium in der Zelle in zehnfach niedrigerer Konzentration anzutreffen ist als außerhalb, verhält es sich mit seinem antagonistischen Zwillingsbruder Kalium genau umgekehrt. Dieses unterschiedliche Verhältnis ist insofern wichtig, als es ermöglicht, dass Biostoffe ins Innere der Zelle gesaugt werden.

Natrium-Kalium-Pumpen – die Zellmotoren

Dabei ist Kalium in hohem Maß auf die Mitwirkung seines Partners Natrium angewiesen. Durch das Spannungsgefälle innerhalb und außerhalb der Zellen sammelt sich Energie in Form chemischer Konzentration an. Diese wird dann in elektrische Energie umgewandelt – die Grundlage für das Funktionieren der Natrium-Kalium-Pumpen, welche Nährstoffe in die Zelle hinein- und Abfallstoffe aus der Zelle herauspumpen.

Kohlrabi ist so zart, dass er auch roh verzehrt werden kann – am besten in den Sommermonaten, wenn er aus heimischem Anbau stammt.

Kaliumreich, schmackhaft und noch dazu kalorienarm: die Kartoffel.

In diesen Lebensmitteln ist Kalium enthalten

Lebensmittel	Milligramm (je 100 Gramm)
Avocado	503
Brokkoli	410
Kartoffeln	400
Bananen	382
Kohlrabi	380
Sellerie	340
Erbsen	340
Kohl	260
Vollkornbrot	255
Kopfsalat	230
Spargel	210
Milch	145
Äpfel	144

Das fein abgestimmte Gleichgewicht von Elektrolyt- und Wasserhaushalt ist die Voraussetzung für die Nervenreizleitung, für die neuromuskuläre Erregung, für das exakte Funktionieren der Herz-, Darm- und anderer Muskulatur und für den Säure-Basen-Haushalt.

Käme der Austausch von Nährstoffen zum Stillstand, würde mehr Wasser in die Zelle eindringen und diese fast zum Platzen bringen – ein Ausfall der Natrium-Kalium-Pumpe bedeutet folglich die Vorstufe zum Zelltod.

Glukosetransport in das Gehirn

Mit diesen essenziellen Aufgaben ist aber die Schaffenskraft von Kalium noch nicht erschöpft. Auch im Glukosestoffwechsel ist dieses Mineral unersetzlich. Kalium transportiert – tatkräftig unterstützt von Phosphor – Glukose (Kohlenhydrate) zu den Gehirnzellen. Im Gegensatz zu allen anderen Zellen im Körper wollen die Gehirnzellen nämlich ausschließlich mit Glukose gefüttert werden. Kalium fungiert hierbei als Ladungsträger,

Neben Kalium enthält die Karotte wichtige Spurenelemente wie Zink und Selen.

Gesundes für den Darm: Vollkornbrot enthält wichtige Ballast- und Mineralstoffe.

der diese Nahrung an den Brennort liefert. Man kann sich vorstellen, wie viel Glukose die rund um die Uhr arbeitenden grauen Zellen verbrauchen und was passiert, wenn sie keinen Nachschub bekommen. Für den Menschen macht sich der Glukosemangel in Schwindel, Konzentrationsmangel und plötzlicher Müdigkeit bemerkbar.

Warum die Gehirnzellen gerade Glukose bevorzugen, liegt u. a. daran, dass dieses Molekül schnell gespalten und zur Verfügung gestellt werden kann. In gefährlichen oder hochbrisanten Situationen muss das Gehirn schnell hellwach sein, um reagieren zu können. Bis ein Fettmolekül verbrannt ist und als Zellnahrung zur Verfügung steht, vergeht wesentlich mehr Zeit.

Kalium ist nicht zuletzt auch am Proteinstoffwechsel beteiligt und aktiviert bestimmte Enzyme.

Der Mineralstoff-Check-up

FEHLT MIR KALIUM?

- ☐ Haben Sie einen dicken Bauch, obwohl Sie eigentlich gar nicht viel essen?
- ☐ Leiden Sie, zumindest sporadisch, an zu hohem Blutdruck?
- ☐ Fühlen Sie sich oft schwach, den Herausforderungen des Alltags nicht gewachsen?
- ☐ Haben Sie manchmal Ödeme, Wasseransammlungen, z. B. unter den Augen oder über den Knöcheln?
- ☐ Sind Sie oft nervös, leiden Sie unter Schlafstörungen?

Wenn ein oder zwei Ja-Antworten zusammenkommen, könnte ein Kaliummangel Ursache dieser Beschwerden sein. Bei drei- oder viermal Ja sollten Sie eine Weile versuchsweise gar kein Salz mehr in der Küche verwenden. Bei fünfmal Ja sollten Sie Ihre Ernährung konsequent umstellen, um den Kaliumhaushalt zu regulieren.

Hochleistung der Nieren

Die Kaliumaufnahme erfolgt vor allem über den Dünndarm. Im Körper selbst wird es dann durch die Hormone der Nebennierenrinden reguliert. Diese sorgen dafür, dass etwa 95 Prozent des Nahrungskaliums über die Nieren wieder ausgeschieden werden. Übrigens spielen die Nebennieren auch bei stressbedingten Vorgängen im Körper eine wichtige Rolle. Sie veranlassen z. B. bei Stress eine erhöhte Hormonausschüttung, deren Folge wiederum eine vermehrte Kaliumausscheidung über den Darm ist.

Naturbelassene Produkte

Kalium ist sehr reich in allen naturbelassenen Lebensmitteln enthalten. Vor allem pflanzliche Kost, also Obst, Salat, Rohkost, Gemüse und Vollkornprodukte, ist ein guter Kaliumspender. Gewarnt sei jedoch vor allen verfeinerten Lebensmitteln wie poliertem Reis oder Weißmehlprodukten. Durch die Vorbehandlung sind alle nährstoffreichen Anteile abgetrennt worden – und damit auch viel Kalium.

Kartoffeln – die Gesundheit liegt in den Schalen

Nicht nur Reis und andere Getreideprodukte sollten möglichst in naturbelassenem Zustand gekauft werden, dasselbe gilt beispielsweise auch für die Kartoffel. Beim Schälen dieser Kaliumbombe geht ein Großteil des wertvollen Minerals verloren. Deshalb empfiehlt es sich, Kartoffeln aus biologischem Anbau zu kaufen. Sie dürfen nicht mit Giften und Schadstoffen gespritzt werden, weshalb man die gesunden Schalen mitessen kann.

Wozu braucht der Körper viel Kalium?

- Wasserhaushalt
- Zellfunktion und -versorgung
- Nervenreizübertragung
- Stimmungslage
- Muskeltätigkeit
- Kohlenhydratstoffwechsel
- Nierenfunktion
- Sauerstoff- und Nährstoffversorgung des Gehirns
- Herztätigkeit
- Herzschlag
- Proteinstoffwechsel

Süße Sünden

Leider können viele der in westlichen Ländern allgemein beliebten Nahrungsmittel den Körper nicht mit ausreichend Kalium versorgen.

Was den Kaliumgehalt angeht, sind Avocados der absolute Spitzenreiter. Allerdings sind sie auch reich an Kalorien.

Nicht nur kaliumreich: Eine Portion Spargel deckt bereits den Tagesbedarf an Vitamin E.

So spenden z. B. Fertig- und Dosengerichte, Kuchen, Plätzchen und andere Süßigkeiten in erster Linie Kalorien, Mineralien enthalten sie dagegen so gut wie gar keine.

Salz macht alles schlimmer

Gefährlich wird es, wenn man sich nicht nur nährstoffarm, sondern noch dazu kochsalzreich ernährt. Damit nämlich wird die Natrium-Kalium-Balance vollends aufgehoben. Die Nieren sind unermüdlich beschäftigt, das Zuviel an Natrium aus dem Körper auszuscheiden. Da die Kaliumausscheidung an die Entsorgung von Natrium gekoppelt ist, geht auch dieses Mineral verloren.

Kalium für Sportler

Kalium wird zu 95 Prozent über den Urin ausgeschieden, die restlichen Prozente gehen dann vorwiegend auf das Konto von Atmung und Schweiß. Einen Sonderfall stellen Leistungssportler dar: Durch die anstrengende sportliche Tätigkeit schwitzt der Körper extrem stark und scheidet über den Schweiß wichtige Elektrolyte, die z. B. Kalium enthalten, aus. Dieses Kalium wird andererseits wieder dringend benötigt, um beim täglichen Training die außerordentlichen Leistungen der normalen Muskulatur und des Herzes zu gewährleisten.

Vor diesem Hintergrund müssen gerade Sportler besonders auf eine ausreichende Kalium- bzw. Mineralienzufuhr achten und dürfen darüber hinaus beim Salz auch mal ein Auge zudrücken.

Abführmittel – ein Teufelskreis

Dramatische Kaliumverluste entstehen zudem bei regelmäßigem Abführmittelgebrauch. Dabei werden nicht nur die Gedärme entleert, sondern ebenso die Mineralbestände im Körper leer gefegt.

Ohne diese Mineralstoffe, vor allem ohne Kalium, kann der Darm aber nicht wieder zu einer eigenen Tätigkeit angeregt werden. Denn auch die Darmbewegung (Peristaltik) ist auf Nervenreize und neuromuskuläre Erregungen angewiesen. Diese wiederum können ohne ausreichend

Kalium nicht aktiviert werden. Der Darm wird immer schlaffer, es müssen immer höhere Dosen des abführenden Medikaments eingenommen werden, um überhaupt eine Wirkung zu erzielen. Eine solche Gewöhnung führt auf Dauer in einen wahren Teufelskreis!

Schadet zu viel Kalium?

Kalium zählt zu den am wenigsten schädlichen Nährstoffen – allerdings nur, solange das Mineral natürlicher Bestandteil von Lebensmitteln ist. Erst zu viel Kalium in Form von Tabletten, Kapseln, Dragees oder Granulat kann Nebenwirkungen wie Übelkeit, Aufstoßen, Sodbrennen, Blähungen und Durchfall hervorrufen. Zudem können Beeinträchtigungen des Wasserhaushalts im Körper auftreten.

Der tägliche Bedarf

Kinder benötigen täglich ein bis zwei Gramm, Jugendliche und Erwachsene drei bis vier Gramm Kalium. Mit einer gesunden, vollwertigen und abwechslungsreichen Ernährung sollte eine ausreichende Kaliumaufnahme kein Problem darstellen, da Kalium sehr reich in allen naturbelassenen Lebensmitteln enthalten ist.

Gesundheitstipp

Wer auf eine ausreichende Kaliumzufuhr Wert legt, sollte regelmäßig Obst, Salat, Rohkost und Gemüse auf den Tisch bringen. Zum Frühstück oder gegen den kleinen Hunger zwischendurch sollte man immer wieder mal eine Banane essen. Als Grundnahrungsmittel sind Kartoffeln mit die besten Kaliumspender für den Stoffwechsel.

Warnsymptome

Kaliummangel kann folgende Beschwerden verusachen:

- Nervosität
- Schlafstörungen
- Müdigkeit
- Herzrhythmusstörungen
- Muskelschwäche
- Muskelkrämpfe
- Verstopfung
- Darmkrämpfe
- Schwächeanfälle
- Trockene Haut
- Akne (vor allem bei Heranwachsenden)
- Kopfschmerzen
- Verzögerte Wundheilung

Aus Brasilien

Avocadococktail mit Milch

Zutaten für 6 Personen
Saft von 1 Limette oder 1/2 Zitrone • 2 reife Avocados 400 ml eiskalte Milch • Zucker oder Honig nach Geschmack Eiswürfel

Zubereitung

1 Saft von 1 Limette oder 1/2 Zitrone auspressen. Die Avocados halbieren, Kerne entfernen, die Hälften schälen und mit dem Limetten- oder Zitronensaft im Mixer pürieren. Dabei nach und nach die gekühlte Milch zugießen und kräftig durchmischen.

2 Den Cocktail mit Zucker oder Honig süßen und in eisgekühlten Gläsern mit einigen Eiswürfeln servieren.

Tipp

Zu der Avocadomilch passen am besten Brötchen mit salzigem oder scharfem Aufstrich.

Phosphor – Antriebskraft der Glücksgefühle

Nach den Metallen Kalzium, Magnesium, Natrium und Kalium ist Phosphor das wichtigste Nichtmetall unter den Mengenelementen. In der Erdkruste ist dieses chemische Element häufig zu finden – als Bestandteil von Apatit, einem sehr schönen prismatischen Kristall. Phosphor kommt aber auch in den Ozeanen vor.

Ein geringer Teil des Phosphors ist wasserlöslich und kann deshalb von Pflanzen und Mikroorganismen verwertet, z. B. in organische Moleküle eingebaut werden.

Phosphor im menschlichen Organismus

Phosphor ist nach Kalzium der Mineralstoff mit der höchsten Konzentration im Körper, nämlich rund 700 Gramm beim erwachsenen Menschen. Es liefert die Bausubstanz für Knochen sowie Zähne und ist am Energiestoffwechsel beteiligt. In vielen Fällen ist Phosphor dabei auf die Mitwirkung von Kalzium angewiesen, so beispielsweise beim Knochenbau.

Rund 85 Prozent des Körperphosphors stecken in den Knochen. Phosphor bildet hier zusammen mit Kalzium den Knochenzement Hydroxylapatit. Wie hart und fest sich die Knochen bilden, ist also auch von Phosphor abhängig. Deshalb kann bei Phosphormangel dieselbe gefürchtete Knochenwachstumsstörung auftreten wie bei Kalziummangel: die Osteoporose.

Energiequelle für alle Bewegungen

Seine Hauptaufgabe im menschlichen Organismus erfüllt Phosphor jedoch beim Energiestoffwechsel. Sowohl die Transformation als auch die Speicherung und die Verwertung von Energie verlaufen über phosphorsäurehaltige Verbindungen. Um die Körperstrukturen und -funktionen aufrechtzuerhalten, muss dem Organismus ständig Energie in Form von Nährstoffen zugeführt werden. Ein Teil dieser Energie wird dann in Arbeit umgesetzt, ein anderer geht als Wärme verloren.

Die unmittelbare Energiequelle für all diese Leistungen ist das ATP (Adenosintriphosphat). Dieser wichtigste Energiespeicher und Energieüberträger des menschlichen Organismus enthält drei energiereiche Phosphatgruppen, die stufenweise Energie abgeben können. Insofern ist es nahe liegend, dass gerade Leistungssportler oder körperlich hart arbeitende Menschen einen erhöhten Phosphorbedarf haben.

Transporteur von Glück und Lebensfreude

Auch am Nervenstoffwechsel ist Phosphor beteiligt. Sämtliche Emotionen des Menschen werden als

Rohstoff für Getränke und Schokolade, gleichzeitig Phosphorlieferant: die Kakaofrucht.

Forscher haben die Schokolade unter die Lupe genommen und ihr psychisch anregende sowie stärkende Eigenschaften nachgewiesen. Die Süßigkeit ist übrigens auch reich an Phosphor.

chemische Reaktionen über die Nerven- und Gehirnzellen weitervermittelt. Phosphorfettstoffe bzw. Phosphatverbindungen spielen dabei eine wesentliche Rolle. Selbst beim Transport von Cholesterin in die Zellschutzschicht geht ohne Phosphorverbindungen gar nichts.

Darüber hinaus greift Phosphor im Organismus auch in den Kohlenhydrat- sowie in den Fett- und Eiweißstoffwechsel ein.

Wozu braucht der Körper viel Phosphor?

- Gesunde Nerven
- Lebensfreude, Glück, Optimismus, Kreativität
- Zellenergie, Zellwachstum und Zellgesundheit
- Muskelkontraktionen
- Herzschlag
- Verwertung der Vitamine B2 und Niazin
- Feste Knochen
- Gesunde Zähne
- Kohlenhydratstoffwechsel
- Fett- und Eiweißstoffwechsel

Der Phosphorspiegel im Blut

Wie der Kalziumspiegel wird auch der Phosphorspiegel im Blut ständig konstant gehalten. Einleuchtend, denn die beiden Minerale sind im Blut aneinander gebunden. Der Regulationsmechanismus dafür ist – wieder einmal mehr – das Parathormon, das Hormon der Nebenschilddrüsen. Auf eine steigende Phosphatkonzentration im Blut reagiert dieses Hormon mit einer erhöhten Ausscheidung von

In diesen Lebensmitteln ist Phosphor enthalten

Lebensmittel	Milligramm (je 100 Gramm)
Weizenkleie, -keime	1000–1100
Schmelzkäse	950
Emmentaler, Gouda	460–780
Sojabohnen	590
Nüsse, Samen	10–500
Ölsardinen	420
Hülsenfrüchte	400–420
Lachs, Thunfisch	380
Leber, Hirn	350
Vollkorngetreide	250–350
Kondensmilch	320–420
Schokolade (Vollmilch)	240
Nudeln	220
Wurst, Würstchen	190–240
Kalbfleisch	190
Rindfleisch	160
Schweinefleisch	150

Sojaprodukte haben einen hohen Phosphorgehalt. In China sind sie Grundnahrungsmittel.

Phosphor über die Nieren. Mit dem Anstieg der Phosphatkonzentration geht stets ein Absinken der Kalziumkonzentration einher.
Das Parathormon veranlasst in diesem Fall eine verstärkte Kalziumausscheidung. Um den optimalen Skelettstoffwechsel aufrechtzuerhalten, empfiehlt man deshalb ein Verhältnis zwischen Kalzium und Phosphor von etwa 1 : 1,5. Schließlich greift auch Vitamin D, das synergetisch mit dem Parathormon arbeitet, in die Phosphorregulierung ein.

Genauso wie im Fettgehalt unterscheiden sich die verschiedenen Käsesorten auch in ihren Mineralstoffanteilen.

Der Mineralstoff-Check-up

FEHLT MIR PHOSPHOR?

- ☐ Fühlen Sie sich körperlich matt und schlapp, obwohl Sie ausreichend Bewegung haben?
- ☐ Sind Sie oft unruhig, gereizt, übernervös?
- ☐ Neigen Sie zu Magersucht?
- ☐ Fehlt Ihnen der rechte mentale Elan, Optimismus, die Begeisterungsfähigkeit?
- ☐ Sind Sie sehr schmerzempfindlich?

Wenn Sie ein- oder zweimal mit Ja antworten, brauchen Sie sich um Ihren Phosphorstatus noch keine Sorgen zu machen, denn dieses Mineral ist in unserer Nahrung ausreichend vorhanden. Bei drei- bis viermal Ja könnte eine Störung vorliegen. Nehmen Sie etwa Tabletten gegen zu viel Magensäure? Wenn Sie fünfmal mit Ja antworten, könnte Ihre Phosphataufnahme aus dem Darm ins Blut gestört sein, möglicherweise durch einen Mangel an Vitamin D. Mehr Sonne oder helles Mittagslicht verbessert Ihren Kalzium- und Phosphorstatus.

So entsteht Phosphormangel

Nicht nur die Aufnahme-, sondern auch die Ausscheidungskapazität für Phosphor wird durch bestimmte Mineralien verschlechtert. Zu viel Aluminium und Magnesium beispielsweise oder auch zu viel Kalzium in der Nahrung können die Phosphoraufnahme um mehr als die Hälfte senken. Bei massivem Phosphormangel kann es zu bedenklichen Folgen kommen: zu Knochenschmerzen, schweren Schwächezuständen oder sogar geistigem Verfall.

Phosphorbilanz im Alter

Im Alter reduziert sich die Phosphoraufnahme aus dem Darm ins Blut. Ein Phosphorverlust von 65 Prozent ist keine Seltenheit. Verhängnisvoll vor allem für Knochen und Zähne kann sich dann eine zusätzlich erhöhte Phosphorausscheidung im Urin von mitunter mehr als 300 Milligramm pro Tag auswirken. Schon ab dem 30. Lebensjahr sollte man deshalb zunehmend auf eine natürlich ausgewogene Kost setzen. Vor allem Frauen nach der Menopause sollten dies beherzigen.

Schadet zu viel Phosphor?

Solange das Kalzium-Phosphor-Verhältnis ausgewogen ist, schadet ein Zuviel an Phospor in der Regel nicht. Der Körper ist in der Lage, das überschüssig aufgenommene Phosphor wieder auszuscheiden. Wenn allerdings die Phosphor-Kalzium-Balance aus dem Gleichgewicht gerät, ist mit Störungen des Kalziumstoffwechsels zu rechnen.

Warnsymptome

Phosphormangel kann folgende Beschwerden verursachen:

- Wachstumsstörungen
- Knochenbeschwerden
- Zahnverfall
- Arthritis
- Appetitmangel
- Gewichtsverlust (aber auch Gewichtszunahme)
- Müdigkeit
- Nervosität
- Unregelmäßige Atmung

Der tägliche Bedarf

Erwachsenen wird eine Phosphoraufnahme von 1000 bis 1400 Milligramm pro Tag empfohlen. Jugendliche in der Pubertät sowie werdende und stillende Mütter benötigen dagegen bis zu 1600 Milligramm. Ausschlaggebend ist hier jedoch stets das Kalzium-Phosphor-Verhältnis, es sollte 1 : 1,5 betragen.

Ein Hoch auf die Mischkost

Eine gesunde Mischkost geht über alles. Sie ist der ideale und einfachste Weg zur optimalen Phosphorversorgung. Naturbelassene Lebensmittel, also Vollkornprodukte, Gemüse, Hülsenfrüchte, etwas Fleisch (zweimal pro Woche reicht, und die Portionen müssen nicht größer als 80 bis 100 Gramm sein) tragen zur Deckung des gesamten Bedarfs bei.

Pikanter Sojaklassiker

Tofuragout

Zutaten
1 Zwiebel • 3 EL Butterschmalz oder Öl • 1 Lorbeerblatt • 4 Wacholderbeeren • 1/4 TL schwarzer Pfeffer • 500 g tiefgekühlter Tofu • 4 EL Mehl • 1/8 l Obstessig • 1/8 l naturtrüber Apfelsaft 4 EL Sojamark

Zubereitung
1 Die Zwiebel klein würfeln.
2 In einem Schmortopf Butterschmalz oder Öl erhitzen, die gewürfelte Zwiebel kurz darin anbraten, Lorbeerblatt, Wacholderbeeren und Pfeffer zufügen.
3 Den Tofu auftauen, zwischen zwei Brettern ausdrücken, in Streifen schneiden und zu den Zwiebeln geben.
4 Das Mehl über die Tofu-Zwiebel-Mischung streuen, mit dem Obstessig ablöschen, aufkochen und dann die Hälfte des Apfelsafts dazugießen.
5 Das Sojamark mit dem restlichen Apfelsaft verrühren und mit der Sauce vermischen.
6 Das Ganze nochmals erhitzen und schließlich servieren.

Tipp
Würzen Sie kräftig, denn Tofu hat wenig Eigengeschmack. Als Beilagen können Sie Nudeln und Salat reichen.

Chlor – Regulator der Magensäure

Chlor gehört zwar auch zu den Mineralstoffen, ist aber eigentlich ein giftiges Gas. Es ist vor allem durch seine Verwendung zur Wasserentkeimung in den öffentlichen Schwimmbädern bekannt. Wenn nach einem Schwimmbadbesuch die Augen gerötet sind, ist in der Regel das Chlor dafür verantwortlich, das zur Desinfektion benötigt wird. In dieser aggressiven Form spielt Chlor im Stoffwechsel des menschlichen Organismus allerdings keine Rolle. Vielmehr sind es die chemischen Verbindungen von Chlor, die Chloride, die im Körper ihre starke Wirkung entfalten.

Partner von Natrium beim Wasserhaushalt

Der Körper enthält etwa 1,2 Gramm Chlorid pro Kilogramm Körpergewicht. Knapp 90 Prozent davon befinden sich im extrazellulären Raum. In ungelöster Form sind Chloride Bestandteil von Knochen, in gelöster Form beeinflussen sie mit anderen Mineralien den Wasser- und den Elektrolythaushalt des Körpers. Zudem tragen sie dazu bei, dass Nährstoffe in die Zellen transportiert werden und Zellmüll weggeschafft wird.

Bis zu fünf Wochen kann der Mensch ohne feste Nahrung leben, ohne Wasser höchstens fünf Tage. Dabei ist vor allem der Ausgleich des »Wasserstands« innerhalb und außerhalb der Zellen wichtig.

Chloride bauen den Magensaft auf

Gemeinsam mit anderen Substanzen sorgen Chloridionen für einen konstanten Säure-Basen-Wert des Bluts. Als Bestandteil von Salzsäure bilden sie die Magensäure in den Belegzellen des Magens. Speziell als Salzsäure (Chlorwasserstoff) sind Chloride beim Aufbau eines gesunden pH-Werts im Magensaft unersetzbar.

Chloridmangel hat nicht nur zur Folge, dass bestimmte Nährstoffe wie Eiweiß, Kalzium oder Eisen schlechter verwertet werden. Auch Bakterien und Parasiten können dann im Dünndarm nur unzureichend abgetötet werden. Daraus resultieren Darmstörungen wie z. B. Blähungen oder Durchfall.

Natriumchlorid im Kochsalz

Das bekannteste Chlorid ist das Natriumchlorid oder Kochsalz. Salz wiederum ist auch Hauptquelle für jenes Chlorid, das der Körper braucht, um die Stoffwechselfunktionen aufrechtzuerhalten. Da Kochsalz in der heutigen Ernährung meist reichlich Verwendung findet, tritt unter normalen Umständen ein Chloridmangel praktisch nicht auf.

Chloridmangel durch starkes Schwitzen

Wenn jedoch beispielsweise Sportler besonders stark schwitzen, scheidet der Körper vermehrt Natrium aus. Damit geht gleichzeitig ein Chloridverlust einher, da beide Elemente die außerzellulären Elektrolyte bilden. Erbrechen, Durchfall und Nierenfunktionsstörungen können ebenso einen Chloridmangel verursachen.

Fertiggerichte enthalten kaum noch wertvolle Biostoffe. Diese sind durch Aufbewahrung und bei der Zubereitung zerstört worden.

Wenn der Magen verrückt spielt

Neuere Untersuchungen haben ergeben, dass ein Großteil der über 40-jährigen Menschen an mangelnder Magensäure leidet. Viele haben völlig entgleiste Magensäurewerte, die mal nach oben, mal nach unten ausschlagen.

Sind die Magensäurewerte aus dem Gleichgewicht, leidet die Gesundheit, und es kann zu Allergien und Hautkrankheiten kommen. Bei einem Mangel etwa werden nicht nur bestimmte Nährstoffe schlecht verwertet, sondern auch Bakterien und Parasiten im Dünndarm nur unzureichend abgetötet – Ursache vieler Darmstörungen wie Blähungen oder Durchfall.

Mit Hilfe moderner Analysetests ist die Medizin heutzutage in der Lage, die Magensäurekonzentration über einen längeren Zeitraum hinweg und aus verschiedenen Abschnitten des Magenschlauchs gleichzeitig zu ermitteln.

So kann man die Verdauung unterstützen

Um die Produktion von Salzsäure in den Zellen der Magenschleimhaut zu stimulieren, empfiehlt es sich, vor der Hauptmahlzeit einen halben Teelöffel Salz in einem kleinen Glas Wasser aufzulösen und zu trinken. Die Folge: Der Magensaft wird sauer, Eiweiß, Kalzium und Eisen werden dadurch wesentlich besser vorverdaut bzw. verwertet.

Wozu braucht der Körper viele Chloride?

- Zur Produktion von Magensäure
- Zur Regulierung des Wasserhaushalts im Körper
- Für den Transport von Nährstoffen und anderen Substanzen in und aus den Zellen
- Für die lebensnotwendige Säure-Basen-Balance in allen Körperflüssigkeiten

Noch im Mittelalter war Salz ein Luxusgut – heute wird meist zu viel davon verwendet.

Gesundheitstipp

Im Gegensatz zu anderen Mineralien – selbstverständlich abgesehen von Natrium – oder auch Vitaminen geht es beim Chlorid weniger darum, diesen Nährstoff zusätzlich aufzunehmen, zumal die Alltagskost ohnehin genug davon enthält. Kochsalz findet sich nämlich in vielen Lebensmitteln versteckt wie z. B. in Wurstwaren, geräucherten Produkten, Konserven, Käse, Schinken oder Oliven. Daher schadet es überhaupt nicht, beim Würzen immer wieder mal Kochsalz durch Gewürze wie Pfeffer, Cayennepfeffer oder Curry zu ersetzen. Auch Sprossen und frische Kräuter sind eine interessante geschmackliche und gesunde Bereicherung für die meisten Speisen.

Der tägliche Bedarf

Bei den meisten Menschen ist der Kochsalzkonsum zu hoch. Deshalb benennen die Empfehlungen für die Chloridzufuhr aus Kochsalz Höchst- anstatt Mindestwerte. Erwachsenen reichen fünf Gramm Salz pro Tag vollkommen aus. Diese Menge entspricht in etwa drei Gramm Chlorid. Schwangere und stillende Frauen dürfen diesen Wert auch überschreiten, Jugendlichen hingegen genügen 0,9 bis 2,8 Gramm.

Schaden zu viele Chloride?

Eine normale Salzaufnahme von drei bis maximal neun Gramm pro Tag führt noch nicht zu erhöhten Chloridwerten und richtet bei gesunden Menschen in der Regel auch keinen Schaden an.

Wird diese Menge jedoch regelmäßig überschritten, so kann ein Zuviel an Chloriden die Vitamin-E-Konzentration senken.

Warnsymptome

Chloridmangel kann folgende Beschwerden verursachen:

- Wachstumsstörungen
- Muskelschwäche
- Durchfall
- Blähungen
- Dehydratation (Austrocknung)
- Eiweißstoffwechselstörungen
- Entgleiste Magensäurewerte

Leichte Sommerdelikatesse

Zander in Salzkruste

Zutaten für 4 Personen
1 Zander (etwa 1200 g)
3 kg grobes Meersalz • 3 Eiweiß
150–200 ml Wasser • Alufolie
Öl fürs Blech • frische Kräuter

Zubereitung

1 Den Zander falls nötig ausnehmen, waschen, trockentupfen.
2 Das Salz mit dem Eiweiß vermischen und etwas Wasser einrühren. Kurz ruhen lassen.
3 Alufolien mehrschichtig übereinander legen und zu einer Fischkontur formen.
4 Das Backblech ölen und die Folienform darauf legen. 2/3 der Salzmasse in die Form füllen, glatt streichen.
5 Kräuter waschen und klein hacken. Den Zander damit füllen, einen Teil zurückbehalten.
6 Zander auf das Salz legen, die restlichen Kräuter darüber geben und mit der restlichen Salzmasse abdecken.
7 Den Fisch im vorgeheizten Backofen bei 200 °C 25 bis 35 Minuten garen.
8 Die Kruste aufschlagen, obere Stücke abheben. Den Zander häuten und filetieren.

Schwefel – Schmiere für elastische Gelenke

Schwefel, ein seit der Antike bekanntes Nichtmetall, kommt in der Natur teils frei – als Vulkanschwefel oder Gesteinsschwefel –, teils in gebundener Form, als Sulfid, Sulfit oder als Sulfat, vor. So verbirgt sich beispielsweise hinter Glaubersalz Natriumsulfat und hinter Bittersalz Magnesiumsulfat.

In Verbindung mit Sauerstoff, als Schwefeldioxid, kann dieses Nichtmetall jedoch in der Natur großen Schaden anrichten. So ist es beispielsweise Bestandteil des sauren Regens und damit für das Waldsterben mitverantwortlich.

Schwefel im Körper

Im menschlichen Organismus liegt Schwefel nur in gebundener Form vor, als Bestandteil der schwefelhaltigen Aminosäuren Zystein und Methionin. Sie werden für die Produktion von Eiweiß benötigt. Jenen Schwefel, den die Zellen und der Stoffwechsel benötigen, bezieht der Körper sogar ausschließlich aus Eiweiß: Durch den Abbau schwefelhaltiger Aminosäuren entsteht im Körper Sulfat.

Parmesankäse ist besonders reich an schwefelhaltigem Eiweiß. Er gibt vielen mediterranen Gerichten erst den letzten Pfiff.

In südlichen Ländern wird der schwefelhaltige Knoblauch seit alters als schmackhafte und gesunde Essenszutat geschätzt.

Nahrung für die Nervenzellen

Schwefel ist Bestandteil von drei der insgesamt 20 Eiweißbausteinen (Aminosäuren), nämlich von Methionin, Zystein und Taurin. Das ist der Schwefel, der für unseren Stoffwechsel von Bedeutung ist. Anders gesagt: Unseren Stoffwechselschwefel beziehen wir ausschließlich aus Eiweißen.

Ein Mangel an Schwefel führt zu ernsthaften Komplikationen im Stoffwechsel. Er ist nämlich nicht nur in Eiweiß, sondern auch in verschiedenen Vitaminen enthalten, u. a. in einem Vitamin, das für die Energie-

brennkammern unserer 70 Billionen Körperzellen so etwas Ähnliches ist wie die Zündkerzen für den Automotor. Das schwefelhaltige Molekül sorgt dafür, dass die Energieproduktion in den Zellen nicht zum Stillstand kommt.

Darüber hinaus wirken die schwefelgeladenen Moleküle in Vitamin B1 und Biotin, unterstützt von mehrfach ungesättigten Fettsäuren, beim Schutz und bei der Versorgung der Nervenzellen mit.

Ähnlich wie Zwiebeln, Bärlauch und Knoblauch enthält auch der Porree schwefelhaltige Aromastoffe.

Wirksamer Schutz vor Krankheitserregern

Methionin ist eine der schwefelhaltigen Aminosäuren mit einer Vielzahl wichtiger Aufgaben im menschlichen Organismus. So transportiert sie zum einen die wichtige Immunsubstanz Selen und trägt damit zur Abwehr von Krankheitserregern bei. Dieses Spurenelement ist sehr wichtig für die Augen, aber auch für die Gefäßwände und das Bindegewebe, die einen dauerhaften Schutz vor freien Radikalen aufbauen müssen.

Kraft und Festigkeit für das Bindegewebe

Bindegewebe, Knorpel sowie die anorganische Knochenmatrix benötigen ebenso Schwefel, genauer gesagt Sulfat in aktivierter Form. Denn sowohl die Gelenkschmiere als auch die Innenschicht unserer Gelenkkapseln bestehen wesentlich aus Schwefelverbindungen und müssen aufgrund der hohen Belastung immer wieder erneuert werden. Geschieht dies nicht, können schmerzhafte Degenerationserscheinungen und steife Gelenke die Folge sein.

Darüber hinaus ist aktiviertes Sulfat auch an Entgiftungsprozessen im Körper beteiligt.

In diesen Lebensmitteln ist Schwefel enthalten

Lebensmittel	Milligramm (je 100 Gramm)
Erdnüsse, geröstet	377
Miesmuscheln	367
Parmesan	251
Meerrettich	212
Kakaopulver	203
Haferflocken	199
Hühnerei	197
Innereien	161–228
Brunnenkresse	147
Walnüsse	146
Fische	130–238
Linsen	122
Naturreis	121
Porree	60
Knoblauch, Zwiebeln	50

Methionin im Fettstoffwechsel

Auch im Fettstoffwechsel spielt Methionin eine ganz wichtige Rolle. Zusammen mit anderen Substanzen sorgt es dafür, dass die ölig-feuchten Schutzschichten der Nervenzellen intakt bleiben – eine wichtige Voraussetzung für unser seelisches und geistiges Wohlbefinden. Gut funktionierende Nervenzellen produzieren im Bedarfsfall blitzschnell Stresshormone und Nervenreizstoffe wie z. B. Adrenalin. Dafür benötigen sie aber dynamische Biostoffe wie eben Methionin. Das schwefelhaltige Molekül zählt zu den wichtigsten Stoffwechselsubstanzen überhaupt.

Wegen der verbreiteten Spritzbehandlung sollte Obst von schwefelhaltigen Schadstoffen gereinigt werden.

Der Mineralstoff-Check-up

FEHLT MIR SCHWEFEL?

- ☐ Sind Sie oft unruhig, zappelig oder aggressiv?
- ☐ Haben Sie gespaltene Haare, brüchige Nägel?
- ☐ Wirkt Ihre Haut grau, fahl, alt?
- ☐ Leiden Sie immer wieder unter Gelenkschmerzen?
- ☐ Haben Sie Runzeln, Falten, Krähenfüße?

Wenn Sie ein- oder zweimal Ja sagen müssen, spricht schon einiges für einen Mangel an diesem Schönheitsmineral. Bei drei- bis vier Antworten mit Ja hapert es womöglich an Ihrer Eiweißverwertung – Schwefel kann ja nur zu den Zellen gelangen, wenn das Nahrungseiweiß (z. B. in Fleisch, Gemüse) zu Aminosäuren, den Eiweißbausteinen, abgebaut wird. Tipp von Experten: mit Apfelessig vor den Mahlzeiten für mehr Magensäure sorgen (für die wichtige Proteinvorverdauung). Bei fünfmal Ja sollten Sie zusätzlich eine Woche lang täglich ein Eigelb essen (ganz egal in welcher Form), um eventuelle Schwefeldefizite auszugleichen.

Glanz und Spannkraft für das Haar

Damit unser Haar glänzt und unsere Fingernägel fest bleiben, sind sie auf die Zufuhr von Schwefel angewiesen. Denn die Hornsubstanz Keratin, die zur Bildung von Haaren und Nägeln benötigt wird, ist ebenfalls ein schwefelhaltiges Protein. Übrigens: Das Haar rothaariger Menschen hat den höchsten Schwefelgehalt.

Wozu braucht der Körper viel Schwefel?

- Stressabwehr
- Lebensfreude, Optimismus
- Ausgeglichenheit, entspannte Nerven
- Fettstoffwechsel
- Kohlenhydratstoffwechsel
- Reparatur von Zellkernen
- Zellatmung, Energieprozesse
- Zellschutz
- Durchblutung
- Schutz vor grauem Star
- Leberentgiftung
- Volles, glänzendes Haar
- Feuchte, straffe Haut
- Kräftiges Bindegewebe
- Gesunde Fingernägel
- Gelenkschmiere
- Elastische Gelenke

Erdnüsse sind unschlagbar, was ihren Gehalt an Schwefel angeht. Sie eignen sich als Zutat zu Gebäck, aber auch zu Salaten und verschiedenen exotischen Gerichten.

Festigkeit und Glätte für die Haut

Auf zweierlei Weise sorgt Schwefel für eine geschmeidige Haut: Er hält den natürlichen Fett- und Feuchtigkeitsgehalt der Haut aufrecht und transportiert Zink ins Bindegewebe. Zusammen mit Vitamin C fungiert dieses Spurenelement quasi als Maurer, wenn es um den Neubau von kräftig-elastischem Kollagen geht. Bei diesem Vorgang werden nämlich Eiweißstoffe zu einem stabilen und gleichzeitig äußerst dehnbaren Geflecht verschweißt.

Ob im Brot oder als Müsli – mineralstoffreiche Haferflocken sind in jeder Form eine kräftespendende Angelegenheit.

Die Fähigkeit, Lebensfreude und Optimismus auszustrahlen, hängt nicht nur vom Charakter eines Menschen ab. Der Gemütszustand ist eng an biochemische Stoffwechselprozesse gebunden. Depressive Naturen haben oftmals einen erheblichen Biostoffmangel.

Kampf den Falten

Auch der vorzeitigen Faltenbildung kann vorgebeugt werden. Denn Zystein, einer der bedeutendsten Eiweißbausteine für die Haut, besteht ebenfalls zu einem erheblichen Teil aus Schwefel und ist damit der wichtigste Schutzstoff gegen Faltenbildung. Vitamin C schützt Zystein im Bindegewebe vor dem Angriff freier Radikale und gehört deshalb zu den wirkungsvollsten Hautvitaminen.

Rezeptfreie Antibiotika

Manche Lebensmittel wirken wie Antibiotika. Die in ihnen enthaltenen Schwefelverbindungen sind für die antibiotische Wirkung verantwortlich. Schwefel findet sich z. B. in Meerrettich, Brunnenkresse, Zwiebeln, Lauch und Knoblauch. Die genannten Lebensmittel eignen sich daher zum Einsatz bei Erkältungen, Grippe, Bronchitis und anderen Infektionen.

Schwefel als Konservierungsmittel

Schwefelige Säure und ihre Salze (Sulfite) sind in vielen Lebensmitteln als Zusatzstoffe enthalten. Sie sollen der Haltbarkeit dienen. Schwefelige Säure z. B. wird seit alters dem Wein zugesetzt (vor allem schwerem, süßem Wein), um ihn lange lagern zu können und um dem Wachstum von Schimmelhefen Einhalt zu gebieten.

Wird die zugefügte Menge äußerst gering gehalten – was dem Qualitätsstreben besserer Winzer entspricht –, ist dies gesundheitlich in der Regel völlig unbedenklich. Manche Personen reagieren aber schon bei kleinsten Mengen der schwefelhaltigen Konservierungsstoffe mit Unverträglichkeiten. Dies äußert sich in erster Linie in Kopfschmerzen und Übelkeit. Als Bioweine ausgewiesene Weine haben keine Schwefelzusätze und sind meist besser verträglich, dafür aber weniger lange haltbar.

Schadet zu viel Schwefel?

Sofern keine ausgesprochene Schwefelunverträglichkeit vorliegt – und das ist tatsächlich selten der Fall –, sollte ein Zuviel an Schwefel keine Probleme bereiten. Denn das Mineral ist in der Natur an Eiweißbausteine gebunden und kann deshalb nur schwer in schädlich hohen Konzentrationen aufgenommen werden.

Überschüssiger Schwefel wird zudem über Harn und Stuhl ausgeschieden. Als Wirkstoff für oral einzunehmende Arzneimittel spielt er keine Rolle. Wenn Schwefelverbindungen als Farb- und Konservierungsstoffe eingesetzt werden, können manche Personen darauf mit Unverträglichkeit reagieren.

Warnsymptome

Schwefelmangel kann folgende Beschwerden verursachen:

- Niedergeschlagenheit
- Ängste
- Stumpfes Haar
- Fahle Haut
- Schlaffes Bindegewebe
- Brüchige Fingernägel
- Grauen Star
- Lebervergiftung
- Durchblutungsstörungen
- Gelenkbeschwerden

Gesundheitstipp

Zum Frühstück sollten häufiger Haferflocken gegessen werden. Auch der regelmäßige Verzehr von Lauchgewächsen trägt zu einer ausreichenden Schwefelversorgung bei. Ab und zu etwas Fleisch und Fisch sowie Milchprodukte sind ebenfalls empfehlenswert. Salate lassen sich ausgezeichnet mit der schwefelhaltigen Brunnenkresse bereichern.

Meiden Sie Lebensmittel mit schwefelhaltigen Konservierungsstoffen: Trinken Sie weniger süßen, dafür mehr herben Wein. Essen Sie weniger Pommes frites und andere industriell verarbeitete Kartoffelprodukte – auch sie enthalten schwefelige Säure und Schwefeldioxid.

Der tägliche Bedarf

Der Organismus bezieht den für die Zellen und den Stoffwechsel nötigen Schwefel ausschließlich aus Eiweiß. Somit kann man Schwefel nicht als einen eigenen Lebensmittelnährstoff bezeichnen. Für die tägliche Aufnahme gibt es daher keine mengenmäßigen Bedarfswerte oder irgendwelche Richtlinien.

Extrascharfes Zwiebelgericht

Kreolische Rougaille

Zutaten für 4 Portionen

300 g Zwiebeln • 2 Knoblauchzehen • Salz • 750 g reife Tomaten 50 g Brunnenkresse • 1/2 grüne oder rote Chilischote • 4 EL Öl 1 TL Zucker

Zubereitung

1 Zwiebeln abziehen und sehr fein hacken. Knoblauchzehen ebenfalls abziehen und mit etwas Salz zerdrücken.

2 Tomaten häuten und würfeln. Brunnenkresse waschen und trockentupfen.

3 Die Brunnenkresseblätter abzupfen und grob, die fleischigen Stiele fein hacken.

4 Alle oder einen Teil der Kerne und Scheidewände der Chilischote entfernen, Schote waschen und fein zerkleinern.

5 Zwiebeln mit Knoblauch und Chili im heißen Öl glasig braten. Tomaten zugeben und bei schwacher Hitze etwa 15 Minuten schmoren; dabei hin und wieder umrühren.

6 Die Brunnenkresse auf der Rougaille verteilen und alles zugedeckt noch einmal etwa 7 Minuten schmoren. Mit Salz und Zucker abschmecken.

Lebenswichtige Spurenelemente

Manche Mineralstoffe sind im menschlichen Organismus nur in geringen Spuren vorhanden. Dennoch könnte der Stoffwechsel ohne sie niemals reibungslos funktionieren, wäre Leben undenkbar. Allein um die Zellen mit genügend Sauerstoff versorgen zu können, ist der Körper auf winzigste Konzentrationen dieser Spurenelemente angewiesen.

Eisen – Sauerstofflieferant der Zellen

Wenn man bei Gymnastikübungen schnell einen Muskelkater bekommt, kann dies ein Anzeichen für Eisenmangel sein.

Zehn bis zwölf Milligramm Eisen sollen dem menschlichen Körper täglich mit der Nahrung zugeführt werden. Frauen benötigen wegen des hohen Eisenverlusts während der Menstruation wesentlich mehr dieses wichtigen Minerals, nämlich zwischen 13 und 25 Milligramm, je nach Ausmaß der Blutverluste. Eisenmangel führt langfristig zu Anämie, der Blutarmut. Diese äußert sich zunächst in harmlosen Anzeichen wie Leistungsabfall, brüchigen Nägeln, Verstopfung und Kopfschmerzen. Unter Umständen folgen dann aber gefährliche Warnsymptome wie Ohnmachtsanfälle, Atemnot, Herzjagen, Schweißausbrüche, Angstzustände und Übelkeit.

Produktion von Blutkörperchen im Rückenmark

Um alle Körperzellen mit genügend Sauerstoff zu versorgen und einer Blutarmut vorzubeugen, produziert unser Stoffwechsel im Knochenmark zwei bis zweieinhalb Millionen rote Blutkörperchen pro Sekunde und reichert diese zusätzlich mit Eisen an. Jedes dieser Blutkörper-

Ein saftiges Stück Fleisch mit Bohnen und Mais als Beilage fördert die Eisenaufnahme im Stoffwechsel.

chen enthält rund 300 Millionen Hämoglobinmoleküle. Für die Produktion dieses Hämoglobins, des roten Blutfarbstoffs, braucht der Stoffwechsel Eisen. Ein gesunder Mensch entzieht der täglichen Nahrung zwischen 10 und 15 Prozent ihres Eisenanteils, ein Mensch, der zu wenig Eisen im Körper hat, bis zu 20 Prozent.

Das Knochenmark eines gesunden Menschen kann zudem bei Bedarf seine Produktion von Hämoglobin und roten Blutkörperchen bis auf das Sechsfache steigern.

Muscheln enthalten sehr viel Eisen. Mit dem Vitamin C einer Zitrone kann das Spurenelement optimal verwertet werden.

Natürliches Recycling

Die Hämoglobinmoleküle transportieren Sauerstoff von der Lunge in alle Körperregionen. Wenn sie nach 100 bis 120 Tagen ihre Stoffwechselreserven verbraucht haben, werden sie nicht über den Urin ausgeschieden, sondern bis zu 90 Prozent recycelt. Dies findet vorwiegend in Leber und Milz statt, wo die so genannten Fresszellen die verbrauchten roten Blutkörperchen verschlingen. Daraufhin wird das Eisen wieder freigegeben, welches nun erneut für den Bau von roten Blutkörperchen zur Verfügung steht.

Aufgaben im Stoffwechsel

Eisenmoleküle werden im Blut und in anderen Körperflüssigkeiten mit Hilfe von Transferrin, einem Eiweißkörper, transportiert. Eisen wird nicht nur im Knochenmark gebraucht, um dort bei der Bildung der roten Blutkörperchen ins Hämoglobin eingebaut zu werden, sondern spielt auch für die Funktion mancher Enzyme eine bedeutende Rolle. So genannte Eisenschwefelenzyme leisten wichtige Aufgaben in der Atmungskette von Skelettmuskelzellen. Fehlt Eisen an dieser Stelle, dann sind die Muskeln nicht genügend belastbar. Die Folge: Man bekommt unverhältnismäßig schnell einen Muskelkater, leidet generell an Muskelschwäche und verringerter körperlicher Leistungsfähigkeit. Bis vor wenigen Jahren waren Wissenschaftler noch der irrigen Meinung, dass diese Enzyme auch bei Mangel an Eisen ausreichend hergestellt würden. Mittlerweile hat man jedoch erkannt, dass Eisenmangel unmittelbar zu einem folgenschweren Enzymnotstand im Muskel führt. Nicht zuletzt führt ein Defizit an diesem überaus wichtigen Spurenelement auch zu einer Schwächung von Enzymen, in denen gar kein Eisen enthalten ist. Typisches Beispiel hierfür ist das kupferhaltige Enzym Monoaminooxidase, das im Nervensystem Empfindungen wie Glück, Euphorie und Optimismus auslöst, indem es bestimmte Eiweißstoffe zu Glücklichmachern wie Noradrenalin umwandelt.

Eisenreiche Nahrungsmittel

Leber, Herz, Zunge, Muscheln und mageres Fleisch sind reich an Eisen, ebenso grünes Blattgemüse (z. B. Mangold oder Spinat) sowie Nüsse. Einen hohen Eisengehalt haben auch Vollkornprodukte, Hülsenfrüchte (z. B. Bohnen, Erbsen, Linsen) und Melasse, das Abfallprodukt bei der Zuckerproduktion.

Bestimmte Phosphatstoffe und Pflanzensäuren, z. B. in Bohnen, Spinat oder Pilzen, können die Aufnahme von Eisen ins Blut verhindern.

Wofür Eisen besonders gebraucht wird

- Bildung roter Blutkörperchen
- Sauerstoffversorgung der Zellen
- Zellatmung
- Enzymtätigkeit
- Muskelgewebe
- Belastbarkeit
- Herzfunktion
- Hormonstoffwechsel
- Zellteilung
- Immunsystem

Der Spurenelemente-Check-up

FEHLT MIR EISEN?

- ☐ Sind Sie häufig müde, abgespannt oder schlapp?
- ☐ Spüren Sie oft ein Kribbeln oder Taubheitsgefühle in Händen und Füßen?
- ☐ Leiden Sie unter Verstopfung, obwohl Sie sich ballaststoffreich, also mit viel Gemüse, ernähren?
- ☐ Haben Sie manchmal trockene, rissige Mundwinkel?
- ☐ Ist Ihre Haut auffallend blass, weiß und fein?

Wenn Sie ein- oder zweimal mit Ja geantwortet haben, fehlt Ihnen womöglich schon das Spurenelement. Bei drei- oder viermal Ja häufen sich typische Symptome für ein solches Defizit. Bei fünfmal Ja sollten Sie mit der Frage »Fehlt mir Eisen?« Ihren Arzt aufsuchen.

Schadet zu viel Eisen?

Das durch die Nahrung zugeführte Eisen schadet nicht, weil es hier nur in sehr geringen Konzentrationen vorkommt. Eisen in Tablettenform dagegen kann zu Magen-Darm-Beschwerden führen und bei bestimmten Personen sogar ernste Krankheiten hervorrufen.

Wechselwirkungen

Die Eisenaufnahme im Körper kann durch Sojaeiweiß gefördert, aber auch gebremst werden, während Sojasauce die Eisenverwertung in jedem Fall ankurbelt. Die Eisenaufnahme aus Kalbfleisch verringert sich, wenn säurehaltiges Gemüse dazu gegessen wird, verdoppelt sich aber bei Bohnen und Mais, wenn Fleisch, bzw. vervielfacht sich, wenn Fisch dazu gegessen wird. US-Wissenschaftler haben festgestellt, dass das italienische Essen mit Nudeln, Brot, Fleisch, Orangen und Wein für die Eisenaufnahme ideal ist.

Grundsätzlich gilt, dass Eisen aus Nahrungsmitteln tierischer Herkunft besser verwertet wird als Eisen aus pflanzlichen Nahrungsmitteln.

Gesundheitstipp

Damit das in pflanzlichem Eiweiß enthaltene Eisen besser vom Blut aufgenommen werden kann, sollte man zu jeder Mahlzeit reichlich Vitamin C zu sich nehmen. Mit frisch gepresstem Orangen- oder Zitronensaft, Sauerkrautsaft, Sanddorn- und Hagebuttenmark ist der tägliche Vitamin-C-Bedarf gut abgedeckt.

Tiefkühlprodukte sind für die Eisenverwertung besonders günstig: Durch den Gefrierschock wird das Eiweiß, das in den Tiefkühlprodukten enthalten ist, so verändert, dass es den Eisenanteil leichter abgibt.

Der tägliche Bedarf

Der Körper ist ausreichend mit Eisen versorgt, wenn man täglich etwa 10 bis 15 Milligramm zu sich nimmt. Schwangere brauchen ab dem vierten Monat die doppelte Menge, stillende Mütter etwa 20 Milligramm.

Warnsymptome

Eisenmangel kann folgende Beschwerden verursachen:

- Antriebsschwäche
- Verstopfung
- Brüchige Nägel
- Konzentrationsschwäche
- Libidomangel
- Atembeschwerden
- Hautblässe
- Haarausfall

In diesen Lebensmitteln ist Eisen enthalten

Lebensmittel	Milligramm (je 100 Gramm)
Kürbiskerne	11,0
Leber	10,0
Sprossen	9,0
Miesmuscheln	5,8
Pilze	3,8–8,3
Herz	3,7–6,1
Vollkornbrot	2,0–3,0
Nüsse	2,2–4,6
Trockenobst	2,1–3,9
Zunge	3,0
Bohnen, Erbsen, Linsen	1,9–7,0
Muskelfleisch	1,6–2,0

Die idealen vegetarischen Hamburger

Linsenfrikadellen

Zutaten für 4 Portionen

*250 g Linsen • 3/4 l Wasser
125 g Bulgur (Weizengrütze)
1 kleine Karotte • 1 Stange Porree
1 Bund Petersilie • 2 Zweige frischer Thymian • 1 Knoblauchzehe • 1 Eigelb • Salz, Pfeffer
Öl zum Braten*

Zubereitung

1 Die Linsen kalt abspülen und abtropfen lassen. Dann mit dem Wasser aufkochen und zugedeckt bei schwacher bis mittlerer Hitze 45 Minuten kochen.

2 Bulgur zugeben und alles auf der abgeschalteten Kochstelle zugedeckt noch 15 Minuten ziehen lassen. Den Topf von der Kochstelle nehmen, Linsen und Bulgur ohne Deckel abkühlen lassen.

3 Inzwischen die Karotte schälen und fein reiben. Porree putzen, waschen und mit einem Teil der saftigen grünen Blätter fein zerkleinern. Kräuter und abgezogenen Knoblauch fein hacken.

4 Alle diese Zutaten mit Eigelb, Salz und Pfeffer zur Linsen-Bulgur-Masse geben und gut durchkneten. Mit angefeuchteten Händen flache Frikadellen formen.

5 Öl in einer großen Pfanne erhitzen. Die Frikadellen darin portionsweise bei mittlerer Hitze etwa 5 Minuten braten, bis sie sich leicht vom Pfannenboden lösen. Wenden und auf der zweiten Seite weitere 3 bis 4 Minuten braten.

Zink – Jungbrunnen für den Körper

Früher war der Erdboden reich an Zink, einem bläulich schimmernden Metall. Durch die Gletscherbildung während der Eiszeit wurden jedoch große Teile der im Boden vorkommenden Metalle und Mineralien herausgewaschen. Eine lange Folge von Erntezyklen sowie der weit verbreitete Getreideanbau in Monokultur taten ihr Übriges, um die Konzentrationen kostbarer Spurenelemente im Boden zu reduzieren. Heutzutage sind Felder, Äcker und Gärten meist so ausgelaugt, dass deren Produkte unserem inneren Stoffwechselprogramm nicht mehr genügen. Ganz zu schweigen von Pestiziden, Insektiziden und Tonnen anderer Giftstoffe, die unsere Ackerböden noch viele Jahrzehnte belasten werden.

Pestizide und Insektizide sowie jahrelanger Getreideanbau in Monokulturen führen zu nährstoffarmen und verdorbenen Äckern.

Ein Beispiel zum Vergleich: In Indien decken Menschen auf dem Land ihren täglichen Bedarf an dem nur in tierischen Lebensmitteln enthaltenen Vitamin B12 durch winzige, im Korn eingeschlossene lebende Käfer und Insekten. In unseren Gefilden jedoch sind diese kaum sichtbaren Rohstoffträger nicht lebensfähig bzw. wurden durch die erwähnten Giftstoffe ausgerottet. Verglichen mit dem üppigen Korn, mit dem sich unsere Urahnen noch ernährt

Meeresfrüchte enthalten neben Zink auch tierische Eiweißstoffe – eine ideale Kombination.

haben, liefert das heutige Getreide nur noch ein Drittel der verwertbaren Biostoffe.

Beschwerden, Erkrankungen und Befindlichkeitsstörungen aller Art sind oft auf einen simplen Mangel an Mineralstoffen und Spurenelementen zurückzuführen. Der Grund liegt nahe: Unsere Körperzellen benötigen immer noch genau dieselbe Konzentration an Biostoffen wie die unserer Vorfahren. Aufgrund falscher und unzureichender Ernährung bleiben die Zellen heutzutage jedoch meist unterversorgt.

Konzentration im Körper

Patienten werden häufig bei einem oder mehreren Einzelsymptomen über längere Zeit mit diversen Medikamenten behandelt, obwohl in vielen Fällen lediglich ein Zinkmangel vorliegt.

Ähnlich wie bei den meisten anderen Spurenelementen auch ist dabei der im Blutbild nachweisbare Zinkwert weniger entscheidend. Wichtig ist vor allem die Zinkkonzentration im Inneren der Zellen. Aus diesem Grund lassen sich Zinkmangelzustände nicht von heute auf morgen beheben, wie dies z. B. bei Vitamin-C-Mangel durch die Einnahme von frischem saurem Obst der Fall ist. Umgekehrt sinkt die Zinkkonzentration im Blut aber bereits zwölf Stunden nach einer völlig zinkfreien Hauptmahlzeit auf bis zu 50 Prozent ab.

Vom Darm ins Blut

Das Zink in Meeresfrüchten, Fischen, Leber und Eiern wird deshalb so gut vom Körper aufgenommen, weil in diesen Lebensmitteln viele Eiweißbausteine enthalten sind, die zusammen mit Zink stabile Komplexe bilden. Gemeinsam mit diesen Stoffen gelangt Zink problemlos durch die Darmwand ins Blut.

Im Gegensatz zu den tierischen Zinklieferanten enthält Getreide Ballaststoffe, pflanzliches Eiweiß und zusätzlich Säuren, die mit Zink unlösliche Komplexe bilden. Außerdem konkurriert Zink im Darm mit anderen Metallen um den effektivsten Transportweg ins Blut. Zink und Eisen beispielsweise benötigen denselben Proteinträger, um vom Darm ins Blut transportiert zu werden. Vitamine gelangen wesentlich leichter ins Blut als Mineralstoffe und Spurenelemente.

Leber ist außerordentlich nährstoff-, vor allem zinkreich.

Austern wird eine aphrodisische Wirkung nachgesagt – Tatsache ist, dass Zink für Potenz und den Sexualhormonhaushalt zuständig ist.

Zellschutz mit Zink

Jede unserer Körperzellen ist von einer ölig-feuchten Schutzschicht umgeben. Hier tummeln sich u. a. Immunkörper, Enzyme und Eiweiße. Durch die Zellschutzschicht wird das Zellinnere versorgt. Ohne Zink würde sowohl in der Zelle als auch auf der Zellmembran das reinste Chaos herrschen. Zink verhindert, dass an der Schutzschicht Fremdmoleküle anlegen. Es ist außerdem Bestandteil von Radikalefängern, die zerstörerische Substanzen abwehren.

Aber auch im Zellinneren sorgt Zink für Festigkeit, für die kräftige Struktur der Ribonukleinsäuren und Desoxyribonukleinsäuren (DNS), die unsere Erbanlagen speichern. So genannte Zinkfinger an Genen und Chromosomen sorgen dafür, dass sich Schwankungen der Zinkkonzentration durch die Nahrung nicht irritierend auf die Arbeit der DNS auswirken. Nur so kann eine Regenerierung von Zellkernen oder auch einzelnen Zellteilen zustande kommen – die wichtigste Voraussetzung dafür, dass wir gesund bleiben und nicht zu schnell altern.

Eine weitere Aufgabe erfüllt Zink als Enzymaktivator beim Aufbau der Schilddrüsenhormone, des Wachstumshormons, der Fortpflanzungshormone in der Hirnanhangsdrüse und von Kortisol, einem entzündungshemmenden Stresshormon. Zinkabhängige Enzyme tragen im Körper zu vielen chemischen Reaktionen bei. Unterstützt werden der Kohlenhydrat- und Energiestoffwechsel, der Auf- und Abbau von Eiweißmolekülen, außerdem die Produktion roter Blutkörperchen, aber auch die Gesunderhaltung von Haut und Bauchspeicheldrüse.

Muntermacher

Darüber hinaus aktiviert Zink ein Konzentrationshormon aus der Hirnanhangsdrüse und sorgt so dafür, dass wir aufmerksam und wach sein können. Mit der Aktivierung dieses Hormons erfolgt gleichzeitig der Ausstoß des Euphoriepeptids Beta-Endorphin, welches einen optimistisch auf die täglichen Aufgaben einstimmt. Nicht zuletzt unterstützt Zink auch das Immunsystem bei seinen Abwehrmechanismen und kräftigt die unterschiedlichen weißen Blutkörperchen.

Gesundheitstipp

Die Zinkkonzentrationen in Lebensmitteln unterliegen großen Schwankungen. Alle Schaltiere sowie Rindfleisch enthalten viel Zink, ebenso wie Vollkorngetreide (zu Weißmehl verarbeitetes Getreide enthält nur noch 15 Prozent des ursprünglichen Zinkanteils). Aber auch in Nüssen, Hülsenfrüchten und Käse ist viel von diesem Spurenelement enthalten.

Die Resorption von Zink im Körper wird durch Phytinsäure vermindert und durch Eiweiß erhöht. Daher

Der Spurenelemente-Check-up

FEHLT MIR ZINK?

- ☐ Leiden Sie unter Libidomangel, Orgasmusunfähigkeit?
- ☐ Ist Ihr Bindegewebe im Bereich von Hals, Gesicht und Bauch morgens straffer als abends?
- ☐ Sind Sie morgens oft unwirsch, verdrossen, nie richtig fit und hellwach?
- ☐ Leiden Sie unter Haarausfall und brüchigen Nägeln?
- ☐ Sind Ihre Augen glanzlos, ohne Strahlkraft?

Wenn Sie ein- oder zweimal mit Ja geantwortet haben, können Sie mit Ihrem Zinkstatus noch zufrieden sein. Bei drei- oder viermal Ja spricht vieles dafür, dass Ihrem Körper dieses vielseitige Spurenelement fehlt. Immerhin ist Zinkmangel in unserer Bevölkerung weit verbreitet. Bei fünf Kreuzchen sollten Sie Ihre Ernährung entsprechend umstellen, möglicherweise auch 30 Tage lang ein Zinkpräparat einnehmen.

kommt es immer darauf an, zu zinkreichen Nahrungsmitteln die richtigen Beilagen, z. B. grünes Gemüse oder Karotten, zu essen.

Schadet zu viel Zink?

Bei physiologisch überhöhter Dosis von in Tablettenform eingenommenem Zink sind Darmreizungen und Übelkeit möglich. Eine zu hohe Einnahme über längere Zeit kann zu gefährlichen Vergiftungserscheinungen führen. Eine 30-Tage-Kur mit Zinktabletten in der richtigen Dosierung dagegen kann helfen, Zinkdefizite in Körperzellen abzubauen.

Der tägliche Bedarf

Der Körper ist ausreichend mit Zink versorgt, wenn man täglich etwa 15 Milligramm zuführt. Stillende Mütter brauchen 22 Milligramm.

Warnsymptome

Zinkmangel kann folgende Beschwerden verursachen:

- Wachstumsstörungen
- Haarausfall
- Hautkrankheiten
- Angstzustände
- Libidomangel, Potenzstörungen
- Depressive Verstimmungen
- Störungen der Motorik
- Verzögerte Wundheilung
- Sehstörungen

In diesen Lebensmitteln ist Zink enthalten

Lebensmittel	Milligramm (je 100 Gramm)
Austern	160
Hühnerherz	5,0
Linsen, getrocknet	5,0
Leber	4,0
Eigelb	3,8
Grünkern, volles Korn	3,5
Muskelfleisch	2,9
Walnüsse	2,7
Hummer	1,6
Schnecken	1,6
Aal	1,4

Ein Hauch von Exotik

Indonesischer Gemüsereis

Zutaten für 4 Portionen
500 g Basmatireis • 1 Ei • Salz, Pfeffer • 3 EL Öl • 3 Frühlings- oder Lauchzwiebeln • 1 Knoblauchzehe
1/2 TL Gemüsebrühe (instant)
2 TL helle oder dunkle Sojasauce
Schnittlauch zum Garnieren

Zubereitung

1 Den Reis kochen. Das Ei verquirlen, salzen und pfeffern. Mit etwas Öl braten. Aus der Pfanne nehmen und zerschneiden.

2 Frühlingszwiebeln mit dem Grün in Ringe schneiden. Knoblauch schälen und fein hacken.

3 Knoblauch in Öl andünsten. Gemüsebrühe und Frühlingszwiebeln dazugeben und kurz mitbraten. Den gekochten Reis mit dem Rührei vermischen und nochmals erhitzen.

4 Reis mit Salz, Pfeffer und Sojasauce würzen; mit Schnittlauch bestreut sofort servieren.

Tipp

Es gibt zwei Arten, Reis zu kochen (für 500 Gramm Reis):

- Quellreismethode

Ca. 1,4 Liter Wasser zum Kochen bringen, Reis mit 1 Prise Salz hinzufügen. Bei geschlossenem Deckel kochen lassen, bis das ganze Wasser aufgesogen ist (18 bis 20 Minuten).

- Wasserreismethode

Topf mit ca. 3 Liter Wasser zum Kochen bringen, Reis mit 1 Prise Salz hinzufügen. Zugedeckt etwa 18 bis 20 Minuten kochen lassen, anschließend abgießen.

Jod – Stimmungsmacher für die Psyche

Muscheln und andere Meeresfrüchte sind ein delikater Leckerbissen und obendrein besonders reich an Jod.

Im Unterschied zu den meisten anderen Spurenelementen ist Jod kein Metall, sondern ein Halogenelement, das grauschwarze, glänzende Kristalle bildet. Seine Verbindungen sind in der Natur weit verbreitet, jedoch nur in sehr geringen Konzentrationen. So auch beim Menschen: Im Körper sind ca. 25 tausendstel Gramm Jodid (Jodsalz) enthalten; ein Großteil davon befindet sich in der Schilddrüse. Dieses Organ liegt vor der Luftröhre in Höhe des Kehlkopfs und benötigt pro Tag bis zu 200 millionstel Gramm Jod.

Natürliche Vorkommen

Die mit Abstand besten Jodidlieferanten sind die Ozeane mit ihrem Salzwasser. Küstenbewohner werden im Allgemeinen schon durch die salzhaltige Luft mit ausreichend Jod versorgt. Wer beispielsweise an der Nord- oder Ostsee wohnt, hat ständig ein paar wertvolle Jodmoleküle auf der Zunge. In Gebirgsregionen dagegen ist die natürliche Jodkonzentration sehr gering, da Gletscherwasser und Regen im Lauf der Zeit einen großen Prozentsatz der vorhandenen Spurenelemente aus dem Erdreich gewaschen haben.

Wichtiger Hormonbaustein

Die Schilddrüse ist das größte Jodspeicherorgan in unserem Körper. Wenn es dem Stoffwechsel an Jod mangelt, filtert diese schwammige, mit vielen Blutgefäßen durchsetzte Drüse einzelne Jod-

Nori-Algen eignen sich hervorragend zur Zubereitung von Sushi.

teilchen aus dem Blut. Je größer die Nachfrage an Jod ist, desto mehr verstärkt die Schilddrüse ihre Bemühungen, einzelne Jodpartikel einzufangen. Das führt dazu, dass sich die Zellen der Schilddrüsenfollikel (das sind Bläschen) immer mehr aufblähen – die Schilddrüse dehnt sich aus, ein Kropf bildet sich, wie man ihn vor allem in den Alpenregionen nicht selten sieht.

der Körpertemperatur, den Wasserhaushalt, den Sauerstoffverbrauch sowie für die Funktionen des zentralen Nervensystems verantwortlich. Außerdem nehmen sie Einfluss auf das Wachstum und die körperliche Entwicklung allgemein.

Jod bzw. die Schilddrüsenhormone steuern also wichtigste Lebensprozesse. Wenn Menschen schnell frieren, zu Übergewicht neigen,

Zum Trocknen aufgehängt wie Fischernetze: Algen, frisch aus dem Meer.

Schilddrüsenhormone

In der Schilddrüse werden zwei Hormone (Trijodthyronin und Thyroxin) gebildet, die ohne Jod nicht zustande kommen würden. Diese Hormone sind für die Regulierung schon den kleinsten Stresssituationen keinen Widerstand entgegensetzen können und nur wenig Freude am Leben haben, fehlt häufig dieses Spurenelement bzw. liegt bei ihnen ein Schilddrüsenhormonmangel vor.

Ursachen eines Kropfs

Kropfpatienten können entweder an einer Überfunktion (Hyperthyreose) oder einer Unterfunktion (Hypothyreose) der Schilddrüse leiden. Bei der Überfunktion – also Mehrproduktion von Hormonen – werden alle Stoffwechselprozesse beschleunigt. Die Folgen sind innere Unruhe, schlechter Schlaf, erhöhter Puls, vermehrte Schweißabsonderung, Durchfall und Gewichtsverlust. Bei einer Unterfunktion werden zu wenig Hormone produziert. Die Betroffenen leiden an Antriebsarmut, chronischer Müdigkeit, Depressivität und Kälteempfindlichkeit.

Wofür Jod besonders gebraucht wird

- Konzentrationsfähigkeit
- Vitalität
- Stressbewältigung
- Gewichtskontrolle
- Energieproduktion
- Cholesterinstoffwechsel
- Kohlenhydratverwertung
- Herztätigkeit
- Gesunde Haut
- Wachstum von Haaren und Nägeln
- Zellfunktionen
- Wachstum

Gesundheitstipp

Zumindest einmal jährlich sollte man einen Urlaub am Meer verbringen. Dort nimmt man stets belebende, durch den Seewind herangetragene Jodmoleküle auf.

Als Nahrungsergänzung empfiehlt sich ein- bis zweimal pro Woche Seefisch, z. B. Hering, Makrele, Rotbarsch oder Seelachs. Auch Meeresfrüchte wie Muscheln, Garnelen oder Krabben bieten sich an. Der allerbeste Jodlieferant sind Algen, die man im Asienladen oder auch im Reformhaus kaufen kann.

Außerdem sollte für den täglichen Salzbedarf in der Küche ausschließlich jodiertes Meersalz zum Einsatz kommen. Zum Kochen und Nachwürzen sollte Jodsalz verwendet werden – damit ist, auf einfache und kostengünstige Weise, eine ausreichende Jodzufuhr sichergestellt.

Krabben als Vorspeise besitzen einen hohen Nährwert, weil sie neben Eiweiß auch jede Menge Spurenelemente enthalten. Den Schnaps dazu sollte man sich allerdings nicht allzu oft gönnen.

Der Spurenelemente-Check-up

FEHLT MIR JOD?

- ☐ Frieren Sie oft, selbst wenn Sie ganz warm eingepackt sind?
- ☐ Neigen Sie zu Übergewicht, auch wenn Sie kaum etwas essen?
- ☐ Sind Sie träge, manchmal sogar richtig faul, schwer in Schwung zu bringen?
- ☐ Sind Sie oft zerstreut, tun Sie sich schwer, sich auf etwas zu konzentrieren?
- ☐ Haben Sie mitunter Herz- und Pulsjagen, verbunden mit Gliederschwäche, die sich z. B. in Zittern äußert?

Ein Fall für Jod, könnte man sagen, wenn Sie ein- oder zweimal mit Ja antworten. Der Verdacht erhärtet sich bei drei- oder viermal Ja. Spätestens jetzt muss das normale Kochsalz durch jodreiches Meersalz bzw. durch jodiertes Salz ersetzt werden. Wenn Sie fünfmal mit Ja geantwortet haben, sollten Sie öfter mal so hervorragende Gaumenfreuden wie z. B. Seefisch oder Meeresfrüchte auf den Tisch bringen.

Schadet zu viel Jod?

Jodiertes Speisesalz oder Jodtabletten zur Vermeidung eines Jodmangels sind in normalen Dosierungen absolut ungefährlich. Erst bei dem Zehnfachen der normalen Dosis können erste auf Überempfindlichkeit hinweisende Reaktionen wie Nervosität, Fieber, Hautentzündung, Juckreiz, brennende Augen oder Kopfschmerzen auftreten.

Zu viel Jod beeinträchtigt möglicherweise auch die Biosynthese von Schilddrüsenhormonen oder kann einen Kropf hervorrufen. Deshalb gilt: Jodpräparate nur in Absprache mit dem Arzt einnehmen!

Um ein Vielfaches gefährlicher ist natürlich radioaktives Jod 131, wie es beispielsweise nach einem Reaktorunfall freigesetzt wird. Hier potenziert sich das Risiko eines Schilddrüsenkrebses und anderer schwer wiegender Krankheiten. In der Nahrung ist dieses Jodisotop normalerweise nicht enthalten.

Der tägliche Bedarf

Der Organismus ist ausreichend mit Jod versorgt, wenn man täglich zwischen 180 und 200 Mikrogramm (millionstel Gramm) zu sich nimmt. Bei Schwangeren liegt die Dosis bei 230, stillende Mütter benötigen 260 Mikrogramm.

Warnsymptome

Jodmangel kann folgende Beschwerden verursachen:

- Antriebsarmut
- Chronische Müdigkeit
- Mentale Trägheit
- Nervöse Unruhe
- Verwirrtheitszustände
- Übergewicht
- Herzklopfen
- Pulsjagen
- Gliederzittern
- Erhöhtes Stressempfinden
- Leistungsschwäche
- Kältegefühle
- Trockenes, brüchiges Haar
- Beginnende Kropfbildung
- Arthritis

In diesen Lebensmitteln ist Jod enthalten

Lebensmittel	Mikrogramm (je 100 Gramm)
Schellfisch	245–700
Scholle	190–300
Seelachs	260
Miesmuscheln	130
Krabben	130
Austern	60
Thunfisch	50
Spinat	20
Champignons, frisch	18
Karotten, Brokkoli	15
Roggenbrot	8,5

Wohlschmeckend und schnell zubereitet

Korianderpasta mit Meeresfrüchten

Zutaten für 4 Portionen

400 g Bandnudeln • 8 Riesengarnelenschwänze • 200 g Krabben (oder andere Meeresfrüchte, je nach Belieben) • 200 g Butter
400 g Venusmuscheln • 4 Knoblauchzehen • Saft von 1 ausgepressten Zitrone • Salz, Pfeffer
1 Bund frischer Koriander

Zubereitung

1 Nudeln in Salzwasser bissfest kochen. Inzwischen die Garnelenschwänze der Länge nach aufschneiden, dabei darauf achten, dass sie nicht völlig getrennt werden. Zusammen mit den Krabben (oder auch anderen Meeresfrüchten) in 2 Esslöffeln Butter bei milder Hitze andünsten.

2 Die Venusmuscheln gründlich waschen und ca. 10 Minuten in Salzwasser kochen lassen. Anschließend zu den anderen Meeresfrüchten geben.

3 Die restliche Butter in einer kleinen Pfanne zerlassen. Knoblauchzehen abziehen und in die Butter pressen. Zitronensaft einrühren und mit etwas Salz und Pfeffer abschmecken.

4 Den Koriander waschen, trockentupfen, verlesen und die Stängel entfernen. Die Nudeln abtropfen lassen und die Meeresfrüchte dazugeben. Gut mischen, auf Tellern anrichten und den Koriander darüber verteilen.

5 Die Knoblauch-Zitronen-Butter in einer vorgewärmten Sauciere dazu servieren.

Tipp

Das indische Koriandergewürz wirkt besonders krampflösend und entblähend.

Chrom – Wächter über den Blutzuckerspiegel

Genauso wie Vitamin B12 oder Jod zählt Chrom zu den Biostoffen, von denen unser Körper nur verschwindend geringe Konzentrationen benötigt. Bereits eine tägliche Ration von nur 80 Mikrogramm genügt, um den Organismus mit Chrom zu versorgen. Vollkornprodukte, Pilze, Früchte, Rosinen, Nüsse, Melasse, Bierhefe und sogar schwarzer Pfeffer sind besonders ergiebige Chromlieferanten.

Eine gesunde Ernährung mit Vollkornprodukten ist wichtig, wenn man ernsthaften Stoffwechselstörungen vorbeugen will.

Lange verkannte Wirkungsweise

Bis zum Jahr 1977 galt Chrom bei Wissenschaftlern als unwichtiges, nicht essenzielles Spurenelement. Nur durch Zufall entdeckte man die Wirkungen dieses Mineralstoffs. In einem Krankenhaus wurde ein Patient intravenös ernährt – und zwar mit einer Nährstofflösung, die bis auf Chrom alle damals bekannten notwendigen Substanzen enthielt. Kurz darauf verspürte der Patient Müdigkeit, Nervosität, Gereiztheit sowie Symptome von Diabetes mellitus (Zuckerkrankheit) – alles Anzeichen, die nachweislich auf einen gestörten Glukose-(Kohlenhydrat-)Stoffwechsel zurückzuführen waren. Die Ärzte verabreichten ihm Chrom – und die Beschwerden verschwanden. Für Biochemiker war dies der Anlass, mit der wissenschaftlichen Erforschung dieses Spurenelements zu beginnen.

Chrom und Diabetes

Nerven- und Gehirnzellen verlangen im Gegensatz zu allen anderen Körperzellen ausschließlich Glukose (Traubenzucker) als Treibstoff – und zwar deshalb, weil dieses Kohlenhydrat schneller verbrennt und seinen Energiegehalt abgibt als etwa Fett.

Diese Zellen brauchen sehr viel schneller Energie als alle anderen Körperzellen, weil sie oft blitzschnell reagieren müssen. In diesem Fall schießt Glukose in die Zellen und wird dort in Energie umgewandelt. Dies hat zur Folge, dass man ausgeglichen und nervlich gut belastbar ist, außerdem hellwach und hochkonzentriert. Fehlt Glukose im Blut, dann ist das Gegenteil der Fall. Chrom spielt bei der Kontrolle des Blutzuckerspiegels eine bedeutende Rolle. Es arbeitet eng mit dem

Obwohl die meisten Früchte relativ wenig Chrom enthalten, ist bei Rosinen die Konzentration verhältnismäßig hoch.

Bauchspeicheldrüsenhormon Insulin zusammen, das den Einbau von Glukose in die Zellen reguliert.

Ähnlich den »Zinkfingern« gibt es offensichtlich an den Genen im Zellkern auch Chromfinger, die die Zufuhr von Glukose in die Zellen kontrollieren und sich damit auf die Leistungsfähigkeit der Nerven auswirken. Mangelt es an Chrom, zeigen sich erste Symptome wie Müdigkeit, unbewusste Unruhe und erhöhte Reizbarkeit. Diese verstärken sich in dem Maß, in dem der Blutzuckerspiegel abfällt und die Nervenzellen noch schlechter versorgt werden.

Unterzucker sorgt für Unbehagen

Bei leichtem Unterzucker greift man gewöhnlich zu Süßigkeiten, um den Blutzuckerspiegel anzuheben. Die als Spaltprodukt von Saccharose (Kristallzucker) entstehende Glukose gelangt nämlich sofort ins Blut und bringt somit Nerven und Gehirn den ersehnten Frischeschub.

Während ein Glukoseblutspiegel von etwa 90 Milligramm pro zehntel Liter Blut normal ist, beginnen erste Befindlichkeitsstörungen bei Werten darunter. Zunächst fühlt man sich auf unerklärliche Weise matt, selbst wenn man lange geschlafen hat. Außerdem fühlt man sich ständig genervt.

Bei Werten um die 70 kann man sich kaum mehr konzentrieren, jedes falsche Wort macht einen extrem gereizt. Bei 60 könnte man an die Decke springen, greift dann womöglich zum Cognac- oder Likörglas, weil es für Alkohol (auch ein Kohlenhydrat) ein Leichtes ist, über die Blut-Hirn-Schranke die Gehirnzellen zu erreichen.

Blutzuckerregulierung

Natürlich kann Chrom den Blutzuckerspiegel nicht alleine regulieren bzw. anheben. Oft gibt es auch andere Ursachen für anhaltenden

In diesen Lebensmitteln ist Chrom enthalten

Lebensmittel	Mikrogramm (je 100 Gramm)
Weizenvollkornbrot	49
Kartoffeln	33
Datteln, getrocknet	29
Haselnüsse	14
Rindfleisch	14
Heidelbeeren	10
Steinpilze	5
Spinat	5
Pflaumen, frisch	2

Wenn man ständig oder über längere Zeit derselben monotonen Arbeit nachgeht, wird es immer schwieriger, sich zu konzentrieren.

Unterzucker (z. B. eine erkrankte Bauchspeicheldrüse oder ständige Fehlernährung). Dennoch: Wenn der Wert stimmt, ist Chrom daran beteiligt. Ohne dieses lebenswichtige Mineral geht in punkto Zuckerspiegel gar nichts. Den tatsächlichen Chromstatus kann man nicht messen, denn Konzentrationen im Blut sagen nichts über die Menge in den Zellen aus. Die Gewebekonzentrationen von Chrom sind zwischen 10- und 100-mal höher als im Blut. Auch aus Chromausscheidungen über den Urin lässt sich kein Befund ablesen, schon allein deshalb nicht, weil ein gesunder Erwachsener pro Tag nur die verschwindend geringe Menge von 0,2 millionstel Gramm über den Harn ausscheidet.

Bierhefe aus dem Reformhaus enthält viele lebensotwendige Spurenelemente.

Der Spurenelemente-Check-up

FEHLT MIR CHROM?

- ☐ Sind Sie chronisch müde?
- ☐ Sind Sie am späten Vormittag oder Nachmittag oft zerstreut und unfähig, sich richtig zu konzentrieren?
- ☐ Greifen Sie oft instinktiv zu Süßem oder auch zu Alkohol?
- ☐ Sind Sie oft nervös? Neigen Sie zu depressiven Verstimmungen?
- ☐ Sind Sie oft wetterfühlig, mit Neigung zu Schwindelanfällen und Kopfschmerzen?

Haben Sie ein- oder zweimal mit Ja geantwortet, sind Ihre Symptome bereits sehr nervenbezogen, möglicherweise bedingt durch ein Chromdefizit. Drei- oder viermal mit Ja geantwortet, sind Gehirn und Nerven eindeutig unterversorgt. Unser Tipp: Jeden Nachmittag eine Bierhefetablette einnehmen. Bei fünfmal Ja hungern Ihre Nervenzellen förmlich nach Glukose, dem einzigen Energiebrennstoff, den sie verwerten können. Für den Transport in die Nervenzellen ist ausreichend Chrom notwendig. Die Ernährung sollte auf jeden Fall stärker auf chromreiche Lebensmittel abgestimmt werden.

Therapie von Diabetes

Mit zunehmendem Alter sinkt die Chromaufnahme im Körper. Deshalb haben Menschen ab 40 Jahren häufiger Probleme mit ihrem Blutzuckerspiegel.

Wissenschaftliche Studien belegen, dass bei altersbedingtem Diabetes mellitus die Insulinausscheidung wieder ansteigt, wenn Moleküle, in die Chrom eingebaut ist, über einen längeren Zeitraum durch die Nahrung eingenommen werden. Chrom wird daher künftig zum wichtigen Bestandteil einer erfolgreichen Therapie von Diabetes mellitus werden.

Warnsymptome

Chrommangel kann folgende Beschwerden verursachen:

- Ständige Müdigkeit
- Nervenschwäche
- Antriebsarmut
- Unruhe
- Gereiztheit
- Schlafstörungen
- Konzentrationsstörungen
- Depressive Verstimmungen
- Schwindelanfälle
- Kopfschmerzen
- Angstzustände
- Gier nach Süßem
- Alkoholsucht

Gesundheitstipp

Der regelmäßige Verzehr von Vollkornbrot und Nüssen deckt normalerweise den täglichen Bedarf an Chrom. Melasse und Bierhefe als Nahrungsergänzungsmittel heben den Chromstatus im Körper und helfen Befindlichkeitsstörungen abzubauen, die durch die entsprechenden Defizite entstanden sind. Bestimmte so genannte Stressoren fordern erhöhte Chromrationen bzw. führen auch zu erhöhter Chromausscheidung aus dem Körper. Hierzu zählen körperliche Aktivität, egal ob im Beruf oder beim Sport, sowie Infektionskrankheiten aller Art. Aber auch der Einfachzucker in der Nahrung (Teigwaren, Klöße, Weißbrot, Kuchen, Gebäck, alles Süße, mit Zucker versetzte Getränke) entzieht dem Körper Chrom.

Schadet zu viel Chrom?

Als Bestandteil von Lebensmitteln ist Chrom absolut unschädlich, zumal es ohnehin nur in geringen Mengen vorkommt. Der Körper scheidet zu hohe Konzentrationen sofort aus.

Der tägliche Bedarf

Der Körper ist ausreichend mit Chrom versorgt, wenn ihm täglich 80 Mikrogramm zur Verfügung stehen. Schwangere und stillende Mütter benötigen geringfügig mehr.

Brot aus Sauerteig – ein dänisches Spezialrezept

Roggenbrot

Zutaten für 20 Scheiben
Vorteig: *250 g Roggenmehl 150 g Buttermilch • 1 TL Salz*
Teig: *3 Päckchen Sauerteig (450 g) • 1 1/2 l lauwarmes Wasser • 500 g Weizenmehl (Type 405) • 1 kg grob geschroteter Roggen • 4 EL Salz • 1/2 l Wasser 1 kg Roggenmehl • Fett und Mehl für die Form • Wasser zum Bestreichen*

Zubereitung

1 Für die Zubereitung des Vorteigs das Roggenmehl mit Buttermilch und Salz gut vermischen. Die Masse anschließend zugedeckt 2 bis 3 Tage an einem kühlen Ort ruhen lassen.

2 Für den fertigen Roggenbrotteig den Sauerteig, das lauwarme Wasser, das Weizenmehl und den geschroteten Roggen zum Vorteig geben. Alles mit einem Kochlöffel vermischen. Schüssel mit einem feuchten Küchentuch abdecken. Teig darin noch einmal etwa 24 Stunden kühl ruhen lassen.

3 4 Esslöffel Salz, Wasser und Roggenmehl unter den Teig kneten. Eine rechteckige Backform fetten und mit Mehl ausstreuen. Den Brotteig einfüllen, glatt streichen und bei Zimmertemperatur weitere 3 Stunden zugedeckt ruhen lassen.

4 Backofen auf 190 °C vorheizen. Den Brotteig mit einer Gabel rundherum einstechen und mit etwas Wasser bestreichen.

5 Brot in den heißen Backofen (untere Schiene) schieben und ein Gefäß mit Wasser darunter stellen, damit der Teig gleichmäßig aufgeht. Roggenbrot in 1 1/2 bis 2 Stunden knusprig braun backen.

Mangan – Aktivator der Enzyme

Sonnenblumenkerne gehören in Südeuropa zu den beliebtesten Knabbereien.

Sobald es das Spurenelement Mangan geschafft hat, vom Darm in das weit reichende Blutgefäßsystem des Menschen zu gelangen, steuert es zielstrebig die heißesten Zentren der Körperzellen an: die Mitochondrien. Dies sind Energiebrennkammern im Zellinneren, die unsere Körperenergie erzeugen. Nur wenige Moleküle wagen sich in dieses Inferno mikroskopischer Explosionen; viele könnten darin gar nicht bestehen. Mangan jedoch ist, wenn es eine solche Brennkammer erreicht hat, einer der Minimotoren unserer Lebenskräfte, obwohl wir von diesem Spurenelement täglich nur zwischen zwei und fünf tausendstel Gramm brauchen.

Je nach Beanspruchung haben die Körperzellen verschieden viele Brennkammern. Jene Zellen, die täglich am meisten leisten müssen (wie z. B. in der Leber, den Nieren, der Bauchspeicheldrüse oder dem Herzen), haben sehr viele und große Brennkammern – an die 1000 Stück oder noch mehr! Demzufolge benötigen diese Zellen sehr viel Mangan, ein Mangel an diesem Mineral wirkt sich am schnellsten in diesen Organen aus. Auch die Hirnanhangsdrüse (sie stellt die meisten Hormone her), die Zirbeldrüse (sie produziert das Schlafhormon) sowie die Milchdrüsen der Frau sind mit Mangan vollgepumpt. Außerdem aktiviert Mangan Enzyme, besonders solche, die bestimmte Vitamine im Stoffwechsel funktionsfähig machen. Man kann

Walnüsse sind nicht nur großartige Vitaminspender, sie enthalten auch viele Spurenelemente.

beispielsweise noch so viel frisches Obst essen – das darin in großen Mengen enthaltene Vitamin C wäre ohne Mangan nicht einmal ein Fünftel wert!

Beim Eiweiß-, Kohlenhydrat- und Fett- bzw. Cholesterinstoffwechsel spielt Mangan eine ähnlich wichtige Rolle. Das Skelett braucht dieses Spurenelement ebenso dringend wie das Blut; Mangan unterstützt außerdem Nerven und Gehirn. Nicht zuletzt ist es für die Produktion von Schilddrüsenhormonen wichtig.

Ausgeglichenheit und innere Ruhe

Wenn Liebe und Sex keinen Spaß mehr machen, kann Manganmangel die Ursache dafür sein. Mangan wird u. a. für die Herstellung des Farbstoffs Melanin in Haut und Haaren sowie für die Biosynthese des potenten Nervenreizstoffs Dopamin gebraucht. Dopamin ist die Substanz, die im Körper für Ausgeglichenheit, innere Ruhe und Heiterkeit sorgt.

Nur fünf Prozent des Mangans in unserer Nahrung werden ins Blut aufgenommen. Durch Kalzium, Phosphorsalze, Eisen und Pflanzensäuren wird das Spurenelement in seiner Bioverwertbarkeit gebremst oder daran gehindert, durch die Darmschleimhaut ins Blut vorzudringen. Der Eiweißbaustein Histidin (meist in tierischer Kost) sowie Zitrate (Salze der Zitronensäure, die besonders reich in Zitronen enthalten ist) hingegen erleichtern Mangan den Zutritt in den Stoffwechsel und erhöhen dadurch seine Bioverwertbarkeit.

Hilfe bei der Zellerneuerung

Mangan wirkt auch im Inneren der Körperzellen: Hier stimuliert es Enzyme, die Eiweiß nicht zerlegen, sondern zusammensetzen. Darin liegt das Geheimnis unserer Jugendlichkeit. Jede Zelle verfügt über mehrere tausend Werkstätten, in denen ununterbrochen Eiweiß für die Erneuerung der Zelle produziert wird – exakt nach einem von den Genen vorgegebenen Muster.

Je nach Art und Aufgabe haben gesunde Körperzellen bis zu 200 000 solcher Produktionsstätten. Wenn Mangan fehlt, wird eine Vielzahl der Werkstätten von der Zelle abgebaut. Menschen, die schnell altern, hatten mit hoher Wahrscheinlichkeit zu einem früheren Zeitpunkt einen Mangel an solchen Eiweißproduktionsstätten in ihren Zellen. Die Folge: Der Zellkern und andere Zellteile können nicht mehr richtig regeneriert und verjüngt werden.

Das Hormon Insulin wird von den Beta-Zellen der Bauchspeicheldrüse produziert, auch hierzu ist Mangan unerlässlich. Und schließ-

Aus Sonnenblumenkernen gewinnt man ein wohlschmeckendes Speiseöl, in dem ebenfalls viel Mangan enthalten ist.

lich kann ohne dieses wichtige Spurenelement das überschüssige Fett in der Blutbahn nicht sinnvoll in die diversen Stoffwechselprozesse eingebunden werden. Mangan hilft also mit, Blutfette abzubauen, und schützt so vor Arteriosklerose und Herzproblemen. Außerdem kann Mangan – in Verbindung mit Vitamin C – der Krankheit Lupus erythematodes (entzündliche Hauterkrankung) entgegenwirken. Bei dieser Krankheit wird das Kollagen in Haut, Blutgefäßen und anderen elastischen Bindegeweben zerstört.

Ausreichend Mangan im Körper fördert die mentale Ausgeglichenheit – die ideale Grundlage für einen gesunden und langen Schlaf.

Der Spurenelemente-Check-up

FEHLT MIR MANGAN?

- ☐ Können Sie sich nicht mehr so richtig freuen und begeistern?
- ☐ Leiden Sie unter Libidomangel oder einem Mangel an sinnlicher Gefühlswärme?
- ☐ Ist Ihr Bindegewebe (an Gesicht, Hals, Brust, Bauch) abends abgeschlafft, morgens aber viel straffer?
- ☐ Fühlen Sie sich körperlich gebremst – nicht mehr so vital und frisch wie früher?
- ☐ Fehlt Ihrem Haar die volle Farbpracht, oder wird es vorzeitig grau?

Haben Sie ein- oder zweimal Ja angekreuzt, könnte Manganmangel eine der Ursachen für Ihre Befindlichkeitsstörungen sein. Bei drei- oder viermal Ja ist ein Defizit des wertvollen Spurenelements sehr wahrscheinlich. Fünfmal mit Ja geantwortet, sollten Sie sich besonders für Mangan interessieren. Wie wär's mit einer Spezialkur? Viel Grünes und Vollkornprodukte auf den Tisch – dazu manganreiche Bierhefe bzw. Melasse als Nahrungsergänzung. Übrigens: Die schwarze Melasse ist ein wohlschmeckender und kerngesunder Brotaufstrich, der auch von Kindern gerne gegessen wird.

Wofür Mangan besonders gebraucht wird

- Positive Stimmungslage
- Gesunden Schlaf
- Konzentrationsfähigkeit
- Gedächtnisleistung
- Stressbewältigung
- Kreativität
- Hormonproduktion
- Zellerneuerung, Zellatmung
- Bauchspeicheldrüse
- Vitaminfunktionen
- Enzymtätigkeit
- Gesundes Blutbild
- Knochen und Zähne
- Farbkraft im Haar
- Eiweißstoffwechsel
- Blutzuckerspiegel
- Kohlenhydratstoffwechsel
- Sexualfunktionen
- Fettverwertung
- Kollagenbildung

Schadet zu viel Mangan?

In Ausnahmefällen kann Mangan auch Vergiftungen nach sich ziehen, wenn sich zu hohe Konzentrationen dieses Spurenelements im Trinkwasser oder, wie beim Erzabbau, in der Luft befinden. Die Folgen können Bronchitis, Bronchialasthma und bei chronischer Manganvergiftung Muskelstarre, Schweißausbrüche und Zwangshandlungen sein.

Der tägliche Bedarf

Der Körper ist ausreichend mit Mangan versorgt, wenn er zwei bis fünf Milligramm pro Tag zugeführt bekommt. Schwangere und stillende Mütter brauchen keine höhere Dosis.

Warnsymptome

Manganmangel kann folgende Beschwerden verursachen:

- Ohrgeräusche
- Schwerhörigkeit
- Trockene, rissige Haut
- Pessimismus
- Müdigkeit
- Mangelnde Libido
- Gewichtsverlust
- Gelenkschmerzen
- Verzagtheit
- Unruhezustände
- Nachlassendes Haarwachstum

Gesundheitstipp

Auf nährstoffarme Zwischenmahlzeiten wie Kuchen, Wurstbrötchen oder Schokoriegel sollte man verzichten und lieber auf eine Hand voll manganreicher Nüsse, Samen oder Kerne zurückgreifen. Aber auch grünes Blattgemüse und Blattsalat sind äußerst manganhaltig. Fleisch, Geflügel, Fisch, Milch und Käse enthalten nur sehr wenig dieses Spurenelements, Eigelb hingegen hat einen hohen Anteil.

In diesen Lebensmitteln ist Mangan enthalten

Lebensmittel	Milligramm (je 100 Gramm)
Haselnüsse	5,7
Heidelbeeren, roh	4,8
Vollkorngetreide	3,4
Sonnenblumenkerne	2,5
Erdnüsse, Mandeln	2,2
Walnüsse	1,1–1,9
Spinat	0,8
Erbsen	0,5

Eine Variante der klassischen Sauce hollandaise

Erdnusssauce pikant

Zutaten
2 EL Erdnussöl • 4 EL Mehl
1/2 l Reis- oder Sojamilch
1 TL gekörnte Gemüsebrühe
1/4 TL Pfeffer • 1 Messerspitze Cayennepfeffer • 3 EL Erdnussbutter • 1 EL Sojamilchpulver

Zubereitung

1 Aus Erdnussöl, Mehl und etwas Reis- oder Sojamilch eine helle Einbrenne herstellen. Unter ständigem Rühren nach und nach die restliche Milch untermischen, anschließend den Sud zum Kochen bringen.
2 Mit Gemüsebrühe, Pfeffer und Cayennepfeffer abschmecken.
3 Erdnussbutter und Sojamilchpulver zugeben und verquirlen – nicht mehr kochen lassen!

Tipp

Diese gehaltvolle, in relativ kurzer Zeit hergestellte Sauce ist ein geschmackvoller Manganlieferant. Aufgrund ihrer Würze eignet sie sich vorzüglich zu indonesischen und Getreidegerichten, aber auch zu Fleisch und Fisch. Für den Fall, dass die Sauce zu scharf gewürzt worden ist, kann man sie mit der Beigabe von Kokosmilch oder süßer Sahne wieder milder machen.

Selen – Entgifter der Zellen

Selen gehört zu den größten Verbündeten unseres Immunsystems. Bis vor kurzem waren Biochemiker der festen Meinung, dass die Zellen wegen der darin befindlichen Schwefel-Selen-Verbindungen Schwefel benötigten. Mittlerweile hat man herausgefunden, dass es häufig nur auf das Vorhandensein von Selen ankommt.

Aufgaben im Immunsystem

Selen ist enthalten im Enzym Glutathionperoxidase (GP), welches Zellen vor freien Radikalen schützt. Freie Radikale entstehen durch die Einwirkung von Sauerstoff und UV-Licht und wirken zerstörend auf das Gewebe und alle Zellbestandteile, außerdem sind freie Radikale für das Altern der Zellen verantwortlich – was erklärt, warum Selen die Zellen frisch und jung erhalten kann.

Ein Beispiel: Wer aktiv und ausdauernd Sport betreibt, verbraucht wesentlich mehr Sauerstoff als im Ruhezustand und erzeugt deshalb auch bedeutend mehr freie Sauerstoffradikale. Gegen diese wirken Selen bzw. das GP-Enzym als nahezu unüberwindbarer Immunschutz. Während Vitamin E als Immunsubstanz hauptsächlich die ölig-feuchte Schutzschicht der Zelle schützt, kommt das selenhaltige GP-Enzym im wässrigen Zellinneren sowie auch im Zellkern und in den vielen Energiebrennkammern (Mitochondrien) zum Einsatz – typischerweise dort, wo freie Radikale besonders aggressiv angreifen, wie beispielsweise im Auge. So können Augenzellen ohne den Schutz von Selen schnell Opfer freier Sauerstoffradikale werden.

Vitamin-E-reiche Pflanzenöle steigern die Wirksamkeit des in Eierteigwaren enthaltenen Selens.

Selen hilft vielerorts

Selen sorgt dafür, dass das Gewebe elastisch bleibt, dass Arterien nicht verstopfen, der Blutdruck nicht übermäßig ansteigt und dass die Muskelzellen, insbesondere jene des

Knoblauch, in Maßen eingesetzt, gibt so mancher Mahlzeit den richtigen Pfiff.

Herzmuskels, stets mit genügend Sauerstoff versorgt werden. Darüber hinaus beugt das Spurenelement nicht nur Beschwerden und Krankheiten vor, sondern es beschleunigt zudem die Heilungsprozesse. Auch die Produktion von Antikörpern gegen Krankheitserreger und Zellgifte ist von Selen abhängig.

Zusammen mit der Immunsubstanz Vitamin E verhindert Selen Herzfunktionsstörungen und beugt so der Angina pectoris vor. Wenn das Elektrokardiogramm (EKG) also Alarm schlägt, kann Selen möglicherweise Abhilfe schaffen.

Außerdem fördert das Spurenelement die Ausscheidung giftiger Schwermetalle wie Quecksilber, Kadmium und Silber und behebt unter Umständen auch Unfruchtbarkeit. Die Funktion der männlichen Hoden hängt nämlich von einer hohen Konzentration selenhaltiger Eiweißstoffe ab.

Von großer Bedeutung für unsere Vitalität ist das selenabhängige Enzym Deiodinase, welches für die Aktivierung des Schilddrüsenhormons verantwortlich ist. Dabei greift das Spurenelement in die wichtigsten Lebensprozesse ein.

Mangelerscheinungen bei Risikogruppen

Anhand vieler Studien haben Wissenschaftler aus aller Welt festgestellt, dass bestimmte Risikogruppen zu wenig Selen im Körper haben. Hierzu gehören vor allem Personen mit Herzbeschwerden, Krebskranke, Diabetiker, Alkoholiker, künstlich ernährte Krankenhauspatienten und frühgeborene, nicht gestillte Kinder. Die aus Kuhmilch zubereitete Säuglingsnahrung erreicht nur ein Drittel des Selengehalts der Muttermilch. Auch die in der üblichen Säuglingsnahrung verwendeten Obstprodukte enthalten nur sehr wenig Selen. Hier zeigt sich einmal mehr, wie wichtig das Stillen für Neugeborene ist.

Ein Stück mageres Schweinefilet, z. B. mit Bratkartoffeln und Gemüse, ergibt eine selenreiche Mahlzeit.

Zu den Risikogruppen zählen außerdem Personen, die unter chronischen Verdauungsstörungen und Infektionen des Magen-Darm-Trakts leiden. Gerade ältere Menschen mit einer zu geringen Magensäureproduktion haben eine erhöhte Anfälligkeit für Magen- und Darminfekte. Besonders Vegetarier oder Veganer sollten auf eine ausreichende Zufuhr dieses essenziellen Spurenelements achten.

Schadet zu viel Selen?

Während sich das in Nahrungsmitteln eingebundene Selen im Körper niemals toxisch (giftig) anreichert, ist bei Selen in Tablettenform Vorsicht geboten. Überdosierungen (ab ca. 800 Mikrogramm pro Tag) können zu Vergiftungserscheinungen mit folgenden Symptomen führen: Übelkeit, Erbrechen, unangenehmem Hautgeruch, Mundgeruch, sprödem Haar oder beginnendem Haarausfall, brüchigen Nägeln und ständiger Müdigkeit.

Wofür Selen besonders gebraucht wird

- Herzfunktion
- Kreislauf
- Konzentrationsfähigkeit
- Heilung und Regeneration
- Wachstum
- Sehschärfe
- Jugendlichkeit
- Zellatmung
- Zeugungsfähigkeit
- Immunschutz

Der Spurenelemente-Check-up

FEHLT MIR SELEN?

- ☐ Leiden Sie häufig unter Infektionen?
- ☐ Ändert sich die Sehschärfe Ihrer Augen von Zeit zu Zeit?
- ☐ Haben Sie manchmal Herz-Kreislauf-Probleme?
- ☐ Heilen bei Ihnen kleine Riss-, Schürf- und Schnittwunden schlecht?
- ☐ Fühlen Sie sich körperlich nicht fit, vital, dynamisch genug?

Bei ein oder zwei Kreuzchen könnte ein Selenmangel Mitschuld an Ihren Symptomen haben. Bei drei oder vier Ja-Antworten sollten Sie sich selenreiche Melasse oder Bierhefe (im Reformhaus oder im Bioladen erhältlich) als Nahrungsergänzung besorgen. Wenn Sie fünfmal mit Ja geantwortet haben, ist Ihre Ernährung nicht optimal – oder Sie sind zu starkem Stress unterworfen. Also: Stress abbauen und selenreicher essen.

Gesundheitstipp

Empfehlenswert für den Aufbau eines kräftigen und stabilen Immunsystems ist die Einnahme von so genannten Antioxidanzienpräparaten über einen Zeitraum von ca. 30 Tagen. Solche Mitte bekommt man im Reformhaus; es enthält neben dem Spurenelement Selen noch die Vitamine A, C und E.

Natürliche Selenvorkommen

Selenreich sind insbesondere Vollkornprodukte, Getreide, Leber und Nieren, Muskelfleisch, Fisch, Milchprodukte sowie Bierhefe.

Der Selengehalt in Getreide ist davon abhängig, wie hoch der Anteil dieses Spurenelements im Erdreich ist. In einer chinesischen Studie schwankte der Selenanteil zwischen 0,005 und 8,1 Mikrogramm pro Gramm Getreide. Die Ackerböden in Europa sind relativ arm an Selen, vor allem in den Mittelgebirgen oder den Alpen, wo Gletscher und Regen im Lauf der Zeit einen großen Anteil der Spurenelemente aus dem Boden gewaschen haben.

Weitere Gründe für den herrschenden Mangel an Selen im Mutterboden sind der über viele Jahre praktizierte einseitige Getreideanbau in Monokulturen sowie der oft unüberlegte und maßlose Einsatz von chemischem Dünger.

Bei tierischen Nahrungsmitteln schwanken die Selenwerte nur geringfügig, weil der tierische Stoffwechsel durch einen Kontrollmechanismus für die nötige Balance in seinen Nährstoffwerten sorgt.

Selen wird (wie die meisten anderen Spurenelemente auch) leicht ausgekocht. Deshalb sollte man Speisen möglichst schonend zubereiten und lange Kochzeiten bei starker Hitze vermeiden!

Der tägliche Bedarf

Der Körper eines Erwachsenen ist ausreichend mit Selen versorgt, wenn man täglich zwischen 50 und 200 Mikrogramm zu sich nimmt. Auch Schwangere und stillende Mütter müssen nicht mehr von diesem Spurenelement zuführen.

Warnsymptome

Selenmangel kann folgende Beschwerden verursachen:

- Erhöhte Infektionsanfälligkeit
- Mangel an geistiger Frische
- Sehstörungen
- Alterserscheinungen
- Herzfunktionsstörungen
- Hautblässe und Haarausfall
- Brüchige Nägel
- Muskelbeschwerden
- Gelenkbeschwerden

In diesen Lebensmitteln ist Selen enthalten

Lebensmittel	Mikrogramm (je 100 Gramm)
Steinpilze	100
Fisch	20–140
Hummer	130
Eiernudeln	66
Kalbsleber	35–60
Kohlrabi	50
Naturreis	40
Fleisch	10–35
Knoblauch	20
Vollkornbrot	10–20

In Norddeutschland sehr beliebt

Seehecht mit Zuckerschoten

Zutaten für 4 Personen

4 Schalotten • 2 Knoblauchzehen • 2 EL Olivenöl • 1 kleiner Bund Petersilie • 4 Scheiben Seehecht • Salz, Pfeffer • 1/2 Tasse Fischsud • 1/2 Glas trockener Weißwein (z. B. weißer Bordeaux)
2 EL Sahne • 1 EL Mehl
200 g Zuckerschoten

Zubereitung

1 Die Schalotten abziehen und sehr fein würfeln. Den Knoblauch durch eine Presse drücken und mit den Schalotten in Olivenöl leicht andünsten.
2 Die Petersilie fein wiegen und 2/3 davon hinzufügen.
3 Die Seehechtscheiben dazugeben, auf beiden Seiten 2 bis 3 Minuten vorsichtig anbraten. Aus der Pfanne herausnehmen, mit Salz und Pfeffer würzen und warm stellen.
4 Fischsud mit dem Wein zu den Schalotten gießen und bei mittelstarker Hitze unter ständigem Rühren so lange kochen lassen, bis die Sauce etwas eingedickt ist.
5 Sahne und Mehl verrühren, zur Sauce hinzugeben und weitere 10 Minuten kochen lassen.
6 Mit etwas Salz und Pfeffer abschmecken, den Fisch in die Sauce legen und dort ca. 5 Minuten bei schwacher Hitze ziehen lassen.
7 Die gewaschenen Zuckerschoten kurz blanchieren.
8 Den Seehecht und die bissfesten Zuckerschoten auf Tellern anrichten, mit der Sauce übergießen und mit der übrigen Petersilie garnieren.

Tipp
Zu Fischgerichten passen generell würzig-pikante Saucen mit Knoblauch.

Kupfer – Schaltstelle im Energiestoffwechsel

Das aus der Kakaofrucht gewonnene Kakaopulver enthält neben anderen Spurenelementen auch viel Kupfer.

Als einzelnes Element in unserem Körper ist Kupfer wirkungslos. In Verbindung mit bestimmten Eiweißstoffen jedoch sorgt das Spurenelement für wichtige Stoffwechselreaktionen. So greift es als Teil eines Transportmoleküls bereits außerhalb der Zellen Sauerstoffradikale an. Zusammen mit dem Spurenelement Zink bekämpft Kupfer freie Radikale auch im Inneren der Zellen. Das zuvor erwähnte, mit Kupfer angereicherte Transportmolekül befördert Eisenteilchen ins Rückenmark. Dort ist Eisen maßgeblich an der Produktion der Erythrozyten, der roten Blutkörperchen, beteiligt.

Äußere Schönheit

Die Bindegewebezellen scheiden ein Kupferprotein aus, welches Kollagen- und Elastinfasern miteinander verknüpft. Auf diese Weise sorgt Kupfer für die elastische Festigkeit der Blutgefäße. Das Farbpigment, das unter Einwirkung von Sonnenstrahlen die Bräunung der Haut verursacht, wird ebenfalls durch ein Kupferenzym gesteuert.

Außerdem ist Kupfer im Körper am Abbau überschüssiger Hormone, wie z. B. Histamin, beteiligt. Der Eiweißstoff Histamin erzeugt lästige Schwellungen und Rötungen bei Entzündungen.

Kupfer für Zufriedenheit und Begeisterung

Lebensfreude, Euphorie und Glück sind einfachste biochemische Vorgänge, aufgebaut auf Enzymen und Eiweiß. Der Nervenreizstoff Dopamin ist dafür zuständig, heitere und harmonische Stimmungen zu erzeugen. Gleichzeitig stellt Dopamin auch die Vorstufe von Noradrenalin dar. Dieses Hormon sorgt im Stoffwechsel für Glücksgefühle und optimistische Begeisterung. Die Umwandlung von Dopamin in Noradrenalin erfordert ein Enzym, das

Pilze gehören nicht nur zu den köstlichsten Genüssen des Herbstes, sie sind auch hervorragende Kupferlieferanten.

Nussschokolade schmeckt nicht nur gut, sie beeinflusst auch das Nervensystem in günstiger Weise.

mindestens zwei, wahrscheinlich aber sogar acht Kupferatome enthält. Dasselbe Enzym wirkt auch an der Herstellung des wichtigen Stresshormons Adrenalin mit.

Beeinflussung der Nerven

Abhängig von der Höhe seiner Konzentration kann Kupfer den Nerven nützlich sein oder diesen auch Schaden zufügen. Das Spurenelement ist beispielsweise aktiv an Aufbau und Erneuerung der Myelinschicht der Nervenzellen beteiligt. Von entscheidender Bedeutung für das Funtionieren des Nervensystems ist der Feuchtigkeitsgrad dieser Zellschutzschicht. Auch hierfür ist ein Kupferenzym mitverantwortlich.

Wenn dem Körper über längere Zeit kein Kupfer zugeführt wird, verdünnen sich die Schutzschichten aller Nervenzellen. Dadurch besteht die Gefahr von Nervenentzündungen oder auch von Gewebetod im Nervengewebe. Aus diesem Grund sollte man die Kupferversorgung nicht auf die leichte Schulter nehmen und den täglichen Speiseplan auf der Grundlage natürlicher und gesunder Nahrungsmittel aufbauen.

Der Spurenelemente-Check-up

FEHLT MIR KUPFER?

- ☐ Fehlen Ihnen Optimismus, Schwung und Tatkraft?
- ☐ Haben Sie oft entzündliche Hauterscheinungen?
- ☐ Sind Sie oft so gereizt, dass Sie an die Decke springen könnten?
- ☐ Leiden Sie phasenweise unter Muskelschwäche?
- ☐ Haben Sie manchmal das Gefühl, dass Ihnen Ihre Muskeln nicht richtig gehorchen?

Kupfermangel ist vergleichsweise selten, auch nicht leicht zu diagnostizieren. Trotzdem: Bei ein- bis zweimal Ja könnten Sie zu den Betroffenen zählen, denen dieses Spurenelement fehlt. Haben Sie drei- bis viermal Ja gesagt, spricht viel dafür, dass Sie Ihre Nahrung auf kupferreiche Getreideprodukte, Naturreis und Grüngemüse umstellen sollten. Fünfmal mit Ja geantwortet, sollten Sie zusätzlich Melasse oder Bierhefe als Nahrungsergänzung einnehmen. Möglicherweise bessern sich dann Ihre Beschwerden.

Wofür Kupfer besonders gebraucht wird

- Stressbewältigung
- Haar- und Hautfarbe
- Für den Eisenstoffwechsel und dadurch für die Produktion roter Blut-

körperchen und des Blutfarbstoffs Hämoglobin, der den lebenswichtigen Sauerstoff zu den Körperzellen transportiert (siehe Kapitel »Eisen«)

Schadet zu viel Kupfer?

Das Spurenelement kann sich in den Gehirnzellen festsetzen und – je nach Konzentration – zu nervösen Störungen, psychischen Beschwerden und zu Erbrechen führen.

Gesundheitstipp

Am meisten Kupfer enthalten Schaltiere, Nüsse, Samen (z.B. auch Kakao), Gemüse, Leber und Nieren, Getreide und Naturreis. Auch Avocados, Melasse und Bierhefe verfügen über einen relativ hohen Anteil an diesem Spurenelement.

Warnsymptome

Kupfermangel kann folgende Beschwerden verursachen:

- Allgemeine Schwächezustände
- Negative Stimmungslage
- Frühzeitiges Ergrauen der Haare
- Neigung zu Hautentzündungen
- Atembeschwerden

Der tägliche Bedarf

Der Organismus ist ausreichend mit Kupfer versorgt, wenn man täglich 1,5 bis 3 Milligramm Kupfer mit der Nahrung zu sich nimmt.

In diesen Lebensmitteln ist Kupfer enthalten

Lebensmittel	Milligramm (je 100 Gramm)
Leber	3,6 – 7,6
Kokosnuss	0,3 – 7,0
Kakaopulver	3,9
Austern	1,2 – 3,7
Nüsse	0,3 – 3,7
Bierhefe, getrocknet	3,3
Schokolade	1,1 – 2,7
Weizenkeime	0,95
Pilze	0,2 – 1,0
Vollkornprodukte	0,5
Fleisch	0,04 – 0,6
Obst	0,03 – 0,8

Genuss auf die leichte Art

Apfeltiramisu

Zutaten für 6 Personen

150 g Löffelbiskuits • 2 EL Calvados • 4 EL Apfelsaft • 1 saurer Apfel • 1 kleines Glas Apfelmus
250 g Magerquark • 250 g Frischkäsezubereitung (Halbfettstufe)
1/8 l fettarme Milch • 1 EL Honig
Kakao zum Bestreuen

Zubereitung

1 Eine haushaltsübliche Auflaufform mit den Löffelbiskuits auslegen.
2 Die Biskuits mit Calvados und Apfelsaft beträufeln und das Apfelmus darauf verteilen. Den Apfel auf der groben Raffel reiben und die Raspeln mit dem Apfelmus vermischen. Dadurch wird das Tiramisu noch saftiger.
3 Den Magerquark und die Frischkäsezubereitung in einer Schüssel mit dem Handrührgerät aufschlagen, die Milch und den Honig dazugeben.
4 Die Quarkcreme über dem Apfelmus verteilen. Das fertige Tiramisu kühl stellen und einige Stunden gut durchziehen lassen.
5 Ca. 10 Zentimeter große, quadratische Stücke zurechtschneiden, auf Teller verteilen und mit Kakaopulver bestreuen.

Tipp

Apfeltiramisu eignet sich als Dessert nach deftigen Gerichten. Zusammen mit einer Tasse Kaffee oder Tee bietet sich diese Süßspeise aber auch als Leckerei für zwischendurch an.

Fluor – Stabilisator von Knochen und Zähnen

Tee wird überwiegend aus Asien importiert. Der hohe Fluorgehalt in schwarzem Tee sorgt für Festigkeit der Zahnsubstanz.

Das Element Fluor ist nur in Form seiner Salze, der Fluoride, wirksam. Im Körper sorgt es für Stabilität von Knochen und Zähnen und steigert somit die Festigkeit der Zahnsubstanz. Weil Fluorid die Ansammlung von Bakterien im Mund- und Rachenraum verhindert, kommt diesem Spurenelement auch eine besondere Bedeutung für die Kariesprophylaxe zu. Außerdem spielen Fluoride für Frauen nach der Menopause eine wichtige Rolle bei der Vorbeugung von Osteoporose, dem Knochenschwund. Sie verbessern die Eisenaufnahme in der Schwangerschaft und beeinflussen die Bildung und das Wachstum von Muskeln, Haut und Haaren.

Warnsymptome

Ein Mangel an Fluor kann, abhängig von der übrigen Ernährung, zu schweren Zahnschäden führen. Auf Dauer verlieren die Knochen ihre Festigkeit, was zu komplizierten Brüchen führen kann.

Schadet zu viel Fluor?

Eine Überdosierung wird durch Flecken auf den Zähnen – Dentalfluorose genannt – sichtbar. Sehr hohe Fluorkonzentrationen im Körper können zu Knochenverformungen, Verkalkung der Gelenkkapseln und sogar Verkrüppelung führen. Außerdem verschlechtert zu viel Fluorid die Jod- und Chloraufnahme und beeinflusst dadurch das sensible Zusammenspiel von Hormonen und Enzymen. Extreme Fluoridkonzentrationen führen außerdem zu Übelkeit und Erbrechen.

Gesundheitstipp

Um sicherzugehen, dass man genügend Fluorid mit der Nahrung zu sich nimmt, sollte man stets jodiertes Speisesalz verwenden. Reich an Fluorid sind auch Fische, Käse, schwarzer Tee sowie Fleisch.

Der tägliche Bedarf

Der Körper ist ausreichend mit Fluorid versorgt, wenn man täglich ein Milligramm zu sich nimmt. Schwangere bzw. stillende Mütter benötigen nicht mehr von diesem wichtigen Spurenelement.

Kobalt – Kern eines Vitamins

Kobalt ist ein sehr seltenes Schwermetall und hat für den Stoffwechsel lediglich als Bestandteil von Vitamin B12 (Kobalamin) eine Bedeutung. Als solcher ist es unersetzlich für die Produktion roter Blutkörperchen und für die Aktivierung von Enzymen. Vitaminunabhängiges Kobalt spielt wahrscheinlich auch bei anderen Stoffwechselprozessen eine Rolle. Dies wurde jedoch noch nicht eindeutig nachgewiesen.

Warnsymptome

Ein Mangel an Kobalt ist verbunden mit einem Vitamin-B12-Mangel. Dies kann zu den unterschiedlichsten Erkrankungen führen: von Blutarmut, mangelhafter Magensäurebildung, nervösen Störungen bis hin zu schweren Lähmungserscheinungen.

Schadet zu viel Kobalt?

Zu hohe Kobaltkonzentrationen können zu einer Vergrößerung der Schilddrüse und damit zu einem Kropf führen. Außerdem können Herzfunktionsstörungen, Müdigkeit, Blässe, Durchfall, eine erhöhte Produktion roter Blutkörperchen sowie Taubheit in Fingern und Füßen auftreten. Solche Vergiftungserscheinungen, verursacht durch Kobalt, sind jedoch äußerst selten.

Gesundheitstipp

Gute Kobalt- bzw. Vitamin-B12-Quellen sind Leber, Herz, Nieren und Hirn, außerdem Austern, Fische, Käse, auch andere Milchprodukte und Fleisch. Eine ausgezeichnete und generell empfehlenswerte Zusatznahrung ist Bierhefe. Eine gesunde, eiweißreiche Kost aus naturbelassenen Lebensmitteln und der Verzicht auf große Mengen Alkohol sind die besten Voraussetzungen für eine ausreichende Vitamin-B12- und damit Kobaltversorgung.

Der tägliche Bedarf

Der menschliche Körper benötigt täglich etwa drei Mikrogramm Vitamin B12. Schwangere sollten 3,5, stillende Mütter täglich vier Mikrogramm Vitamin B12 mit der Nahrung zu sich nehmen. Da Kobalt nur in verschwindend geringen Mengen benötigt wird, liegen hier keine genauen Angaben über die tägliche Aufnahme vor.

Kobalt kommt hauptsächlich in tierischen Lebensmitteln vor. Aber auch Erbsen und Möhren enthalten dieses Spurenelement.

Silizium – Festigkeit für das Bindegewebe

Nach Sauerstoff ist das Halbmetall Silizium das in der Natur am meisten verbreitete Element. Vom Körper wird Silizium in Form von Kieselsäuresalzen mit der Nahrung aufgenommen. Als wesentlicher Bestandteil des Bindegewebes sorgt Silizium dafür, dass die Fasern unserer Haut elastisch und reißfest sind und dies auch bleiben. Auch für die Neubildung von kräftigen Haaren und für die Gesundheit unserer Knochen wird Silizium benötigt. Mit Hilfe des Spurenelements wird das Gehirn von schädlichen Schwermetallen, z. B. Aluminium, entgiftet. Dadurch trägt Silizium zur Stärkung des Immunsystems bei. Obendrein sorgt das Mineral für kerngesunde und feste Zellwände – zur Vorbeugung der Arteriosklerose, einer gefährlichen Verkalkung der Arterien.

Warnsymptome

Hauterkrankungen, Schwächungen des Bindegewebes, Wachstumsstörungen, Osteoporose, Haarausfall, brüchige Fingernägel sowie eine Neigung zu Karies können auf einen Mangel an Silizium hindeuten.

Schadet zu viel Silizium?

Unerwünschte Symptome, die auf eine zu hohe Kieselsäurezufuhr und damit zu viel Silizium zurückzuführen sind, wurden bislang noch nicht beobachtet. Ein Überschuss an Kieselsäure wird schnell über den Urin ausgeschieden.

Gesundheitstipp

Pflanzliche Nahrungsmittel und Mineralwässer sind hervorragende Siliziumquellen. Auch sollte man regelmäßig Vollkornprodukte zu sich nehmen. Fleisch, Milch und Käse enthalten nur sehr wenig von diesem Spurenelement.

Der tägliche Bedarf

Der Körper ist ausreichend mit Silizium versorgt, wenn man täglich 20 bis 30 Milligramm mit der Nahrung zu sich nimmt. Schwangere bzw. stillende Mütter benötigen nicht mehr von diesem Spurenelement.

Roh geraspelt, mit Balsamicoessig, Olivenöl und frisch gemahlenem Pfeffer angemacht, ist die siliziumreiche Rote Bete eine Delikatesse.

Nickel – Grundsubstanz vieler Enzyme

Gerade Hochleistungssportler benötigen für ihren Stoffwechsel viel Energie und sollten daher auf eine ausreichende Nickelzufuhr achten.

Nickel ist ein kontaktfreudiges Mineral, das mit sehr vielen Biostoffen wie z. B. Eiweißbausteinen und Proteinen eine Verbindung eingeht. Das Spurenelement hilft bei der Aktivierung des Kohlenhydratstoffwechsels und des Energiehaushalts. Außerdem verstärkt Nickel die Wirkung einiger lebenswichtiger Hormone, z. B. die von Insulin (Hormon zur Senkung des Blutzuckerspiegels) und Vasopressin (Hormon zur Blutdrucksenkung). Die Wirkung des Stresshormons Adrenalin dagegen wird durch Nickel vermindert. Nicht zuletzt unterstützt das Spurenelement die Eisenaufnahme und -verwertung im Körper.

Warnsymptome

Bei lang anhaltender und einseitiger Fehlernährung (viel Fleisch, Teigwaren, Weißbrot, Kuchen, Süßigkeiten etc.) kann sich die Absorption von Nickel rapide verschlechtern. Dies führt zu einer verminderten Eisenverwertung und damit u. a. zu Blutarmut, Verdauungsstörungen, Müdigkeit und Herzschwäche.

Schadet zu viel Nickel?

Gesundheitliche Schäden durch ein ernährungsbedingtes Zuviel an Nickel sind nicht bekannt. Allerdings reagieren viele Menschen auf nickelhaltige Materialien (z. B. Modeschmuck) allergisch. Dies äußert sich in Form von Hautausschlägen und Juckreiz auf der Haut. Die allergische Reaktion kann auftreten, nachdem man mit nickelhaltigen Gegenständen in Kontakt gekommen ist, aber auch nach dem Verzehr von nickelhaltigen Lebensmitteln.

Gesundheitstipp

Sojabohnen, Kakao, Bierhefe, Getreide und Gemüse sind reich an Nickel. Der beste Garant für eine angemessene Nickelzufuhr ist eine abwechslungsreiche Ernährung. Nickelallergiker sollten auf Lebensmittel aus Konservendosen verzichten und anstelle von Leitungswasser lieber Mineralwasser trinken.

Der tägliche Bedarf

Der genaue Bedarf an Nickel für den Menschen ist nicht bekannt. Mit der Nahrung werden täglich zwischen 200 und 900 Mikrogramm aufgenommen, was gemeinhin als ausreichend betrachtet wird.

Bor – Schaltzentrale für Mineralstoffe

Das Spurenelement Bor beherrscht, obwohl nur in geringen Konzentrationen im Körper vorhanden, wichtige Stoffwechselprozesse. Es konzentriert sich hauptsächlich in den Knochen, aber auch in Milz und Schilddrüse ist es zu finden. Die Hauptaufgabe von Bor besteht in Aufbau, Erhalt und der Festigung der Knochensubstanz. Außerdem erhöht und stabilisiert das Mineral die Östrogenwerte und hat Einfluss auf die Tätigkeit von Enzymen sowie auf die Bildung wichtiger Eiweißstoffe aus Nukleinsäuren.

Warnsymptome

Ein Mangel an Bor kann dazu führen, dass wichtige Mineralstoffe wie beispielsweise Kalzium, Phosphor und Magnesium vom Körper nicht mehr ausreichend verwertet werden können. Dies wiederum kann über längere Zeit zu einer allgemeinen Überreiztheit von Nerven und Muskeln (bis hin zu Muskel- und Wadenkrämpfen), außerdem zu verstärktem Haarausfall, Gelenkschmerzen, Knochenschäden, in schweren Fällen sogar auch zu Osteoporose führen.

In Maßen genießen: Mit einem Glas Rotwein kann man dem Stoffwechsel die nötige Menge Bor zuführen.

Schadet zu viel Bor?

Gesundheitliche Schäden, die auf ein Zuviel an Bor zurückzuführen sind, wurden bislang nicht beobachtet. Ähnlich wie bei den meisten anderen Mineralien werden zu hohe Konzentrationen dieses Spurenelements schnell wieder über den Urin aus dem Körper ausgeschieden.

Gesundheitstipp

Besonders reich an Bor sind Früchte (mit Ausnahme von Zitrusfrüchten wie Zitronen oder Orangen), aber auch Blattgemüse, Nüsse und Hülsenfrüchte. Auch in Wein und Bier ist viel Bor enthalten, in tierischen Lebensmitteln hingegen nur wenig. Den für den Stoffwechsel nötigen Bedarf an Bor deckt man problemlos durch eine gesunde obst- und gemüsereiche Kost.

Der tägliche Bedarf

Der Körper ist ausreichend mit Bor versorgt, wenn man täglich ein bis sieben Milligramm mit der Nahrung zu sich nimmt. Schwangere bzw. stillende Mütter sollten sieben Milligramm pro Tag anstreben, um einer erhöhten Ausscheidung von Kalzium über den Urin und damit einem Kalziummangel vorzubeugen.

Molybdän – Bindeglied im Stoffwechsel

Obwohl Molybdän in unserem Körper nur in verschwindend geringen Mengen vorhanden ist (ca. 0,2 Milligramm im gesamten Körper), ist es ein wichtiges Bindeglied für andere Spurenelemente. Eisen z. B. kann ohne das Vorhandensein von Molybdän vom Körper nicht ausreichend verwertet werden. Außerdem ist dieses seltene Spurenelement wichtiger Bestandteil mehrerer Enzyme für die Schwefelverwertung, den Purinstoffwechsel (wichtig für den Abbau der Harnsäure) sowie für den reibungslosen Ablauf von Energieprozessen in den Zellen. Mit Hilfe von Molybdän werden essenzielle Enzyme aktiviert, z. B. die Xanthinoxidase. Dieses Enzym sorgt für die wichtige Entgiftung der Nieren.

Warnsymptome

Folgende Symptome können auf einen Molybdänmangel hindeuten: schlechtes Allgemeinbefinden, Herzjagen, gesteigerte Atemfrequenz, Nachtblindheit sowie übertriebene nervliche Erregbarkeit.

Schadet zu viel Molybdän?

Besonders hohe Molybdänkonzentrationen im Körper können unter Umständen zu Gicht führen. Damit einhergehend treten Schmerzen in Knie-, Fuß- und Handgelenken auf.

Gesundheitstipp

Getreidekörner, Hülsenfrüchte, Weizenkeime, Milchprodukte, Bierhefe und Melasse sind gute Molybdänspender. Auf Dosen-, Mikrowellen- und Fertiggerichte sollte man möglichst verzichten, da derlei Nahrungsmittel so gut wie keine Spurenelemente und Vitamine enthalten.

Der tägliche Bedarf

Mit der Nahrung führt man dem Körper täglich 70 bis 100 Mikrogramm Molybdän zu. Wissenschaftler gehen davon aus, dass dieser Wert auch dem täglichen Bedarf an diesem Mineral entspricht.

Außer in Vollkorn und Naturreis ist Molybdän besonders reichlich in Käse enthalten.

Vanadium – Wachstum für Knochen und Zähne

Industrielle Abgase enthalten Vanadium, das sich giftig im Körper anreichern und schwere Krankheiten auslösen kann.

Vanadium galt lange Zeit als nicht essenzielles Mineral, d. h. als für den menschlichen Organismus nicht lebensnotwendig. Mit der Entwicklung hochmoderner Blut- und Gewebeanalysemethoden jedoch stellten Biochemiker und Ernährungswissenschaftler fest, dass dieses Spurenelement aktiv an Bildung und Wachstum von Knochen, Zähnen und Knorpelgewebe beteiligt ist. Außerdem unterstützt Vanadium die Fett- und Cholesterinverwertung und trägt somit zur Kontrolle des Blutfettspiegels bei. Vanadium hilft höchstwahrscheinlich auch bei der Senkung der Blutzuckerwerte und wird eventuell in der Zukunft ein wichtiger Faktor bei der Behandlung von Diabetes mellitus sein.

Warnsymptome

Trotz der genannten Wirkungen von Vanadium liegen keine gesicherten Erkenntnisse über mögliche Mangelerscheinungen an diesem Spurenelement vor. Eine Ernährung ohne Vanadium beeinflusst jedoch mit Sicherheit die natürlichen Stoffwechselvorgänge.

Schadet zu viel Vanadium?

Größere Mengen an Vanadium vernichten wichtige Askorbate (Salze der Askorbinsäure) im Körper und können sich giftig im Nervensystem und Gehirn niederschlagen. Gefährlich sind vor allem industrielle Abfallprodukte (z. B. aus Smog), die sich toxisch im Stoffwechsel anreichern und u. a. zu Bronchitis, Kopfschmerzen, Abgeschlagenheit und Sehstörungen führen. Als Gegenmittel hat sich Vitamin C bewährt.

Gesundheitstipp

Den höchsten Vanadiumgehalt besitzen pflanzliche Öle (100 Gramm Sojabohnenöl enthalten über vier Mikrogramm). Auch Schaltiere (z. B. Muscheln, Austern und Schnecken), Fleisch, Pilze, schwarzer Pfeffer und Milchprodukte sind vanadiumreiche Lebensmittel.

Der tägliche Bedarf

Die tägliche Vanadiumaufnahme liegt zwischen 6 und 170 Mikrogramm. Mehr sollte man auch nicht zu sich nehmen, da sich höhere Konzentrationen giftig im Organismus niederschlagen können.

Lithium – Abhilfe bei Psychosen und Depressionen

Das Element Lithium lässt sich hauptsächlich in den Schutzschichten der Nervenzellen nachweisen und beeinflusst von dort die komplizierten Vorgänge im Zellinneren. Die Hauptaufgabe liegt hierbei in der Hemmung von Hormonen, z. B. Kortison, die Übererregbarkeit hervorrufen. Lithium wird überwiegend bei der Behandlung von Psychosen und Depressionen eingesetzt, weil es hormonelle Entgleisungen im Gehirnstoffwechsel positiv beeinflussen kann. Zusätzlich ist das Spurenelement am Aufbau von Stoffen beteiligt, die für die Blutgerinnung notwendig sind (weiße Blutkörperchen und Blutplättchen).

Warnsymptome

Leichte Erregbarkeit, Hektik, übertriebene Heiterkeit sowie extreme Stimmungsschwankungen können auf einen Lithiummangel hinweisen.

Schadet zu viel Lithium?

Bei Lithium besteht das große Problem, dass es zwar gerade bei Psychosen, Depressionen und anderen Geisteskrankheiten große Erfolge erzielt, andererseits jedoch die Nieren schwer belastet. Daher sollte man vor der Einnahme von lithiumhaltigen Medikamenten unbedingt den Arzt befragen!

Gesundheitstipp

Bei einer gesunden Ernährung mit viel Obst und Gemüse kann man sicher sein, auch genügend Lithium mit der Nahrung zu sich zu nehmen.

Der tägliche Bedarf

Eine ausreichende Versorgung mit Lithium gewährleistet eine tägliche Zufuhr von 0,1 Milligramm.

Für den Einklang von Körper und Psyche können Entspannungsübungen wie z. B. Yoga wahre Wunder bewirken.

Vitaminpräparate – Sinn oder Unsinn?

Vitaminpillen und Mineralstoffkapseln sind inzwischen in jedem Supermarkt erhältlich. Vernünftig eingesetzt und richtig dosiert können sie Mangelerscheinungen vorbeugen und in Zeiten stärkerer Belastung den Körper unterstützen. Wer hingegen unüberlegt zur Pillendose greift, kann seine Gesundheit damit auch schädigen.

Biostoffe aus der Schachtel

Da liegen und stehen sie – säuberlich aufgereiht in den Schubladen der Apotheken und in den Regalen der Drogerien, Supermärkte und Reformhäuser: Fläschchen, Faltschachteln, Röhrchen mit Vitamin- und Mineralstoffpräparaten. Mal als Kapseln oder in Tablettenform, dann wieder flüssig, als Dragee, als Einzelstoff oder Kombipack mit jeweils anderen Biostoffen.

Soll man sie nun kaufen oder nicht? Können sie helfen, lindern, heilen – oder sind sie eher schädlich? »Wenn Vitamine aus der Fabrik besser wären als ihre Geschwister, die in Pflanzenzellen heranreifen, dann würde die Natur Tabletten auf Bäumen und Sträuchern wachsen lassen«, sagte einmal ein US-Biochemiker zu diesem Thema.

Der Natur auf die Sprünge helfen?

Damit ist schon eigentlich alles gesagt. Die beste Versorgung des menschlichen Körpers ist immer noch eine Ernährung, die auf rein natürliche Lebensmittel baut. Trotzdem – darüber sind sich Wissenschaftler einig – können synthetische oder aus Naturprodukten gewonnene Vitamin- und Mineralstoffpräparate in bestimmten Fällen sinnvoll und hilfreich sein:

- Bei ausgeprägten Mangelerscheinungen mit Symptomen wie z. B. Müdigkeit, Konzentrationsschwäche, depressiver Stimmungslage, Hauterscheinungen, häufiger Infektionsanfälligkeit
- Wenn die Alltagskost aus beruflichen oder anderen Gründen vorwiegend aus Kantinen-, Fertig- oder Mikrowellengerichten besteht

Vitamin- und Mineralstoffpräparate sollten als ergänzendes Therapeutikum eingesetzt werden – sie sind kein Ersatz für gesunde Ernährung.

Vorsicht, Nebenwirkungen!

WANN SCHADEN DIE KLEINEN PILLEN?

- Wenn sie in höheren Dosierungen eingenommen werden, als der Beipackzettel erlaubt
- Wenn verschiedene Präparate ohne den Rat des Arztes leichtsinnig kombiniert werden
- Wenn Warnhinweise nicht beachtet werden
- Wenn Menschen statt auf eine gesunde Basiskost nur noch auf Nährstoffe aus der Apotheke setzen
- Wenn Vitamine und Mineralstoffe als extrem dosierte Dopingmittel eingenommen werden – etwa vor wichtigen Konferenzen oder sportlichen Herausforderungen

- Bei langer Bettlägerigkeit, in der Rekonvaleszenz
- In der Schwangerschaft
- Mit zunehmendem Alter als Vorbeugung gegen verschiedene Mangelerscheinungen
- Als Vorbeugung gegen Erkältungskrankheiten, z. B. in den nasskalten Herbst- und Wintermonaten
- Als Nahrungsmittelergänzung für Menschen, die viel Sport treiben bzw. körperlich oder mental unter Dauerstress stehen
- Vor wichtigen Terminen, die mit Stress verbunden sind, etwa Prüfungen, Vorstellungsgeprächen usw.
- Vorbeugend in den Tagen vor der Regelblutung
- Bei eindeutig diagnostiziertem Vitamin- bzw. Mineralstoffmangel

Krank durch Vitamine?

Freilich lauern – vor allem bei einer allzu unüberlegten Selbstmedikation – auch Gefahren, meistens wenn man die Präparate zu lange oder zu viel davon nimmt. Um die Risiken zu erkennen, muss man unterscheiden zwischen:

- Wasserlöslichen Vitaminen, zu denen die Vitamine B1, B2, B6, B12, C, Niazin, Folsäure, Biotin und Pantothensäure zählen
- Fettlöslichen Vitaminen, nämlich Vitamin A, D, E und K

Wasserlösliche Vitamine werden vom Körper ausgeschwemmt, wenn sie in zu hoher Konzentration auftreten. So »prüfen« z. B. die Nieren mit ihren Millionen Filterchen ständig, wie hoch die Dichte an diversen Nährstoffen im Blut ist. Ist ein Vitamin im Übermaß vorhanden, wird es ausgespült, bis eine physiologisch unbedenkliche Konzentration wiederhergestellt ist. Das garantiert weitgehend, dass wasserlösliche Vitamine keinen schweren körperlichen Schaden verursachen können. Deshalb dürfen Sie an einem regnerischen Novembertag ruhig mal nach Vitamin-C-Pulver (Askorbinsäure) greifen oder sich ein Vitamin-B-Kombinationspräparat kaufen. Schaden können Ihnen die Pillen allenfalls, wenn Sie sich nicht an die angegebenen Dosierungen halten.

Nur die fettlöslichen sind gefährlich

Bei fettlöslichen Vitaminen verhält es sich anders. Die können sich im Blut nicht ohne Hilfe fortbewegen,

Allemal besser als der Griff zu den Kapseln ist, sich am Vitaminlieferanten Obst zu bedienen.

Zu Risiken und Nebenwirkungen

LESEN SIE DIE PACKUNGSBEILAGE ...

- Zu viel Vitamin B1 kann zu Nebenwirkungen wie Herzjagen, Schweißausbrüchen, Juckreiz oder Atemnot führen.
- Hohe Dosen von Niazin können Juckreiz auslösen.
- Bei langfristiger Einnahme von Vitamin B6 in Form von Dragees oder Tabletten kann es zu nervösen Störungen kommen.
- Vitamin B12, in Tropfenform eingenommen, kann Allergien auslösen.
- Wer Vitamin-B-Kombinationspräparate ohne Kontrolle des Arztes in hoher Dosis einnimmt, kann Allergien, Juckreiz, Schweißausbrüche, Schlafstörungen oder Magen-Darm-Probleme bekommen.
- Vorsicht auch bei der Einnahme von Vitamin-D-Tabletten: Da kann es zu psychischen Störungen, Übelkeit, krankhaftem Durstgefühl, Herzrhythmusstörungen, vermehrtem Harndrang und Kalkablagerungen (z. B. in Gelenken und Geweben) kommen.
- Zu beachten sind auch oft unvorhersehbare Wechselwirkungen, wenn gleichzeitig andere Medikamente eingenommen werden.
- Nicht selten sind es nicht einmal die Vitamine selbst, die bei überhöhter Dosis schaden können, sondern die so genannten Hilfsstoffe, an die sie (z. B. in Tabletten oder Tropfen) gebunden sind.

Saure Früchte, wie etwa Rote Johannisbeeren, enthalten grundsätzlich mehr Vitamin C als süße Sorten.

ebensowenig wie sich z. B. ein Stück Butter in Wasser auflöst. Die Vitamine A, D, E und K binden sich deshalb an bestimmte Trägerstoffe und werden in den Zellen gespeichert. Wenn man zu viel von diesen Vitaminen einnimmt, speichern sie sich eventuell bis zu toxischen (giftigen) Werten.

Sorgfältige Kontrolle

Alle apothekenpflichtigen und frei verkäuflichen Arzneimittel bzw. auch Vitamin- und Mineralstoffpräparate werden im Verbund von Gesetzgeber, Ärzten und Industrie überwacht. Wenn Nebenwirkungen auftreten, werden sie erfasst. So kam es beispielsweise vor wenigen Jahren dazu, dass in den Beipackzettel von Vitamin-A-Pillen ein neuer Vermerk einer Gegenanzeige aufgenommen werden musste, der sowohl schwangere Frauen als auch Frauen in gebärfähigem Alter vor der möglichen Gefahr kindlicher Fehlbildungen warnen soll.

Die Dosierungsempfehlungen in Beipackzetteln sind allesamt sehr vorsichtig angegeben. Außerdem neigen die Hersteller von Mineralstoff- und Vitaminpräparaten nicht nur zu einer vernünftigen Selbstbeschränkung, die Dosierungsanwendungen sind darüber hinaus zum Schutz des Verbrauchers in so genannten Monografien vereinheitlicht. Dies macht Vitaminpräparate grundsätzlich zu den ungefährlichsten Arzneimitteln, die man kaufen

kann. Trotzdem ist nicht nur Vitamin A aus der Schachtel, sondern sind auch andere dieser natürlichen Heilstoffe mit warnenden Beschränkungshinweisen versehen.

Unbedenkliches aus der Natur

Bedient man sich hingegen in der »Apotheke Natur« und pflückt Beeren oder isst ein Bärlauchblatt, hat man die Vitamine in gesunder, unschädlicher und optimaler Zusammensetzung. Mancher Wissenschaftler hat schon geglaubt, extra darauf hinweisen zu müssen, dass der menschliche Körper schließlich auch ein Stück Natur ist und folglich Vitamine aus natürlicher Herkunft bevorzugt.

Allerdings: Ein Baum kennt – abgesehen vielleicht vom sauren Regen oder anderen Schad- und Giftstoffen – keinen unnatürlichen Stress. Wir hingegen werden oft von früh bis spät durch die Stressmühle gejagt. Die Folge: Unser Körper arbeitet oft jenseits seiner Leistungsgrenze und braucht infolgedessen mehr Nährstoffe, als er über die normale Kost erhält. Um leistungsfähig zu bleiben, holt sich der Organismus die benötigten Biostoffe nun aus dem

Eine prima Alternative

NAHRUNGSERGÄNZUNGSMITTEL

Es müssen nicht immer die isolierten Wirkstoffe der Vitamine sein (z. B. Folsäurekapseln oder Vitamin-C-Pulver). In Apotheken, Drogerien und Reformhäusern kann man auch »natürliche« Kombinationspräparate kaufen, die einen wahren Reichtum an Vitaminen und Mineralstoffen bieten.

- Bierhefe enthält nahezu alle B-Vitamine, außerdem ein Dutzend wertvoller Spurenelemente: Sie ist ein ausgezeichnetes Mittel bei starkem Stress, gegen Nervosität, Darmbeschwerden, Appetitlosigkeit und Hautbeschwerden.
- Schwarze Melasse ist der dunkle Siruprückstand bei der Zuckergewinnung. Dem weißen Industriezucker werden bei der Raffinade sämtliche Vitamine und Spurenelemente entzogen – die stecken nun in der vorzüglichen Melasse.

eigenen Gewebe, also aus körpereigenen Reserven. Sehr widerstrebend rücken Zellen ihre kostbaren Vorräte heraus – ganz besonders dann, wenn sie über das Blut tagaus, tagein ohnehin nur ein Minimum davon erhalten.

Mineralstoffe – ein empfindliches Gleichgewicht

Etliche Mineralstoffe und Spurenelemente hat die Natur in einem ganz bestimmten Mengenverhältnis in unseren Körper eingebaut. Hier gibt es Stoffe, die sich paarweise gegeneinander ausbalancieren. So sind z.B. das im Kochsalz enthaltene Natrium und das vorwiegend aus Gemüse stammende Kalium Gegenspieler im Stoffwechsel. Ein Zuviel an jeweils einem der beiden führt zu einem Ausscheiden des anderen und damit zu Mangelerscheinungen.

Wenn ein Mensch zu salzreich isst, scheidet er mit dem überschüssigen Kochsalz zu viel Kalium aus. Kommt es danach zu Herzrhythmusstörungen, gaukelt ihm die Werbung möglicherweise Kaliumkapseln oder -brausetabletten als ideales Heilmittel vor. Ein solcher unnatürlicher Ausgleich eines Ungleichgewichts aber kann gefährlich werden.

Weißer Zucker wird aus der Zuckerrohrpflanze gewonnen. Ein »Abfallprodukt« dabei ist der dunkle Sirup – die Melasse.

Sinnvoller wäre, nicht am Symptom zu kurieren, sondern das Übel an der Wurzel zu packen und den Salzkonsum zu senken. Dann wäre der Kaliumpegel auch bald wieder normal. Nicht anders verhält es sich mit der feinen Abstimmung der Mineralien Kalzium, Magnesium und Phosphor.

Die Zufuhr eines Einzelstoffs in Tablettenform ist nie ganz unbedenklich, bringt die gesunde Ausgewogenheit durcheinander. Wenn Stress und Fehlernährung zu einem Mangel an einem Stoff führen, verheißen die bunten Etiketten auf den Faltschachteln nur allzu schnell rasche Besserung. Dabei verschleiern sie vielmehr die eigentliche Ursache der Beschwerden.

Wann sollten Präparate eingenommen werden?

In dauerbelastenden Lebenslagen kann es aber ratsam sein, ein wenig nachzuhelfen. Der Griff ins Vitaminregal kann den Stoffwechsel unterstützen, dem an Biostoffen ausgehungerten Organismus zu helfen. Warnzeichen des Körpers signalisieren oft sehr deutlich, welche Dragees, Kapseln, Tabletten oder Tropfen aus dem Regal wir wählen und wohldosiert einnehmen sollten:

- Wenn man das Gefühl hat, dass eine Erkältung im Anzug ist, oder wenn nach dem Zähneputzen häufig Zahnfleischbluten auftritt, hilft Vitamin C.
- Wenn man sich schlapp und lustlos fühlt, schafft Vitamin B6 Abhilfe. Jedoch ohne sein Geschwistervitamin B2 ist Vitamin B6 nur die Hälfte wert. Also sollten Sie lieber gleich zu einem Vitamin-B-Komplex greifen.
- Wenn man schlecht sieht oder oft unter Schleimhautentzündungen leidet, braucht man Beta-Karotin.
- Wenn es um schlechte Nerven geht, sind B-Vitamine, speziell Vitamin B1 vonnöten.
- Bei allgemeinen Schwächezuständen bringt Vitamin B12 den Körper wieder auf Trab.
- Bei Leistungsschwäche, Potenzstörungen, Libidomangel, trockener, rissiger Haut und Kreislaufstörungen wird Vitamin E gebraucht.
- Bei brüchigem Haar, rissigen Fingernägeln und trockener Haut wirkt Biotin wahre Wunder.
- Bei mentalem und körperlichem Leistungsabfall, bedingt z.B. durch eine Diät oder Mangelernährung, ist ein Multivitaminpräparat angezeigt.
- Nach Krankheit, bei Bettlägerigkeit, Appetitmangel, Gewichtsverlust, Erschöpfungszuständen oder auch bei massivem Stress sollte vorübergehend ein Kombinationspräparat aus Vitaminen und Mineralstoffen eingenommen werden.

Gefahren bei der Selbstbedienung

Fitmacher oder Managermineral wird das Magnesium oft genannt – und nicht selten zusammen mit

Vitamin E als Wundermittel z. B. bei Leistungsschwäche, Muskelkrämpfen, Muskelschwäche apostrophiert. Auf Anwendungsbeschränkungen und mögliche Nebenwirkungen achten nur wenige: Nervöse Störungen, Müdigkeit, Muskelstörungen, breiiger Stuhl, Verstopfung, Blähungen, Herzprobleme und depressive Verstimmungen können die Folge sein.

Vorsicht ist auch bei Kalzium in Arzneimittelform geboten: Die Folgen bei Missbrauch können Verstopfung, Herzrhythmusstörungen, Erbrechen, Übelkeit, Blutdruckabfall, Hitzegefühl und vor allem auch Gewebeablagerungen (z. B. in den Gelenken) sein.

Grundsätzlich gilt: Eine kurzfristige Einnahme streng nach Beipackzettel kann und wird nicht schaden. Wer länger schlucken will, oder bei wem sich die Beschwerden nicht bessern, muss seinen Arzt um Rat fragen.

Küchenkräuter gedeihen auch auf der Fensterbank und dem heimischen Balkon und enthalten viele Vitamine und Mineralstoffe. Täglich ein Salat mit frischen Kräutern beugt Mangelerscheinungen vor.

Die Spurenelemente

Wer sich jahre- oder jahrzehntelang ungesund ernährt, braucht sich nicht zu wundern, wenn seinen Körperzellen Zink, Chrom, Eisen, Jod oder irgendein anderer dieser nur in Spuren vorkommenden Mineralstoffe fehlen. Sämtliche Spurenelemente in einem Menschen passen auf einen Teelöffel – trotzdem löst eine Unterversorgung oft erhebliche Komplikationen aus. Wer diesem Mangel mit Hilfe von Spurenelementen aus der Faltschachtel zu Leibe rücken will, muss allerdings Vorsicht walten lassen. So manches von ihnen führt in zu hoher Konzentration zu Befindlichkeitsstörungen, Beschwerden oder Krankheiten.

- Zu viel Eisen kann Herz, Leber und Bauchspeicheldrüse schädigen und führt bei Personen mit entsprechender genetischer Veranlagung zu ernsten Erkrankungen. Es gibt Menschen, die überschüssiges Eisen nicht aus dem Darm ausschwemmen. Es wird dann vermehrt im Gewebe eingebaut. Mögliche Folgen: graue Haut, Arthritis, Kopfschmerzen, Kurzatmigkeit, Schwindelgefühle, Gewichtsverlust, Müdigkeit.

- Zu viel Zink stört den Kupferstoffwechsel erheblich, was wiederum die Eisenverwertung im Körper hemmt – so sensibel wirken Spurenelemente im Konzert zusammen. Erste Warnsymptome sind Übelkeit, Erbrechen und Durchfall.
- Jod aus den winzigen weißen Tabletten kann besonders gefährlich sein. Wer es übertreibt und auf die Schnelle ein paar Pillen zu viel schluckt, kann die Produktion seiner Schilddrüsenhormone stören – mit möglicherweise fatalen Folgen.
- Zu hohe Kupferkonzentrationen hemmen den Zinkstoffwechsel. Es kann sich u. a. im Gehirn ablagern und zu ständiger nervöser Unruhe und anderen psychischen Störungen führen. Besonders gefährdet sind Frauen in der Schwangerschaft, deren Kupferspiegel – bedingt durch Östrogene – stark ansteigt. Dies ist übrigens Ursache dafür, dass viele Frauen nach der Entbindung so depressiv sind. Kupfer ist häufig Bestandteil von Mineralstoffkombinationspräparaten. Man bekommt es aber auch rezeptfrei in der Apotheke.
- Ein Überschuss an Mangan führt zu ungenügender Verwertung und Speicherung von Eisen – und damit zu Eisenmangelerscheinungen wie z. B. Müdigkeit, Verstopfung, Kurzatmigkeit, brüchigen Fingernägeln.
- Zu viel Selen kann zu Fieber, Atmungsschwierigkeiten, Darmstörungen, Haarausfall, Müdigkeit und sogar zu Lähmungserscheinungen führen. Vorsicht also bei diesem Spurenelement, das immer wieder mit verführerischen Verheißungen in Zeitschriften und Werbung angepriesen wird (so z. B. auch als Bestandteil eines Antioxidanzienpräparats gegen freie Radikale; es ist ebenfalls nur streng nach Angaben des Beipackzettels einzunehmen).

Insgesamt gilt bei Spurenelementen wie bei den Mineralstoffen: Kombinationspräparate sind besser als Einzelmittel – da darf man selbst im Supermarkt zugreifen. Noch empfehlenswerter: Kombipackungen aus dem Reformhaus, die neben Mineralstoffen auch Vitamine enthalten.

Gängige Vitamin- und Mineralstoffpräparate

Viele Biostoffe sind als Nahrungsergänzungsmittel inzwischen frei verkäuflich und auch im Super- oder Drogeriemarkt zu bekommen. Lassen Sie sich dennoch von Ihrem Arzt, Heilpraktiker oder Apotheker beraten, bevor Sie willkürlich zu einem Präparat greifen, das möglichst noch preiswert sein soll. Weitaus empfehlenswerter für Ihre Gesundheit sind Vitaminpillen aus dem Reformhaus. Die Inhaltsstoffe in diesen Präparaten werden aus natürlichen Substanzen gewonnen und sind somit für den Organismus leichter abbaubar. Mit synthetisch hergestellten Vitaminen belastet man das Entgiftungsorgan Leber um ein Vielfaches mehr, außerdem müssen die Stoffe dort erst abgebaut werden, bevor sie ins Blut gelangen. Wer keine Kapseln schlucken möchte, ist auch mit Vitaminsäften aus Kräutern, Obst oder Gemüse gut beraten, die ebenfalls im Reformhaus erhältlich sind.

Kombinationspräparate – eine Auswahl

In den deutschsprachigen Ländern ist eine Vielzahl von Vitamin- und Mineralstoff-Kombinationspräparaten erhältlich. Hier kann nur eine kleine Auswahl an Vitamin- und Mineralstoff-Kombinationspräparaten und -Tabletten aufgezählt werden.

Deutschland

- Mulgatol® Multivitamin Kaudragees
- Multibionta® forte N
- Multivitamin-Dragees-Pascoe®
- 9 Vitaminekomplex-ratiopharm®
- Zentramin Bastian® N

Österreich

- Magnesium-, Kalzium-, Vitamin-C-Brausetabletten
- Merz-Spezial-Dragees
- Multibionta plus Mineralien und Spurenelemente-Kapseln

Schweiz

- Allsan Multivitamin- und Mineralstoff-Dragées
- Biovital Aufbaumittel, Dragées
- Demovit Super, Brausetabletten

Fit, gesund und schön

Wirkliches Wohlbefinden ist die einzige Voraussetzung für Schönheit – nicht Idealmaße oder Modetrends. Wer sich in seiner Haut wohl fühlt, bleibt aktiver, hat mehr Freude am Leben und wird seltener krank. Um dies zu fördern, müssen Körper, Geist und Psyche gleichermaßen gepflegt werden – durch gesunde Ernährung, Bewegung, Ruhepausen und die Beschäftigung mit schönen Dingen.

Schönheit kommt von innen

Fitness, Gesundheit, Schönheit, Schlankheit: Sind das unerreichbare Eigenschaften? Werden sie dem einen in die Wiege gelegt, dem anderen aber nicht? Nein, sie sind nicht einfach angeboren. Man kann sie erwerben, denn sie sind auch Folgen des Lebensstils und vor allem ein Resultat der Ernährung.

Darüber hinaus gibt es eine ganze Sammlung unerfreulicher Erscheinungen, die man durch richtige Ernährung vermeiden kann: vorzeitige Faltenbildung, schlaffe Haut, brüchige Nägel und stumpfe Haare, schwammige Fettpolster, glanzlose Augen, bleierne Müdigkeit, Vergesslichkeit, fehlende Lebenslust.

Gesundheit, Fitness, Aussehen, Ausstrahlung und Schönheit hängen vom Zustand der kleinsten Körperbauteilchen, der Zellen, ab. Aus rund 70 Billionen solcher Zellen mit insgesamt 100 verschiedenen Zelltypen besteht der Körper. Jede einzelne dieser Zellen kann nur gesund bleiben, wenn sie richtig und ausreichend ernährt wird.

Guaven bestechen durch ihr extravagantes Aroma sowie ihren hohen Vitamin-C- und -A-Gehalt.

Gesunde Zellen – schöner Körper

Zur Bildung von Energie, zur Abwehr tödlicher Feinde wie Bakterien, Pilze und Viren, zum Schutz vor Gift- und Schadstoffen und vor freien Radikalen benötigt die Zelle ständigen Nachschub an Nähr- und Vitalstoffen. Nur wenn alle Körperzellen die nötigen Vitamine, Mineralien und Spurenelemente, Enzyme und pflanzlichen Vitalstoffe wie Flavonoide oder Saponine, ausreichend Flüssigkeit und eine ausgewogene Zufuhr an Kohlenhydraten, Eiweiß und Fettsäuren erhalten, funktionieren sie optimal.

Sie benötigen beispielsweise eine funktionstüchtige Zellmembran, das ist die für den Zugang der Nährstoffe und den Abtransport der Abfallstoffe durchlässige Außenhaut der Zelle. Sie brauchen intakte Versorgungswege über das Blutsystem und den Zwischenzellraum.

Und sie brauchen die Kraft, die sie aus den Nährstoffen schöpfen, um auftretende Schäden an der Zelle selbst zu reparieren.

Wie wichtig es ist, das Abwehrsystem durch die richtige Ernährung kräftig und aktiv zu halten, zeigt das Beispiel der freien Radikale. Das sind sehr reaktionsfreudige Molekülteile, die vor allem bei Oxidation im Körper entstehen. Jede unserer Zellen wird täglich rund 10 000-mal von solchen freien Radikalen angegrif-

Frische und knackige Sommersalate schenken vitale Frische und versorgen den Körper mit den nötigen Vitaminen.

fen. Wenn dem Immunsystem genügend Antioxidanzien, z. B. Vitamin E, Vitamin C und Beta-Karotin, eine Vorstufe von Vitamin A, sowie das Spurenelement Selen zur Verfügung stehen, hat es mit oxidativen Vorgängen keine allzu großen Probleme. Fehlen diese Hilfsstoffe aber, die nur eine gesunde Ernährung liefert, kommt es zu Schädigungen der Zellen, zu Entartungen, zu unkontrollierten Zellteilungen, im schlimmsten Fall zu Krebs.

Nahrung kann uns jung erhalten

Gewarnt sei an dieser Stelle aber vor einem unnatürlichen Jugendkult. Denn der Mensch altert am schönsten, wenn er sich auf die jeweils neue Lebensepoche einstellt. Jung gebliebene Zellen sind hier gleichbedeutend mit funktionsfähigen Zellen. Die eigentliche Schönheit wird immer noch von der inneren Haltung, den Gedanken und der Ausstrahlung geprägt und nicht von der Anzahl der Falten im Gesicht.

Dennoch gilt, dass der Zustand der Zellen das Allgemeinbefinden wesentlich beeinflusst. Wer zu viele falsche Kalorien isst, züchtet energiereiche Polster von überflüssigen Fettzellen und leidet gleichzeitig Mangel an Stoffen, die der Körper dringend benötigt. Leider stehen davon nur noch Bruchteile zur Verfügung.

Während sich dann Fettzellen an unerwünschten Körperstellen ansammeln, schwinden Knochen und Muskeln, streikt die Verdauung, lassen die Fähigkeiten von Nerven und Gehirn nach, und Schlafstörungen verhindern die nächtliche Erholungs- und Regenerationsphase des Organismus. Wer sich immer nur durch Stress- und Genussmittel wie Koffein oder Nikotin statt durch die Zufuhr dauerhaft leistungssteigernder Nährstoffe aufreizt, wird nicht nur auf Dauer müde und antriebslos; er wird auch vorzeitig altern, wird Leistungsfähigkeit und Gesundheit verlieren. Man hat also seine Vitalität weitgehend selbst in der Hand. Theoretisch könnte der Mensch 130 Jahre alt werden und dabei fit und aktiv bleiben. Wenn er sich denn auf eine ideale Weise ernähren würde.

Eiweiß, Fett und Kohlenhydrate – wie viel wovon?

Gesundes Essen muss nicht gleichbedeutend mit fadem Geschmack sein. Im Gegenteil. Eine ausgewogene Ernährungsweise darf (fast) alles enthalten, was man gerne isst. Man muss nur darauf achten, die Mengenverhältnisse im Lot zu halten.

Die Devise der neuen Essvernunft lautet: so viel Gemüse, Getreideprodukte, Kartoffeln und Nudeln Sie mögen; täglich Obst und magere Milchprodukte; aber Fleisch, Fisch und Eier nur als Beilage; schließlich so wenig Fett wie möglich, und wenn, dann das richtige Fett.

Entscheidend ist nicht nur die Zufuhr an Mineralien und Spurenelementen, wichtig ist auch, dass die Ernährung all das mitliefert, was der Körper braucht, um diese Vitalstoffe überhaupt verwerten zu können. Es wäre unsinnig, Mineralstofftabletten einzunehmen, aber schädliche Ernährungsgewohnheiten beizubehalten: Kalzium, das der Körper für den Knochenstoffwechsel wie auch für das Immunsystem, für die Nervenfunktionen sowie eine ordentliche Muskelarbeit braucht, wird vom Organismus weitgehend unverwertet wieder ausgeschieden. Es sei denn, im Körper sind gleichzeitig mehrere Faktoren gegeben: Zum einen braucht der Mensch für die Verwertung von Kalzium das Vitamin D, das durch Sonneneinstrahlung in der Haut gebildet wird. Außerdem müssen bestimmte Hormone vorhanden sein – bei Frauen ist beispielsweise Östrogen erforderlich – damit das Mineral in die Knochen eingebaut wird. Und schließlich ist im Knochen ein Belastungsreiz nötig, damit Kalziumbedarf im Körper angemeldet wird.

Ähnlich kompliziert wie die Kalziumverwertung sind viele andere chemische Prozesse im Organismus. Eine ausgewogene und gesunde Ernährung versorgt den Körper mit tausenden von Wirkstoffen, die unabdingbar sind für die optimale Funktion seiner Zellen.

Angemessene Mengen

Für die optimale Ernährung gilt eine Faustregel: Essen Sie möglichst von allem etwas. Dabei sollten die energiespendenden Sattmacher, die wertvolle Mineralstoffe und Vitamine liefern, grundsätzlich im Vordergrund stehen. Gemeint sind vitaminreiche Nahrungsmittel mit relativ geringer Energiedichte und hohem Anteil an komplexen Kohlenhydraten, also alle Gemüsesorten, von Aubergine bis Zucchini. Wichtig sind auch Getreideprodukte wie Brot, Haferflocken, Grütze oder Nudeln. Und natürlich Kartoffeln, die wertvolle Stärke und Eiweiß, aber relativ wenig Kalorien enthalten.

Fein reguliert

ZUSAMMENSETZUNG DER NAHRUNG

Generell gelten für alle Menschen, die gesund bleiben wollen, ähnliche Ernährungsempfehlungen. Demnach soll die Energiezufuhr in etwa so verteilt sein:

- 50 bis 60 Prozent Kohlenhydrate
- 30 Prozent (maximal) Fett
- 10 bis 20 Prozent Eiweiß

Mehrfachzucker bevorzugen

Vor Einfachzucker (Mono- oder Disaccharide), wie z. B. Haushalts-, Trauben-, Frucht- und Milchzucker, sollte man sich in Acht nehmen. Einfachzucker wandert sofort ins Blut, zwingt die Bauchspeicheldrüse zu einer stoßartigen Ausschüttung von Insulin, um den Zucker im Körper zu verwerten, und führt danach genau das herbei, was man eigentlich nicht will: erneutes Hungergefühl.

Zu bevorzugen sind deshalb Mehrfachzucker (komplexe Kohlenhydrate bzw. Polysaccharide). Sie bestehen aus hochmolekularer Stärke, dem Hauptbestandteil des Getreidekorns, der ebenso in Kartoffeln, Reis, Hülsenfrüchten und (etwas weniger) in Gemüse enthalten ist. Mehrfachzucker bewirken eine dauerhafte Sättigung, da sie erst allmählich vom Organismus aufgespalten werden.

Der tägliche Eiweißbedarf

Eiweiß braucht der Mensch unbedingt, aber viel weniger, als die meisten von uns glauben. Die Ernährungsforscher geben den täglichen Eiweißbedarf mit 0,8 Gramm pro Kilogramm Körpergewicht an. Also braucht ein 65 Kilogramm schwerer Mensch 52 Gramm Eiweiß pro Tag. So viel ist in 500 Gramm Erbsen oder Linsen, in 150 Gramm Sojabohnen, aber erst in sechs bis sieben Hühnereiern enthalten.

Fett nur vom Feinsten

Mit Fett sollte man ausgesprochen wählerisch sein. Was der Körper braucht, sind so genannte einfach ungesättigte Fettsäuren (z. B. in Olivenöl) und mehrfach ungesättigte Fettsäuren (reichlich in Distelöl, Leinöl, Maiskeimöl). Gesättigte Fette stecken in Kokos- oder Palmfett, in tierischen Nahrungsmitteln wie Fleisch, Wurst oder Käse sowie in fetthaltigen Backwaren (siehe Tabelle Seite 179).

Beim Einkauf von Gemüse und Salaten sollte man lieber nicht zu sehr aufs Geld schauen, wenn man möglichst frische, nicht künstlich hochgezogene und vor allem unbehandelte Produkte erhalten will.

Gesund abnehmen und schlank bleiben

Die Ursache für Übergewicht liegt eindeutig in einem Bestandteil der Nahrung, der vorrangig zu reduzieren ist, wenn man schlank und leistungsfähig werden oder bleiben will: dem Fett.

Fett ist praktisch allgegenwärtig. Es verbirgt sich in den Pommes frites ebenso wie im Sahneeis, in der Schokolade wie im Nusshörnchen, in den Käsespätzle wie im mageren Schweinebraten, im Emmentaler, im Lachs und im Hühnerei. Fleischwurst hat einen Fettanteil von 27 Gramm pro 100 Gramm – das macht allein 243 Kilokalorien aus. In 100 Gramm gekochtem Rippchen stecken 170 Kilokalorien, in 100 Gramm Camembert (mit 60 Prozent Fettgehalt) rund 200 Kilokalorien, in der gleichen Menge Nusshörnchen mehr als 150.

Nichts gegen Nusshörnchen, Lachs oder Emmentaler. Aber statt des Fettanteils im Gebäck könnte man eben auch 250 Gramm Pellkartoffeln oder 900 Gramm Auberginen, 750 Gramm grüne Paprika, ein Kilogramm Spargel und sogar mehr als ein Kilogramm Salatgurken essen, um auf die gleiche Kalorienzahl zu kommen. An diesem Beispiel sieht man am besten, worauf es bei einer nährstoffreichen, schlankheitsfördernden Kost ankommt. Nämlich nicht darauf, möglichst viele Kalorien auf geringstem Raum zu schlucken, sondern möglichst viele Vitalstoffe durch Nahrungsmittel mit mäßiger Energiedichte zu sich zu nehmen: hohe Nährstoffdichte bei niedriger Energiedichte.

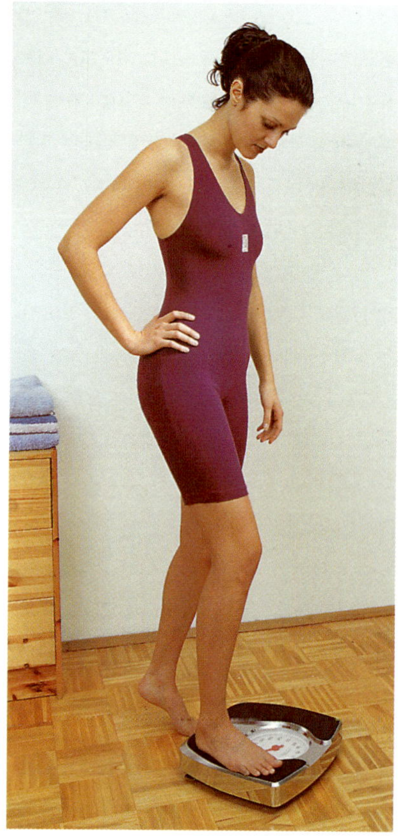

Mit Hilfe regelmäßiger, am besten einmal wöchentlicher Gewichtskontrollen kann man prüfen, ob man sich richtig ernährt.

Fein reguliert

AUF DAS KÖRPERGEWICHT ACHTEN

Der Bodymass-Index (BMI) ist ein wichtiger Anhaltspunkt zur Errechnung des Normalgewichts.

- Als BMI bezeichnet man den Quotienten aus Körpergewicht in Kilogramm und Quadrat der Körpergröße in Metern

$$\text{BMI} = \frac{\text{Gewicht}}{(\text{Größe})^2} \qquad \text{Beispiel: BMI} = \frac{70\ \text{kg}}{(1{,}70\ \text{m})^2}$$

- Wenn Sie also, wie in unserem Beispiel, 70 Kilogramm wiegen und 1,70 Meter groß sind, dann haben Sie einen BMI von 24,2. Als Normwert gilt bei Frauen ein BMI zwischen 18 und 24, bei Männern zwischen 20 und 25.

Was beliebt, macht auch beleibt

Weil der Mensch nicht gern auf alles verzichtet, was nach seiner Erfahrung und Erziehung gut schmeckt, sollte man lieber die Verzehrmengen verändern. Ganz nebenbei gesagt schmeckt Gemüse hervorragend, wenn es phantasievoll zubereitet ist, so dass der vermeintliche Verzicht schnell zum Genuss wird.

Essgewohnheiten sind schwer zu verändern. Und nach dem zweiten zutreffenden Sprichwort: »Einem alten Hund bringt man schwerlich neue Kunststücke bei«, ist es schier unmöglich, älteren Menschen Nahrungsmittel und Zubereitungsweisen schmackhaft zu machen, die sie nicht gewohnt sind. Neugier und Offenheit sind wichtige Voraussetzungen für die allmähliche Umstellung.

Auch lassen sich die Verzehrmengen ändern, weil dadurch zumindest der gewohnte Geschmack erhalten bleibt und dennoch der Gesundheitswert der Nahrung erheblich gesteigert werden kann. Damit jetzt nicht jeder anfangen muss, jeden einzelnen Nahrungsbestandteil mit der Briefwaage abzumessen, wird von zahlreichen Ernährungswissenschaftlern neuerdings die so genannte Halbpfundregel propagiert.

Die Halbpfundregel

Jeder sollte täglich je ein halbes Pfund Gemüse bzw. Salat, Obst, Brot und magere Milchprodukte (Joghurt, Quark, fettarme Milch) essen. Dagegen genügt bei Nahrungsmitteln wie Fleisch, Fisch, Wurst, Käse und Eiern jeweils die Menge von einem halben Pfund pro Woche. Wer nach dieser Devise lebt, bekommt von allen wichtigen Vitalstoffen genug, um gesund und leistungsfähig zu bleiben. Andererseits nimmt er nur so viele Kalorien zu sich, dass er sein Gewicht hält (oder sein Übergewicht allmählich reduziert).

Unbelastet und schnell zur Schlankheit

Schneller nimmt man freilich ab, wenn man vorübergehend die fettreichen Nahrungsmittel wie Fleisch, Fisch, Wurst, Käse und Eier streng rationiert. Also sollten Sie nur mageres Fleisch und fettarmen Käse (30 bis 40 % i.Tr.) wählen und fette Wurstwaren wie Salami oder Mettwurst ebenso wie fette Fische (Aal, Bückling, Heilbutt, Makrele oder gebratene Scholle) meiden. Verbannen Sie die Sahne aus der Küche, und entfernen Sie alle Fettränder am Fleisch. Und meiden Sie nach Möglichkeit die in fertigen Nahrungsmitteln versteckten Fette völlig.

Was wirklich satt macht

Zu hungern braucht bei der eben geschilderten Ernährungsweise keiner. Denn nachgewiesen ist: Fett vermag nicht zu sättigen. Das hat sich bei einer ganzen Reihe von ernährungswissenschaftlichen Studien heraus-

Verstecktes Fett im Essen

Als kleine Hilfe hier eine Tabelle mit Nahrungsmitteln, die einen hohen Gehalt an versteckten Fetten aufweisen:

Nahrungsmittel (100 g)	Fett (g)	Kilokalorien (kcal)
Mayonnaise	80,0	774
Mandeln	54,1	623
Erdnussbutter	53,5	623
Zwiebelwurst	46,1	474
Gans	42,5	430
Kartoffelchips	40,1	539
Teewurst	38,0	418
Salami	36,0	371
Schokolade	34,0	505
Nusskuchen	33,4	456
Blätterteig	33,1	450
Nuss-Nougat-Creme	31,0	540
Emmentaler	30,0	403
Bratwurst	30,0	340
Weißwurst	27,0	297
Schweizer Wurstsalat	26,4	330
Croissant	25,8	410
Bockwurst	25,3	294
Matjesfilet	22,6	285
Kartoffelpuffer	20,8	313
Popcorn	20,0	480
Thunfisch	15,5	242
Käsespätzle	14,4	274
Hamburger	14,4	267
Pizza	13,9	290
Oliven	13,9	142
Kaviar	13,5	262
Pommes frites	13,2	272
Hackfleisch gemischt	10,0	173

gestellt. Wenn man beispielsweise zwei Gruppen von Testpersonen das gleiche Essen vorsetzte, dieses in der einen Gruppe extrem fettreich, in der anderen Gruppe sehr fettarm zubereitete, wurden in beiden Gruppen die gleichen Mengen verzehrt, bis die Sättigung der einzelnen Probanden eintrat. Die Testpersonen mit dem fettreichen Essen hatten dann hunderte von Kilokalorien mehr aufgenommen als jene in der fettarm ernährten Gruppe.

Nachhaltig satt macht eine Ernährung, wenn sie viel Gemüse, Kartoffeln, Hülsenfrüchte, Brot, Salat, Obst, Nudeln oder Reis enthält. Sättigend wirkt auch tierisches Eiweiß, doch dieses sollte man mit Rücksicht auf unseren überlasteten Stoffwechsel sehr stark reduzieren.

Die Menschen in den Mittelmeerländern Italien, Spanien und Griechenland ernähren sich bekanntlich gesund und haben dennoch Probleme mit dem Übergewicht. Der Grund: Sie tafeln grundsätzlich am späten Abend. Und das macht dick.

Frühstücken wie ein König

Wer gerne kräftig frühstückt, sollte sich dies nicht abgewöhnen. Denn morgens kann man tüchtig essen, ohne befürchten zu müssen, dass man zunimmt. Wer dagegen die gleiche Menge am späten Abend verzehrt, setzt unweigerlich Pfunde an. Die schwere Mahlzeit am Abend unterdrückt nämlich die Bildung von bestimmten Hormonen, die Einfluss auf die Verdauung und die Verbrennung von Energie im Körper nehmen. Das Wachstumshormon Somatropin, das Melatonin und das Hormon Dehydroepiandrosteron (DHEA) gehören zu dieser Gruppe. Diese Hormone senken die Körpertemperatur ab und bremsen den Stoffwechsel. Die Kalorien werden nicht verwertet, sondern auf die Fettdepots abgeschoben.

Wenn die späte Mahlzeit auch noch besonders fetthaltig war, stellt sie einen wahren Wachstumsschub für die Fettpolster am Körper dar. Denn für diesen Arbeitsvorgang, also um Fett aus den Nahrungsmitteln in Körperfett umzuwandeln, werden nur drei Prozent der aufgenommenen Fettkalorien benötigt. Isst der Mensch jedoch Eiweiß oder Kohlen-

Es muss nicht immer ein Stück Sahnetorte sein – Vollkornkuchen sind gesünder.

hydrate im Übermaß, muss fast ein Viertel (exakt: 23 Prozent) der aufgenommenen Kalorien als Arbeitsenergie herhalten, um diese Kalorienüberschüsse in Körperfett umzuwandeln.

Brokkoli hat mehr Eiweiß als Milch

Auf dem Weg zum gesunden Gewicht gilt: Je höher der Anteil an Kohlenhydraten, desto nachhaltiger der Erfolg. Der Eiweißbedarf sollte in dieser Phase überwiegend aus pflanzlichen Eiweißquellen gedeckt werden, weil tierisches Eiweiß die Säurebildung fördert. Dadurch wird Wasser im Körper festgehalten, statt ausgeschieden zu werden und dabei den Organismus zu entgiften.

Wählen Sie nach Möglichkeit Nahrungsmittel aus der nebenstehenden Tabelle. Sie zeigt nämlich, dass etwa Getreideprodukte fast so viel Eiweiß liefern wie ein Entenbraten und Brokkoli genau so viel wie Milch. Auch liefern die pflanzlichen Nahrungsmittel wie Hülsenfrüchte neben Eiweiß auch hochwertige Kohlenhydrate und einen hohen Anteil an Ballaststoffen, die für die Verdauung sehr wichtig sind.

Milch und Käse gehören zwar zu den tierischen Nahrungsmitteln, aber sie sind in dieser Gruppe die Ausnahme: Sie sollten als Eiweiß- und Mineralstofflieferanten regelmäßig neben den pflanzlichen Produkten auf dem Speisezettel stehen.

Diese Lebensmittel sind reich an pflanzlichem Eiweiß

Nahrungsmittel (100 g)	Eiweiß (g)	Fett (g)	Kohlenhydrate (g)	Ballaststoffe (g)	Kalorien (kcal)
Sojabohnen	35,9	18,6	15,8	15,7	370
Bohnen, weiß	23,5	1,6	54,0	8,2	300
Linsen	23,5	1,4	52,0	10,6	325
Erbsen, gelb	22,0	1,4	56,0	16,0	342
Kichererbsen	19,8	3,4	48,6	10,7	314
Ente	18,1	17,2	–	–	227
Vollkornnudeln	12,6	3,6	59,9	8,8	342
Hafer	11,7	7,1	59,8	5,6	358
Weizen	11,7	2,0	61,0	10,3	316
Roggen	8,8	1,7	60,7	13,2	299
Mais	3,5	3,8	21,0	9,2	110
Tofu (Sojaquark)	8,1	4,2	0,7	0,3	73
Naturreis	7,2	2,2	73,4	2,9	347
Rosenkohl	4,5	0,3	3,8	4,4	35
Brokkoli	3,3	0,2	2,8	3,0	26
Milch	3,3	3,5	4,8	–	64

Wissenschaftler haben festgestellt, dass der Mensch das Kalzium aus Milchprodukten besser aufnehmen kann als aus anderen Kalziumquellen. Man geht davon aus, dass die enzymatische Reifung, die diese Milchprodukte durchlaufen, deren Inhaltsstoffe biologisch besser verfügbar macht.

Das Problem der Eiweißwertigkeit

Einen kleinen Nachteil hat es, wenn man sich bemüht, den täglichen Eiweißbedarf aus pflanzlichen Nahrungsmitteln zu decken: Der Bedarf liegt dabei etwas höher, als wenn man sich mit Rindfleisch, Fisch oder Eiern satt isst. Das Problem besteht in der unterschiedlichen Eiweißwertigkeit, wie Ernährungswissenschaftler das nennen. Gemeint ist damit, dass unterschiedliche Nahrungsmittel auch verschieden hochwertige Eiweiße enthalten.

In der Praxis bedeutet das: Ein etwa 70 Kilogramm schwerer Mensch braucht zur Deckung seines Tagesbedarfs an Eiweiß entweder 35 Gramm Hühnereiweiß oder aber 60 Gramm

Die Rangfolge der Eiweißwertigkeit

Eiweißwertigkeiten einzelner Nahrungsmittel bzw. von Nahrungsmittelkombinationen.

Protein aus	Wertigkeit
Ei + Kartoffeln	136
Ei + Sojaprodukten	123
Ei + Milch(produkten)	122
Milch + Weizen	110
Ei + Reis	106
Bohnen + Mais	100
Ei	100
Kartoffeln	98
Rindfleisch	91
Milch	88
Fisch	87
Sojabohnen	86
Käse	84
Reis	81
Roggenmehl	76
Bohnen, weiß oder rot	73
Mais	72
Weizenmehl	57

Eiweiß aus Weizenmehlprodukten wie Brot oder Nudeln.

- Den höchsten Eiweißstellenwert genießt das Hühnerei mit der Wertigkeit 100.
- Die zweitbeste Eiweißquelle sind erstaunlicherweise die Kartoffeln (Wertigkeit 98) – und nicht nur deshalb sind sie sehr zu empfehlen. Dennoch dürfte es schwierig werden, den Tagesbedarf an Eiweiß ausschließlich aus Kartoffeln aufzunehmen. Ein 70 Kilogramm schwerer Mann müßte zu diesem Zweck jeden Tag ungefähr drei Kilogramm Kartoffeln verdrücken.

Allerdings lässt sich die Eiweißwertigkeit durch die Kombination bestimmter Nahrungsmittel auf weit über 100 steigern, wie auch die nebenstehende Tabelle zeigt.

Wie Stress zur schlanken Figur verhilft

So seltsam es vielleicht klingen mag: Stress macht schlank. Den Satz dürfen Sie gern zweimal lesen. Da gibt es doch sicherlich einen Pferdefuß?

Stimmt. Stress ist nämlich nicht gleich Stress. Damit ist nicht die Unterscheidung zwischen krank machendem (Disstress) und gesundem (Eustress) gemeint, sondern der Unterschied zwischen rein psychisch verarbeitetem und körperlich ausgelebtem Stress.

Die erste Form (Disstress) ist bekannt: Ein Autofahrer biegt knapp vor Ihrem Kühler aus einer Einfahrt auf die Straße, dann zuckelt er mit 35 Stundenkilometern vor Ihnen her, um nach 300 Metern links abbiegen zu wollen und Ihnen die Straße zu versperren. Sind Sie dann nicht auf 180? Stoffe wie Adrenalin, Noradrenalin und Kortisol strömen ins Blut, freigesetzt von Nerven oder Nebennieren. Sie versetzen den Körper in höchste Alarmbereitschaft, sie mobilisieren alle Kräfte. Gleichzeitig werden die Fettzellen wach. Sie bereiten sich darauf vor, Kraftreserven für den Kampf auf Leben und Tod zu liefern, sobald die geringen Energiespeicher in Muskeln und Leber aufgebraucht sein werden.

Die Stresshormone leben nämlich noch in der Steinzeit, jener Epoche, in der auch die Fettzellen noch ganz andere Aufgaben hatten – als Reservekraftwerk für Zeiten der Hungersnot, der Flucht oder des Kampfes.

Erdbeeren machen nicht dick – sie bestehen fast nur aus Wasser und Biostoffen.

Die zweite Stressform (Eustress) empfinden wir als angenehm: ein Rendezvous, Lampenfieber vor einem Auftritt oder einer Rede. Entscheidend ist, dass wir bei Eustress angenehm stimuliert, aber nicht überfordert sind. Eustress ist hilfreich: Anstatt die benötigten Energien durch Nahrungsaufnahme zu decken, hilft er jetzt, die Fettdepots zu mobilisieren und abzubauen.

Fettzellen haben Öffnungszeiten

Wenn also die erwähnten Stresshormone durch die Blutgefäße strömen, wecken sie jene Fettreserven und machen sie bereit für den Einsatz. Das ist eine ganz wichtige Voraussetzung für den Schlankheitserfolg. Denn nur Fettzellen, die sich bereit machen, ihre Speicherkapazitäten abzugeben, werden auch reduziert. Sie geben ihr Fett her, falten sich zusammen und werden klein und unscheinbar.

Völlig abgebaut werden Fettzellen dabei freilich nicht. Deshalb werden Menschen, die früher einmal übergewichtig waren, so schnell wieder dick, wenn sie mehr Kalorien verzehren als sie verbrauchen. Denn ihre Fettspeicher liegen nach wie vor auf der Lauer. Bei schlanken Menschen dagegen dauert es eine ganze Zeit, bis sich überschüssige Kalorien in Körperfett verwandeln.

Wichtig ist jedoch bei einer solchen Förderung des Schlankwerdens durch Stress; dass die von Fettzellen bereitgestellten Energien auch abgerufen werden. Dafür gibt es zwei Möglichkeiten:

- Entweder man nimmt weniger Energie mit der Nahrung auf als der Körper zum Leben braucht. Dann zehrt der Organismus zwangsläufig von den Fettreserven.
- Oder man lebt das aus, was die Stresshormone einem nahelegen wollen: die Mobilisierung aller körperlichen Kräfte. Verbrauchen Sie das angebotene Fett, indem Sie Sport treiben oder körperlich und geistig arbeiten. Nutzen Sie die durch Stresshormone geregelten Öffnungszeiten der Fettzellen.

Harte körperliche Arbeit (hier ein Glockengießer) erfordert eine ausgewogene, besonders eiweißhaltige Ernährung mit einem ausreichenden Anteil an Kohlenhydraten.

Mit gesunder Ernährung die Abwehr stärken

Das Immunsystem schützt den Körper vor Krankheitserregern und schädlichen Einflüssen aus der Umwelt. Es ist ein kompliziertes Zusammenspiel von unterschiedlichsten Zellen, die Spezialaufgaben zur Abwehr von Schädlingen haben. Deshalb braucht es eine besondere Ernährung, um einwandfrei zu funktionieren. Eine ganze Menge von Hilfsstoffen versetzen es in die Lage, Krankheitskeime mit Hilfe von Enzymen zu zerschneiden, freie Radikale unschädlich zu machen bzw. die Körperzellen vor deren zerstörerischer Wirkung zu schützen.

Die tropische Mangofrucht mit ihrem unverwechselbaren Aroma bringt den gesamten Stoffwechsel auf Trab.

Frische Kräuter mit einer Vielzahl an Mineralstoffen und Vitaminen können wahre Wunder bewirken.

Eine ganze Reihe von Wirkstoffen, von Vitaminen über Spurenelemente wie Zink, Mangan und Selen bis hin zu Karotenen oder Flavonoiden müssen den Abwehrzellen dabei behilflich sein. Pflanzen bilden ihre eigenen Vitamine und Wirkstoffe, um selbst besser gegen Schädlinge gewappnet zu sein. Teilweise ist es der bittere oder herbe Geschmack dieser oft farbigen Stoffe, der Fraßschädlinge davon abhält, die Pflanze aufzufressen; teilweise sind es die Vitamine, die krank machende Oxidationsprozesse verhindern oder die helfen, verletzte Zellen wieder zu reparieren.

Hilfsstoffe für das Immunsystem

Zu den wichtigsten Helfern zählen die Vitamine A, C, E und B12 sowie das Spurenelement Selen. Mit Ausnahme von Vitamin B12 kommen diese Stoffe fast nur in Gemüsen, Salaten, Pilzen und Obstsorten vor. Vitamin B12 ist dagegen nur in tierischer Kost wie Fleisch, Milch oder Käse enthalten. Strenge Vegetarier (genauer: Veganer) leiden häufig an einem Vitamin-B12-Mangel, weil sie weder Milchprodukte noch Eier oder Fleisch essen. Dieser Mangel erhöht nicht nur die Anfälligkeit für Entzündungen, er beeinträchtigt auch den Stoffwechsel und viele Nervenfunktionen.

Man sollte öfter mal einen Salat aus Tomaten, Schnitt- und Eisbergsalat, ein paar Sojakeimen und Kichererbsen sowie Paprika und Chicorée kombinieren. Wenn man diesen Salat dann noch mit Vitamin-E-reichem Weizenkeim- oder Distelöl anmacht, ist dies für das Abwehrsystem besonders gut verwertbar.

Radikale Bedrohung

Bei allen Sauerstoff- und Wasserstoffreaktionen können sich freie Radikale bilden. Je älter und schutzloser eine Zelle ist, desto eher wird sie von freien Radikalen angegriffen und zerstört. Den Pflanzen gelang es, mit Hilfe ihrer wundersamen Farbstoffe, den Karotenen, ihre besonders schutzwürdigen Zellen sozusagen gegen freie Radikale zu panzern. Heute kennt man 500 verschiedene Karotene und mehrere Hundert Flavonoide (siehe Kapitel »Vitamin A«). Die Erforschung dieser Wirkstoffe steckt aber praktisch noch in den Kinderschuhen.

Kraft für die Krankheitsabwehr durch frische Kräuter, Obst und Gemüse

Nahrungsmittel (100 g)	Vitamin A (µg)	Vitamin C (mg)	Vitamin E (mg)	Folsäure (mg)
Löwenzahn	1300	33	2,5	–
Petersilie	7250	166	–	–
Dill	950	50	–	42
Fenchel	783	93	6,0	76
Feldsalat	650	35	0,6	22
Schnittsalat	333	10	–	22
Aprikosen	298	10	0,5	4
Chicorée	216	10	–	52
Eisbergsalat	210	3	0,4	53
Paprika	100	140	3,1	21
Honigmelone	100	25	0,3	5
Sojabohnen (Tofu)	95	118,5	13,3	230
Pfirsiche	73	10	0,6	5
Bohnen, grün	60	19	0,1	44
Klementinen	57	32	–	33
Rosenkohl	55	102	0,9	78
Bananen	38	11	0,5	20
Kichererbsen	30	4	–	200
Kirschen, süß	14	15	0,1	6
Pfifferlinge	–	6	0,1	21
Mangos, frisch	–	30	1,0	36

Pflanzenstoffe schützen Menschenzellen

Die Stoffe, mit denen die Pflanze sich selbst schützt, kommen auch unseren Zellen zugute. Selbst der Kochvorgang kann ihnen nur wenig anhaben. Das ist besonders wichtig, wenn man etwa das Beta-Karotin betrachtet, das in Karotten steckt und das eine Vorläufersubstanz von Vitamin A ist. Die Karotenmoleküle sind bei Karotten sehr fest in das Fasergerüst der Pflanzen eingepackt, so dass der Organismus sie aus der Nahrung nicht ohne weiteres verwerten kann. Aus Karottenrohkost schließt der Körper nur etwa 40 Prozent der aufgenommenen Karotene auf und wandelt auch davon nur einen Teil in Vitamin A um. Werden solche Gemüse ausreichend – aber nicht zu lange – gekocht oder gedünstet, dann bricht die Zellstruktur der Pflanzen auf, die Karotene liegen frei und werden besser verfügbar.

Wer dem Essen beim Kochen ein bisschen Fett zufügt, hat ein weiteres Plus: Die Karotene sind nämlich nicht wasser-, sondern fettlöslich. Fett ist sozusagen ihr Expresszug, mit dem sie blitzschnell im Körper dahin transportiert werden, wo sie gerade am dringendsten gebraucht werden.

Frisches Gemüse als Altersbremse

Die pflanzlichen Inhaltsstoffe halten jedoch nicht nur gesund, sondern auch jung, denn sie verhüten durch ihre Schutzwirkung das vorzeitige Altern und die Degeneration der Zellen. Amerikanische Krebsstatistiken weisen nach, dass ein hoher Anteil von Karotenen in der täglichen Nahrung einen hoch wirksamen Schutz vor Krebskrankheiten darstellt.

Für die tägliche Ernährung bedeutet dies: öfter mal bunte Gemüse und Salate auf den Tisch! Grüner Salat, rote Paprika und Tomaten, Karotten und Chicorée, orangefarbige Aprikosen, Klementinen und Melonen, rote Kirschen und Himbeeren, blaue Trauben und Pflaumen.

Vitamin E – Panzer für unsere Gesundheit

Für das Abwehrsystem spielt das Vitamin E, das in acht verschiedenen so genannten Tokopherolen vorkommt, eine sehr wichtige Rolle. Es bildet einen gepanzerten Schutzwall um die Körperzellen. Freie Radikale treffen auf die Vitamin-E-Moleküle anstatt auf die Zellmembran. Und statt das begehrte Elektron aus der Zelle zu reißen, entfernen sie es aus dem Vitamin-E-Molekül – die Zelle bleibt somit intakt.

Deshalb braucht der Körper ständig Nachschub an diesem Vitamin, das an die 100 positive Wirkungen im Körper hat.

- Es schützt die Fettzellen davor, mit Sauerstoff zu reagieren und – ähnlich wie Butter – ranzig zu werden. Solche oxidierten Fettzellen bilden mit Eiweiß Verbindungen, Lipofuszine genannt. Diese setzen sich beispielsweise als Altersflecken in der Haut, aber auch als unsichtbarer Müll in Muskeln, Nieren oder Lunge fest und beeinträchtigen die gesunde Funktion dieser Organe. Wenn man ausreichend Vitamin E zu sich nimmt, werden solche Störenfriede gar nicht erst gebildet.
- Vitamin E schützt auch die roten Blutkörperchen, deren Zellhaut besonders empfindlich ist, vor den Attacken der freien Radikale.
- Weil Vitamin E die Zellwände schützt, fördert es auch die so genannte Zellatmung, also die Durchlässigkeit der Zellwände für Sauerstoff und Nährstoffe, die für die

Fein reguliert

SO FUNKTIONIERT DAS IMMUNSYSTEM

Im Blut und in der Lymphflüssigkeit schwimmen Millionen von Zellen, die eine Art Lebensversicherung für uns darstellen.

- Dazu gehören u. a. die Lymphozyten, eine Untergruppe der weißen Blutkörperchen (Leukozyten). Sie spielen eine entscheidende Rolle bei der Abwehr von Krankheitserregern, wobei man zwischen so genannten Granulozyten sowie B- und T-Lymphozyten unterscheidet.
- Jede Zelle hat einen genau definierten Aufgabenbereich. So gibt es z. B. Kontroll-, Killer-, Suppressor- und Helferzellen. In einem intakten Immunsystem arbeiten diese verschiedenen Zelltypen eng zusammen.

Paprika enthalten viel Vitamin A und C sowie den abwehrstärkenden Wirkstoff Kapsaizin.

Energiegewinnung in der Zelle und demnach für die gesunde Funktion des ganzen Körpers unerlässlich ist.

- Vitamin E hilft dem Immunsystem, die Verengung der Blutgefäße durch fett- und kalkhaltige Ablagerungen sowie die Bildung von Blutgerinnseln in den Gefäßen zu verhindern. Damit ist Vitamin E ein starkes Vorbeugungsmittel gegen Erkrankungen der Herzkranzgefäße, gegen Herzinfarkt und Schlaganfall.

Ölen Sie Ihr Immunsystem!

In den pflanzlichen Nahrungsmitteln der Tabelle mit abwehrstärkenden Nahrungsmitteln kommt Vitamin E in relativ geringen Mengen vor. Das fettlösliche Vitamin findet sich besonders reichlich in pflanzlichen Ölen. Den höchsten Gehalt überhaupt hat Weizenkeimöl mit 215 Milligramm pro 100 Gramm. Zum Vergleich: In Frittierfett sind gerade noch 0,5 Milligramm pro 100 Gramm enthalten.

Vitamin C – so wichtig wie Interferon

Das Vitamin-C-Molekül wirkt im Immunsystem auf unterschiedliche Weise: Zum einen bekämpft es aktiv Krankheitserreger, zum anderen hat es eine reine Schutzfunktion, ähnlich wie die körpereigene Abwehrsubstanz Interferon, die Viren bekämpft. Vitamin C hilft dem Abwehrsystem, Antikörper gegen feindliche Stoffe zu bilden. Dadurch werden Schädlinge rascher erkannt und von Spezialzellen des Immunsystems unschädlich gemacht.

Vitaminreiche Tränen

Vitamin C schützt sogar die Augen vor grauem Star. Denn damit die empfindliche Linse der Augen nicht durch Sauerstoffreaktionen unter der Wirkung des Sonnenlichts trüb wird, muss zu ihrem Schutz ausreichend Vitamin C vorhanden sein. Die Tränenflüssigkeit enthält 30- bis 50-mal mehr Vitamin C als das Blut – sofern dem Körper genügend Vitamin C zur Verfügung steht.

Vitamin C hat einen großen Vorteil: Es wird aus der Nahrung rasch erschlossen, weil es wasserlöslich und dadurch sehr leicht vom Körper aufzunehmen ist. Dieser Vorteil birgt zugleich einen Nachteil: Bekommt man auf einmal zu viel davon, wird der Überschuss sofort wieder ausgeschieden, weil der Körper dafür keine Speicher hat.

Ein weiterer Nachteil seiner einfachen Struktur: Vitamin C zerfällt unter Sauerstoffeinwirkung rasch und geht in Nahrungsmitteln auf diese Weise verloren. Gemüse oder Salate, die ein paar Tage an der Luft gelagert werden, enthalten danach nur noch 15 bis 30 Prozent ihres ursprünglichen Vitamin-C-Gehalts. Tiefgefrorene Gemüse sind vor diesem Verlust jedoch geschützt.

Ein Saunabesuch befreit den Körper von schädlichen Stoffen, fördert die Durchblutung und regt auch den Kreislauf an.

Vitamine in Fett und Öl – wertvoll für die Gesundheit

Fett/Öl	Vitamin E (mg/100 g Öl)	Vitamin A (µg/100 g Öl)	Karoten (µg/100 g Öl)	Vitamin D (µg/100 g Öl)
Sojaöl	29	583	3500	–
Weizenkeimöl	215	–	–	–
Distelöl	75	–	10	–
Sonnenblumenöl	55	4	26	–
Traubenkernöl	32	23	–	–
Maiskeimöl	30	–	140	–
Rapsöl	15,3	–	3300	–
Olivenöl	13,2	120	120	–
Lebertran	3,3	25,5	–	–
Butter	2,2	653	380	1,3
Margarine	10–16	608	650	2,5
Frittierfett	0,5	–	–	
Halbfettmargarine	–	500	500	2,5
Diätmargarine	–	533	200	2,5

Im Notfall als Pulver

Natürlich kann man Vitamin C (Askorbinsäure) in Kapseln oder als weißes Pulver in kleinen Portionen zu sich nehmen. Das ist besser als gar nichts. Aber dann fehlen die Pflanzenwirkstoffe, die Flavonoide, die dem Vitamin C bei seiner Unterstützung des Immunsystems beistehen. Und das macht schon einen Unterschied: Wer eine ganze Zitrone samt Fruchtfleisch isst, erzielt eine Wirkung, die 20-mal stärker ist, als wenn er nur den ausgepressten Zitronensaft trinkt.

Wer Vitamin-C-Pulver einnimmt und schon morgens z.B. einen halben Teelöffel davon, in Wasser gelöst, trinkt, führt die Ration für zwei Tage zu. Davon gehen aber mindestens 90 Prozent verloren, weil der Körper

Für die Ernährung bedeutet das: Produkte sollte man immer so frisch wie möglich verwenden.

Ob Obst oder Gemüse, ob Kartoffeln oder Leber, Sojabohnen oder Zitronensaft – für alle gilt: rasch verbrauchen, nie lange aufheben, wenn man die Vorteile der Wirkstoffe in vollem Umfang nutzen will.

Die Bitterstoffe im Löwenzahn wirken appetitanregend, galletreibend und unterstützen den Stoffwechsel.

es ungenutzt wieder ausscheidet. Deshalb tun Sie besser daran, dreimal täglich eine winzige Menge einzunehmen. Aus dem gleichen Grund wurden von Pharmafirmen Vitamin-C-Präparate mit so genannter Retardwirkung entwickelt: Das Vitamin C wird erst nach und nach über Stunden hinweg aus kleinen Trägerperlen im Körper freigesetzt und auf diese Weise besser nutzbar gemacht. Am allerbesten aber ist es, wenn man der bereits erwähnten Halbpfundregel folgt und über den Tag verteilt je ein halbes Pfund Gemüse, Salat und Obst verspeist. Dann ist man rund um die Uhr geschützt, bekommt immer die richtige Dosis und kann das Vitamin auch richtig verwerten.

Selen stabilisiert die Abwehrkräfte

Selen ist einer der nur in winzigen Spuren in der Nahrung vorkommenden Stoffe und doch einer der mächtigsten Verbündeten des Immunsystems. Selen, ein graues, metallisches Element, wird für unterschiedliche Enzymaktivitäten des menschlichen Abwehrsystems gebraucht. In übertragenem Sinn verkörpert Selen die Kraft, mit der die Ritter unseres Abwehrsystems ihr Schwert gegen eindringende Feinde schwingen.

Selen greift übrigens bevorzugt dort in das Geschehen ein, wo sich auch Vitamin E zur Abwehr bereithält. Gemeinsam sorgen die beiden dafür, dass unsere Gewebe elastisch bleiben, dass wir nicht krank werden und dass unsere Zellen nicht zu Krebszellen entarten.

In China wurden von amerikanischen Medizinern Studien gemacht, weil es dort gebietsweise extrem selenarme Böden gibt. Folglich sind Getreide und Futterpflanzen der Tiere in diesen Gegenden auch besonders arm an Selen. Durch Anreicherung der Nahrung mit kleinen Mengen Selen konnte die Krebsrate in diesen Regionen entscheidend verringert werden. Das lässt ahnen, wie wichtig Selen für die Abwehr ist.

Die besten Quellen für Selen

Am meisten Selen enthalten Leber, Nieren und Muskelfleisch von Rind, Kalb und Schwein, Fische, Schaltiere, Vollkorn- und Milchprodukte sowie Obst und Gemüse. Das Spurenelement aus tierischem Gewebe ist für den Menschen weniger gut verwertbar als das pflanzliche Selen. Wer öfter Naturreis zubereitet, bevorzugt Vollkornprodukte isst und gelegentlich einen Teelöffel selenhaltiger Bierhefe einnimmt, wird seinen Bedarf an diesem Spurenelement jedoch mühelos decken können.

Steinpilze sind nicht nur besonders aromatisch, ihr hoher Selen- und Vitamin-D-Gehalt stärkt auch die Immunabwehr.

Muskeln aufbauen – in Form bleiben

Energieriegel und leistungsfördernde Energy Drinks, isotonische Getränke und Powereiweißkost sind – wortwörtlich – in aller Munde. Wer die Ratschläge in diesem Kapitel befolgt, kann das meiste davon getrost wieder vergessen, vor allem aber: Die Investition in Ihre Gesundheit, wie sie hier vorgeschlagen wird, kommt auf alle Fälle billiger.

Kalium und Magnesium sind für die körperliche Leistung wichtige Mineralstoffe. Doch als unentbehrlicher Reaktionspartner muss auch noch Vitamin C hinzukommen.

Entscheidend für die körperliche Fitness

Vitamin C als muskelaufbauendes Anabolikum? Nein, so darf man die Wirkung nicht verstehen. Sie liegt vielmehr in der Tatsache, dass Vitamin C die besten Voraussetzungen für körperliche Leistung schafft. Schon der amerikanische Vitamin-C-Papst und Nobelpreisträger Linus Pauling hat vor einigen Jahren auf die bedeutende Rolle aufmerksam gemacht, die das Vitamin für den gesamten Bewegungsapparat des Menschen spielt, vor allem für den Aufbau von Knorpeln und Sehnen, für straffe Haut und leistungsfähige Muskeln. Denn es fördert die Bildung von Kollagen, das ist ein Gerüsteiweiß, das den Körper festigt und das Gewebe strafft.

Skorbut löst den Menschen auf

Wenn ein Mensch an Skorbut, der Vitamin-C-Mangelkrankheit, leidet, löst sich sein Körper sozusagen auf: Die Gelenke und Muskeln versagen, weil Bänder, Sehnen und Knorpel nicht mehr zusammenhalten. Auch die Blutgefäße schließen nicht mehr dicht, die Zähne fallen aus dem zerstörten Zahnfleisch.

Hinsichtlich der Versorgung mit Vitamin C sind manche Tiere dem Menschen gegenüber stark im Vorteil, denn Kühe, Schafe, Katzen oder Hunde können Vitamin C im Körper selbst produzieren. Dagegen ist der Mensch ausschließlich auf Zufuhr von außen angewiesen. Rechnet man beispielsweise die tägliche Vitamin-C-Herstellung einer Katze auf einen 70 Kilogramm schweren Menschen um, so wären das rund zehn Gramm (10 000 Milligramm). Die Tagesempfehlung der DGE liegt dagegen bei nur 75 Milligramm.

Fein reguliert

MUSKELARBEIT OHNE MUSKELKATER

Für unseren Körper ist die aerobe Verbrennung (lat. aer = Luft) normal, d. h., die Nährstoffe werden unter Zufuhr von Sauerstoff verbrannt.

- Verlangen wir dem Organismus zu viel Leistung ab, z. B. durch ungewohnt viel Sport, so muss der Körper Nährstoffe verbrennen, ohne dass genügend Sauerstoff zur Verfügung steht. Er schaltet um auf anaerobe (sauerstofffreie) Verbrennung.
- Hierbei fällt zusätzlicher Stoffwechselmüll an, der nur unzureichend abtransportiert wird. Auf diese Weise bekommt man Muskelkater: Die Muskeln verhärten und schmerzen. Nach neueren Erkenntnissen entstehen bei Muskelkater auch viele kleine Muskelfaserrisse.
- Zur Vermeidung von Muskelkater empfehlen sich Aufwärmgymnastik vor dem Sport sowie eine heiße Dusche unmittelbar danach.

Ohne die ständige Erneuerung des Kollagens (unter Verwendung von Vitamin C) wird die Haut vorzeitig faltig, das Gewebe schlaff. Werden menschliche Bindegewebezellen im Labor in eine mit Vitamin C angereicherte Nährlösung gesetzt, so steigt die Bildung von Kollagen um das Achtfache an, während sich die Entstehung anderer menschlicher Eiweißstoffe durch Askorbinsäure nicht beschleunigen lässt.

Katalysator im Sinn einer Beschleunigung der Vorgänge. Dazu zählt allen voran Kalium, aber auch Natrium, Magnesium, Phosphor und Kalzium sind entscheidend beteiligt.

Die Muskeln haben immerhin einen Anteil von 40 bis 50 Prozent am Gesamtkörpergewicht, je nach Trainingszustand. Also kann ein 70-Kilogramm-Mann damit rechnen, dass er 30 bis 35 Kilogramm Muskeln zu ernähren hat. Denn die tägliche

Für den Muskelaufbau notwendig sind vor allem Vitamin C, Kohlenhydrate und Fette.

Der Motor Muskel

Während Vitamin C die Grundvoraussetzung für die Leistungskraft der Muskeln ist, stellen Kohlenhydrate und Fette (Triglyzeride) aus der Nahrung den Treibstoff dar. Und eine Reihe von Mineralien spielen beim Ingangsetzen des Motors Muskel den

Arbeit der menschlichen Muskeln wird insgesamt der Leistung gleichgesetzt, die ein Kran aufbringen muss, um einen sechs Tonnen schweren Lkw 50 Meter hoch zu heben.

Der Kran braucht dafür Strom und Schmierstoffe, der menschliche Körper etwas mehr. Damit unsere Muskeln immer leistungsfähig sind, brauchen sie Energie, Sauerstoff, Vitamine, Wasser, Mineralstoffe und Spurenelemente.

- Die Energie beziehen die Muskeln bevorzugt aus Glukose, also dem Zucker, der im Körper aus komplexen Kohlenhydraten gewonnen wird. Rund 75 Prozent aller Kraft stammt somit aus Nahrungsmitteln wie Brot, Kartoffeln, Nudeln, Reis, Gemüse und Obst.
- Eiweiß benötigt der Körper nicht für die Kraft, sondern für den Aufbau und die Reparatur und Erneuerung des Muskelgewebes. Es stammt aus pflanzlichem und tierischem Nahrungseiweiß, das zunächst in seine Bausteine, die Aminosäuren, zerlegt und dann wieder zu körpereigenem Eiweiß zusammengesetzt wird.
- Mit Fett können die Muskeln nur bedingt etwas anfangen: Lediglich 25 Prozent der Kalorien, die bei körperlichen Höchstleistungen verbraucht werden, können aus den Fettreserven geschöpft werden. Das zeigt zwar, dass körperliche Bewegung wie Sport sehr wohl erhöhte Triglyzeridspiegel zu senken vermag (die als Risikofaktor für Diabetes und Herz-Kreislauf-Krankheiten gesehen werden); es macht aber auch deutlich, dass wir unbedingt das Richtige essen müssen, wenn wir schlank und fit werden oder bleiben wollen.

Zur idealen Leistungsfähigkeit des Körpers sollte also das Verhältnis der

Kohlenhydrate zum Fettanteil in der Nahrung 75 : 25 betragen. Denn Kohlenhydrate in der richtigen Form (Mehrfachzucker) sind keine Dickmacher, im Gegenteil. Will man nicht nur fit sein, sondern auch abnehmen, darf der Fettanteil nochmals etwas niedriger sein, so dass der Körper von den Fettdepots zehrt. Es versteht sich von selbst, dass dabei auf vitaminreiche Kost geachtet werden muss und bevorzugt Nahrungsmittel verzehrt werden sollten, die besonders reich an bestimmten Mineralstoffen sind.

Kalium zieht das Wasser an

Der Mineralstoff Kalium kommt zwar in den Zellen der Muskeln am meisten vor, nicht aber zwangsläufig in unserer Nahrung. Es sei denn, man verzehrt große Mengen von ausgesprochen großzügigen Kaliumspendern wie etwa Brokkoli, Bananen, Sellerie, Kartoffeln, Kohl, Vollkornbrot, Hülsenfrüchten wie Bohnen oder Erbsen und Milch.

Das Kalium sorgt dafür, dass in den Muskelzellen immer ausreichend Wasser vorhanden ist – nie zu viel oder zu wenig. Denn ähnlich wie ein Kahn bei Ebbe auf dem Trockenen sitzt, klappen die Nährstoffzufuhr und die Energiegewinnung in den Zellen nicht, wenn die Wasserstraße für den Transport von Enzymen, Eiweißstoffen und Vitaminen versiegt. Und bei einer Überschwemmung ist eine ordnungsgemäße Versorgung ebenfalls schlecht möglich. Übrigens herrscht in den Muskelzellen eine 30-mal höhere Kaliumkonzentration als in dem extrazellulären Gewebe. Dieses Gefälle stellt das Einschleusen von Nachschub in die Zelle und den Abtransport von schädlichen Abfallstoffen aus der Zelle sicher. Fehlt es an Kalium, wird der Nährstoffaustausch behindert, zu viel Wasser kann in die Zellen dringen und sie im Extremfall zum Tod durch Platzen bringen. Kalium macht also den Weg frei für weitere Stoffe, welche die Leistungskraft ebenfalls beeinflussen, z. B. die Mineralstoffe Kalzium und Magnesium. Sie treten als Duett auf und spornen die Muskeln des Körpers zu Höchstleistungen an. Kalzium ist nämlich nicht nur nötig, um den Knochen und Zähnen Halt zu geben; es leistet auch entscheidende Arbeit im menschlichen Muskel.

Magnesium macht die Muskeln stark

Wenn sich ein Muskel zusammenzieht, so geschieht dies, weil Kalzium aus dem Blut in die Muskelzelle einströmt. Dabei sorgt das Magnesium dafür, dass nicht zu viel des Guten getan wird, also zu viel Kalzium in die Zelle gelangt. Wenn das passiert, spüren wir ein schmerzhaftes Zusammenziehen, den Muskelkrampf. Magnesium wird daher auch als Kalziumantagonist – also Gegenspieler von Kalzium – bezeichnet. Auf die gleiche Weise beeinflussen Kalzium

Bohnen enthalten sehr viel Kalium, jenen Mineralstoff, der für einen ausgeglichenen Wasserhaushalt in den Zellen sorgt.

und Magnesium auch das Herz und die Muskeln, die den Darm und den Magen in Bewegung halten. Außerdem stärken sie die Muskeln, die unsere Blutgefäße umgeben und die eine Verengung oder Erweiterung der Gefäße bewirken können. Insofern haben die beiden Mineralstoffe auch entscheidend mit der gesunden Funktion und Leistungsfähigkeit von Herz und Kreislauf zu tun.

Während sich der Körper zur Not sein erforderliches Kalzium aus den Knochen holt (deshalb kommt es bei vielen Menschen zur Knochenbrüchigkeit, der Osteoporose), hat er keine Magnesiumreserven, auf die er zurückgreifen könnte. Deshalb ist es entscheidend, immer genügend Magnesium mit der Nahrung, im Bedarfsfall sogar durch entsprechende Präparate, zuzuführen.

Allerdings sind einige magnesiumreiche Lebensmittel wegen ihres hohen Fettgehalts zugleich wahre Kalorienbomben, wie etwa Haselnüsse, Erdnüsse, Mandeln, Cashewnüsse oder Walnüsse.

Zu den Magnesiumträgern, die kaum unerwünschte Fettkalorien mit sich bringen, zählen u. a. Lima- und Sojabohnen, Mangold, Kohlrabi und Fenchel.

Trinken Sie sich munter

Wasser ist unser Lebenselixier. Der Mensch stammt aus dem Wasser der Meere, und er besteht zu ungefähr zwei Dritteln aus schwach salzhaltigem Wasser. Das Wasser ist zugleich Nährlösung und Schutzmantel, Transportweg und Schmiermittel für den Körper.

Bei einem 70 Kilogramm schweren Menschen befinden sich rund 20 Liter Wasser innerhalb der Körperzellen, 13 Liter umspülen die Zellen, drei Liter zirkulieren im Blutkreislauf und etwa ein Liter verteilt sich auf Körperhöhlen wie Augen, Gehirn, Gallen- und Harnblase.

Der tägliche Wasserbedarf richtet sich nach der Größe und Schwere des Menschen und selbstverständlich nach den klimatischen Bedingungen, unter denen er lebt. Er beträgt in mitteleuropäischen Breitengraden ungefähr 40 Milliliter Wasser pro Kilogramm Körpergewicht. Bei einer 60 Kilogramm schweren Frau liegt der Bedarf also bei 2,4 Liter, bei einem 80 Kilogramm schweren Mann bei 3,2 Liter. Denn der Mensch verliert rund um die Uhr Wasser: mit der Atemluft, dem Schweiß, mit dem Harn und dem Stuhlgang. Durch schweißtreibende körperliche Anstrengung kann der Flüssigkeitsbedarf um ein Vielfaches ansteigen.

In feucht-tropischen Klimazonen schwitzt man erheblich mehr, dort ist der Flüssigkeitsbedarf um einiges erhöht. Mehr trinken sollte man auch in heiß-trockenen Regionen, selbst dann, wenn man kein Durstgefühl verspürt.

Gesunde Getränke

Bekanntlich spielt der Mineralstoff Kalium im Wasserhaushalt des Organismus eine wichtige Rolle. Die Körperzellen können nur einwandfrei funktionieren, wenn die Flüssigkeitsverhältnisse fein reguliert sind. Dies gilt auch für die Muskeln: Ihre Leistungsfähigkeit ist ebenfalls von einer entsprechenden Flüssigkeitszufuhr abhängig. Im Leistungssport ist das eine längst etablierte Erkenntnis: Am Fernsehschirm kann man beobachten, wie die Tenniscracks in jeder Spielpause und nach jedem Satz Flüssigkeit tanken, um fit zu bleiben.

Um die körperliche und geistige Leistungsfähigkeit zu erhalten, muss permanent für Ersatz des verloren gegangenen Wassers gesorgt werden. Und das tut man am besten, indem man Flüssigkeiten zuführt, die der Körper problemlos aufnehmen kann und die ihm nach Möglichkeit noch ein paar wertvolle Geschenke mitbringen: Mineralstoffe z. B.

Trinken Sie am besten pures Wasser: Leitungswasser oder Mineral-

Der Körper braucht täglich etwa drei Liter Flüssigkeit. Besonders empfehlenswert ist Mineralwasser.

wasser. Es darf auch Heilwasser sein, das besonders viel Magnesium, Kalzium und Kalium enthält. Auf diese Mineralstoffe sollten Sie jedenfalls auch bei Mineralwasser achten.

Sehr umstritten ist der Nutzen von Wasserfiltern, die Leitungswasser von schädlichen Bestandteilen und Umweltgiften befreien sollen. Das Hygieneinstitut an der Universität Freiburg hat Tests gemacht, wonach Wasser aus solchen Filtern besonders stark durch Krankheitskeime belastet war. Offenbar vermehren sich diese während des mehrstündigen Filtervorgangs. Unser Leitungswasser dagegen ist hygienisch einwandfrei.

Mineralwässer und ihre Inhaltsstoffe im Vergleich

Angesichts der Fülle der Mineralwässer besteht die Qual der Wahl. Es gibt ein großes Angebot, das sich regional stark unterscheidet. Achten Sie auf die Angaben auf dem Etikett.

Marke	Magnesium (mg/l)	Kalzium (mg/l)	Kalium (mg/l)
Bad Mergentheimer Karlsquelle	371	711	102
Bad Wild Hellenen Quelle	245	312	15
Heppinger	165	116	53
Rosbacher Urquelle	128	226	–
St. Gero	120	407	14
Reginaris	120	198	17
Apollinaris	115	94	30
Hubertus-Sprudel	115	72	36
Gerolsteiner	113	364	12
San Pellegrino	60	207	3
Fachinger	53	122	28
Vittel	36	202	–
Überkinger	22	56	18
Volvic	6	10	5
Perrier	4	140	1

Mineralwasser mit Schuss

Falls jemandem das bloße Wasser nicht schmecken sollte, empfiehlt es sich nicht, stattdessen zuckerhaltige Limonaden, Cola- oder Fruchtsaftgetränke zu nehmen. Der hohe Zuckergehalt in diesen Getränken verhindert zum einen die rasche Aufnahme der Flüssigkeit aus dem Magen-Darm-Trakt in den Organismus, zum anderen verschlechtert er die Vitamin-Kalzium-Bilanz.

Das ideale Getränk ist ein Mineralwasser, dem man einen Schuss vitaminreichen Geschmack zusetzt, beispielsweise einen viertel Liter Gemüsesaft oder ungezuckerten Fruchtsaft auf einen dreiviertel Liter Wasser. Damit beseitigt man auf erfrischende Art und Weise sofort jegliches Flüssigkeitsdefizit. Auch Kräutertee kann man trinken, so viel man will. Grüner und schwarzer Tee enthalten wichtige, gesunde Wirkstoffe aus der Familie der Flavonoide. Sie sollten solche Tees aber nicht allzu lange ziehen lassen (besser nur drei bis vier Minuten), damit sich aus den Blättern nicht zu viele Gerbstoffe (Tannine) lösen, denn diese behindern die Mineralstoffaufnahme aus dem Getränk. Bier und Wein sind als Durstlöscher grundsätzlich unbrauchbar, selbst wenn das Bier mit Limonade zu Radler oder der Wein mit Wasser zu Schorle verdünnt wird. Denn je höher und konzentrierter der Alkoholgehalt ist, umso stärker unterdrückt er im Organismus die Bildung eines Hormons, das die Flüssigkeitsbalance im Körper steuert. Als Folge des Alkoholgenusses scheidet der Mensch deshalb immer mehr Flüssigkeit aus, als ihm zugeführt wird.

Knochen kräftigen und belastbar halten

Die beste und wirksamste Vorbeugung gegen Knochenschwäche findet in einem Alter statt, in dem die meisten Menschen noch gar nicht wissen, was das Wort »Osteoporose« überhaupt bedeutet: im Alter zwischen 10 und 20 nämlich. Am Ende dieser Periode des Körperwachstums wird die bestmögliche Knochendichte erreicht.

Folglich kommt es in diesem Alter auf kalziumreiche, vitaminhaltige Ernährung, auf die richtige Dosis Sonne, auf Sport und Bewegung an. Alles, was später im Hinblick auf die Gesundheit des Skeletts unternommen wird, dient mehr oder weniger der Bestandserhaltung und Reparatur des Knochensystems.

Fester, elastischer und stärker als unsere Knochen mit Anfang 20 sind, können sie danach auch bei bestem Willen mit idealer Ernährung und trotz intensivsten Körpertrainings nicht mehr werden. Da nun die meisten Jugendlichen nicht unbedingt ihr Knochenwachstum im Kopf haben, müssen sie sich als Erwachsene ganz besondere Mühe geben, das in jugendlichem Leichtsinn so sträflich vernachlässigte Knochengerüst möglichst belastbar und rüstig zu erhalten.

Wenn das Parathormon siegt

Frauen haben es in dieser Hinsicht ganz besonders schwer. Bei ihnen lässt nach der Menopause die Bildung von Östrogen nach. Dieses Hormon hat bis dahin immer einen anderen Wirkstoff, genannt Parathormon, in Schach gehalten. Fehlt Östrogen, gewinnt das Parathormon bei Frauen die Oberhand. Es befiehlt den knochenabbauenden Zellen, den so genannten Osteoklasten, das Kalzium aus den Knochen abzutragen, sobald der Kalziumspiegel im Blut auch nur geringfügig absinkt.

Schon im Abschnitt über Muskeln und Fitness hat sich gezeigt, dass Kalzium unerlässlich ist für die Muskelarbeit. Ähnlich wichtig ist es für die Übermittlung von Nervensignalen. Deshalb sorgt ein ausgeklügeltes System von Botenstoffen und Hormonen dafür, dass immer eine ausreichende Menge dieses Mineralstoffs im Körper zur Verfügung steht. Wird mit der Nahrung nicht genügend Kalzium herbeigeschafft, dann geht es den Knochen an ihre Reserven. Davon sind die Männer natürlich ebenso betroffen wie Frauen. Nur haben Letztere im Alter zusätzlich den oben beschriebenen Hormonnachteil.

Der hohe Kalziumgehalt in Quark sorgt für eine stabile und gesunde Knochenstruktur.

Die Rolle von Zug und Druck

Für die Stärkung der Knochen nützt es dem Körper unter Umständen überhaupt nichts, pfundweise Kalzium mit der Nahrung zuzuführen. Denn die Knochen werden in erster Linie durch Belastung stark und nicht durch ein noch so verlockendes Kalziumangebot im Magen. Das

kennen beispielsweise alle Patienten, die wegen eines Beinbruchs wochenlang im Gips stecken mussten: Nicht nur die Muskeln des stillgelegten Beins bilden sich zurück, auch der Knochen verliert an Stärke und Festigkeit. Ähnliches haben sogar völlig gesunde Menschen erlebt – die Astronauten, die sich für Wochen in der Schwerelosigkeit einer Raumkapsel befanden. Sie hatten danach eine um fast die Hälfte verringerte Knochendichte. Daran kann man erkennen, welche Wirkung schon die geringfügige Knochenbelastung hat, die auf der Erde durch die bloße Schwerkraft entsteht. Umso mehr muss es einleuchten, wie wichtig die gezielte Belastung für den Erhalt der Knochensubstanz und -festigkeit ist. Darüber hinaus wirken Zug und Druck, Treppensteigen und Wäscheaufhängen, Joggen, Hantelübungen und Klimmzüge als wichtige und starke Reize, die betreffenden Knochen mit Hilfe von Kalzium, Phosphor, Magnesium und Kollagen zu stärken. Letzteres ist das elastische Gerüsteiweiß, aus dem auch Bindegewebe und Knorpel bestehen und das die Knochen bei aller Festigkeit biegsam macht, damit sie nicht gleich bei der ersten starken Belastung auseinander brechen.

100 kleine Kraftanstrengungen

Neben der Ernährung ist die körperliche Belastung enorm wichtig. Dabei kommt es mehr darauf an, täglich 100 Kleinigkeiten zu leisten, als einmal wöchentlich eine große Anstrengung auf sich zu nehmen.

Man kann natürlich auch gezielt durch Sport seine Knochen stärken. Dabei gilt wieder das Gesetz von Zug und Druck: Kraftübungen sind für den Knochen besser als Ausdauersport, der wiederum für den Kreislauf hervorragend ist. Ein Gewichtheber oder Sumoringer ist demnach besser vor Osteoporose geschützt als ein Marathonläufer. Dafür muss der Sumoringer mit Kreislaufproblemen rechnen, vor denen wiederum der Läufer gefeit ist.

Am besten fährt derjenige, der regelmäßig sowohl Kraftübungen als auch Dauerbelastungen (Skilanglauf, Radfahren oder Jogging) in sein Bewegungsprogramm einbaut.

Vor allem ältere Frauen sollten auf ausreichend Bewegung achten, um einem Abbau der Knochenmasse vorzubeugen.

Für die Gymnastik braucht man nicht unbedingt ein teures, chromblitzendes Fitnessstudio aufzusuchen. Schon die tägliche 15-Minuten-Gymnastik zu Hause auf einer zusammenrollbaren Matte, mit kleinen Hanteln oder Gewichtsmanschetten (in jedem guten Sportgeschäft erhältlich) wirkt wahre Wunder. Ansonsten passen Treppensteigen, Spazierengehen (nach Möglichkeit in der Sonne!), Schwimmen, Wandern und Bergsteigen bestens ins Bild einer knochenstärkenden Aktivität. Und die Ernährung richtet sich dabei nach dem probaten Rezept: viele komplexe Kohlenhydrate, wenig Fett, wenig Eiweiß.

Das wichtige Sonnenvitamin

Für die Bildung von Kollagen, das die Knochen belastbar macht, benötigen wir vor allem Vitamin C, das ein rasches Wachstum der Eiweißstrukturen fördert. Um die Festigkeit des Knochens zu gewährleisten, braucht der Körper Kalzium, Magnesium und Phosphor sowie ein paar weitere Helfer, damit der Körper das Baumaterial akzeptiert.

Dazu gehört auch Vitamin D. Um damit ausreichend versorgt zu sein, muss man sich nicht stundenlang am Strand braten lassen; ein halbstündiger Winterspaziergang an der Sonne reicht aus. Wenn Hände und Gesicht dabei bestrahlt werden, bildet sich genügend Vitamin D. Dieses wird im Körper von den Nieren in Kalziferol umgewandelt. Das ist ein Stoff, der veranlasst, dass aus dem Nahrungsangebot Kalzium in den Körper aufgenommen und eingebaut wird.

Schutz für die Knochen

Wichtig ist zu wissen, aus welchen Nahrungsmitteln man das Kalzium am besten beziehen kann. Dazu gibt es neue Erkenntnisse, die nahe legen, lieber bestimmte Nahrungsmittel zu meiden, als stets Kalziumpräparate in sich hineinzustopfen.

- Amerikanische Wissenschaftler haben in einer vergleichenden Studie herausgefunden, dass Chinesen viel seltener Brüche des Oberschenkelhalsknochens erleiden als Amerikaner. Dabei ist die Kalziumaufnahme der Chinesen, die sich überwiegend vegetarisch ernähren, weitaus geringer als die der US-Bürger. Gleichzeitig wurden die Forscher darauf aufmerksam, dass Bewohner der Mongolei, die sehr viel Fleisch essen, einen sehr schlechten Knochenzustand aufwiesen. Sie hatten eine erheblich geringere Knochendichte als die Chinesen und schieden mit dem Urin mehr unverwertetes Kalzium aus als die Gemüse- und Reisesser. Daraus folgern die Ärzte:
- Es ist für die Knochen besser, weniger Fleisch zu essen, als zusätzlich zu hohem Fleischkonsum Kalzium durch Präparate aufzunehmen.

Fein reguliert

NAHRUNG FÜR DEN KNOCHENAUFBAU

Knochenwirksame Inhaltsstoffe sind u. a. in folgenden Nahrungsmitteln enthalten:

- Kalzium in Vollmilch und sauren Milchprodukten, Ölsardinen, Sesam, Grünkohl, Fenchel, Brokkoli, Mangold und Petersilie
- Magnesium in Bierhefe, gekeimten Weizenkörnern, Vollkornmehl und Haferflocken
- Phophor in fast allen Nahrungsmitteln
- Fluor in Walnüssen, Lachs, Brathering und schwarzem Tee
- Vitamin C in frischem Obst und Gemüse, insbesondere in Zitrusfrüchten, Sanddorn und Hagebutten
- Vitamin D in Lebertran, Fisch, Avocados, Milch und Milchprodukten
- Vitamin E in Weizenkeim-, Maiskeim-, Sonnenblumen- und Olivenöl, Leinsamen, Haselnüssen, Mandeln und Schwarzwurzeln

- Untersuchungen in Südeuropa haben außerdem gezeigt, dass die Griechen sich viel seltener den Schenkelhals brechen als Einwohner des europäischen Nordens. Der Grund: der hohe Verbrauch von Olivenöl, das zwar keine Spur Kalzium enthält, dafür aber eine ganze Menge Vitamin E. Dieser Biostoff wiederum hat über die Bildung von Prostaglandinen auch Einfluss auf die Knochenfestigkeit.

Kefir und andere Milchprodukte sind ideale Kalziumlieferanten und damit wichtig für gesunde Knochen und Zähne.

Lieber pflanzlich und fettarm

Wer kalziumreich essen will, sollte die pflanzlichen Kalziumquellen bevorzugen. Ausnahmen sind fettarme Milchprodukte wie Käse oder Joghurt, aus denen das Kalzium für den Organismus sehr gut verfügbar ist.

Damit ist das Kalzium im Körper. Für den Einbau in die Knochen sind jetzt arbeitswillige Osteoblasten gefragt. Das sind die konstruktiven Knochenmaurer unter den Kalzium verarbeitenden Zellen. Sie hören auf den Befehl bestimmter Botenstoffe. Ähnlich wie die destruktiven Abrissarbeiter, genannt Osteoklasten, die Anordnungen des Parathormons befolgen.

Magnesium als Mörtel

Die Mineralstoffe Magnesium und Phosphor sind selbst aktiv an der Knochenbildung beteiligt. Sie bilden, zusammen mit Kalzium, die harte Knochensubstanz. Fehlen aber Vitamin C und Magnesium, dann stehen die knochenaufbauenden Zellen vor einem ähnlichen Problem wie ein Maurer, der zwar Backsteine im Überfluss hat, aber weder ein Fundament, um darauf aufzubauen, noch Mörtel, um sie dauerhaft miteinander zu verbinden. (In welchen Nahrungsmitteln Magnesium und Phosphor vorkommen, steht in den jeweiligen Kapiteln.)

Fluor, der Knochenfreund

Viel von dem Element Fluor braucht der Körper nicht, das wäre sogar giftig und gefährlich. Aber ein tausendstel Gramm pro Tag sollte man ihm zuführen. Diese winzige Spur Fluor wirkt bei der Bildung und Reparatur unserer Knochen und Zähne ungefähr wie der Härter in einem Zweikomponentenkleber.

Zähnen und Knochen dagegen schadet eine zu große Menge an Fluor, das meist in Verbindungen vorkommt, die Fluoride genannt werden. Zu viel Fluor führt zu bräunlichen Flecken auf den Zähnen, die dann auch brüchig werden und leicht splittern. Und in den Knochen passiert durch zu viel Fluor genau das, was verhindert werden soll: Sie werden ab- statt aufgebaut. Deshalb ist es bisher in Deutschland nicht durchsetzbar gewesen, etwa das Trinkwasser mit Spuren von Fluor zu versetzen. In anderen Ländern aber, in denen das Trinkwasser mit Fluoriden angereichert wird, bilden Kárieserkrankungen nur noch die Ausnahme, während sie bei uns zu einer Volkskrankheit geworden sind.

Mit der Nahrung auf das richtige Quantum Fluor zu kommen ist gleichfalls nicht einfach. Aus diesem Grund werden für die Kariesprophylaxe und Knochenstärkung meist gering dosierte Tabletten (mit dem Viertel- oder Halbtagesbedarf, also 0,25 oder 0,5 Milligramm Fluor) empfohlen.

Meeresfrüchte haben einen recht hohen Fluoridanteil. Lachs beispielsweise enthält 0,58 Milligramm pro 100 Gramm. Eine Mahlzeit mit 180 Gramm Lachs deckt also gerade den Tagesbedarf. Von Ostseehering (0,2 Milligramm pro 100 Gramm) müssten Sie schon ein Pfund verzehren, von Spinat (0,1 Milligramm) ein Kilogramm und von Milch (0,02 Milligramm) fünf Liter trinken, um jeweils den Tagesbedarf zu decken. Wer auf Nummer sicher gehen will, besorgt sich besser Fluoridtabletten, um Knochen und Zähne zu schützen, sollte jedoch vorher mit seinem Hausarzt Rücksprache halten.

Auf den Speichel kommt es an

Eines ist vielen Menschen nicht bekannt: Es ist zwar gut, dass Zahnpasten und Mundwässer heute Fluor enthalten – es nützt nur nicht so besonders viel. Denn um die erwünschte Wirkung zu zeigen, müsste das Fluor viel länger auf die Zähne einwirken als die 90 Sekunden, die der deutsche Normalbürger täglich seine Zähne putzt – und hinterher spült er das Fluor auch noch gründlich aus. Viel wichtiger ist, dass Fluoride in das gesamte Körpersystem gelangen und dann im Speichel den Zähnen einen dauerhaften Schutzmantel verleihen.

Fluor hilft nicht nur, den Zahn während seines Aufbaus zu härten; es beschleunigt den Einbau von Mineralstoffen in den strapazierten Zahnschmelz, und es wirkt abschreckend auf Kariesbakterien.

Vollkornknäckebrot enthält eine breite Palette an Nährstoffen, die zum Erhalt stabiler Knochen und Zähne beitragen.

Essen für gesunde Zähne

Für die Gesundheit der Zähne spielen noch weitere Substanzen eine Rolle – z. B. Molybdän. Das ist eines der Spurenelemente, ein bleiartig aussehendes Schwermetall, das in der Stahlherstellung verwendet wird, weil es den Stahl besonders hart und widerstandsfähig macht.

Ganz ähnlich wirkt Molybdän im menschlichen Körper. Es verhindert, ähnlich wie die Antioxidanzien Vitamin C und E, schädliche Sauerstoffreaktionen im Organismus. Und es arbeitet eng mit den Fluoriden zusammen, sorgt für gesunden, harten Zahnschmelz und für den Einbau von Kalzium in das Skelett.

In Getreideprodukten und Wurzelgemüse, aber auch in Milchprodukten findet sich Molybdän. Das sind übrigens alles jene Nahrungsmittel, die man sowieso bevorzugt essen sollte.

Fluorid- und kalziumreiche Ernährung sowie eine gründliche Zahnpflege sind die besten Garanten für gesunde Zähne.

Zucker ist der größte Feind der Zähne

Nur eine Gruppe von so genannten Nahrungsmitteln, die bisher in der Aufzählung der zahnfeindlichen Speisen fehlt, sollten wir nach Möglichkeit strikt meiden: alles Süße. Also Bonbons, Kekse, Schokolade, Kuchen, Torten, Limonaden, Colagetränke u. s. w. Diese enthalten den gefährlichen Industrie- oder Einfachzucker, der sofort die besten Bedingungen für das Wachstum der Kariesbakterien schafft. Komplexe Kohlenhydrate, wie sie in Nudeln, Reis und Gemüse, in Kartoffeln, Linsen oder Brot enthalten sind, müssen erst von den wenigen Verdauungsenzymen in der Mundhöhle in Einfachzucker umgewandelt werden, bevor sich daraus die Nährlösungen für die Zahnteufel entwickeln.

»Ohne Zucker keine Karies«, darüber sind sich die Zahnmediziner mittlerweile einig. Das gilt übrigens auch schon für Babys, sofern sie rund um die Uhr zuckerhaltigen Tee zu nuckeln bekommen. Mit drei oder vier Jahren haben solche Kinder bereits keinen gesunden Zahn mehr im Mund.

Alle säuerlichen Nahrungsmittel darf man ohne weiteres essen. Man sollte sich jedoch nicht unmittelbar nach einem solchen Essen die Zähne putzen, sondern lieber eine halbe Stunde damit warten. Wer nach dem Essen saubere Zähne haben möchte, kann behutsam medizinische Reinigungsstäbchen aus Holz verwenden. Der Genuss von säuerlichen Lebensmitteln beschert den Zähnen nämlich eine Art vitales Tauchbad. Die Kalzium-, Fluor- und Phosphationen aus dem Speichel sind etwa dreißig Minuten nach dem Essen in die Oberfläche des Zahnschmelzes eingebaut, dann kann sie auch keine Zahnbürste mehr schädigen.

Verführerisch aussehen

Was hat die Haut so vielen Menschen eigentlich getan, dass sie Tag für Tag gequält und misshandelt wird? Hat sie es verdient, ständig gerubbelt und geschrubbt, abgeseift und mit Fett getränkt, mit Kosmetika getüncht, mit Schönheitsmitteln verätzt und gar in der heißesten Sonne stundenlang verbrannt zu werden?

Dabei ist die menschliche Haut ein kleines Wunderwerk der Natur. Sie atmet, sie nimmt Stoffe auf und gibt welche ab, sie schützt uns vor Wind und Wetter, aber auch vor Krankheitskeimen. Sie produziert Vitamine und Abwehrzellen und vor allem: Sie lässt uns schön erscheinen.

Reine, schimmernde Haut ist seit eh und je ein wichtiges Merkmal des guten Aussehens, ein Mittel zur Verführung. Nicht von ungefähr sind Menschen kaum noch gesellschaftsfähig, sobald sie an Hautkrankheiten leiden, selbst wenn diese nicht ansteckend sind.

Dabei ist eines klar: Die äußere Schönheit der Haut kommt zuallererst von innen. Schöne Haut gewinnt man, indem man sich richtig ernährt und vernünftig lebt. Und selbst wer seine Haut schon viele Jahre stiefmütterlich behandelt hat, kann noch einiges gutmachen.

Die Haut kann beispielsweise durch ein Übermaß an Pflegeprodukten überlastet oder durch zu häufiges Waschen ausgelaugt werden.

Wenn man weiß, wie kompliziert der Aufbau der Haut ist, dann wird auch klar, wie vielfältig die Stoffe sein müssen, die unsere leibliche Hülle zum Leben und Gesundbleiben braucht. Ein Stück Gesichtshaut von der Größe einer Briefmarke enthält rund drei Millionen Zellen, vier Meter Blutgefäße, vier Meter Nerven, zehn Schweißdrüsen, 18 Öldrüsen, 25 Nervenenden und noch weitere Bestandteile.

Schönheit kommt von innen: Cremes können die Haut zwar geschmeidig halten, viel wichtiger für eine gesunde Haut ist jedoch die richtige Ernährung.

Fein reguliert

ERHOLUNG FÜR DIE GESICHTSHAUT

Die Gesichtshaut ist schädlichen Einflüssen ungeschützt ausgesetzt, und auch körperliche Erschöpfung sieht man ihr an. Durch kleine Wohltaten sollte man sie täglich auch von außen verwöhnen.

- Eine Gesichtsmaske aus zwei Esslöffeln Quark, verrührt mit einem Teelöffel Honig, versorgt die Haut mit wertvollen Vitaminen, Mineralstoffen und Enzymen zur schnellen Regeneration.
- Zur äußerlichen Anwendung eignen sich auch die Kräuter Bärlapp, Eibisch, Eichenrinde, Hamamelis oder Ringelblume, jeweils als Tee zubereitet, abgekühlt und als Kompresse aufgelegt.

Gesunder Darm – gesunde Haut

Wenn die Verdauung nicht in Ordnung ist, helfen auch alle Kosmetika nicht weiter. Denn in einem durch falsche Bakterien besiedelten Darm entwickeln sich Gär- und Giftstoffe, die teilweise durch die Darmwand in den Kreislauf gelangen und in der Haut abgelagert werden. Es ist Aufgabe unserer Haut, solche Schadstoffe auszuscheiden; aber die tüchtigste Haut wird, wenn sie über einen längeren Zeitraum unzureichend ernährt wurde, mit dieser Aufgabe nicht mehr fertig. Die Schadstoffe bleiben in der Haut stecken und rufen Pickel, Mitesser, Entzündungen und Ekzeme hervor.

Ein gesunder Darm dagegen wertet alle Nährstoffe optimal aus und leitet sie an den Kreislauf weiter, der die Organe, eben auch die Haut, mit dem versorgt, was sie brauchen. Und ein gesunder Darm entsorgt die entstehenden Giftstoffe rechtzeitig, damit sie nicht in den Kreislauf gelangen und am Ende als unschöne Erscheinungen in der Haut abgelagert werden.

Die Haut ist nicht nur der Spiegel der Seele, sie sagt auch viel über den allgemeinen Gesundheitszustand des Körpers aus.

Im menschlichen Darm leben rund 400 verschiedene Bakterienarten, und zwar immer ganz bestimmte in den einzelnen Abschnitten des Darms. Dauerhaft falsche Ernährung führt dazu, dass die Darmflora umkippt: Dann vermehren sich Bakterien, die in den betreffenden Darmabschnitten gar nichts verloren haben. Ihre Gifte stören nicht nur die Verdauung und führen zu Durchfall oder Verstopfung – sie breiten sich auch über den ganzen Körper aus und verursachen die vielfältigsten Krankheiten. Die Haut wird dabei fahl und neigt leichter zu Entzündungen.

Lebenswichtiger Ballast

Je ballaststoffreicher die Ernährung ist, desto besser funktioniert der Darm. Ballaststoffe sind unverdauliche Faserbestandteile der (pflanzlichen) Nahrung, die das Volumen des Nahrungsbreis erhöhen, die aber auch schädliche Stoffe wie Gallensäuren, Cholesterin und Gifte an sich binden. Mit den Ballaststoffen werden diese Schadstoffe ausgeschieden. Und das kommt letztlich auch der Haut zugute, die den Entgiftungsvorgang im Körper damit nicht allein übernehmen muss.

Die besten Lieferanten solcher Ballaststoffe in der Nahrung sind Haferkleie, weiße Bohnen, Sellerie, Feigen, Rosenkohl, Orangen, grüne Erbsen und Äpfel. Hülsenfrüchte gehören allesamt dazu, auch wenn sie im Ruf stehen, besonders schwer verdaulich zu sein. Ursache dafür sind ihre Bestandteile, die von bestimmten Darmbakterien abgebaut und in harmlose Gase umgewandelt werden, was kurzfristig Blähungen verursacht.

Wer sich ballaststoffreich ernährt, erhält dabei die ausreichende Menge eines Nährstoffs, der ebenfalls für eine straffe und schöne Haut wichtig ist: Silizium (aus Kieselerde). Dieser Mineralstoff kommt in der Natur nach dem Element Sauerstoff am häufigsten vor; dennoch ist er nicht zwangsläufig ausreichend in unserem Körper vorhanden. Das liegt daran, dass man zu wenig vollwertige Brot- und Getreideprodukte mit Gerste, Hafer, Roggen und Weizen verzehrt. Sie zählen nämlich zu den besten Siliziumlieferanten.

Silizium für Elastizität

Hier ist wieder einmal der Punkt erreicht, das hohe C für die Askorbinsäure zu singen. Denn auch für die Haut ist Vitamin C das reine Schönheitsvitamin. An anderer Stelle wurde schon geschildert, wie wichtig Vitamin C für den Aufbau von Kollagen ist. Dieses Eiweiß bildet in Verbindung mit Silizium und dem Stoff Elastin die elastischen Gewebe des Körpers, also auch die Haut. Tag für Tag trägt unsere Haut kleine Verletzungen davon. Vitamin C hilft, diese zu reparieren und die Hülle des Körpers straff und glatt zu halten. Dabei wird Zink benötigt, ein Spurenelement, das die Abwehrkräfte stärkt und das vor allem in Getreideprodukten wie Haferflocken, Vollkornbrot, aber auch in Kartoffeln und Bananen steckt. Wer nach der Halbpfundregel täglich seine 250 Gramm Brot verzehrt, dürfte weder einen Mangel an Silizium noch einen Mangel an Zink haben.

Die Heilkraft der Sonne

Die Haut ist sehr dankbar für Sonnenlicht, wenn es nicht zu exzessiv genossen wird. Es ist leider modern geworden, Sonnenbräune generell zu verteufeln – als Ursache

Die tropische Papayafrucht enthält die Vitamine A und C und ist reich an Enzymen, die den Eiweißstoffwechsel anregen.

Ohne Zink, Kupfer und Schwefel bleibt volles und gesundes Haar ein Wunschtraum.

für Hautkrebs. Dabei ist Sonne ein wichtiges Heilmittel und ein Gesundheitsspender ersten Ranges. Wie bei jedem Medikament kommt es freilich auf die Dosierung an. Allzu viel ist immer ungesund.

Schon Anfang des 20. Jahrhunderts wurde erkannt, dass Reisende, die im Süden Urlaub machten, eine Besserung von Hautkrankheiten wie Psoriasis, der Schuppenflechte, erfuhren. Darüber hinaus ist inzwischen auch klar, wie notwendig die Sonne für das Immunsystem ist. Sonnenstrahlen stärken die Abwehrkraft und tragen zur Bildung von Vitamin D bei. Außerdem regen Sonnenstrahlen Botenstoffe im Gehirn an, die das Entstehen von Depressionen verhindern. Gleichzeitig machte man die Entdeckung, dass Menschen, die sehr häufig und lange intensiver Sonne ausgesetzt waren, Hautkrebs entwickeln, vom so genannten Basaliom bis zum meist tödlichen Melanom.

Die häufigsten Schutzmaßnahmen gegen die Krebs verursachenden ultravioletten Strahlen des Sonnenlichts, nämlich Sonnenmittel mit hohen Lichtschutzfaktoren, haben entscheidende Nachteile: Sie verführen die Benutzer dazu, sich zu lange der Sonne auszusetzen und sich dadurch erst recht zu schädigen.

Deswegen plädieren Mediziner heute nur noch für ein gesundes Braunwerden: Man soll sich häufig, zu Beginn nicht länger als eine Viertelstunde, später bis zu einer Stunde täglich, der Sonne aussetzen. So baut sich völlig ohne Sonnenbrand allmählich eine natürliche Bräunung der Haut auf. Zu beachten ist dabei, dass bestimmte Nahrungsmittel, Kosmetika und Medikamente die Empfindlichkeit des Körpers für das Sonnenlicht teilweise erheblich – bis zum Hundertfachen der normalen Sensibilität – steigern.

Was sonnenempfindlich machen kann

Nahrungsmittel
Karotte
Sellerie
Orange
Feige

Kosmetika
Duftstoffe (ätherische Öle in Parfüms, Rasierwässern, Seifen oder Shampoos)
Konservierungsstoffe in Sonnenschutzmitteln

Medikamente
Antipilzmittel
Sulfonamide, Tetrazykline
Rheumamittel
Entwässerungsmedikamente (Diuretika)
Psychopharmaka
Teerhaltige Hautmittel gegen Ekzeme
Johanniskrauthaltige Präparate

Das Geheimnis glänzender Haare

Haare, Finger- und Zehennägel bestehen aus dem gleichen Material: aus der Hornsubstanz Keratin, einem harten Eiweiß, das jeweils nur anders geformt ist. Während die Nägel Schutz für die Finger- und Zehenkuppen bieten sowie als Werkzeuge gedacht sind, dienen Kopfhaare in erster Linie dazu, warm zu halten und vor Nässe zu schützen.

Nun hat der Mensch zwischen 90 000 und 140 000 Haare auf dem Kopf, je nach dem, ob er schwarz, blond, brünett oder rothaarig ist.

Haare wachsen aus dem so genannten Haarbalg, der Wurzel, heraus. Dort befindet sich ein reich durchblutetes Gewebesystem, das die Nährstoffe für den Aufbau der Haare liefert. Zelle um Zelle wird hier aufgebaut und schiebt sich allmählich aus der Kopfhaut nach oben – täglich wächst ein Haar um rund ein drittel Millimeter, also im Monat um drei Zentimeter. Sechs Jahre Lebensdauer hat ein solches Haar, bis es schließlich ausfällt und aus dem gleichen Haarbalg ein neues Haar sprießt. Während dieser Zeit wollen die Haare gut genährt und richtig gepflegt werden. Pflege bedeutet auch, sie nicht mit dem Handtuch fest zu rubbeln oder zu heiß zu föhnen.

Über die richtige Haarpflege wird viel Unsinn verbreitet. Fest steht, dass im Haarbalg winzige Öldrüsen stecken, die ein fettiges Sekret bilden, welches das Haar geschmeidig, gesund und glänzend erhält. Sind diese Talgdrüsen allzu aktiv, kommt es zu fettigem Haar; produzieren sie zu wenig Fettstoffe, wird das Haar trocken und spröde.

Häufiges Waschen entfernt aber nicht nur Schmutz, sondern auch die natürlichen Fettstoffe. Das kann dazu führen, dass die Talgdrüsen zum Ausgleich immer mehr Fett produzieren. Also wird das Haar noch schneller fettig und deshalb noch häufiger gewaschen – ein Teufelskreis.

Am besten ist es, sich die Haare nur zweimal wöchentlich zu waschen. Damit wird der Schmutz entfernt, aber die Kopfhaut nicht zu sehr strapaziert. Außerdem sollte man ein sanftes Shampoo benutzen.

Methionin bringt den Glanz

Genährt werden muss das Haar durch eine Kost, die viel Eiweiß und außerdem Schwefel und jene Grundstoffe wie z. B. Hefe, Eigelb, Tomaten, Sojabohnen, Naturreis und Kleie enthält, aus denen der Körper im Darm das Vitamin Biotin herstellt.

Das Eiweiß muss nicht unbedingt aus tierischen Produkten stammen. Weiter oben wurde schon eine ganze Anzahl pflanzlicher Nahrungsmittel genannt, die uns mit hochwertigem Eiweiß versorgen. Generell verleiht eine vollwertige Kost mit viel Gemüse, Getreideprodukten, Salat und Obst den Haaren und Nägeln die nötige Stärke und seidigen Glanz. Eine übermäßige Versorgung mit tierischem Eiweiß kann allerdings dazu führen, dass schwer verdauliche Eiweißbestandteile im Darm in Fäulnis übergehen – das kann letztlich zur Bildung von Schuppen und zu Haarausfall führen.

Schwefel ist ein ganz wichtiger Bestandteil von Eiweißbausteinen, die zur Bildung der Hornsubstanz in Haaren und Nägeln nötig sind (vergleiche hierzu das Kapitel über Schwefel). Drei unserer insgesamt

Das aus Sesamkörnern gewonnene Öl ist sehr hautfreundlich und verfügt zudem über eine gewisse Lichtschutzwirkung.

Frisches Gemüse ist reich an pflanzlichen Proteinen und regt Erneuerungs- und Zellteilungsprozesse im Körper an.

20 Aminosäuren enthalten Schwefel: Methionin, Zystein und Taurin. Eier, Milch und Milchprodukte können unschwer den täglichen Bedarf an diesen schwefelhaltigen Aminosäuren decken.

Vor allem der Eiweißbaustein Methionin sorgt für glänzende Haare und für eine glatte, feste Haut, denn Methionin ist gleichzeitig so etwas wie ein Lotse für die zwei lebenswichtigen Spurenelemente Selen und Zink. Letzteres schützt das Haar vor dem Grauwerden. Menschen, bei denen Sorgen, Ärger und Zinkmangel zusammentreffen, bekommen sehr rasch graue Haare.

Biotin für Haut und Haar

Biotin wird von bestimmten Bakterien in einem gut funktionierenden Darm gebildet. Außerdem ist es in Eidotter und Weizen enthalten. Eingelagert in der Leber, beeinflusst Biotin den Stoffwechsel, beispielsweise indem es hilft, den Glukosestoffwechsel, also die Verwertung von Zucker im Körper, zu steuern. Auf diese Weise stabilisiert es auch den Blutzuckerspiegel.

Wenn Biotin in Haut- und Haarzellen fehlt, steigern die Talgdrüsen die Ausschüttung ihrer Fettsubstanzen, um das Haar zu schützen. Auf diese Weise kann es zu Schuppen, zu fettigem, strähnigem Haar und zu Haarausfall kommen.

Nagelwachstum

Kräftige, lange, farbig bemalte Fingernägel sind keineswegs eine Errungenschaft unserer Zeit. Schon in alten Kulturen wie in China oder Ägypten ließen sich Männer und Frauen ihre Nägel wachsen und färbten sie golden. Das war ein Statussymbol, das bedeutete: Seht her, ich muss körperlich nicht hart arbeiten, ich kann mir meine Nägel wachsen lassen, ohne dass sie stören!

Nägel wachsen langsamer als Haare, und doch sind die Fingernägel dabei immer noch viermal so schnell wie die Fußnägel. Fingernägel wachsen einen Zentimeter in drei Monaten, die Fußnägel in der gleichen Zeit nur 2,5 Millimeter. Alles, was als Nährstoff für die Haare gut ist, fördert logischerweise auch das Wachstum gesunder Nägel, die elastisch sein und nicht splittern sollten.

Schönheitskur für die Nägel

Honig und Zwiebelsaft (schwefelhaltig), zu gleichen Teilen gemischt, ergibt eine stärkende Kur für geschwächte Nägel, die auch bei Nagelbettentzündungen hilft. Das Gemisch wird auf die Nägel aufgetragen. Eine Mullbinde hält die Paste über Nacht auf den Nägeln. Um Entzündungen zu vermeiden, sollte man bei der Maniküre die Nagelhaut nur zurückschieben, nicht abschneiden.

Klare, ausdrucksstarke Augen

Die Augen sind der Spiegel der Seele, heißt es. Sie lassen erkennen, wie es im Menschen drinnen aussieht: ob er traurig oder glücklich, zuversichtlich oder verzweifelt ist. Leuchtende, blitzende Augen haben etwas Faszinierendes, während stumpfe, gerötete Augen wenig attraktiv wirken.

Frauen träufelten sich früher den giftigen Tollkirschenextrakt Belladonna ins Auge, um möglichst große Pupillen, geheimnisvolle Fenster zur Seele, zu bekommen.

Keine Partie des menschlichen Körpers ist ausdrucksvoller und vielsagender als die Augenpartie. Sie ist der unverwechselbare Spiegel der menschlichen Schönheit. Kein Wunder, dass Fotos von Tatverdächtigen, die in Zeitungen abgedruckt werden, wegen des Persönlichkeitsschutzes einen Balken quer über die Augen tragen müssen. Dadurch ist das Wiedererkennen der gezeigten Person fast unmöglich, auch wenn das ganze restliche Gesicht sichtbar ist.

Fein reguliert

ENTSPANNEN DURCH AUGENTRAINING

Müde und stumpfe Augen nach einem anstrengenden Tag erholen sich rasch mit Augentraining.

- Durch das so genannte Palmieren können die Augen rasch beruhigt werden. Dazu legen Sie die Handinnenflächen so auf die Augen, dass ein absolut lichtdichter Hohlraum entsteht.
Zunächst genießen Sie die Dunkelheit, dann beginnen Sie die Augen langsam zu rollen, und an der Nasenwurzel halten Sie einen Moment inne.

- Petersilie, Thymian, Augentrost, Kornblume, Steinklee und Spitzwegerich enthalten Vitamine, Mineralien und andere für die Augen wichtige Substanzen. Die Kräuter werden als Tee aufgegossen. Vor der Anwendung als Augenkompresse muss der Tee jedoch unbedingt abkühlen.

Weinen für den Durchblick

Weil das Auge ein so wichtiges Sinnesorgan ist, sollte man also tun, was man kann, um es zu pflegen. Die Augen haben es im übrigen nötig. Denn beispielsweise ist die Augenlinse, durch die wir Sehschärfe erlangen, nicht von Blutgefäßen durchzogen. Sie kann also nicht, wie etwa die Haut oder die Lippen, vom Blut über die feinen Kapillargefäße direkt mit den für sie wichtigen Nährstoffen versorgt werden. Ihre Nährlösung ist die Tränenflüssigkeit. Das bedeutet nun nicht unbedingt, dass Sie öfter mal weinen müssen, um Ihre Augen besser zu versorgen. Aber Sie sollten wenigstens dafür sorgen, dass Ihre Tränenflüssigkeit durch eine ausgewogene Ernährung mit allem angereichert wird, was für die Gesunderhaltung der Linse nötig ist.

Vor allem die Vitamine C und E sowie A bzw. dessen Vorstufe Beta-Karotin spielen dabei als Radikalefänger eine wichtige Rolle. Sie schützen die empfindliche Linse vor den Attacken der aggressiven freien Radikale, die zu einer Linsentrübung, dem so genannten grauen Star, führen können, der vor allem bei älteren Menschen auftritt und operiert werden muss. Deshalb enthält die Tränenflüssigkeit ungefähr 40-mal mehr Vitamin C als das Blut. Ähnlich verhält es sich mit den übrigen Antioxidanzien, den Vitaminen A und E sowie dem Spurenelement Selen. Auch Zink ist für den Schutz der Augen wichtig.

Das Vitamin C sorgt für eine glatte, straffe Haut. Gerade die Augenpartie ist von Krähenfüßen und so genannten Lachfältchen bedroht, die viele Frauen jedoch überhaupt nicht lustig finden.

Purpur für Blau und Grün

Das eigentliche Sehen geschieht mit Hilfe der Netzhaut. Diese ist genau genommen ein Teil des Gehirns, der nach außen in den Augengrund verlagert ist: Nur ein fünftel Millimeter dick, etwas größer als ein Fünfmarkstück, enthält sie rund 100 Millionen Nervenzellen. Die zapfen- oder stäbchenförmigen Photorezeptoren haben die Aufgabe, die über die Retina eindringenden Lichtsignale in elektrische Signale zu verwandeln und an das Gehirn weiterzuleiten. In jedem dieser Zäpfchen sitzen Moleküle des Sehpurpurs. Unter Lichteinwirkung werden Helfermoleküle freigesetzt, die das farbige Bild entstehen lassen. Dabei ist Vitamin A für das farbige Sehen unerlässlich. Es wird, sobald ein Lichtreiz auf die Linse fällt, zur Herstellung des so genannten Sehpurpurs, Rhodopsin, verbraucht. Dies ist der chemische Stoff, der Licht in elektrische Impulse umwandelt. Ohne Mithilfe des Vitamin A wäre uns farbiges Sehen also nicht möglich.

Unter den Säugetieren besitzen im Übrigen nur die Affen und die Menschen einen ausgeprägten Farbensinn. Sie verfügen über Zäpfchen, die jeweils für Rot, Grün oder Blau empfindlich sind, während bei Katzen oder Hunden nur zwei Zapfentypen gefunden wurden.

Spiegelbild der Seele, Ausstrahlung von Charme und Charisma – die Augen sind das ausdrucksstärkste Organ des Menschen.

Kein Vitamin ersetzt die Brille

Allerdings ist es ein Irrtum anzunehmen, dass Vitamin A auch so manche Brille überflüssig machen könnte. Dafür wäre eher Vitamin C zuständig. Denn Kurz- und Weitsichtigkeit beruhen auf einer Verformung des gesamten Augapfels, die zu einer Verlagerung des Brennpunkts, des Ortes schärfsten Sehens führt. Die maximale Bildschärfe liegt dann vor oder hinter der Netzhaut. Und auf dieser kommt bei einer solchen Sehschwäche ein verschwommenes, unscharfes Bild an. Die Augenmuskulatur kann die Verformung des Augapfels durch Linsenkrümmung nicht mehr ausgleichen, da das Kollagen zu zäh ist, um sich in die richtige Position verformen zu lassen. Große Mengen von Vitamin C können noch am ehesten diesen Prozess verhindern, weil es am Aufbau und an der Verjüngung des Kollagens im Auge beteiligt ist.

Blütenstaub, der Augen stärkt

Wer seinen Augen etwas besonders Gutes tun will, kann seine Ernährung durch eine Kur mit Pollen ergänzen. Denn Pollen bewirken nicht nur eine regelrechte Verjüngungskur für den ganzen Körper, sie verbessern auch gezielt die Hirndurchblutung und die Sehkraft. Das ist nicht verwunderlich, wenn man die zahlreichen Wirkstoffe betrachtet, die darin enthalten sind.

Der Begriff »Pollen« ist ursprünglich lateinisch und bedeutet Staubmehl oder Blütenstaub. Gemeint sind damit die männlichen Keimzellen bestimmter Blütenpflanzen. Diese Keimzellen enthalten neben den Genen Eiweißstoffe, Fett, Zucker, Mineralstoffe und Spurenelemente, Vitamine, Hormone, Antibiotika und Aromastoffe.

Der Gehalt des Pollens an Mineralstoffen und Spurenelementen liegt nicht höher als der anderer gesunder Nahrungsmittel, aber die Vielfalt macht's: Kalium, Magnesium, Kalzium, Kupfer, Eisen, Mangan, Chlor, Phosphor, Silizium und Schwefel.

Vor allem die so genannten essenziellen, also die lebenswichtigen Aminosäuren, die der Körper selbst nicht herstellen kann, sind in Pollen enthalten: Isoleuzin, Leuzin, Lysin, Methionin, Phenylalanin, Threonin, Tryptophan und Valin. Und zwar in einer Menge, die dem Tagesbedarf entspricht, wenn man als Erwachsener eine Kur mit 30 Gramm Pollen pro Tag beginnt – das sind zwei Esslöffel voll. Später reichen 20 Gramm pro Tag aus. Nur zum Vergleich: In 100 Gramm Pollen sind so viel essenzielle Aminosäuren enthalten wie in einem Pfund Rindfleisch oder in sieben Eiern.

In Pollen enthaltene Fette sind besonders hochwertig, denn sie bestehen zur Hälfte aus ungesättigten Fettsäuren wie Linolsäure, Linolensäure und Arachidonsäure.

Öfter in die Ferne sehen

Wer viel am Computer sitzt, sollte sich jedenfalls besonders vitaminreich ernähren. Denn sein Arbeitsplatz zwingt ihn, die Augen im immer gleichen Abstand vom Bildschirm auf den gleichen Punkt scharf zu stellen. Es ist nachgewiesen, dass dadurch Fehlsichtigkeit entsteht oder vorhandene verstärkt wird. Ärzte empfehlen, zwischendurch immer mal zum Fenster hinauszublicken und die Augen auf entfernte Gegenstände scharf zu stellen – ein wichtiges Training für den Augapfel. Außerdem gibt es mittlerweile Sehschulen. Mit Hilfe speziell entwickelter Übungen lässt sich die Augenmuskulatur trainieren.

Die Kopf-, Nacken- und Rückenmuskulatur spielt für schmerzfreies Sehen eine wichtige Rolle. Wer verspannt am Bildschirm sitzt, verhindert eine störungsfreie Durchblutung des Kopfes. Als Folge davon verkrampfen sich auch die Augenmuskeln, da sie nicht mehr ausreichend versorgt werden. Legen Sie also immer kurze Pausen ein, wenn Sie eine anstrengende Sehtätigkeit zu leisten haben.

Hilfreich für die Augen sind auch so genannte Farbbäder. Dazu blickt man zwei bis drei Minuten in die Farben Rot oder Blau. Anschließend entspannt man den Blick auf einer grauen Fläche.

Die Ananas zählt zu den biostoffreichsten Früchten überhaupt: Sie enthält sämtliche Vitamine und Mineralstoffe sowie das für die Augen so wichtige Beta-Karotin.

Glücklich und kreativ bleiben

Die Bewohner des ruhmreichen antiken Griechenlands, das unzählige Philosophen, Mathematiker, Bildhauer und Dichter hervorbrachte, hatten bei ihren Nachbarvölkern einen bezeichnenden Spitznamen: Die klugen Grünfresser wurden sie genannt. Ein klein bisschen Neid, aber auch eine gute Portion Respekt schwang in dieser Bezeichnung mit. Heute überwiegt ohnehin der Respekt. Zumal man weiß, dass die Ernährungsweise in einem direkten und indirekten Zusammenhang mit der Gefühls- und Geisteswelt steht. Die Griechen, die sich überwiegend von Pflanzenkost und Fisch ernährten, gewannen dadurch auch besondere geistige Fähigkeiten.

Jeder von uns kann die modernen Erkenntnisse der Ernährungsforschung nutzen. Denn die Vorgänge im Körper, die zu Glück, Konzentrationsfähigkeit und geistiger Ausdauer führen, stehen unmittelbar mit der Ernährung im Zusammenhang. In Amerika gibt es bereits einen neuen Trend, sich mit so genannten smarten Nahrungsmitteln zu verwöhnen. Damit sind Nahrungsmittel und Nahrungsergänzungsstoffe gemeint, die für gute Laune, Konzentration, Kreativität, geistige Höchstleistung und für die nötige Entspannung sorgen.

Die richtige Ernährung begünstigt positive Gefühle wie z. B. Glück, Zufriedenheit, gute Laune, Entspannung und Ausgelassenheit.

Beispielsweise lässt sich die amerikanische Schauspielerin Cher Bono einen speziellen Powerdrink mixen, bevor sie auf eine strapaziöse Promotiontour für einen neuen Film geht: Da werden Cholin, Dimethylaminoethanol, Ginkgo-biloba-Extrakt, Thiamin, Riboflavin, Vitamin B6 und B12, Askorbinsäure, Pantothensäure, Folsäure, Koenzym Q10, Vitamin E und Grünteeextrakt zusammengemischt und mit kalorienarmem Ananassaft aufgegossen.

Power für den Geist

Kraft für Körper, Geist und Seele kann jeder aus seinen Nahrungsmitteln beziehen, wenn er nur ein bisschen Bescheid weiß, worauf es dabei ankommt. Von den Entdeckungen der Wissenschaft der Psychoneuroimmunologie kann heute jeder profitieren, wie er das von seinen Nebennierenrindenhormonen und Neurotransmittern kann.

Soweit wir die Ernährungsgewohnheiten genialer Menschen kennen, bevorzugten sie einfache, recht bescheidene Genüsse, die den Geist schärfen und das schlafende Genie wecken. Auf der Speisenkarte einer solchen »Einstein-Diät« stehen demnach überbackene Spinatnudeln neben Chili con Carne, Seezunge italienisch und Rotbarsch mexikanisch, Hülsenfruchtsuppen und Blaubeerpfannkuchen.

Blitztelegramm vom Adrenalin

Man sollte jedenfalls eines wissen: Das Geheimnis der geistigen Spannkraft und des Glücks liegt auch in bestimmten Botenstoffen im Gehirn, in den so genannten Neurotransmittern und in Hormonen wie Adrenalin und Noradrenalin, die solche Neurotransmitter steuern.

Wenn uns beispielsweise ein bestimmter Anblick in Begeisterung versetzt oder uns einen Schrecken einjagt, werden die optischen Signale in biochemische Vorgänge umgewandelt.

Und das geht so: Winzig kleine Eiweißkörper, Nervenpeptide genannt, veranlassen die Hormonfabriken des Körpers, etwa die Nebennieren oder die Hirnanhangsdrüse, zur Ausschüttung von Hormonen. Diese aktivieren ein Milliardenheer von Botenstoffen, die wiederum

nach dem Schneeballsystem Meldung machen. Dabei benutzen sie nicht nur die relativ langsamen Blutbahnen, sondern sie verschicken auch Blitztelegramme – über die Nervenbahnen, die immerhin die Schnelligkeit elektrischer Leitungen besitzen.

Die Chemie der Seele

Etwa 400 Hormone und 1000 unterschiedliche Peptide steuern die Gefühlschemie unseres Organismus. Sie werden dabei angefeuert von Glukose, also jenen Zuckermolekülen, die wir aus Kohlenhydraten beziehen; dieser Vorgang wird von den B-Vitaminen, Vitamin C sowie von Folsäure unterstützt. Zur Steuerung brauchen sie Kalzium sowie die Spurenelemente Mangan und Zink.

Das Hormon Noradrenalin befähigt den Körper, ausgelassene und glückliche Momente wahrzunehmen.

Man wird nicht mehr herausfinden, wie viel des Botenstoffs Azetylcholin durch Albert Einsteins Gehirn pulsierte, als er seine Relativitätstheorie entwickelte. Und man wird ebenso wenig wissen, wie viel von dem Glückshormon Noradrenalin das Gehirn von Ludwig van Beethoven durchflutete, als er seine Fünfte komponierte. Aber eines weiß man heute mit Sicherheit: dass es vor allem Aminosäuren, also die kleinsten Eiweißbausteine, sind, die unsere Spannkraft und geistige Energie steuern.

Glücksboten aus dem Darm

Bei der Verdauung im Darm spaltet der Körper die pflanzlichen und tierischen Proteine in Aminosäuren auf. Fast alle Neurotransmitter, die uns steuern, sind selbst einfache Aminosäuren oder werden aus solchen zusammengebaut. Die wichtigsten für die geistige Fitness zuständigen Neurotransmitter sind:

- Azetylcholin
- Noradrenalin
- Dopamin
- Serotonin
- L-Glutamat
- GABA (Gamma-Aminobuttersäure)

Was uns wach oder müde macht

Darüber hinaus sind zwei solcher Aminosäuren entscheidend für den Grad der geistigen Leistungsfähigkeit. Der eine Stoff heißt Tyrosin, der zweite Tryptophan. Von ihnen ist abhängig, wie viele von den einzelnen Gehirnbotenstoffen gebildet werden und wie stark sie wirken.

- Das Tyrosin ist der Muntermacher. Diese Aminosäure sorgt für schnelles und klares Denken, für wache Aufmerksamkeit und für ein gutes Langzeitgedächtnis. Tyrosin steckt in vielen eiweißreichen Nahrungsmitteln, besonders wertvoll in Tofu, Hülsenfrüchten wie Bohnen, Erbsen, Linsen, Kichererbsen sowie in Meeresfrüchten und Geflügel.
- Das Tryptophan ist der Ruhigmacher. Diese Aminosäure sorgt für Ausgeglichenheit, guten Schlaf, für das Sättigungsgefühl nach der Mahlzeit. Tryptophan beziehen wir hauptsächlich aus Mahlzeiten, die überwiegend Kohlenhydrate enthalten, beispielsweise Nudeln, Reis und Brot. Es ist aber auch enthalten in Milch, Bananen und Sonnenblumenkernen. Tryptophan wirkt gegen Depressionen und besitzt gegenüber den meisten anderen Mitteln den Vorteil, dass es keinerlei Nebenwirkungen hat.

Kartoffeln zählen zu den wichtigsten Grundnahrungsmitteln; sie enthalten zahlreiche Nährstoffe sowie Tyrosin und Tryptophan.

Theoretisch müsste man sich immer dann, wenn man geistig aktiv sein will, von Eiweiß ernähren und abends, um entspannt und schläfrig zu werden, von Kohlenhydraten. Nur: So genau lassen sich die Nahrungsbestandteile nicht trennen. Denn Brot enthält Eiweiß ebenso wie Kohlenhydrate. Auch Hülsenfrüchte haben ein ausgewogenes Verhältnis dieser beiden Nährstoffe. Man kann aber die Verarbeitung dieser Nahrungsinhaltsstoffe steuern.

Eiweiß für die Leistung

Wer geistigen Auftrieb will, sollte zum Auftakt der Mahlzeit den Eiweißanteil verzehren, bevor er nach den Kohlenhydraten greift: beispielsweise eine Scheibe Putenbrust, ein paar Garnelen oder etwas Parmaschinken. Wenn nämlich der Muntermacher Tyrosin zuerst ins Gehirn gelangt, wird dieses eine ganze Anzahl von Stunden auf hoher Leistungsstufe arbeiten. Schon 80 bis 100 Gramm eiweißreiche Nahrung wie Hühnerbrust oder Lachs liefern ausreichend Tyrosin. Tests in der US-Armee haben gezeigt, dass vermehrte Zufuhr von Tyrosin die Soldaten entscheidungsfreudiger und frei von Stress und Ängsten machte.

Grundfalsch wäre es allerdings, nun anzunehmen, dass Brot, Kartoffeln, Reis, Nudeln und Gemüse die reinsten Schlafmittel wären. Es ist anders. Wenn wir den Körper mit einem Automobil vergleichen, stellt Tyrosin sozusagen die Zündkerzen dar. Den Treibstoff bezieht der menschliche Motor aber aus den mit Tryptophan angereicherten Kohlenhydraten. Denn diese steigern die geistige Leistungsfähigkeit, weil sie den Zucker, die Glukose, als grundlegende Energie für das Gehirn liefern. Das Gehirn, das nur etwa ein Fünfzigstel des Körpergewichts ausmacht, verbraucht immerhin ein Fünftel unserer gesamten täglichen Nahrungsenergie, und dies überwiegend in Form von Zucker.

Herbe Süße fürs Gehirn

Damit das Gehirn konstant und gleichmäßig mit solchem Zucker versorgt wird, sollte die Nahrung so viel komplexe Kohlenhydrate, also Mehrfachzucker, wie nur möglich enthalten. Das sind die Kohlenhydrate aus Reis, Gemüse, Kartoffeln, Obst und Nudeln. Denn das Gehirn liebt es nicht zuckersüß, es braucht vielmehr herbe Süße. Schon weiter oben wurde darauf hingewiesen, dass Einfachzucker aus Süßigkeiten den Organismus zwar kurzfristig mit Zucker überschwemmen, aber nicht nachhaltig genug wirken, und auch die Bauchspeicheldrüse wird dabei über Gebühr strapaziert.

Johanniskraut wirkt beruhigend und hilft vorzüglich gegen Winterdepression.

Kalzium bringt die Ruhe

Achten Sie auf ausreichende Kalziumzufuhr. Denn Kalzium ist ein wichtiges Element in der Steuerung der Gehirn- und Nervenbotschaften. Es verhindert Reizstauungen und zählt deshalb zu den besten natürlichen Beruhigungsmitteln, die man sich denken kann – und ganz ohne jegliche Nebenwirkung. In der Tierwelt wurde beobachtet, dass etwa

Die Kartoffelpflanze ist ein Nachtschattengewächs. Unreife Kartoffeln enthalten das Pflanzengift Solanin, das ernsthafte Krankheiten auslösen kann.

Hasen oder Rehe nach einer Verfolgungsjagd, der sie glücklich entkommen waren, gezielt kalziumreiche Kräuter wie Dill, Majoran, Salbei oder Thymian fraßen. Für den Menschen erfüllt eine Portion von 100 Gramm Emmentaler, Gouda oder Magerkäse den gleichen Zweck.

Das Vitamin zum Denken

Zitrusfrüchte, Spinat, Brokkoli und Zwiebeln, grüne Erbsen und Kohlrabi, Weißkraut, Paprika, Tomaten und Kartoffeln haben eines gemeinsam: Sie machen gute Laune. Weil sie nämlich große Mengen Vitamin C enthalten. Und dieses Vitamin C braucht das Gehirn für die Bildung des Glückshormons Noradrenalin. Das ist der Stoff, der uns wach, gut gelaunt und leistungswillig macht. Wenn aus Phenylalanin der Eiweißstoff Tyrosin, aus diesem dann Dopamin und schließlich Noradrenalin gebildet wird, ist Vitamin C an all diesen Entwicklungsstufen beteiligt. Vitamin C ist das Denkvitamin schlechthin. Wir wissen heute, dass Vitamin C im Gehirn 10- bis 15-mal stärker konzentriert ist als im Blut. Das liegt u. a. daran, dass es die empfindlichen Gehirnzellen an Ort und Stelle vor dem Angriff der freien Radikale zu schützen und auf diese Weise jung und leistungsfähig zu halten vermag.

Insofern hatte der Nobelpreisträger Linus Pauling recht, der Vitamin C zum wichtigsten Vitamin überhaupt erklärte. Er selbst nahm Tag für Tag Askorbinsäure in Grammdosierungen ein, wurde 92 Jahre alt und arbeitete bis in dieses hohe Alter jeden Tag an seinen wissenschaftlichen Studien.

Topinamburen sind vitamin- und ballaststoffreiche Muntermacher.

Fein reguliert

GEISTIG FIT DURCH AROMAÖLE

Angenehme Düfte wirken über das so genannte limbische System mittelbar auf das Gehirn. Wir können Körper und Geist daher auch mit Duftölen fit machen.

- Erfrischend und anregend wirken die Duftöle von Rosmarin, Basilikum, Salbei, Pfefferminze, Eukalyptus und Lemongras.
- Wer zunächst seine Nervosität bekämpfen muss, um sich überhaupt konzentrieren zu können, für den empfehlen sich die Duftöle von Anis, Bergamotte, Lavendel, Majoran, Melisse, Neroli, Orange und Sandelholz.

Altersbremse fürs Gehirn

Die Altersbremse des Gehirns beruht noch auf einem anderen Stoff: Vitamin E. Gemeinsam mit dem Spurenelement Selen verhindert Vitamin E alterungsbedingte Veränderungen, die normalerweise in Gehirnzellen auftreten. Vitamin E schützt zudem die roten Blutkörperchen vor Alterung und stellt damit den Sauerstofftransport ins Gehirn sicher. Da das Gehirn einen äußerst hohen Sauerstoffbedarf hat, wird es doppelt so stark durchblutet wie der Herzmuskel. Deshalb ist ein vitaminreicher Salat, angemacht mit etwas Weizenkeimöl, Distelöl oder Sonnenblumenöl, eine wahre Verjüngungskur für das Gehirn. Wer seinen Vitamin-E-Bedarf durch Präparate decken möchte, sollte solche wählen, die nicht nur den wichtigen Vitamin-E-Wirkstoff Alpha-Tokopherol, sondern nach Möglichkeit auch Beta-, Gamma- und Delta-Tokopherol enthalten.

Spannkraft aus dem Tee

Das ideale Getränk für die geistige Topform ist übrigens schwarzer oder grüner Tee. So viel auch über Genussgifte wie Koffein gelästert wird: Das im Tee enthaltene, nur allmählich im Körper wirksam werdende Koffein (das Teein) stärkt die geistige Leistungsfähigkeit, ohne schlagartig aufzuputschen. Kaffee wirkt zwar viel schneller als Tee, doch seine Wirkung verfliegt auch rascher. Außerdem wird Kaffee wegen seiner magenreizenden Röststoffe nicht von allen Menschen gleichermaßen gut vertragen. Zudem enthält Tee gesundheitsfördernde Stoffe, so genannte Polyphenole, die mit den Vitaminen C und E in der Krebsabwehr zusammenarbeiten. Sie beschleunigen den Fettabbau im Körper und senken darüber hinaus die Konzentration des schädlichen Cholesterins im Blut.

Warum Gemüse fröhlich macht

Spinat, Weizenkeime, Sojaprodukte, Endiviensalat, Brokkoli, Kartoffeln, Spargel, Linsen, Vollkornbrot und Blumenkohl – zumindest eines dieser Nahrungsmittel sollte regelmäßig auf den Tisch kommen. Denn dann wird das Zentralnervensystem optimal mit Nährstoffen versorgt. Entscheidend dafür ist nicht nur Vitamin C, es ist ein weiteres Vitamin, das früher einmal unter der Bezeichnung »Vitamin B10« oder »Vitamin M« firmierte; heute sagt man einheitlich Folsäure dazu (siehe Seite 68). Dieser Biostoff gehört zur großen Gruppe der B-Vitamine.

Der Begriff »Folsäure« ist abgeleitet von dem Lateinischen »folia«, was Blatt bedeutet. Denn die Folsäu-

Putenbrust, mit süßen Früchten zubereitet, gehört zu den asiatischen Spezialitäten, die den Organismus nicht belasten.

re kommt vor allem in grünen Blattgemüsen und Blattsalaten vor, außerdem in Getreide und Obst. Bei Mensch und Tier wird Folsäure vor allem in der Leber gespeichert, weshalb Kalbs- und Schweineleber mit ihrem hohen Gehalt an diesem Vitamin als vorzügliche Lieferanten von Folsäure gelten.

Folsäure ist ein Wachstumsvitamin, das auch die Nerven schützt und stärkt. Wenn Hühner an Folsäuremangel leiden, legen sie weniger Eier. Haben Insekten einen Folsäuremangel, verlängert sich ihr Larvenstadium. Beim Menschen führt der Mangel zu Blutarmut (Anämie) und Nervenschäden.

Der menschliche Körper kann Folsäure sogar selbst herstellen, und zwar im Dickdarm. Dennoch leiden viele Menschen, besonders Frauen in der Schwangerschaft, unter Folsäuremangel. Denn offenbar verwertet der Körper die Folsäure aus der Nahrung im Dünndarm weit besser als das in tieferen Darmabschnitten gebildete Vitamin. Außerdem können Verdauungsstörungen die Folsäuresynthese im Darm beeinträchtigen oder ganz verhindern. Das ideale Folsäurefrühstück wäre: ein Müsli mit einem Esslöffel Weizenkeimen und etwas frischem Obst vermischt, danach ein Ei mit Vollkornbrot. Frauen in der Schwangerschaft oder Stillzeit sollten unbedingt auf ausreichende Zufuhr achten.

Brotbacken ist relativ einfach, nur sollte man darauf achten, stets frische und unbehandelte Getreidekörner zu verwenden.

Balsam für die Nerven

Ein weiteres Vitamin aus der B-Gruppe, nämlich Vitamin B12, das z. B. in Leber, Eiern und Käse vorkommt, ist sozusagen Balsam für die Nerven. Vitamin B12 wird wegen seiner blut- und nervenstärkenden Wirkung sogar als Medikament bei Nervenentzündungen und bei Blutmangel eingesetzt.

Vegetarier, die grundsätzlich auch Milchprodukte und Eier ablehnen, können einen chronischen Vitamin-B12-Mangel entwickeln, der sich anfangs noch unspezifisch in Müdigkeit und später in Entzündungen im Mund oder Taubheitsgefühlen in Armen oder Beinen äußert. Die Symptome können zu schwer wiegenden Lähmungen führen.

Alkoholiker, schwangere Frauen und Leberkranke brauchen besonders viel Vitamin B12. Dabei ist die Bezeichnung »viel« relativ. Denn pro Tag braucht der Mensch nur drei bis vier Mikrogramm, um gesund zu bleiben. Der Gehalt von einem Ei

Neben Vollkornprodukten, Rosinen, schwarzem Pfeffer und Pilzen enthält auch Naturreis besonders viel Chrom.

dürfte rein rechnerisch demnach für drei Tage reichen. Und 100 Gramm Emmentaler decken den Bedarf für eine Woche.

Vitamine aus dem Meer

Wer es exotisch und vegetarisch liebt, kann seinen Vitamin-B12-Bedarf jederzeit aus japanischen Spezialitäten decken: mit Gerichten aus Meeresalgen. In Japan stehen Algendelikatessen wie Nori, Wakame, Hiziki oder Kombu schon seit 1000 Jahren auf dem Speiseplan.

Insgesamt gibt es über 30 000 verschiedene Algenarten in den Weltmeeren. Einige davon sind ausgesprochen giftig. Nur ca. 100 Arten eignen sich zum Verzehr. Sie werden im Fernen Osten in Meeresgärten gezüchtet.

Algen sind nicht nur vitaminreich, sie liefern auch Mineralstoffe wie Eisen, Phosphor, Kalium und Magnesium, darüber hinaus Spurenelemente wie Jod. Die Alge Hiziki enthält beispielsweise 14-mal mehr Kalzium als normale Kuhmilch. Wegen ihres Reichtums an basischen Pufferstoffen wirken Algen einer Übersäuerung des Organismus entgegen. Und schließlich haben sie noch eine unschätzbare Eigenschaft: Sie können Umweltschadstoffe wie Schwermetalle oder auch radioaktive Partikel aus dem Körper entfernen. Das liegt an ihrer Bauart. Sie sind nämlich von einer Membran umgeben, die sie in die Lage versetzt, Nährstoffe aus dem Meereswasser aufzunehmen. Im menschlichen Körper wird diese Membran aktiv, um Blei, Kadmium, Quecksilber oder radioaktives Zäsium zu speichern, das dann zusammen mit den unverdaulichen Faserstoffen der Algen ausgeschieden wird.

Vollkornbrötchen auf dem Vormarsch: Sie werden immer häufiger und lieber verzehrt.

Chrom bringt Glanz ins Leben

Chrom macht aus einem ewig müden Miesepeter einen regelrechten Strahlemann, denn es hilft uns, den Stoffwechsel zu normalisieren. Chrom schützt vor Diabetes und wirkt günstig auf die Kohlenhydratverwertung. Wer viel Süßes isst oder trinkt, hat demzufolge einen erhöhten Bedarf, das Gleiche gilt für Personen, die sich von Fertigkost ernähren. Dabei würden dem Körper schon 80 Mikrogramm pro Tag genügen. Kein Wunder, wenn heutzutage immer mehr Menschen ab dem 40. Lebensjahr Probleme mit ihrem Blutzucker bekommen.

Wer vorbeugen will, sollte sich regelmäßig einen Teelöffel Bierhefe gönnen.

Schlemmen Sie sich in den Schlaf

Viele Menschen trinken eine Tasse warme Milch vor dem Schlafengehen. Dieses uralte Hausrezept hilft gegen Schlafstörungen, denn die Milch enthält zwei natürliche Schlafmittel. Das ist nun keine ausschließliche Besonderheit der Milch. Genauso gut könnte jemand mit Einschlafproblemen einen Teller Spaghetti mit Pesto zum Abendessen nehmen und zum Nachtisch eine Banane oder einen mit Spinat gefüllten Pfannkuchen. Oder zwei mit Erdnussbutter bestrichene Brote. Es kommt nämlich in erster Linie darauf an, dass die Nahrung am Abend ausreichend viel Kalzium und genügend von der Aminosäure Tryptophan enthält. Beide wirken auf ihre Weise wie Beruhigungsmittel. Und beide sind zur Genüge in Nudeln, Brot, Bananen, Erdnüssen, Spinat und Milch enthalten. Es kommt also nicht auf die Temperatur oder etwa den Fettgehalt der warmen Milch an, sondern auf diese beiden Inhaltsstoffe:

- Kalzium beeinflusst die Nervenleitfähigkeit. Bei der Reizübertragung wirken auch Natrium und Kalium mit dem Kalzium eng zusammen. Liegt ein Kalziummangel vor, dann kommt es zu nervös-ängstlicher Unruhe, zu neuromuskulären Ausfallerscheinungen und eventuell sogar zu schweren Psychosen. Damit sind auch Schlafschwierigkeiten vorprogrammiert.
- Tryptophan ist eine essenzielle, also lebensnotwendige Aminosäure, die der Körper nicht selbst bilden kann. Sie kann aber aus Pflanzen oder Milch gewonnen werden. Bei bestimmten Fällen von Schlafstörungen wird sie sogar ganz gezielt als Schlafmittel verabreicht.

Besser schlummern mit Tryptophan

An der Tufts University in Boston (USA) wurden beispielsweise Versuche mit Testpersonen gemacht, die

Bandnudeln sind reich an der schlaffördernden Aminosäure Tryptophan.

Die ursprünglich in Japan beheimatete Kaki ist eine süß schmeckende, cremige Dattelfrucht. Sie enthält den beruhigenden Wirkstoff Tryptophan.

Sollen Muntermacher oder Schlummerhilfen auf den Teller?

Ob eine Speise einschläfernd wirkt, hängt von ihrem Typtophan-Tyrosin-Verhältnis ab. Je höher der Tryptophangehalt, desto müder wird man.

Nahrungsmittel	Gehalt an Tryptophan (mg)	Gehalt an Tyrosin (mg)	Verhältnis Tryptophan : Tyrosin
Milch	50	180	1 : 3
Joghurt	45	180	1 : 4
Emmentaler	430	1610	1 : 4
Eier	230	590	1 : 2,5
Kalbfleisch	350	765	1 : 2
Rindfleisch	295	880	1 : 3
Schweinefleisch	270	850	1 : 3
Lachs	260	720	1 : 3
Reis	90	260	1 : 3
Kartoffeln	30	80	1 : 3
Brokkoli	35	–	–
Wirsing	30	–	–
Auberginen	11	–	–
Bohnen, weiß	230	970	1 : 4
Linsen	250	840	1 : 3,5
Sojabohnen	450	1250	1 : 3
Heidelbeeren	10	–	–
Orangen	7	13	1 : 2
Bananen	18	20	1 : 1
Datteln	50	30	2 : 1

große Einschlafschwierigkeiten hatten, wenn sie an fremden Orten schlafen mussten. Die Mediziner fanden heraus: Tryptophan hilft beim Einschlafen, und zwar gleich gut, ob die Testpersonen ein oder drei Gramm davon erhalten hatten. Es kommt also nicht so sehr auf die Höhe der Dosis als auf das Vorhandensein von Tryptophan überhaupt an.

Prof. Radulovski von der Universität von Illinois (USA), der ein Schlaflabor leitet, fasst die Rolle der Aminosäuren im Schlaf-wach-Rhythmus zusammen: »Alle Aminosäuren konkurrieren um das Eindringen ins Gehirn. In diesem Fall geht es um Tryptophan und Tyrosin. Wenn Tryptophan gewinnt, kommt der Schlaf oder die Schläfrigkeit. Behält Tyrosin die Oberhand, dann kommt die Wachheit. Wenn man also den Gehalt an Tryptophan und Tyrosin in der Nahrung kennt, kann man die Müdigkeit nach dem Essen recht gut steuern: Man kann sie fördern – oder verhindern.« Wer einen Blick auf oben stehende Nährstofftabelle wirft, sieht auf Anhieb: In nahezu allen eiweißhaltigen Nahrungsmitteln sind sowohl Tryptophan als auch Tyrosin enthalten, und zwar in unterschiedlichen Verhältnissen. Meist beträgt das Verhältnis Tryptophan zu Tyrosin etwa 1 : 3. In manchen Nahrungsmitteln ist bis zum Zehnfachen so viel Tyrosin wie Tryptophan enthalten – das sind die ausgesprochenen Muntermacher. In anderen Nahrungsmitteln wiederum beträgt das Verhältnis 1 : 2 oder 1 : 1,

Ein Glas Milch (am besten angewärmt) vor dem Schlafengehen fördert einen gesunden, langen und erholsamen Schlaf.

nur wenige enthalten ausschließlich Tryptophan, aber gar kein Tyrosin.

Nachdem Bananen und Milch, in denen das Verhältnis 1 : 1 bzw. 1 : 3 beträgt, ausgesprochen beruhigend wirken, muss man davon ausgehen, dass schon ein relativ niedriger Tryptophananteil pro 100 Gramm ausreicht, um ein Nahrungsmittel bei den Schlummerhilfen einzustufen. Zumal, wenn zugleich hochwertige, komplexe Kohlenhydrate zugeführt werden. Die nämlich sind entscheidend bei der Verarbeitung des Tryptophans. Deshalb ist einem Teller Nudeln oder einer nicht allzu fetten Zwischenmahlzeit der Vorrang vor üppigen Fleischspeisen zu geben, wenn man müde werden will. Darüber hinaus ist auf den Gehalt an den Vitaminen B6 und B12 sowie Niazin zu achten, die in ihrer positiven Wirkung auf Nerven und Schlaf gar nicht hoch genug einzuschätzen sind.

Aus Tryptophan wird Melatonin

Auf welche Weise das Tryptophan wirkt, hat man mittlerweile erforscht: Die Aminosäure wird im Gehirn in Serotonin umgewandelt. Aus diesem Nervenbotenstoff stellt die Zirbeldrüse anschließend den Wirkstoff Melatonin her. Dieses Hormon unterdrückt die Wachheit. Deshalb hat sich Melatonin in den letzten Jahren zu einer Art Modedroge für Menschen mit Schlafproblemen entwickelt, speziell bei Jetlag, also bei Beschwerden aus Zeitverschiebungen nach Fernflügen. Melatonin ist zwar ein körpereigener Wirkstoff, der jedoch bei therapeutischer Anwendung in höheren Dosierungen verabreicht wird, wie sie der Körper in Wochen oder Monaten nicht herstellen könnte. Da Langzeitstudien mit Melatonin in dieser Eigenschaft als Medikament noch ausstehen, wird von Ärzten immer wieder vor unkontrollierter Einnahme gewarnt. Schaden kann es jedoch nichts, mit Messer und Gabel der körpereigenen Bildung dieses Stoffs behutsam nachzuhelfen.

Dazu verhelfen aber nicht nur Auberginen- und Brokkoligerichte, Bananen oder Milch, sondern auch ein möglichst gleichmäßiger täglicher Lebensrhythmus. Schlafmediziner empfehlen deshalb:

- Zu frühe Schlafzeiten vermeiden
- Tagsüber so aktiv wie möglich sein
- Sich vor allem dem Tageslicht intensiv aussetzen

Das Sonnenlicht hat eine starke Schrittmacherwirkung auf die Zirbeldrüse. Wenn der Tag sich neigt und der Abend dämmert, beginnt sie aus Serotonin das Melatonin herzustellen. Dies funktioniert umso besser, je intensiver tagsüber helles Licht über die Augen auf das Gehirn eingewirkt und so die Melatoninbildung gebremst hat.

Mit anderen Worten: Wer sich den ganzen Tag in der dämmrigen Stube vor dem Fernseher räkelt, muss sich nicht wundern, wenn er am Abend nicht gut einschlafen kann. Ihm fehlt der Sonnenlichtimpuls, der nicht nur den täglichen Biorhythmus stabilisiert und erholsamen Schlaf herbeiführt, sondern der auch trübe Gedanken und depressive Stimmungen verscheucht. Man sollte auch deshalb dem Körper ein tägliches »Lichtbad« gönnen.

Auberginen gehören zu den ausschließlich tryptophanhaltigen, also schlaffördernden Nahrungsmitteln.

Niazin spart Tryptophan

Schlafstörungen, Konzentrationsschwäche und nervöse Störungen können Menschen bekommen, die unzureichend Tryptophan und zugleich zu wenig Niazin (Vitamin B3) erhalten. Dann nämlich wird Tryptophan im Körper in Niazin und nicht in schlaffördernde Botenstoffe umgewandelt. Dem Niazin wird der Vorrang gegeben, weil es für die Energiegewinnung in den Körperzellen benötigt wird. Nicht nur mageres Fleisch, Leber, Fisch und Geflügel sind gute Niazinlieferanten; auch die schon erwähnte Bierhefe bringt genügend davon – und dazu eine Reihe weiterer B-Vitamine.

Dazu zählt Vitamin B6, das im Entstehungsprozess des Melatonins eine Rolle spielt. Es beeinflusst die Glukoseversorgung der Nervenzellen und wirkt damit an der Umwandlung von Tryptophan in Serotonin und Melatonin mit. Ein Mangel wirkt wie schwerer Stress, fördert die Neigung zu psychischen Erregungszuständen wie Aggressionen oder Depressionen. Dies alles sind Faktoren, die einen erholsamen Schlaf nicht gerade fördern.

Ein natürlicher Schlaftrunk

Bananenmilch

Zutaten
1/4 l fettarme Milch • 2 EL Honig • 1 Banane
Zubereitung
1 Milch in einem kleinen Topf (oder in der Mikrowelle) erhitzen, Honig einrühren, das Ganze mit der Banane in den Mixer geben und verrühren.
2 Nach Belieben mit Zimt oder Muskat würzen. Etwa 1 Stunde vor dem Schlafengehen trinken. Milch, Honig und Banane liefern Tryptophan sowie einfache und komplexe Zucker. Das Insulin, das danach von der Bauchspeicheldrüse ausgeschüttet wird, macht den Weg frei für die einschläfernden Folgestufen des Tryptophans.

Nahrung für die Nerven

Vitamin B12 ist ebenfalls für erholsamen Schlaf wichtig. Dieses Nervenvitamin wird u. a. auch für den Transport von Nervensignalen benötigt und ist indirekt an der Produktion des Schlafhormons Melatonin in der Hirnanhangsdrüse beteiligt. Schlafforscher an der Universität Göttingen haben festgestellt, dass bei Schlafstörungen die Verabreichung von Vitamin B12, kombiniert mit einer Lichttherapie, sehr gut wirkt. Vitamin B12 ist die reinste Wohltat für die Nerven. Dabei muss noch nicht einmal der Spiegel im Blut auffällig niedrig sein. Es reicht offenbar schon ein leichter Vitamin-B12-Mangel aus, um Schlafstörungen zu erzeugen.

Liebe geht wirklich durch den Magen

Man nehme: 100 Gramm Truthahnbrust in Aspik oder 50 Gramm gewürfelten Tofu, eine Knoblauchzehe, ein Bund fein gewiegte Petersilie, ein paar gehackte Erd- und Walnüsse, schneide eine Knolle Fenchel und eine halbe Zwiebel in feine Streifen, gebe eine zerkleinerte rote Paprikaschote dazu, bereite eine Marinade aus Estragonessig und Weizenkeimöl und mische das Ganze mit schwarzem Pfeffer und etwas Salz – fertig ist das »Liebesgeflüster«. Ein Imbiss, der auf Männer wie Frauen erotisierend wirkt.

Woher man das weiß? Die Ernährungsforscher sind inzwischen der physischen Chemie der Liebe und Lust ein wenig auf die Schliche gekommen. Jedenfalls ist unbestritten, dass sich erotische Gefühle, Liebesbereitschaft und Lustempfinden sehr wohl mit ausgewählten Speisen steigern lassen.

Echte und falsche Lustspender

Allerdings gilt es als erstes, wirkliche Lustspender zu trennen von Speisen, die etwa nur aufgrund ihrer Form oder Farbe oder wegen eines Aberglaubens im Ruf stehen, das männliche Stehvermögen und die Libido bei beiden Geschlechtern zu fördern. Das galt beispielsweise für den aufrechten Spargel, die glibbrigen Austern oder die leuchtend roten Tomaten, die im Volksmund ja auch Liebesäpfel genannt werden.

Zum zweiten muss man eine Reihe von Nahrungsmitteln eingrenzen, die mit Hilfe ihrer Aromen, Wirkstoffe oder ätherischen Öle die Sinne ähnlich stimulieren wie erotische Gemälde oder anregende Duftwässer: In diese Gruppe gehören bestimmte Gewürze und Gemüsesorten, etwa Liebstöckel, Estragon, Petersilie, Anis, Fenchel, Kümmel, Vanille, Majoran, Muskat, Zimt und Kardamom. Unser Geruchs- und Geschmacksempfinden ist immerhin direkt mit jenem Teil des Gehirns verknüpft, in dem auch die sexuelle Aktivität gesteuert wird: mit der Hirnanhangsdrüse oder Hypophyse.

Die ätherischen Öle Apiol und Myristizin in der Petersilie fördern das Lustempfinden.

Petersilie bringt das Blut in Wallung

Eine dritte Sorte von Nahrungsmitteln bzw. Wirkstoffen kann direkt Einfluss nehmen auf Grad und Stärke der Durchblutung im Beckenbereich, wodurch die Potenz beim Mann und die Liebesbereitschaft der Frau gesteigert werden können, beispielsweise Petersilie.

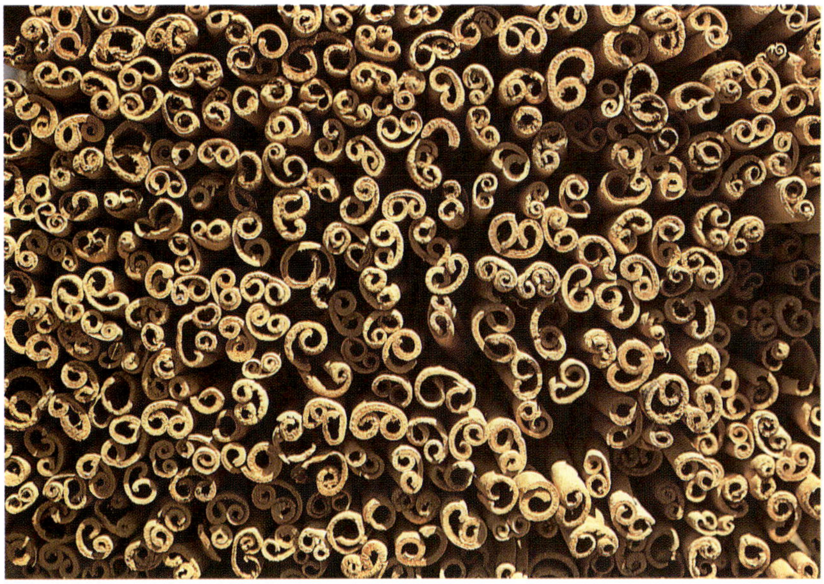

Zimt zeichnet sich durch sein unverwechselbares Aroma aus, außerdem wird ihm eine aphrodisierende Wirkung nachgesagt.

Fett macht schlapp

Schließlich kann auch eine falsche Ernährungsweise indirekt zu einer Verkümmerung der sexuellen Interessen und zum Verlust der Potenz führen: Dann kommt es zu Übergewicht, gepaart mit hohen Blutfettwerten, die zu einer Schädigung und Verengung der Blutgefäße führen. Dadurch werden nicht nur Verschlüsse der Herzkranzgefäße oder Störungen der Blutversorgung im Gehirn – und damit Herzinfarkt und Schlaganfall – gefördert; auch die Durchblutung der Geschlechtsorgane kann erheblich behindert werden.

Um diesen Punkt noch etwas zu vertiefen: Übergewicht ist in weit mehr Fällen als angenommen die wirkliche Ursache für sexuelle Störungen. Einen der Gründe hat im Übrigen auch eine Studie nachgewiesen, die von Medizinern in Genf gemacht wurde. Ergebnis: Fett macht schlapp. Beim Vergleich fettsüchtiger und normalgewichtiger Menschen stellte sich heraus, dass Dicke ein sehr viel dürftigeres Sexualleben hatten als Schlanke. Eine wichtige Rolle spielen dabei seelische Gründe, denn Übergewichtige haben oft ein gestörtes Verhältnis zu ihrem Körper. Beispielsweise hatten die übergewichtigen Männer durchaus keine Potenzstörungen, aber eine deutlich verringerte Libido.

Dass die Senkung der Blutfettwerte durch eine allgemeine gesunde Ernährung auch für das Sexualleben wichtig ist, betonen Sexualmediziner immer wieder. Denn krankhaft hohe Cholesterinwerte gehen besonders häufig mit Impotenz einher, fanden Wissenschaftler der Universität in Boston (USA) heraus: »Genau wie der Herzmuskel gesunde und freie Blutgefäße benötigt, um mit ausreichend Sauerstoff und Nährstoffen versorgt zu werden, braucht auch der männliche Penis gesunde Blutgefäße, um eine Erektion zu bilden«, sagt Professor Irwin Goldstein. »Es kann zu einem regelrechten Infarkt im Penis kommen, wenn sich dort ein Blutgerinnsel bildet. Und das führt zur Impotenz.«

Dem Übergewicht und den Blutfetten kommt man am besten durch fettarme Kost bei. Erfolge bei der Gewichtsreduktion wirken sich positiv auf das Liebeserleben aus, weil die negative Wirkung der Fettsäuren abnimmt. Sie hemmen die Bildung des männlichen Hormons Testosteron.

Rezepte gegen »tote Hosen«

Eine gesunde Hormonbildung aber können wir über die Nahrung erheblich beeinflussen. Das ist jedenfalls besser, als auf Hormonpräparate zur

Steigerung der Lust und Begierde zu vertrauen. Denn die können auf Dauer genau das Gegenteil bewirken. Seit Bodybuilder und Leistungssportler zur Förderung ihrer körperlichen Leistung auf Testosteronpräparate zurückgegriffen haben, sind die Folgen des Dopings bekannt. Die Athleten mussten nach längerer Anwendung solcher Präparate das Syndrom der »toten Hosen« erleben, nämlich eine Verkümmerung der Hoden, Erektionsschwäche und quantitative sowie qualitative Verluste bei der Spermienbildung.

Für die ganz natürliche Herstellung von Botenstoffen und Hormonen, die unsere Liebesfähigkeit steuern, sind vor allem zwei Eiweißbausteine, nämlich Arginin und Histidin, verantwortlich. Außerdem werden die Spurenelemente Zink, Mangan und Selen benötigt.

Quitten zählten in der Antike zu den Aphrodisiaka: Den Griechen waren sie Fruchtbarkeitssymbol, die Römer schätzten ihren erotisierenden Duft und stellten aus dem Öl der Früchte Parfüm her.

- Arginin fördert u.a. den Blutzufluss in die Sexualorgane.
- Histidin gilt als Schlüssel zum Liebesleben und zum Orgasmus. Es ist beteiligt an der Bildung des Gewebehormons Histamin, das nicht nur allergische Reaktionen begünstigt, sondern auch beim Liebesakt die Gefäße erweitert und die Empfindsamkeit bedeutend steigert.
- Zink greift in den Syntheseprozess von Histamin aus Histidin ein, denn dafür ist ein Enzym erforderlich, das ohne dieses Spurenelement nicht aktiv wird. Zink erweist sich damit, ebenso wie Selen und Mangan, als überaus wichtiger Biostoff und Schrittmacher für viele Enzymvorgänge im Körper, vor allem jedoch bei der Bildung der Liebes- und Fortpflanzungshormone.
- Mangan, ebenfalls unentbehrlich für die Histaminbildung, sorgt zusätzlich für die Entstehung des Nervenbotenstoffs Dopamin, der seinerseits eine wichtige Voraussetzung für die Bildung des Hormons Noradrenalin ist. Dieses macht uns bereit für positive Stimmungen – Grundvoraussetzung für die Liebe.

Beliebtestes Gewürz im Europa des Mittelalters: Die leicht bitter schmeckende Muskatnuss wirkt kreislaufanregend.

Lebensmittel, die diese Substanzen enthalten, können folglich mehr zu einem befriedigenden Sexualleben beitragen als so manch viel gepriesene Tropfen dubioser Herkunft. Nicht selten sind so genannte potenzsteigernde Mittel vollkommen wirkungslose Mischungen.

Was macht müde Männer munter?

Die für ihren hohen Zinkgehalt gerühmte potenzsteigernde Auster rangiert in der Liste kulinarischer Lustspender auf Platz 14, weit hinter Emmentaler und Walnüssen. Karotten konnten sich in der Tabelle der erotisierenden Nahrungsmittel auch nicht platzieren.

Vielmehr verschaffen ein Erbseneintopf, ein Sojagericht, ein Chili con Carne oder ein Hummerschmaus mit Champagner einen intensiveren Liebesgenuss als so manche Aphrodisiaka aus dem unerschöpflichen Reservoir der Volksarzneien. Paranüsse sind, wie man in der Tabelle sieht, nicht nur gute Spender von Aminosäuren, sondern auch von Mangan und Selen. Und wer sich einen Zinkstoß versetzen will, kann sich an Emmentaler erfreuen.

Unter den sexuell anregenden Düften finden sich Sandelholz, aber auch die Aromen von Nelken, Safran und Vanille. Rosenduft und Lakritze sind ebenfalls libidosteigernd.

Aphrodisiaka mal anders – die besten kulinarischen Lustspender

Die Eiweißstoffe Arginin und Histidin fördern das Lustempfinden. Folgende Lebensmittel wirken sexuell anregend.

Nahrungsmittel	Arginin (mg/100 g)	Histidin (mg/100 g)
Aspik/Gelatine	7450	610
Erbsen	3710	770
Erdnüsse	3460	710
Mandeln	2750	520
Sojakeime	2360	830
Paranüsse	2120	350
Walnüsse	2090	360
Bohnen, weiß	1490	700
Emmentaler	1000	1020
Kalbfleisch	1400	740
Lachs	1330	660
Hummer	1320	350
Weizen	620	280
Austern	680	210
Naturreis	600	190
Knoblauch	615	115
Meerrettich	605	50

Interessanterweise haben Forscher in Chicago herausgefunden, dass am stärksten von allen Erregungsdüften auf Männer der Geruch von Kürbispastete wirkte. Sie reizte nicht nur die Lust, sondern erhöhte die Blutzufuhr zum Penis messbar um 40 Prozent. Möglicherweise hat diese Wirkung aber auch etwas mit dem amerikanischen Brauch zu tun, zur Feier des Thanksgiving Day einen Kürbiskuchen zu servieren.

Pflanzliche Hormone

Fenchel, Petersilie und Kümmel stehen nicht ohne Grund auf der Liste der liebesfördernden Gewächse. Bei der Petersilie sind es die ätherischen Öle Apiol und Myristizin, die den Blutzustrom in den Unterleib steigern. Offenbar spielt dabei auch ihre östrogene Wirkung eine Rolle. Denn Petersilie, Anis, Fenchel und Kümmel enthalten pflanzliche Hormone, die die Libido beeinflussen.

Vorbeugen, gesund bleiben

Krankheiten sind stets Ausdruck für einen aus dem Gleichgewicht geratenen Organismus. Sobald der Körper überlastet wird, versucht er das entstandene Defizit auszugleichen. Langfristig kann dies zu schweren Schäden führen. Dem kann man vorbeugen, indem man den Körper mit all den Biostoffen versorgt, die er zur Erhaltung der Gesundheit so dringend benötigt.

Allergien

Ackerschachtelhalm, auch Zinnkraut genannt, dämpft die Schwellung der Schleimhäute.

Allergien sind abweichende Reaktionen des Organismus auf körperfremde Stoffe. Egal ob Heuschnupfen, Hausstauballergie, Asthma oder Schleimhautentzündung, die biologischen Hintergründe für Allergien sind immer dieselben: Die Mastzellen im Immunsystem eines Allergikers setzen beim Kontakt mit bestimmten, meist unschädlichen Substanzen oder Mikroorganismen zu viele Histamine frei.

Histamine

Diese Gewebehormone werden vom Stoffwechsel unter Beteiligung von Vitamin B6 in so genannte Mastzellen eingelagert. Mastzellen sind weiße Blutkörperchen, die in äußerst hoher Konzentration in den Wänden der Blutgefäße sitzen. Sie schütten Histamine aus, wenn in den Organismus eingedrungene Viren oder Bakterien geortet werden. Die Histamine erweitern dann die Blutgefäße, um die antikörperbildenden Plasmazellen (B-Lymphozyten) und die T-Lymphozyten, die Antigene binden, schneller an ihren Einsatzort gelangen zu lassen. Sie verengen die Bronchien, um die weitere Einatmung von Fremdkörpern wie z. B. Pollen oder Mehlstaub zu beeinträchtigen.

Wenn z. B. ein Insekt zusticht, schütten die Mastzellen an der betroffenen Stelle Milliarden Histaminmoleküle ins Blut. Diese aktivieren eine Fülle von Immunkörpern, es kommt zu Schwellungen, Entzündungen und Juckreiz. Bei Allergikern jedoch tun die Histamine zu viel des Guten, es kommt zu überschießenden Reaktionen: Die Schleimhäute schwellen an, und in die Nasenlöcher wird zu viel Gewebewasser gedrückt, der für Allergien typische Schnupfen entsteht. Die Bronchien werden überdurchschnittlich verengt, Atemprobleme sind die Folge, oft kommt auch noch Husten hinzu.

Allergien und ihre häufigsten SYMPTOME

Neben Verdauungsstörungen wie Blähungen und Durchfall können Fieber, Schleimhaut- und Lippenbläschen Ausdruck allergischer Reaktionen sein, außerdem Gelenkschwellungen und Kopfschmerzen

Heuschnupfen

- Tränende, juckende, gerötete Augen; gesteigerte Nasensekretion, Nieszwang; asthmatische Anfälle; erhöhte Temperatur; Nesselsucht

Nesselsucht

- Hellrote, linsen- bis münzgroße Schwellungen im Unterhautgewebe, die sich binnen weniger Minuten entwickeln und stark jucken

Asthmatische Anfälle

- Stoßartige Einatmung ohne entspanntes Ausatmen; Enge- und Druckgefühl in der Brust; krampfartiger Husten; Erstickungsängste

Die Verursacher

Auf die Frage »Was wirkt allergen?« gibt es tausende von Antworten:

- Farb-, Parfüm- und Konservierungsstoffe
- Insektenstiche und Ameisenbisse
- Hausstaub
- Pollen von Gräsern, Bäumen, Sträuchern und Kräutern

Nur ein Allergietest kann aufzeigen, gegen welche Reizstoffe (Allergene) unser Organismus empfindlich ist. Im Übrigen können Allergien auch psychische Ursachen haben: Achten Sie darauf, ob Sie auf ein Gegenüber »allergisch« reagieren.

Natürliche Helfer

Jede allergische Erkrankung ist das Resultat einer Immunstörung. Es gilt also in erster Linie, das Immunsystem mittels ausgewogener Ernährung bei seiner Arbeit zu unterstützen.

Pflanzliche Biostoffe, die Flavonoide Querzetin, Myrizetin und Kaemperol, blockieren die Freisetzung von Histamin. Besonders wichtig ist dabei das Querzetin: Es findet sich in der Hauptsache in den Randschichten der Pflanzen und in den Blättern. Essen Sie also Ihre Tomaten und Äpfel ungeschält.

Heilen mit Vitamin C

Vitamin C ist das bedeutendste natürliche Antihistaminikum. Es bindet einen Teil des überschüssigen Histamins und baut es zu einer harmlosen Säure ab.

Erste Hilfe mit Magnesium

Weil es seinen Gegenspieler, das Kalzium, hemmt, reduziert das Mineral Magnesium die kalziumgesteuerte Histaminproduktion in den Mastzellen und folglich deren vermehrte Ausschüttung ins Blut.

Für die einen Anlass poetischer Ergüsse, für die anderen lebensbedrohliche Attacke: der Frühling und seine Begleiterscheinungen.

Ernährungsempfehlung für Allergiker

- Meiden Sie Zusatzstoffe in der Nahrung, d. h., umgehen Sie mit Lebensmittelfarben behandelte Nahrungsmittel, wie Weingummies, Lutscher, Kunstspeiseeis.
- Reduzieren Sie den Fabrikzuckerkonsum so weit wie irgend möglich: Streichen Sie Süßigkeiten, süße Brotaufstriche, Limonaden und Colagetränke von Ihrem Einkaufszettel.
- Süßen Sie mit Naturhonig, denn der industriell gefertigte Zucker entzieht Ihrem Körper wichtige Mineralien und Vitamine.

Nahrungsmittel, die Flavonoide enthalten

- Gelbe Zwiebeln
- Grüne Bohnen
- Grünkohl und Brokkoli
- Äpfel und Kirschen

Magnesiumreiche Kost

- Vollkorn-, Knäckebrot, Pumpernickel und Haferflocken
- Nüsse und Samen
- Johannisbeeren
- Gurken und Radieschen

Vitamin C ist reichlich enthalten in

- Kiwis
- Orangen und Zitronen
- Sanddorn
- Holunderbeeren
- Hagebutten
- Johannisbeeren
- Tomaten und Paprika

Arteriosklerose

Unsere Blutgefäße sind aus drei Schichten aufgebaut: einer Außenschicht aus Bindegewebe, Kollagen und Elastinfasern, einer Zwischenschicht aus Muskelzellen und einer Innenschicht, den Endothelzellen. Arteriosklerose ist eine krankhafte Verengung, Verdickung und Verhärtung der Gefäße, ausgelöst durch Ablagerungen von Blutfetten an der Gefäßinnenwand.

Die Fettwerte im Blut

Die mit der Nahrung aufgenommenen Fette (Lipide) setzt der Organismus mit Eiweißmolekülen zu kugelähnlichen Gebilden (Lipoproteinen) zusammen, damit er sie über die Blutbahn zur Energiegewinnung in die Zellen transportieren kann. Die Lipoproteine unterscheiden sich dabei in ihrer Zusammensetzung: Fetteiweißstoffe mit hoher Dichte (High-Density-Lipoprotein- oder HDL-Cholesterin) sind abbaubar. Fetteiweißstoffe mit geringer Dichte (Low-Density-Lipoprotein- oder LDL-Cholesterin) können die Membranen der Körperzellen nicht passieren und zirkulieren daher im Blut.

Wer richtig isst, braucht kaum noch Medizin: Der Verzehr von Fisch schützt vor Gefäßverengung.

Arteriosklerose und ihre häufigsten

SYMPTOME

Stenosierende Arteriosklerose (verengende Verkalkung)

- Beim Gehen Wadenkrämpfe und kurzzeitige Schmerzen in den Beinmuskeln; das betroffene Körperglied fühlt sich kalt an, seine Haut erscheint blass bis bläulich, der Pulsschlag ist schwer zu ertasten

Zerebralarteriosklerose

- Allgemeine Herabsetzung der körperlichen und geistigen Leistungsfähigkeit, Gedächtnis- und Konzentrationsschwäche, Gemütsleiden

Angina pectoris (Engbrüstigkeit)

- Häufiger Bluthochdruck
- Plötzlich auftretender, starker Schmerz in der Herzgegend
- Pulsbeschleunigung, Schweißausbrüche, Angstgefühle

Fehlen nun den Gefäßinnenwänden die schützenden und glättenden Immunstoffe, entstehen mikroskopisch feine Risse. Dort setzen sich die Lipoproteine fest. Als Abwehrreaktion bildet der Körper über dieser Ablagerung eine Kappe aus Blutplättchen und Fibrinogen, die Arterie wird enger. Weitere Blutfette, Gerinnungsproteine sowie Kalzium lagern sich an dem »Hindernis« an. Verdickung, Verhärtung (Verkalkung) und Elastizitätsverlust, außerdem eine Verringerung des Blutstroms sind die Folge. Die von dem »verkalkten« Gefäß versorgten Organe und Gewebe leiden unter Durchblutungsstörungen.

Arteriosklerose ist eine typische Zivilisationskrankheit. Sie ist zurückzuführen auf eine ungesunde, insbesondere fettreiche Ernährung, außerdem auf Tabakmissbrauch und ungenügende Bewegung. Diabetes und Bluthochdruck begünstigen ihre Entstehung.

Gegenmaßnahmen

Als Normalwerte gelten LDL-Werte unter 150 Milligramm pro 100 Milliliter bzw. HDL-Werte über 55 Milligramm pro 100 Milliliter. Bei erhöhten LDL-Werten ist eine gezielte Ernährungsumstellung hilfreich. Jedes LDL-Cholesterin-Partikelchen enthält ca. 1500 einfach oder mehrfach ungesättigte Fettsäuremoleküle. Werden diese Lipide nicht gegen die Angriffe freier Radikale geschützt, oxidieren sie und sind für den Organismus nicht mehr abbaubar. Vitamin E jedoch ist in der Lage, freie Radikale zu neutralisieren. Daher sind Vitamin-E-reiche Nahrungsmittel, wie kaltgepresste Pflanzenöle, Nüsse, Vollkornprodukte, Samen, Keime und grüne Blattgemüse, eine ideale Diät bei einem hohen LDL-Cholesterin-Anteil im Blut.

Vitamin C und Bioflavonoide schützen nicht nur die Endothelzellen der Gefäßinnenwände vor Rissen, Natriumaskorbat, eine Mineralform des Vitamin C, kann sogar bereits existierende Arterienablagerungen auflösen.

Ernährungsumstellung bei Arteriosklerose

Streichen Sie Hirn, Leber, Eigelb, Butter und Vollmilchprodukte von Ihrem Speiseplan. Geeignete Nahrungsmittel enthalten wenig tierisches Fett, jedoch viel Vitamin C und E sowie Karoten, Ballaststoffe, Magnesium, Lysin und Prolin:

- Pflanzliche Öle wie Olivenöl, Mais- und Weizenkeimöl, Sonnenblumenöl, Kürbiskernöl
- Kaltwasserfisch wie Seelachs, Forelle, Makrelen, Hering, Kabeljau
- Magere Milchprodukte: fettarme Milch, Buttermilch, Molke, Joghurt, Kefir, Magerquark, Hüttenkäse
- Getreideprodukte: Vollkornbrot, Haferflocken, Schrotbrot
- Sojaprodukte: Sojabohnen, Tofu
- Alle Sorten von Gemüse
- Frisches Obst aller Art
- Algen
- Lebertran

Eine Ernährungsform, die für ausreichend Vitamin C sorgt, ist folglich die beste Medizin für die Arterien.

Wenn Sie die tierischen Fette auf Ihrem Speiseplan durch pflanzliche Öle ersetzen, steigern Sie Ihren HDL-Cholesterin-Wert und beugen so Kreislauferkrankungen vor.

Die Wirkstoffe der Mistel verringern die Spannung der Blutgefäßmuskeln.

Durchblutungs- und Kreislaufstörungen

Herz, Schlagadern, Arterien und Haargefäße (Kapillaren) bilden gemeinsam das Herz-Kreislauf-System. Dessen Aufgabe ist es, für die Bewegung und Verteilung des Bluts im Körper zu sorgen. Die Haargefäße bewerkstelligen außerdem den Stoffaustausch zwischen Blut und Gewebe. Das Blut bringt Nährstoffe, Hormone sowie Sauerstoff zu den einzelnen Organen. Es transportiert Kohlendioxid aus dem Gewebe über die Venen zurück zur Lunge und leitet die im Stoffwechsel entstandenen Abfallstoffe zu Leber und Nieren weiter, damit sie dann über den Harn ausgeschieden werden können.

Der Blutdruck

Die unablässige Bewegung des Bluts geschieht einerseits durch den Herzmuskel, der sich rhythmisch zusammenzieht und mit großem Druck das Blut in die Körperschlagader (Aorta) pumpt. Andererseits sind auch die Adern gefragt: Ihre muskulösen Wände können sich zusammenziehen oder erweitern und dergestalt die Geschwindigkeit des Blutflusses erhöhen oder verringern. Wenn eine Druckwelle vom Herzen in den Kreislauf gepumpt wird, müssen die Gefäßwände flexibel bleiben. Krankhaft veränderte Gefäße können die Druckwelle nicht mehr abfangen. Der Blutdruck steigt.

Durchblutungs- und Kreislaufstörungen und ihre SYMPTOME

Meist sind mehrere Ursachen verantwortlich für Fehlfunktionen unseres Kreislaufs. Folglich sind auch die Symptome vielfältig.

Hoher Blutdruck (Hypertonie)

- Herzklopfen; Schwindel; Wahrnehmung des Pulsschlags in Kopf, Hals oder Brust; Schlafstörungen; Atemnot; Leistungsabfall; Kopfschmerzen

Niedriger Blutdruck (Hypotonie)

- Müdigkeit, Mattigkeit, übermäßiges Schlafbedürfnis, Abgeschlagenheit, Schwindel, Ohnmachtsanfälle, Kopfschmerzen, Hautblässe, Wetterfühligkeit, Schweißausbrüche, Beschwerden beim Wasserlassen, Sehstörungen

Kreislaufbeschwerden

- Kopfschmerzen, Herzschmerzen, Appetitmangel, Taubheit oder Kribbeln in den Gliedmaßen, Verdauungsstörungen, Schwindel, Beschwerden beim Wasserlassen

Zu hoher Blutdruck – Hypertonie

Man spricht von zu hohem Blutdruck, wenn das Messgerät stets mehr als 160/95 mmHg (Millimeter

Die Narben der Maiskolben regen die Tätigkeit des Herzmuskels an und erhöhen so den Blutdruck.

Quecksilbersäule) anzeigt. Bluthochdruck zählt zu den Hauptverursachern von Fehlfunktionen des Herz-Kreislauf-Systems: Je höher der Druck in den Blutgefäßen, desto höher wird der Widerstand, desto schwerer ist es für das Herz, Blut in den Kreislauf zu pumpen.

Neben Alkohol-, Nikotin- oder Medikamentenmissbrauch und falscher Ernährung ist Stress ursächlich für Hypertonie. Über das vegetative Nervensystem wirken permanente Hektik, Aggressions- und Erwartungsgefühle verstärkend auf die Spannung unserer Blutgefäße und erhöhen dadurch den Blutdruck. Entspannung hilft in letzterem Fall den Blutdruck zu senken.

Was Sie meiden sollten

- Nikotin verengt die Gefäße. Rauchen ist Gift für Ihre Blutbahnen.

Sanddorn, auch Haffdorn oder Seedorn, ist ein idealer Vitamin-C-Lieferant: Ein Gramm enthält bis zu 10 Milligramm Vitamin C.

Gesunde Ernährungsweise – gesunder Blutdruck

Bei Hypertonie

- Zu kaliumreicher Kost zählen Aprikosen, Avocados, Bierhefe, Kakifrüchte, Spinat, Brokkoli, Bananen, Kartoffeln, Sellerie, alle Kohlsorten, Weizenkleie, Grüngemüse, und Spargel.
- Schwarzer und grüner, unfermentierter Tee enthalten blutdrucksenkende Flavonoide. Ihr Teein bildet einen guten Koffeinersatz.
- Knoblauch: Allizin, ein Wirkstoff, der in großen Mengen im Knoblauch vorkommt, ist blutdrucksenkend und wirksam bei gemäßigten Formen der Hypertonie.

Bei Hypotonie

- Chromreiche Nahrungsmittel sind u. a. Leber, Fleisch, Vollkornprodukte, Pilze, Melasse und Bierhefe.
- Bioaktives Eiweiß aus Sojaprodukten und Hülsenfrüchten wirkt in Verbindung mit Vitamin C anregend auf die Drüsentätigkeit und das sympathische vegetative Nervensystem. Es verengt Gefäße und aktiviert so den Kreislauf.

Generell

- Vitamin-C-reiche Kost dient dem Schutz der Arterienwände und greift Cholesterinablagerungen an.
- Lebensmittel mit hohem Vitamin-C-Gehalt sind Zitronen, Grapefruit, Orangen, Kiwis, Himbeeren und Holunderbeeren, Trauben, Paprika, Tomaten und Petersilie.

- Fettreiche Kost führt zu Ablagerungen an den Innenwänden der Arterien und somit zu mangelhafter Durchblutung.
- Salzreiche Kost bindet Wasser und steigert auf diese Weise das Blutvolumen. Dadurch erhöht sich der Druck innerhalb der Gefäße: Der Blutdruck steigt.
- Alkohol trägt zur Erhöhung der Blutfettwerte bei und steigert das Risiko von Gefäßverengung.

Heilmittel aus Rosskastanienextrakten wirken sich günstig auf die Blutzufuhr und die Gefäßwände aus.

Behandlung durch Kalium

Kalium ist dasjenige Mineral, das im Stoffwechsel als Gegenspieler zu Natrium (enthalten z. B. in Kochsalz) fungiert. Es gleicht Blutdruckunterschiede aus, denn es mobilisiert den Wassertransport aus den Zellen. Dadurch sinkt der Flüssigkeitsgehalt im Blut, der Blutdruck nimmt ab.

Der normale Blutdruck eines Erwachsenen sollte nicht über 140/90 mmHg betragen. Sinkt der Blutdruck unter 90/60 mmHg, besteht Lebensgefahr, denn unter diesen Bedingungen ist die Harnbildung erschwert, wenn nicht unmöglich, und Gifte können nicht mehr ausgeschieden werden.

Zu niedriger Blutdruck – Hypotonie

Als chronisch niedriger Blutdruck gelten Werte unter 110/80 mmHg. Chronisch niedriger Blutdruck ist keine Krankheit, beeinträchtigt jedoch unser Lebensgefühl. Blutzucker- und Nährstoffmangel, Stress, mangelnde Bewegung und Blutverlust durch Menstruation können seine unmittelbaren Auslöser sein.

Was Sie meiden sollten

Durch einen erhöhten Konsum von Kaffee oder Colagetränken bringen Sie Ihren Blutdruck entgegen der landläufigen Meinung nicht in Schwung, denn der Körper gewöhnt sich an häufigen Koffeingenuss. Auch das anregende Glas Sekt hilft nur kurzfristig: Nach wenigen Minuten verpufft seine aktivieren-

Rosmarin wird schon seit dem Mittelalter als blutdrucksteigerndes Mittel eingesetzt.

de Wirkung. Es bleibt der Alkohol, und der macht müde. Folglich sinkt der Blutdruck.

Kreislaufbeschwerden

Kreislaufbeschwerden können in zwei Kategorien eingeteilt werden:

- In peripher auftretende Beschwerden, die durch einen Zirkulationsmangel hervorgerufen werden, wie beispielsweise kalte Hände und Füße. Sie sind u. a. zu beheben durch leichten Sport, morgendliche Wechselduschen und verschiedene Kneippanwendungen.
- Kreislaufschwäche kann jedoch auch aus mangelndem Zusammenspiel zwischen Kreislaufzentren und peripheren Gefäßen resultieren. Eine labile Regulation des Blutdrucks bei Haltungsänderungen (z. B. beim Aufrichten aus der Hocke) lässt das Blutgefäßsystem erschlaffen, der Blutdruck sinkt spontan ab. Das Gehirn wird minder durchblutet, und somit werden die Nervenzentren im Hirn gestört. Schwindel und Sehstörungen sind die Folge.
- Hoher Blutverlust oder extreme plötzliche Kälteeinwirkung können das Blut im Kapillarsystem versacken lassen, so dass ebenfalls Blut- und Sauerstoffmangel im Hirn entstehen.
- Weitere Auslöser für spontanen Abfall des Blutdrucks können Allergien oder Infektionen sein. Stress sowie übermäßige Anspannung können den Blutdruck absacken lassen.

Lebensumstellung ist langfristig die beste Medizin

Bei Bluthochdruck ist die konsequente Lebens- und Ernährungsumstellung eine wichtige Hilfe bei der erfolgreichen Medikation: Ausreichend Schlaf, aktive Entspannung und Gewichtsabnahme können zur Besserung beitragen. Kochsalzarm, fettarm und gleichzeitig vitaminreich sollte die Diät sein sowie reich an Kalium, Ballaststoffen und essenziellen Fettsäuren. Eine Umstellung auf vegetarische Kost ist blutdrucksenkend.

Bei zu niedrigem Blutdruck hilft der Vitamin-B-Komplex, denn er stabilisiert den Blutzuckerspiegel im Verbund mit dem Spurenelement Chrom. Letzteres aktiviert Hirnanhangsdrüse und Nebennierenmark, sorgt also für Frische und Tatkraft.

Regelmäßiger Ausdauersport wie Radfahren, Schwimmen und Joggen steigert den Blutdruck. Achtung: Sportpausen führen jedoch zu erneutem Abfall des Blutdrucks.

Bei Kreislaufbeschwerden hilft eine erhöhte Flüssigkeitszufuhr mit Mineralwasser und Früchtetees, die sensiblen Wechselwirkungen zwischen Herz und Gefäßsystem zu stützen. Aufbauend wirkt eine gezielt jodsalzhaltige Kost: Das Natrium im Salz bindet Wasser und steigert damit das Blutvolumen. Es erhöht die Gefäßwandspannung, was wiederum den Blutdruck aktiviert. Außerdem hilft viel Bewegung an der frischen Luft: Sonnenlicht regt die Vitalgene in den Zellkernen an, die ihrerseits den Kreislauf stimulieren. Regelmäßige Saunabesuche stabilisieren Ihre Gefäße.

Rezepte, die den Blutdruck regulieren helfen

Rosmarinwein und Baldriantee

Laut Pfarrer Kneipp steigert der Rosmarinwirkstoff Kamphen den Blutdruck.
Zutaten: *3/4 l kräftiger Rotwein*
20 g Rosmarinnadeln
Zubereitung: Gießen Sie den Rotwein auf die Rosmarinnadeln, und lassen Sie das Ganze 5 Tage lang an einem kühlen Ort ziehen. Seihen Sie die Flüssigkeit ab, und trinken Sie jeden Tag 1 Glas vor dem Mittag- und 1 Glas vor dem Abendessen.

Baldrian-Pomeranzen-Tee hat blutdrucksenkende Wirkung.
Zutaten: *20 g Baldrianwurzel*
20 g Pomeranzenblätter
20 g Kamillenblüten • 10 g Lavendelblüten • 10 g Rosmarin
Zubereitung: Mischen Sie die Kräuter, und übergießen Sie 1 Esslöffel davon mit kochendem Wasser. Lassen Sie den Tee 1/4 Stunde lang ziehen, und trinken Sie 2-mal täglich 1 Tasse davon lauwarm.

Durchfallerkrankungen

Durchfall, Diarrhö oder Darmkatarrh ist keine Krankheit, sondern Symptom einer nicht geschwürigen, vorwiegend akut auftretenden Entzündung der Dünndarmschleimhaut. Dehnt sich diese Entzündung auf die Magenschleimhaut aus, spricht man von Gastroenteritis. Ist die Schleimhaut des Dickdarms ebenfalls entzündet, handelt es sich um eine Enterokolitis.

Die Schleimhaut des Dünn- und Dickdarms ist eine halbdurchlässige Membran. Die Zellen der Dünndarmschleimhaut transportieren Flüssigkeiten und Nährstoffe aus dem Darm in den Blutkreislauf und umgekehrt. Normalerweise wird deutlich mehr Flüssigkeit in den Blutkreislauf als in den Darm abgegeben. Bei Durchfall jedoch ist das Gegenteil der Fall: Der Darm entzieht dem Organismus Flüssigkeit und Elektrolyte, um die Erreger seiner Entzündung auszuschwemmen.

Gefahren

Durchfall kann also, insbesondere wenn er von anhaltendem Erbrechen begleitet ist, zu hochgradigen Flüssigkeits- und Elektrolytverlusten führen. Kreislaufschock oder Nierenversagen können die Folge sein. Daher ist die wichtigste Sofortmaßnahme bei akutem Durchfall die Zufuhr von Flüssigkeit: Der Patient sollte täglich bis zu fünf Liter Flüssigkeit in Form von Kräutertee, schwarzem Tee, Mineralwasser oder isotonischen Getränken zu sich nehmen.

Durchfallerkrankungen und ihre häufigsten

SYMPTOME

- Plötzlich einsetzende Leibschmerzen, Darmkrämpfe, Blähungen
- Unregelmäßiger, häufiger, akut auftretender Stuhldrang
- Ungeformter, breiiger bis schleimiger oder wässriger Stuhl
- Übelkeit, belegte Zunge sowie Durst in Folge des Flüssigkeitsverlustes
- Schweißausbrüche und Fieber
- Bei Mitbeteiligung des Dickdarms Druckempfindlichkeit im Oberbauch
- Bei Enddarmentzündung schmerzhafter Stuhldrang ohne Entleerung

Ursachen

Eine Reizung der Darmschleimhaut ist immer Ursache ihrer Entzündung. Als Krankheitserreger kommen einerseits Bakterien, Viren und Einzeller in Betracht. Andererseits kann Durchfall auch psychisch bedingt sein: Der Darm reagiert äußerst empfindlich auf Ekelgefühle, egal ob diese durch Nahrungsmittel, durch eine unerträgliche Arbeitsplatzsituation oder ein ungeliebtes Gegenüber ausgelöst werden.

Andere mögliche Ursachen von Durchfall können sein:

- Enzymschwäche, d. h., das milchzuckerspaltende Enzym Laktase arbeitet vermindert oder gar nicht: Milchprodukte werden nur anverdaut
- Übermäßiger Genuss durchfallverursachender Lebensmittel wie Pflaumen und Feigen
- Lebensmittelunverträglichkeit
- Exzessiver Alkohol- und Nikotingenuss

- Missbrauch von Abführmitteln; beispielsweise enthalten viele Abführmittel Stoffe, die die Darmschleimhaut reizen und eine milde Entzündung mit nachfolgender Entleerung des Darms hervorrufen

Natürliche Darmreinigung

Durchfall ist gemeinhin erstes Anzeichen dafür, dass in der Darmschleimhaut etwas nicht in Ordnung ist und der Körper den Verdauungstrakt »generalüberholen« möchte. Geben Sie ihm die Chance zur Selbstreinigung, greifen Sie nicht sofort zu Kohletabletten, Quellstoffen, adstringierenden Substanzen oder drastischeren Mitteln. Legen Sie sich lieber hin, und halten Sie den Bauch mittels Wärmflasche oder Heizkissen warm.

Wenn die Symptome sich bessern, achten Sie darauf, keine blähenden Nahrungsmittel wie Kohl, Hülsenfrüchte oder kohlensäurehaltiges Mineralwasser zu sich zu nehmen. Essen Sie ballaststoffreich, denn Faserstoffe saugen die Verdauungssäfte und mit ihnen Bakterien, Gift- und Fäulnisstoffe auf. Bauen Sie den Immunschutz in den Schleimhäuten mit einer zweiwöchigen Lebertrankur neu auf.

Warnzeichen erkennen

Vorsicht ist geboten:

- Wenn der Durchfall länger als zwei Tage dauert
- Wenn Fieber und Gliederschmerzen hinzu kommen
- Wenn Blut im Stuhl auftritt
- Wenn es nachts zu spontanen Darmentleerungen kommt

Gehen Sie bei diesen Anzeichen unbedingt zum Arzt, denn Durchfall kann das Symptom schwerwiegender Erkrankungen sein. Ebenfalls in die Hände eines Arztes gehören Patienten, deren Durchfall länger als zwei Wochen dauert oder periodisch wiederkehrt. Ursache dieser chronischen Diarrhö kann eine harmlose osmotische Störung, aber auch ein Reizdarm oder ein Darmgeschwür sein.

Allheilmittel bei Durchfall

Ein bewährtes Hausmittel gegen Durchfall sind Äpfel, denn die insbesondere in ihrer Schale enthaltenen Pektine bilden gemeinsam mit Wasser ein Gel, welches einen schützenden Film über die Darmschleimhaut legt. Pektine befinden sich außerdem in Quitten, Mispeln, Tomaten, Kartoffeln und Karotten.

Die Apfeldiät

Waschen Sie einen Apfel gründlich, und reiben Sie ihn mitsamt der Schale. Wenn sich die Raspeln bräunlich verfärbt haben, essen Sie sie teelöffelweise unter gründlichem Kauen.

Ebenfalls von hoher Heilwirkung ist frisches Sauerkraut: Sein hoher Gehalt an Milchsäurebakterien und Vitamin B2 macht Sauerkraut bei Durchfallerkrankungen zu einem natürlichen Therapeutikum.

Tee aus getrockneten Heidelbeeren – zwei Esslöffel getrocknete Heidelbeeren auf einen halben Liter Wasser – hilft vor allem denjenigen Patienten, die unter Durchfällen mit Gärungserscheinungen leiden.

Erkältungs-krankheiten

Sämtliche Erkältungskrankheiten entstehen durch die Infektion der Schleimhäute der Atmungsorgane. Dazu gehören Nase, Mund und Rachen, Kehlkopf, Luftröhre, Bronchien und Lunge. Der Atmungsvorgang bedingt, dass die Atmungsorgane ununterbrochen schädlichen Umwelteinflüssen, wie etwa Staub, Nässe, Temperaturschwankungen und Krankheitserregern, ausgesetzt sind. Die Erreger werden normalerweise durch die Flimmerhärchen der oberen Atemwege, d.h. in Nase, Rachenraum und Bronchien abgefangen, durch die Fresszellen unseres Immunsystems unschädlich gemacht und wieder ausgeschieden.

Erkältet!

Sind die Abwehrmechanismen jedoch gestört, setzen sich Viren in Nase und Rachenraum fest, reizen die Schleimhäute und lassen sie anschwellen: »Virusinfektion der oberen Atemwege« würde die medizinische Diagnose dieses Vorgangs lauten. Da die Abwehrmechanismen und das bakterienfeindliche Milieu durch eine Infektion massiv beeinträchtig werden, dringen in vielen Fällen auch andere Erreger, wie Bakterien, leichter in den Körper ein. Es kommt zu einer Mischung unterschiedlicher Krankheitserscheinun-

Honig mit Fenchel- oder Rettichsaft wirkt krampflösend und desinfiziert die gereizten Bronchien.

Erkältungskrankheiten und ihre häufigsten SYMPTOME

Schnupfen

- Tränende Augen, brennende, später verschleimte Nase mit wässriger bis eitriger Schleimabsonderung, Nieszwang, eventuell erhöhte Temperatur, Mattigkeit, Gliederschmerzen

Husten

- Kratzen und ein Gefühl des Wundseins hinter dem Brustbein; zunächst trockener, schmerzhafter Reizhusten, später schleimig-eitriger Auswurf; Kopfschmerzen; Schnupfen; Heiserkeit; Brennen im Hals

Halsschmerzen

- Trockenheit und Brennen im Hals- und Rachenbereich, Sprech- und Schluckbeschwerden

Grippe

- Plötzlich einsetzendes Fieber, Kopf- und Gliederschmerzen, großflächige Entzündung der Schleimhäute der Atemwege: Schnupfen, Heiserkeit, Husten; die Ausbreitung der Viren führt zur Beeinträchtigung von Lunge, Herz/Kreislauf, Leber, der Nieren und des Nervensystems

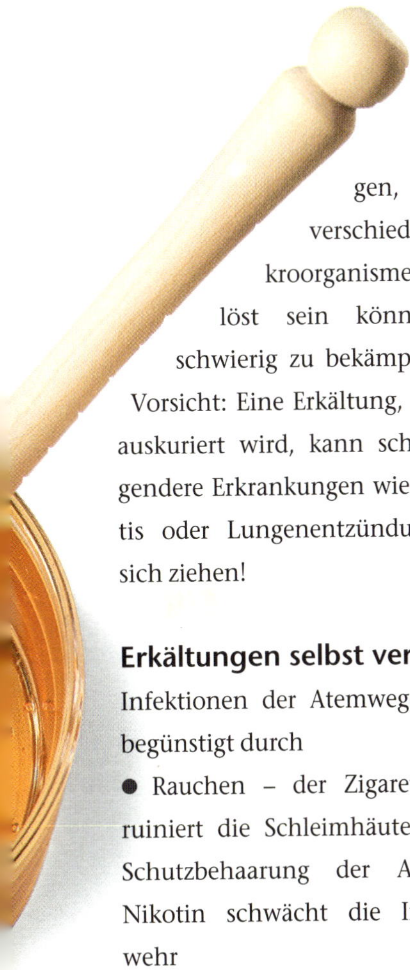

gen, die von verschiedenen Mikroorganismen ausgelöst sein können und schwierig zu bekämpfen sind. Vorsicht: Eine Erkältung, die nicht auskuriert wird, kann schwer wiegendere Erkrankungen wie Bronchitis oder Lungenentzündung nach sich ziehen!

Erkältungen selbst verursacht

Infektionen der Atemwege werden begünstigt durch

- Rauchen – der Zigarettenrauch ruiniert die Schleimhäute und die Schutzbehaarung der Atemwege. Nikotin schwächt die Immunabwehr
- Vitaminmangel – eine einseitige Ernährung schwächt die Abwehrmechanismen des Organismus
- Ein beeinträchtigtes Immunsystem – Kälte, Nässe und Zugluft lassen den Körper auskühlen; er wird anfällig für bakterielle Angriffe

Schnupfen – Rhinitis

Die Hauptaufgabe der Nase ist es, die eingeatmete Luft vorzuwärmen, anzufeuchten sowie eindringende Viren und Bakterien zu stoppen. Rhinitis ist eine Entzündung der Nasenschleimhaut, die entsteht, wenn zu viele Keime die oberen Atemwege reizen. Da die Nase die erste Anlaufstelle für Erreger ist, zählt Schnupfen zu den häufigsten Erkrankungen. Weitet sich die Entzündung der Nasenschleimhaut aus, kommt es zur Infektion der Nasennebenhöhlen oder der Bronchien.

Ein Tee aus Lindenblüten wirkt fiebersenkend, schweißtreibend und unterstützt den Schleimabtransport aus den Atemwegen.

Biostoffe gegen Erkältungskrankheiten

Vitamin C

Vitamin C erhöht die Anzahl der Immunglobuline, die Antikörpereigenschaften aufweisen und gegen Erkältungserreger bevorzugt vom Körper eingesetzt werden. Vitamin C steigert seine Wirkung um das Zehnfache, wenn es mit Bioflavonoiden kombiniert wird. Ideale Kombinationen von Vitamin C und Flavonoiden finden sich im Brokkoli, Grünkohl, Karotten, Tomaten, Aprikosen und Zitronen.

Vitamin A und E

Eine antivirale Wirkung haben auch die Vitamine A und E. Vitamin A kommt insbesondere vor in Kalbsleber, Karotten, Spinat, Kürbis, Papayas, Grünkohl, Zuckermelonen, Aprikosen und Tomaten. Vitamin E stärkt die Immunabwehr und findet sich in Pflanzenölen, Vollkornprodukten, Kürbis, Spargel und Avocados.

Alliin

Alliin ist ein in Zwiebel und Knoblauch vorkommendes Sulfid. Es unterdrückt als natürliches Antibiotikum selbst in einer Verdünnung von 1: 125 000 das Wachstum von Bakterien, Hefen und Pilzen.

Senföl

Senföl bekämpft Virusinfektionen, da es die Zellwände der Mikroorganismen attackiert und ihre Vermehrung stoppt. Den höchsten Gehalt an Senföl besitzen Garten- und Kapuzinerkresse sowie Meerrettich.

Nebenhöhlenentzündung

Die Nasennebenhöhlen sind Hohlräume in Stirn-, Keil- und Siebbein sowie im Oberkieferknochen. Sie produzieren den Nasenschleim, welcher die Atemluft anfeuchtet, bevor sie in die Lunge kommt. Bei einer Entzündung verstopft der Gang zwischen Nase und Nebenhöhle, es kommt zum Schleimstau.

Dagegen helfen u.a. ein Dampfbad mit Salzwasser (zwei Esslöffel Salz auf ein Liter Wasser) oder mit Knoblauch, Meerettich und Cayennepfeffer gewürzte Nahrung. All diese Gewürze enthalten heilende Substanzen, die die Schleimhäute rasch zum Abschwellen bringen.

Husten

Husten ist eine Erkrankung der Bronchien, der oberen Verzweigungen der Luftröhrenäste. Meist ist er Anzeichen eines akuten grippalen Infekts. Husten entsteht, wenn schädliche Keime weder in der Nase noch im Rachenraum aufgefangen und vernichtet werden konnten, also zur Bronchialschleimhaut vordringen. Die dort ansässigen Sinneszellen senden Signale an das Gehirn. Dieses anwortet mit Befehlen an die Rücken- und Bauchmuskeln des Oberkörpers, den Hustenreflex auszulösen und den Fremdkörper auf mechanischem Weg aus den Atmungsorganen zu befördern.

Zusätzlich verstärkt der Körper die Durchblutung der Bronchien. Dadurch schwillt deren Schleimhautgewebe an. Die Atmung wird gehemmt. Die Tätigkeit des Flimmerepithels, winziger Härchen, die Fremdkörper aus der Atemluft abfangen, wird erschwert. Weiterem Bakterienbefall ist damit Tür und Tor geöffnet! Die sonst sterilen Bronchien bieten auf einmal ideale Bedingungen für ungehindertes Bakterienwachstum. Eine Bronchitis sollte daher stets bis zur völligen Ausheilung behandelt werden, sonst entwickelt sie sich zu einem chronischen Leiden oder begünstigt eine Lungenentzündung.

Heilmethoden bei Husten

Inhalationen und heiße Brustwickel (Heublumen- oder Senfwickel) machen die Atemwege freier. Bei trockenem Husten sollte der Patient reichlich trinken: Lindenblütentee, Säfte, in trinkwarmem Wasser aufgelöstes Emser Salz. Bei zähem Auswurf helfen Brusttee mit Honig, Milch mit Honig oder Thymiantee.

Halsschmerzen

Halsschmerzen sind Resultat einer Entzündung der Rachenschleimhaut, die meist durch Viren ausgelöst wird. Sie kündigen oft eine

Die Kiwi hat mit 71 Milligramm Vitamin C und 0,15 Milligramm Pyridoxin alles, was das Immunsystem fit macht.

Sonnenhut (Echinacea purpurea) eignet sich hervorragend zur Stärkung des Immunsystems.

Erkältung oder einen grippalen Infekt an und lassen sich mit Hilfe kalter Halswickel lindern.

Fieber

Von Fieber spricht man, wenn die Körpertemperatur über 38 °C liegt. Fieber ist Ausdruck eines gesteigerten Stoffwechsels bei einem (meist entzündlichen) Krankheitsgeschehen. Es macht nicht nur auf einen Krankheitsprozess aufmerksam, sondern spiegelt auch die gesteigerten Abwehrvorgänge im Körper wider. Krankheitserreger sterben bei erhöhter Körpertemperatur schneller ab. Deshalb sollte man Fieber bis 39 °C nicht medikamentös unterdrücken.

Heilmethoden bei Fieber

Jeder Erkältete und Fiebernde braucht viel Flüssigkeit. Durch die erhöhte Atemfrequenz wird reichlich Wasser abgeatmet. Es muss ersetzt werden, damit der Kreislauf funktioniert. Am besten trinken Sie kühle, jedoch nicht eiskalte Fruchtsäfte, Früchtetee und Mineralwasser. Saftfasten mit Sanddornsaft oder schwarzem Johannisbeersaft steigert die Abwehrkräfte. Fiebersenkend wirken kalte Wadenwickel und Ganzkörperwaschungen mit Essigwasser (ein Esslöffel Essig auf ein Liter Wasser).

Grippe

Erkältungskrankheiten und die »echte« Grippe haben zwar Husten, Hals- und Rachenschmerzen gemeinsam, unterscheiden sich jedoch im Krankheitsverlauf: Die Grippe setzt nach einer Inkubationszeit von ein bis drei Tagen meist schlagartig ein. Das Fieber der Grippe ist deutlich höher als bei Erkältungen, außerdem wird der Patient viel stärker geschwächt. Grippe wird durch drei verschiedene Typen (A, B, C) von Influenzaviren ausgelöst, von denen am häufigsten der Typ A auftritt. Die Wandlungsfähigkeit des Grippeerregers führt dazu, dass der Körper keine Immunität entwickeln kann.

Vorbeugen ist die beste Medizin

- Stärken Sie die Abwehrkräfte, und sorgen Sie für viel Bewegung.
- Überprüfen Sie die Luftfeuchtigkeit Ihrer Wohnräume: Liegt sie unter 45 Prozent, trocknen Ihre Schleimhäute aus und werden anfälliger für Entzündungen.
- Achten Sie auf eine vitaminreiche Ernährung.

Rezepte bei Husten, Schnupfen, Heiserkeit

Eibischtee, Kamille-Thymian-Inhalation

Eibischtee
Zutaten: *1 TL getrocknete Eibischwurzeln • 1/4 l kaltes Wasser*
Zubereitung: 1 Teelöffel Eibischwurzeln mit 1 Tasse kaltem Wasser übergießen und abgedeckt mindestens 2 Stunden ziehen lassen. 3 bis 4 Tassen pro Tag trinken.
Eibischtee unterstützt die Bronchialschleimhaut, muss jedoch kalt zubereitet und getrunken werden, da sonst der Schleim der Pflanze verloren geht.

Kamille-Thymian-Inhalation
Zutaten: *3–4 l Wasser*
2 EL Kamillenblüten
2 EL getrockneter Thymian
Zubereitung: Das Wasser zum Kochen bringen, die Kräuter zufügen, und das Gemisch 10 Minuten ziehen lassen. Gießen Sie den Sud zum Inhalieren in eine Schüssel.
Halten Sie Ihr Gesicht über den Dampf, und atmen Sie 8 bis 15 Minuten tief, wechselweise durch Mund und Nase ein.

Erschöpfung

Eine Tasse Kaffee macht müde Geister augenblicklich munter. Die anregende Wirkung hält im Gegensatz zu schwarzem Tee jedoch nur kurz an.

Erschöpfungszustände werden vom Gehirn ausgelöst, wenn es wegen Blutarmut, falscher Ernährung, Alkoholmissbrauch oder durch Schlaf- bzw. Beruhigungsmittelkonsum unterversorgt wird.

Hypoglykämie

Hypoglykämie oder Unterzucker ist die Bezeichnung für einen niedrigen Blutzuckerspiegel. Der Blutzuckerspiegel steigt, wenn nach einer kohlenhydratreichen Mahlzeit vermehrt Glukosemoleküle aus dem Darm ins Blut abgegeben werden. Die energiereiche Glukose wird mit Hilfe des Hormons Insulin, das in der Bauchspeicheldrüse produziert wird, in die Körperzellen eingebaut. Dort wird sie zur sofortigen Energiegewinnung in die Brennkammern der Zellen transportiert. Ist die Glukose in die Körperzellen eingebaut, sinkt der Blutzucker wieder, unter Umständen tiefer als vor der Mahlzeit. Nun fehlt Glukose im Blut. Die Nerven- und Hirnzellen bleiben unterversorgt. Nervöse Störungen sind die Konsequenz.

Der Blutzuckerspiegel

- Ein Blutzuckerwert zwischen 85 und 105 Milligramm Glukose pro 100 Milliliter Blut ist normal.
- Sinkt er auf 75 Milligramm, reagiert der Organismus mit steigender Unruhe und Nervosität.
- Bei einem Wert von 55 wird man unangenehm müde, Schwindel und Angstgefühle können auftreten.
- Sinkt der Blutzuckerwert unter 45, wird jede Konzentration unmöglich. Trotz größter Müdigkeit ist es unmöglich einzuschlafen.

Abfall des Blutdrucks

Nach opulenten Mahlzeiten kommt es häufig zu einem Blutdruckabfall in den peripheren Gefäßen, da Magen

Erschöpfung und ihre häufigsten SYMPTOME

Hypoglykämie (Unterzucker)

- Ständiges Schlafbedürfnis, Müdigkeit sogar nach langer Nachtruhe
- Mattigkeit, Antriebsschwäche, Unentschlossenheit und Gereiztheit
- Nervenschwäche und Wetterfühligkeit
- Schlafstörungen

Eisenmangel

- Brüchige Fingernägel, spröde Haut, dünne Haare, rissige Lippen
- Auffallende, anämische Blässe
- Schnelle Ermüdung nach nur geringer Anstrengung

Chrommangel

- Müdigkeit, Leistungsschwäche
- Unbewusste Unruhe und erhöhte Reizbarkeit
- Symptome von Diabetes: Durst, Müdigkeit, Gier nach Süßigkeiten

und Darm aufgrund ihrer Verdauungstätigkeit stärker durchblutet werden müssen. Müdigkeit, Mattigkeit und Leistungsabfall sind die Folge.

Sie vermeiden Antriebs- und Lustlosigkeit nach dem Essen am besten, indem Sie vier bis fünf Mahlzeiten am Tag zu sich nehmen. So halten Sie ihren Zuckerspiegel konstant auf hohem Niveau.

Blutarmut

Unter Blutarmut versteht man eine Verringerung der roten Blutkörperchen (Erythrozyten). Da es die Erythrozyten sind, welche die Sauerstoffmoleküle transportieren, führt dieser Mangel zur schlechteren Versorgung des Gehirns mit Sauerstoff. Schlaf- und Verhaltensstörungen, Depressionen und Funktionsstörungen der Muskeln sind die Folgen. Blutarmut, auch Anämie genannt, wird meist durch einen Mangel am Spurenelement Eisen ausgelöst. Da Eisen meist in Verbindungen vorkommt, die für unseren Organismus nicht verwertbar sind, ist das Verhältnis zwischen Eisenzufuhr und tatsächlicher Resorption ein denkbar ungünstiges: Nur ein Prozent der Eisenmoleküle, die wir mit pflanzlicher Nahrung zu uns nehmen, wird verwertet. Bei Fleisch, Innereien und Fisch liegt die Resorptionsquote immerhin bei 15 Prozent. Sie lässt sich verdoppeln, wenn Eisen mit Vitamin C kombiniert wird. Eine optimale Ernährungsumstellung zur Therapie von Blutarmut wäre also: Fisch mit frischem Salat, gebackene Leber mit Zitronenscheiben, Kalbsnieren mit Mangold.

Eine weitere Ursache von Blutarmut können auch unbemerkte Blutungen aus Magen- oder Darmgeschwüren und Hämorrhoiden sein.

Chrommangel

Chrom wird gemeinsam mit Insulin beim Glukoseeinbau in die Nerven- und Gehirnzellen aktiv. Eine ausreichende Chromzufuhr sichert einen ausgeglichenen Blutzuckerspiegel. Chrom beeinflusst auch das Netz der Insulinrezeptoren auf den Körperzellen, d. h., Insulin wird aus dem Blut abgebaut, die Fettzellen geben ihren Inhalt zur Verbrennung frei, der Körper gewinnt Energie, um wach zu bleiben.

So werden Sie munter

- Meiden Sie Zucker, gesüßte Getränke und Alkohol.
- Umgehen Sie Produkte aus weißem Mehl: Weißbrot, Nudeln, Mehlspeisen, Pizza.
- Essen Sie stattdessen Obst, Salate, Gemüse und Vollkornprodukte.

Muntermacher aus dem Einkaufskorb

Chrom ist enthalten in

- Vollkornprodukten
- Pilzen
- Leber
- Früchten, Beeren und Rosinen
- Nüssen und Samen
- Melasse und Bierhefe

Eisen findet sich insbesondere in

- Innereien, vor allem in Leber, Herz
- Blutwurst, Zunge, Muskelfleisch
- Muscheln
- Apfelmus
- Kürbis und Kürbiskernen
- Petersilie und Brennnessel
- Bohnen, Erbsen, Mangold, Spinat
- Vollkornprodukten

Birnen wirken durch ihren hohen Wasseranteil stark entgiftend. Bei chronisch erschöpften Menschen ist der Organismus oft nicht mehr in der Lage, die Giftstoffe in Darm und Blut abzubauen und auszuscheiden.

Gicht und rheumatische Erkrankungen

Gicht ist eine zum rheumatischen Formenkreis gehörende Erkrankung, deren Ursache die so genannten Purine bilden. Purinkörper sind organische Verbindungen aus der Nukleinsäure des Zellkerns. Sie werden im Organismus zu Harnsäure abgebaut. Harnsäure, das Endprodukt des Nukleinsäurestoffwechsels, ist eine in Flüssigkeit schwer lösbare, also schwer neutralisierbare Säure. Normalerweise wird überflüssige Harnsäure über die Harnwege ausgeschieden. Ist der Stoffwechsel gestört, sammelt sie sich im Körper an. Bleibt der Harnsäurespiegel längere Zeit über dem normalen Wert von 2,4 bis 5,7 Milligramm auf 100 Milliliter Urin bei Frauen und von 3,4 bis 7 Milligramm auf 100 Milliliter Urin bei Männern, können die Nieren die Ausscheidung der Harnsäure nicht mehr bewältigen.

Nierensteine

Da Säure dazu neigt, in die Zellen einzudringen: Insbesondere dann, wenn im Körper Kaliummangel herrscht, lagern sich Harnsäurekristalle im Gewebe von Nieren und Gelenken ein. Die Gelenke werden durch den Harnsäureniederschlag angegriffen und zerstört. In den Nieren bilden sich Harnsteine. Die gefährlichste Begleiterscheinung der Gicht ist die allmähliche »Versteinerung« der Nieren.

Birkenblätter lindern rheumatische Beschwerden und helfen bei Nieren- und Blasensteinen.

Gicht und rheumatische Erkrankungen und ihre häufigsten SYMPTOME

Gicht

- Plötzliche Schmerzattacken (insbesondere in der feuchtkalten Jahreszeit) in den Fuß- und Zehengelenken; die befallenen Gelenke schwellen bläulichrot an, sind heiß, »teigig« und berührungsempfindlich
- Im Bereich der befallenen Gelenke bilden sich so genannte Gichtknoten unter der Haut; im weiteren Verlauf können Gichtknoten in den Ohrmuscheln, an Sehnenscheiden und Schleimbeuteln auftreten
- Gehäuftes Auftreten diverser Begleiterkrankungen wie Diabetes mellitus, Fettsucht, Bluthochdruck, Nierenschäden, Harnsteinen

Rheumatische Erkrankungen

- Schmerzen in Muskeln und Gelenken, morgendliche Steifheit
- Die Schmerzen ziehen durch den Körper, es bilden sich Rheumaknoten unter der Haut
- Gelenkversteifung, -deformierung als Folge zerstörter Gelenkknorpel

Hilfreiche Diät

Da Ernährung und Verdauung in unmittelbarer Wechselwirkung zum Harnsäuregehalt des Organismus stehen, lässt sich der Harnsäuregehalt durch gezielte Diät senken: Meiden Sie Nahrungsmittel, die allzu hohe Harnsäure- oder Puringehalte aufweisen. Reduzieren Sie ein unter Umständen bestehendes Übergewicht. Verzichten Sie auf Alkohol. Trinken Sie reichlich Tee, Wasser und Fruchtsäfte: Nieren, die durch Harnsteinbildung gefährdet sind, müssen gut durchgespült werden. Sie sollten mindestens 1,5 Liter Urin täglich produzieren.

Diäten vermögen Gicht aber nicht zu stoppen, sie lindern lediglich den Entzündungsprozess in den Gelenken. Ebenfalls entlastend für die Gelenke ist Sport: Leichte Gymnastik, Hanteltraining, Joggen, Wandern und Schwimmen kräftigen die Muskeln und stützen die Gelenke.

Schwarzwurzeln enthalten Mangan, das den Abbau von Purinen steigert.

Rheumatische Erkrankungen

Mit Rheuma bezeichnet der Volksmund eine Reihe chronischer Gelenk- und Wirbelsäulenschmerzen. Vermutliche Auslöser rheumatischer Erkankungen sind Stoffwechselstörungen, die durch Störungen im Immunsystem, Infektionen, Tbc oder eine Übersäuerung des Körpers hervorgerufen werden.

Übersäuerung

Die Säuregrade im menschlichen Organismus variieren je nach Körperbereich zwischen pH 8 im Verdauungstrakt, pH 6,9 in Muskeln oder Zellen und pH 1,2 im Magen. Man spricht von Übersäuerung, wenn auch in Organen, die nur im basischen Bereich gesund funktionieren, niedrige pH-Werte von 1 bis 6 vorherrschen, z. B. in Darm und Leber, Blut und Bindegewebe. Übersäuerung versucht der Körper durch Basenbildner, wie z. B. Kalzium, Kalium und Magnesium, auszugleichen, notfalls zieht er diese Stoffe aus Knorpeln und Knochen ab. Oben beschriebene Symptome sind oft die Folge. Eine Übersäuerung Ihres Organismus vermeiden Sie, indem Sie gezielt basische Lebensmittel konsumieren.

Purinarme und purinreiche Lebensmittel

Um die Harnsäurebildung zu reduzieren, sollten Sie Ihren Körper gezielt mit purinarmen Lebensmitteln versorgen.

Der Harnsäuregehalt (in mg) pro 100 g Nahrungsmittel beträgt bei

Kaffee, Tee, Kakao, Säften	0
Den meisten Obstsorten	0
Möhren, Zwiebeln	0
Honig, Marmelade	0
Butter, Margarine, Speiseöl	0
Reis, Teigwaren	0
Kartoffeln, Schwarzwurzeln	5
Tomaten	10
Weißbrot	10
Bier	15
Weiß-, Rotkohl, Kohlrabi	20
Grünen Bohnen	20
Champignons	20
Blumenkohl	25
Kopfsalat, Spargel	30
Graubrot	40
Spinat	70
Gekochtem Schinken	70
Ente	80
Huhn	110
Rindfleisch, Kalbfleisch	120
Weißen Bohnen	130
Schweinefleisch	130
Getrockneten Erbsen	145
Linsen	185
Lachs, Kaviar	150
Forellenfilet	170
Hering	210
Leber, Nieren	240

Harnwegs-erkrankungen

Nieren, Harnleiter, Harnblase und Harnröhre bilden gemeinsam die Harnorgane. Deren Aufgabe ist es, über die Harnbildung den Flüssigkeitshaushalt des Organismus zu regulieren sowie Stoffwechselschlacken aus dem Körper zu entfernen. Durch die Steuerung der Harnzusammensetzung erfolgt gleichzeitig die Konstanthaltung des pH-Werts im Blut. Der Säuregrad des Harns gibt also Auskunft über die Fähigkeit des Körpers, Säuren zu binden und zu neutralisieren.

Meerrettich eignet sich vorzüglich zur Prävention von Infektionskrankheiten in den Atem- und Harnwegen.

Harnwegserkrankungen und ihre häufigsten

SYMPTOME

Harnwegsentzündungen

- Gesteigerter Harndrang und Brennen beim Wasserlassen
- Schmerzen im Unterbauch, in schweren Fällen auch Fieber

Blasenentzündung

- Verstärkter Harndrang, wobei nur wenig Urin abgegeben wird
- Schmerzen beim Wasserlassen, Krämpfe nach dem Wasserlassen
- Trübe oder blutige Verfärbung des Urins

Nierenbeckenentzündung (Nephritis)

- Nierenkolik mit starkem Rücken- oder Seitenschmerz
- Verstärkter Harndrang, Schmerzen beim Wasserlassen, trüber Harn
- Krankheitsgefühl mit Fieber, Appetitlosigkeit, Schüttelfrost

Nichtbakterielle Nierenbeckenentzündung

- Fieber, Hautausschlag, Gelenkschmerzen, urinöser Mundgeruch
- Verminderte oder aussetzende Harnbildung

Nierenkolik

- Starke Schmerzen im unteren Rücken, die zur Leiste hin ausstrahlen
- Schüttelfrost, Übelkeit, Erbrechen

Harnvergiftung

- Aussetzen der Harnausscheidung, starker Mundgeruch, Erbrechen

Die Harnbildung

Die Bildung des Harns leistet der Körper in zwei Schritten: Zunächst werden die 1500 Liter Blut, die täglich durch die Nieren strömen, im Rindenbereich der Nieren durch feine Blutgefäßknäuel (die Glomeruli) filtriert. Die abfiltrierte Flüssigkeit, der so genannte Primärharn, enthält außer Eiweiß sämtliche löslichen Blutbestandteile.

Die rund 180 Liter Primärharn werden über ein Kanalsystem (die Tubuli) wieder in die Blutbahn zurückgeführt. Es verbleiben etwa zwei Liter aus dem Blut gefilterte Stoffwechselschlacken, der Endharn. Dieser wird über die Nierenkelche, das Nierenbecken und die Harnleiter in die Blase transportiert, um dann über die Harnröhre ausgeschieden zu werden.

Harnwegsentzündungen

Die harnableitenden Organe werden häufig durch Bakterien aus dem Enddarm oder der Vagina befallen, welche die Schleimhäute der Harnwege angreifen. Normalerweise verhindern der hydromechanische Druck und die Flimmerepithelbewegung der Harnröhre sowie der so genannte Muzinbelag der Harnröhrenschleimhaut mit Hilfe der Immunglobuline eine Vermehrung von Bakterien in den Harnwegen. Sind jedoch die Abwehrmechanismen durch Unterkühlung geschwächt oder ist der Harnfluss durch Harnsteine und Harnröhrenverengung beeinträchtigt, können sich infektiöse Erreger in den Harnwegen ansiedeln. Vorbeugen kann man diesem Befall durch reichliche Flüssigkeitszufuhr, regelmäßige Blasenentleerung und gründliche Hygienemaßnahmen.

Blasenentzündung

Wird eine Harnwegsinfektion nur unzureichend behandelt, kann sie sich zur Blasenentzündung auswachsen. Frauen sind davon häufiger betroffen als Männer, denn ihre kurzen Harnleiter erleichtern eindringenden Bakterien den Befall der Blase.

Nierenbeckenentzündung

Die infektiöse Nephritis ist oft eine Folge aufsteigender bakterieller Infektionen der unteren Harnwege. Sie kann und muss mit Antibiotika, Bettruhe und reichlich Flüssigkeitszufuhr ausgeheilt werden, sonst kann sie sich möglicherweise zu einem chronischen Leiden entwickeln.

Eine Nierenbeckenentzündung kann jedoch auch eine allergische Reaktion der Nieren auf bestimmte Medikamente wie Antirheumatika, Abführ- oder Schmerzmittel sein. Nach Absetzen der auslösenden Medikamente stellt sich die normale Nierenfunktion wieder ein.

Nierenkolik

Nierenkoliken werden nicht nur durch Bakterien verursacht, sondern auch durch aus dem Harn auskristallisierte Ablagerungen aus Kalziumoxalat oder Kalziumphosphat (Nierensteine). Diese Ablagerungen wandern aus den Nieren in die ableitenden Harnleiter und beeinträchtigen dadurch den Harnfluss erheblich.

Radieschen haben ähnlich wie der Rettich eine äußerst harntreibende und dadurch entschlackende Wirkung.

Die Prinzipien einer basischen Ernährung

Um die Bildung von Nierensteinen zu unterbinden und den Harn säurearm zu halten, ist eine Ernährungsumstellung auf basische Lebensmittel die beste Medizin. Verzichten Sie auf Lebensmittel, die einen Überschuss an sauren Mineralstoffen enthalten, sowie auf Nahrungsmittel, die im Stoffwechsel zu Säuren umgebaut werden.

Säurehaltige Nahrungsmittel, die zu meiden sind

- Fleisch und Innereien
- Geflügel
- Wild
- Fleischbrühe
- Eiweiß, Käse, Quark

Säure erzeugende Nahrungsmittel

- Zucker, Süßigkeiten, Kuchen
- Weißmehlprodukte
- Sämtliche geschälten oder polierten Reis- und Getreideprodukte
- Zuckerhaltige Säfte, Limonaden
- Alkohol
- Kaffee

Neutrale Nahrungsmittel

- Pflanzliche Öle, Butter
- Leitungswasser

Basenhaltige Nahrungsmittel

- Kartoffeln, Kartoffelmehl, Stärke
- Obst und Gemüse
- Milch und Sahne
- Stilles Mineralwasser

Dadurch staut sich der Harn, es kommt zu Nierenkoliken. Hat der Stein die Blase erreicht, lassen die Koliken in der Regel nach.

Wärme, gesteigerte Flüssigkeitszufuhr und Bewegung fördern die Austreibung der Steine aus den Harnleitern. Stein- oder Grießbildung in Nieren, Blase, Harnleitern und Prostata wird durch eine salz- und fleischreiche Ernährung begünstigt und kann durch eine konsequente Nahrungsumstellung vermieden werden.

Harnvergiftung

Eine Begleiterscheinung akuter wie chronischer Nierenkrankheiten ist eine verminderte oder aussetzende Harnbildung. Die durch den Harn aus dem Körper geleiteten Schlacken stauen sich dann im Organismus und vergiften ihn.

Die Auslöser

Verursacht werden Harnleiden u. a. durch

- Purinreiche Ernährung
- Salzreiche Ernährung
- Geschwächte Abwehrkräfte
- Flüssigkeitsmangel
- Psychisch bedingte Verspannungen

Die Steigerung der Abwehr

Krankheitserreger werden von der Blase auch mechanisch bekämpft: Sie werden ausgespült. Damit das geschehen kann, müssen Sie vermehrt Flüssigkeit zu sich nehmen.

Die Natur hält ein reiches Sortiment an Heilkräutern gegen Harnwegserkrankungen bereit. Zu den wichtigsten zählen die Bärentrauben- und Birkenblätter, die als Teeaufgüsse ihre heilende Wirkung entfalten.

- Trinken Sie täglich mindestens zwei Liter Wasser, Früchtetees, Blasentees und Säfte, jedoch keinesfalls schwarzen Tee oder Kaffee, beides reizt die Blase.
- Stärken Sie Ihre Immunabwehr durch Wechselduschen und viel Bewegung an der frischen Luft.
- Machen Sie Entspannungsübungen, denn Muskelkontraktionen sowie die Bildung der desinfizierenden Blasenschleimhaut werden von der Psyche beeinflusst: Stress und Ängste fuhren zu verspannten Blasenwänden und verminderter Schleimproduktion. Damit sinken die Abwehrkräfte gegen Bakterien.

Basische Ernährung

Unterstützend wirkt in allen Fällen eine Entsäuerung des Harns durch eine Umstellung der Ernährung: Essen Sie salzarm. Meiden Sie Fleisch aller Art, Eier und purinreiche Getreideerzeugnisse.

Bevorzugen Sie Milch, pflanzliche Fette und Öle, Obst und Gemüse, und süßen Sie Ihre Speisen mit Rohrzucker, Süßstoff oder noch besser mit Honig.

Immunschwäche

Hagebutten sind reich an Vitamin C – einem der wichtigsten Biostoffe für das Immunsystem.

Immun- oder Abwehrschwäche ist eine Krankheit, mit der sich nicht nur Aidspatienten auseinandersetzen müssen. In harmloserer, trotzdem aber gefährlicher Form tritt Abwehrschwäche gehäuft auf bei

- Bewegungsmangel und Konditionsschwäche
- Überlastung, Stress, chronischer Erschöpfung
- Übergewicht
- Übermäßigem Alkohol- und Nikotingenuss

Aufgabe der Immunabwehr

Der erste Schritt unseres Organismus bei Erreger- oder Parasitenbefall besteht in der so genannten unspezifischen Immunabwehr: Zunächst werden die Phagozyten, die Fresszellen, aktiv. Sie vernichten die eingedrungenen Fremdkörper und aktivieren durch Botenstoffe ein weiteres Instrument unseres Immunsystems, das Komplementsystem. Dieses besteht aus 20 reaktionsfreudigen Proteinen, die sich den Strukturen der Parasiten angleichen und daher in die Zellwände der Parasiten eindringen und diese zersetzen können. Die Botenstoffe der Fresszellen versetzen die Killerzellen des Organismus in Tätigkeit. Sie vernichten die bereits z. B.von Viren befallenen Zellen, damit diese nicht beginnen, eigenständig Viren zu produzieren.

Innerhalb der spezifischen, auf die Erreger abgestimmten Abwehr arbeiten die Lymphozyten: Ist der Erreger identifiziert, stellen sie Antikörper her, deren chemisches Profil auf die Strukturen der Zellmembran der Eindringlinge zugeschnitten ist, diese direkt angreift und zersetzt. Zu den wichtigsten Antikörpern gehören die Immunglobuline. Bestimmte Lymphozyten-

Abwehrschwäche und ihre häufigsten

SYMPTOME

- Wiederholtes Auftreten von Infektionskrankheiten wie grippalen Infekten, Bronchitis, Harnwegsentzündungen, Herpes
- Schwerfällige, verlangsamte Heilungsprozesse bereits bestehender Infektionskrankheiten

arten können neben der Produktion von Antikörpern auch die chemische Struktur der Eindringlinge speichern, sie werden Gedächtniszellen genannt. Tritt der Erreger erneut auf, kann der Körper umgehend das spezifische Abwehrsystem der Antikörper aktivieren.

Wichtige Organe unserer Immunabwehr

Die Thymusdrüse ist das wichtigste Organ des lymphatischen Systems. In ihr werden T-Lymphozyten gebildet. Um sie vor freien Radikalen zu schützen, sind Karotene, die Vorstufe von Vitamin A, und Vitamin E hilfreich. Ein weiteres Immunorgan ist die Milz. Sie stellt B- und T-Lymphozyten her und baut geschädigte Blutzellen, mit Antikörpern beladene Thrombozyten, Mikroorganismen und Immunkomplexe ab. Damit diese »Müllabfuhr« unseres Organismus reibungslos funktioniert, muss sie durch Antioxidanzien wie Vitamin A, E und C geschützt werden.

Der hohe Gehalt an harntreibendem Kalium und desinfizierenden Terpenen im Sellerie unterstützt und stärkt das Immunsystem.

Vitamine, die unser Immunsystem stärken

- Vitamin A macht gemeinsam mit den Vitaminen C und E sowie dem Spurenelement Selen freie Radikale unschädlich.
- Vitamin B6 (Pyridoxin) beeinflusst Wachstum und Versorgung der Thymusdüse. Diese ist für die Produktion von Antikörpern zuständig.
- Vitamin C steigert die Stoffwechseltätigkeit der Lymphozyten. Es erhöht außerdem die Zahl der Interferone, also der Abwehrsubstanzen gegen Erreger in den Zellen. Es baut geschädigte Vitamin-E-Moleküle wieder auf. Und zuletzt greift es Viren, Bakterien, Parasiten, Mikroben und andere Krankheitserreger an. Es ist der bei weitem wichtigste Biostoff in unserem Abwehrsystem.
- Vitamin E zerstört die freien Radikale, Peroxide und Hydroxyle in der Zellmembran.
- Selen, ein Spurenelement, wirkt im Inneren der Zelle gegen freie Radikale und Giftstoffe.

Auf den Wochenmarkt statt in die Apotheke

- Vitamin A oder Karotene finden Sie in dunkelgrünem, gelbem und orangefarbenem Obst und Gemüse, insbesondere in Aprikosen, Brokkoli, Kürbis und Karotten.
- Reich an Vitamin B6 sind Leber, Sojabohnen und Weizenkeime.
- Vitamin C steckt in Südfrüchten (Orangen, Mandarinen, Zitronen, Grapefruits), in Kiwis, Himbeeren und Holunderbeeren.
- Vitamin E nehmen Sie mit Pflanzenölen, Nüssen und Samen zu sich.
- Selen findet sich in Knoblauch und Vollkornprodukten.
- Shiitakepilze steigern die Interferonproduktion der Zellen.

Milchsäure – mögliche Ursache für Anfälligkeit

Milchsäure ist ein Produkt des Kohlenhydratstoffwechsels und kommt in allen Zellen vor. Kann diese Säure nicht ausgeschieden werden, weil der Körper übermäßig säurebelastet ist, verbleibt sie in den Zellen und macht diese anfällig für Krankheitserreger.

Krankheitsgaranten

Alkohol und Nikotin sind die größten Feinde unseres Immunsystems. Nikotin vernichtet die Schleimhäute, die Zentren unserer Abwehr, und zerstört wichtige Vitamine. Alkohol im Übermaß reduziert die Abwehrkräfte von Milz und Thymusdrüse.

Konzentrations- und Gedächtnisschwäche

Konzentrationsschwäche, Nervosität, Vergesslichkeit und Schlafstörungen können unseren Alltag massiv beeinflussen: Den Hausschlüssel verlegt, die Kreditkarte vergessen, die beste Freundin versetzt – Ursache eines derartigen Chaos ist kein Wetterumschwung, sondern meist mangelnde oder falsche Nährstoffversorgung der Gehirnzellen. Genauso wie der Aufbau von Muskel- und Knochenzellen durch Vitamine und Biostoffe beeinflusst werden kann, so wird auch die Tätigkeit unserer Gehirnzellen durch gesunde Nahrung optimiert.

Das Zusammenwirken zwischen Ernährung und geistiger Leistungsfähigkeit zeigt sich besonders in den Dritte-Welt-Ländern: Unterernährte Kinder bleiben in ihrer körperlichen wie auch geistigen Entwicklung weit hinter ausgewogen ernährten Gleichaltrigen zurück.

Besondere Konzentration – besondere Nahrung

Die Neurotransmitter Serotonin und Azetylcholin übertragen die Signale von einer Nervenzelle zur nächsten. Zur Produktion dieser Botenstoffe braucht der Körper Aminosäuren wie Tryptophan und Substanzen wie Cholin. Beide Stoffe werden vom Körper selbst nicht hergestellt, müssen also zugeführt werden. Tryptophan, der Rohstoff für die Produktion von Serotonin, ist z. B. in Linsen, Sojabohnen, Huhn und Milch vorhanden. Cholin, das zu Azetylcholin synthetisiert wird, findet sich in Eigelb, Bierhefe, Lezithin und Weizenkeimen. Ein Mangel an Cholin und Serotonin führt zu schlechterer Reizübermittlung in den Synapsen der Nervenzellen, d. h. zu Vergesslichkeit und Konzentrationsmangel, später zu einem Absterben der Dendriten, der reizleitenden Fortsätze der Nervenzellen (Neuronen). Reichlich Cholin und Tryptophan in der Nahrung kann hingegen das Gedächtnis auffrischen und die Konzentrationsfähigkeit stärken.

Gib dem Gehirn Zucker …

… jedoch keine Schokolade! Zwar bezieht das Gehirn seine Energie aus Glukose, doch Einfachzucker treiben den Blutzuckerspiegel in die Höhe, um ihn dann endgültig absacken zu lassen. Konsequenz: Müdigkeit und Konzentrationsmangel. Komplexe Kohlenhydrate halten hingegen den Blutzuckerspiegel hoch und ermöglichen konzentriertes Arbeiten über lange Zeiträume.

Konzentrations- und Gedächtnisschwäche und ihre

SYMPTOME

- Zerstreutheit, Vergesslichkeit, eingeschränkte Merkfähigkeit
- Lernschwäche
- Mangelndes Erinnerungsvermögen

Sojaeiweiß ist optimal verwertbar und hilft bei Konzentrationsmangel und Gedächtnisschwäche.

Leicht, aber oho!

Fettes, eiweißreiches Essen fordert volle Leistung von unserem Verdauungsapparat. Um diesen in seiner Arbeit zu unterstützen, ändert das vegetative Nervensystem die Blutumverteilung im Körper: Magen und Darm werden vermehrt, das Gehirn vermindert versorgt. Die Folgen: Müdigkeit, Konzentrationsmangel. Um langfristig fit und konzentriert zu bleiben, sollten Sie kleine, leichte Mahlzeiten zu sich nehmen.

Schlaflosigkeit

Auch Schlaflosigkeit hat ähnliche Ursachen wie Konzentrationsschwäche. Hier sollten Sie besonders auf Ihr Abendessen achten:

- Tierische Eiweiße bremsen den für Entspannung zuständigen Neurotransmitter Serotonin, da sie seinen Baustoff, die Aminosäure Tryptophan, blockieren. Eine kohlenhydratreiche Mahlzeit abends (Kartoffeln, Vollkornprodukte, Vollkornreis) lässt Sie viel besser einschlafen.
- Ist die Balance von Kupfer und Zink in den Hirnzellen nicht ausgeglichen, reagieren wir mit Gereiztheit, Nervosität und Aggressivität und greifen abends unter Umständen zum Schlafmittel. Eine Zufuhr von Zink (in Müsli oder selbst gemahlenem Getreide vorhanden) hingegen entspannt und beruhigt Gehirn und Nerven.
- Ebenfalls schlaffördernd ist das B-Vitamin Inositol. Es reguliert die Kupfer-Zink-Balance in den Gehirnzellen und vermindert so Anspannung und Angstzustände. Inositol kommt vorwiegend in Milch, Früchten, Getreide und Gemüse vor.
- Hilfreich bei Schlaflosigkeit ist außerdem Magnesium. Es hemmt die Erregbarkeit von Muskel- und Nervenzellen. Es dämpft Stress, Aggressionen und Überreizung.

Ein Schaf, zwei Schafe ...

Neben eiweißreichem Nachtessen sollten Sie bei Schlafstörungen Alkohol in großen Mengen meiden, denn er stört die Tiefschlafphasen. Auch den Kaffeekonsum zu reduzieren ist ratsam: Kaffee zerstört das Inositol. Außerdem sollten anregende Getränke wie Kaffee oder schwarzer Tee nicht mehr am späten Nachmittag getrunken werden.

Essen muss Spaß machen. Die Aufnahmefähigkeit des Körpers für Biostoffe wird gemindert, wenn man beim Essen fernsieht, liest oder kauend zur U-Bahn rennt. Setzen Sie sich zum Essen hin, und genießen Sie es.

Basilikum ist nicht nur konzentrationsfördernd, sondern seine ätherischen Öle sind auch magenberuhigend und verdauungsfördernd.

Kopfschmerzen

Kopfschmerzen sind ein häufiges Krankheitsbild unserer Zivilisation. Ihre Ursachen sind vielfältig und erfordern ein hohes Maß an Selbstbeobachtung, um erkannt und erfolgreich behandelt zu werden. Auslöser episodischer wie chronischer Kopfschmerzen können beispielsweise nicht diagnostizierte Erkrankungen sein, wie

- Mangelnde Hirndurchblutung infolge von Gefäßverkalkung
- Augenerkrankungen
- Infektionskrankheiten
- Ohrenerkrankungen
- Hypertonie oder Hypotonie
- Hirntumoren und -abzesse

Auslöser können jedoch auch sein:

- Stress und Überlastung
- Allgemeine Erschöpfung
- Psychische Probleme
- Hunger
- Sauerstoffmangel
- Klimaeinflüsse
- Genuss- oder Schmerzmittelmissbrauch

Migräne

Migräne unterscheidet sich vom Kopfschmerz durch ein wesentliches Merkmal: Sie tritt meist halbseitig auf. Als hemi cranion, halber Kopf, bezeichneten die alten Griechen das Krankheitsbild.

Gefäßkrämpfe sind vermutlich die Auslöser der anfallartigen, pulsierenden Schmerzen, die in den frühen Morgenstunden beginnen und Stunden bis Tage andauern können. Die das Hirn versorgenden Arterien verkrampfen sich, mangelnde Durchblutung ist die Folge. Der Migränekopfschmerz entsteht in der Entspannungsphase nach dem Krampf, wenn sich die Gefäße wieder erweitern: Der verstärkte Blutandrang führt zu Wasseraustritten in das angrenzende Zellgewebe.

Starke Histaminausschüttungen aus den Mastzellen der Gefäßwände können ebenfalls Migräne verursachen, denn sie bewirken schmerzhafte Entzündungsprozesse im umliegenden Hirngewebe.

Häufig ist eine Störung des Fettstoffwechsels der Migräneverursacher. Wird die vorwiegend in Fleisch enthaltene Fettsäure Arachidon nicht ausreichend abgebaut, verwendet sie der Körper als Basismate-

Kopfschmerzen und ihre häufigsten SYMPTOME

Kopfschmerz

- Dumpfer, diffuser, anfallartig oder chronisch auftretender Schmerz, in der Regel ohne weitere Begleiterscheinungen

Spannungskopfschmerz

- Dumpf drückender, beidseitiger Kopfschmerz, der vom Hinterkopf in die Stirn ausstrahlt
- Vermehrte Anspannung der Kopf- und Nackenmuskulatur

Migräne

- Anfallartige, halbseitige Kopfschmerzen im Augen- und Schläfenbereich, verbunden mit Lichtempfindlichkeit, Seh- und Sprechstörungen
- Schwindel, Schweißausbrüche, Übelkeit, Bauchkrämpfe, Herzjagen

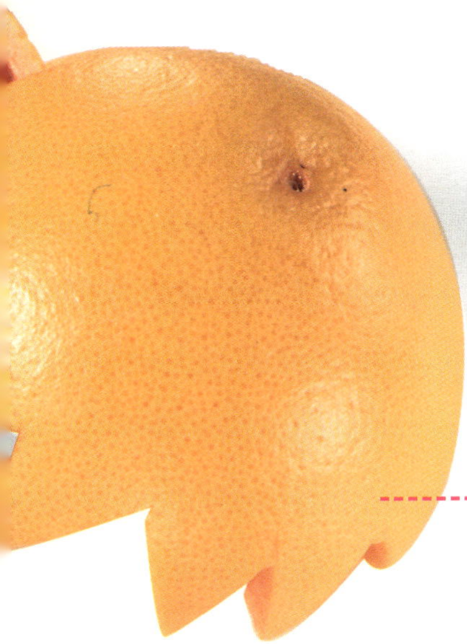

Vitamin C blockiert den Ausstoß entzündungs- und schmerzverursachender Eiweißstoffe aus den Mastzellen der Gefäßwände.

Das Wandern ist des Müllers Lust: Es entspannt und vertreibt Kopfschmerzen.

rial für die Synthese bestimmter, für die Schmerzempfindung verantwortlicher Substanzen. Der Organismus erhöht seine Produktion dieser Gewebehormone oder Mediatoren und setzt sie bereits bei minimaler Reizung des Gehirns ein.

Migräneauslöser

Dementsprechend unauffällig können auch die Migräneauslöser sein: Zusatzstoffe in Lebensmitteln katalysieren möglicherweise den Migräneschmerz. Achten Sie besonders auf mögliche Lebensmittelunverträglichkeit, auf Magnesium- und Eisenmangel. Führen Sie Buch über ihre Ess- und Lebensgewohnheiten: Auch Fernsehen, gestörte Schlafrhythmen, Kummer oder Lärmbelästigung lassen den Schmerz auftreten.

Vorbeugen durch Essen

Pharmazeutische Schmerzmittel unterbinden die körpereigene Produktion der Prostaglandine. Natürlicher wirken mehrfach ungesättige Fettsäuren in Pflanzenölen, Sojabohnen und Avocados, denn sie verfügen über viel Vitamin E zur Normalisierung des Stoffwechsels.

- Bierhefe enthält das Spurenelement Selen, das die Synthese von Prostaglandinen kontrolliert.
- Bei durch Unterzucker verursachter Migräne hilft eine Ernährungsumstellung. Essen Sie, auch wenn die Migräne mit Appetitlosigkeit einhergeht.

Hilfreiche Weglassdiät bei Kopfschmerzen

Meiden Sie Arachidonsäure in

- Hühnerei, insbesondere Eigelb
- Schweineschmalz
- Fleisch und Wurst
- Leber
- Aal, Thunfisch, Hering, Schellfisch

Verzichten Sie auf

- Süßigkeiten und künstliche Süßstoffe
- Gefärbte Wein- und Kaugummis, Bonbons, Konfitüre und Marmelade
- Speiseeis
- Eingemachtes Obst

Lassen Sie Süßigkeiten weg

- Schokolade, Pralinen, Kuvertüre, Brotaufstriche, Kekse
- Kakao und milchlösliche Schokoladengetränke

Streichen Sie Fertiggerichte

- Doseneintöpfe, eingedostes Fleisch
- Tüten- und Instantsuppen
- Fertiggerichte aus der Kühltruhe

- Das B-Vitamin Thiamin besitzt, in hohen Dosen konsumiert, schmerzlindernde Eigenschaften: Es ist in Nüssen, Gemüse, Keimen und magerem Fleisch enthalten.
- Mit einer gesteigerten Vitamin-C-Zufuhr verhindern Sie die Freisetzung von Histaminen ins Gewebe: Die Arbeit der Mastzellen wird blockiert, der Kopf wird schmerzfrei.

Krampfadern

Die Beinvenen sind im Gefäßinneren mit ventilartigen Venenklappen ausgestattet. Diese Klappen regulieren den Rückfluss sauerstoffarmen Bluts in Richtung Herz.

Sind diese Venenklappen undicht oder funktionsunfähig (Venenklappeninsuffizienz), sackt das Blut ab. Der Blutdruck innerhalb der Gefäße erhöht sich und drückt Flüssigkeit durch die Venenwände in das umliegende Gewebe, die Beine schwellen an, die Venen treten unter der Hautoberfläche hervor.

Eine weitere Ursache für die Entstehung von Krampfadern ist eine angeborene oder durch falsche Ernährung erworbene Venenwandschwäche: Die Gefäßwände der Venen sind deutlich dünner als die arterieller Gefäße, der sie durchflutende Blutstrom ist erheblich niedriger und langsamer. Ist das Bindegewebe der Gefäße unzureichend ausgebildet, erweitern sie sich, und die Rückflussklappen schließen nicht mehr richtig. Konsequenz: Rückstau des verbrauchten Bluts in den Beinen, Austritt von Flüssigkeit ins umliegende Gewebe, Heraustreten der Venen oder Bildung schlangenförmiger Verdickungen.

Oft ist auch der verminderte Abbau des Blutgerinnungsstoffs Fibrin für Krampfadern ursächlich. Verletzungen der Venenwände heilt der Körper durch die Ablagerung von Blutgerinnungsstoffen. Werden diese natürlichen Pflaster nach Ausheilung der Wunde nicht entfernt, kommt es zu Verhärtungen der Venenwände, und der Blutrückfluss ist blockiert.

Krampfadern können auch als Folgeerscheinung einer Thrombose auftreten: Ein Thrombus (Blutgerinnsel) verstopft die größeren Beinvenen und führt so zum Blutrückstau in den peripheren Gefäßen.

Krampfadern und ihre

SYMPTOME

- Unregelmäßig, schlauchförmig erweiterte, sich kräftig unter der Haut abzeichnende oberflächliche venöse Blutgefäße
- Schlangen- oder wurmförmige Venen an Hinter- und Beininnenseiten der Unter- und Oberschenkel
- Schmerzen bei längerem Stehen
- Geschlängelte oberflächliche Venen im Bereich der Bauchdecke

Vorbeugung

Bereits ausgebildete Krampfadern lassen sich nur durch eine Verödung oder durch operative Eingriffe entfernen. Langfristig jedoch hilft eine gezielte Ernährung, die Bildung verdickter Venen zu vermeiden. Für Bildung, Spannkraft und Geschmeidigkeit des Bindegewebes, aus dem u. a. die Venenwände gebildet werden, sind folgende Biostoffe verantwortlich:

- Vitamin B6 und B2
- Die Spurenelemente Kupfer und Zink
- Vitamin C
- Die Aminosäuren Prolin, Glyzin

Für einen verstärkten Abbau des Blutgerinnungsstoffs Fibrin sorgt der in Ingwerpflanzen enthaltene Stoff Gingerol.

Für einen gesteigerten Abbau von Fibrin sorgen Sulfide, insbesondere das Ajoen des Knoblauchs. Als natürlicher Gerinnungshemmer arbeitet der Wirkstoff Adenosin: Er hemmt die Enzyme, welche die Gerinnung des Fibrins verantworten. Adenosin findet sich in allen Kürbisgewächsen, insbesondere in der Honigmelone.

Die kleine Sportanleitung

Je mehr Bewegung für die Beine, desto besser: Krampfadern beugen Sie vor, indem Sie Treppen steigen, Rad fahren und viel zu Fuß gehen. Außerdem empfehlen sich gezielte Übungen, z. B. folgende: Legen Sie sich auf den Rücken, winkeln Sie die Knie an, und halten Sie die Unterschenkel waagerecht über den Boden. Beugen und strecken Sie Ihre Fußgelenke im Wechsel je zehnmal. Dann ausruhen und die Übung zweimal wiederholen.

Da die Venen an der Körperoberfläche liegen, sind sie oft von Skelettmuskulatur umgeben: Trainierte Muskeln stützen die Venen und fördern auf diese Weise ihre Tätigkeit.

Kneippgüsse

Die Durchblutung fördern Wechselduschen genauso wie leichter Sport: Duschen Sie Unter- und Oberschenkel einmal täglich, bei den Füßen beginnend, warm und kalt ab. Vorsicht: Diese kneippschen Güsse sind nur prophylaktisch anzuwenden.

Spannkraft aus der Nahrung

Zink – für den Kollagenaufbau

- Hülsenfrüchte
- Kohl aller Art
- Knollengemüse
- Mais
- Spinat

Rutin – hält Venen elastisch

- Buchweizen

Vitamin C – festigt Blutgefäße

- Rohes, säuerliches Obst
- Gemüse

Prolin, Glyzin – stützende Eiweiße

- Fisch
- Sojabohnen, Sojaprodukte
- Bohnen und Erbsen

Gingerol – gut für die Energie

- Ingwer

Ajoen – Abbau des Fibrins

- Knoblauch

Adenosin – als Gerinnungshemmer

- Kürbisgewächse
- Honigmelone

Regelmäßige und leichte sportliche Betätigung im Wasser unterstützt die Durchblutung und stärkt die Gefäße.

Krebserkrankungen

Nach den Herz-Kreislauf-Erkrankungen ist Krebs die zweithäufigste Todesursache in den industrialisierten Ländern. Heute erkranken in Deutschland jährlich an die 330 000 Menschen an Krebs, in über 200 000 Fällen endet diese Erkrankung tödlich. Trotz dieser Vielzahl von Erkrankungen gibt es noch keine wissenschaftlich exakte Definition der Krankheit Krebs. Vielmehr stehen sowohl Ärzte als auch Patienten vor einer Vielfalt körperlicher Befunde, die auf eine große Anzahl von möglichen Verursachern der Krankheit hindeutet: Psychische Veränderungen, familiäre wie gesellschaftliche Belastungen, wirtschaftliche Ängste oder Schicksalsschläge, aber auch mangelnde Kommunikationsbereitschaft können Krebs auslösen.

Die biologischen Ursachen von Krebs

Winzigste Veränderungen im genetischen Bauplan einer oder mehrerer Körperzellen sind die Auslöser für Tumorbildungen. Denn diese Veränderungen des Erbguts der Zellen werden bei Zellteilung an die neu entstehenden Zellen weitergegeben: Dadurch entsteht ein dem Organismus fremdes, jedoch extrem ähnliches Gewebe. Diese Ähnlichkeit führt dazu, dass unser Immunsystem, das normalerweise jeden Fremdkörper in unserem Organismus bekämpft, gegen dieses andersartige Gewebe nicht vorgeht. Es kann also ungehindert wachsen, andere, gesunde Zellen verdrängen und sich bis zu einem bösartigen Tumor ausbilden.

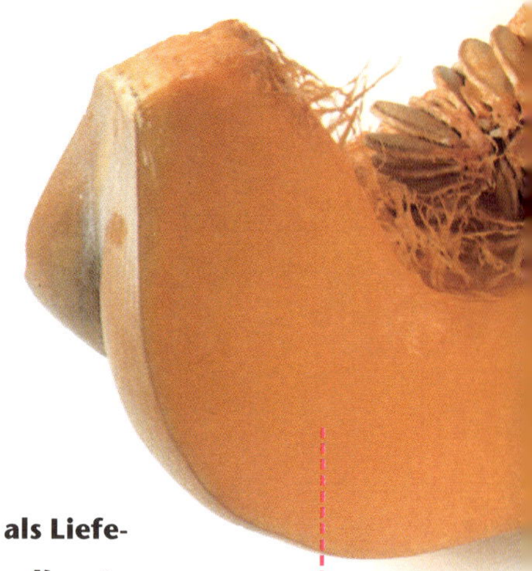

Kürbis als Lieferant von Karotenen, Vitamin E und Folsäure eignet sich gut zur Krebsprophylaxe.

Auslöser – unsere Gene oder die Umwelt

In der Krebsvorbeugung hat sich die Erkenntnis, dass nahezu die Hälfte aller Krebserkrankungen mit einer einseitigen bzw. falschen Ernährungsweise in Zusammenhang stehen, noch nicht wirklich niedergeschlagen. Erwiesen wurde jedoch mit Hilfe einer Reihe wissenschaftlicher Studien, dass insbesondere Brustkrebs, Prostatakrebs, Gebärmutterkrebs sowie Magen- und Darmkrebs häufiger durch Umweltfaktoren als durch Vererbung ausgelöst werden. Sie sind meist Spätfolge einer Fehlernährung: zu viel tierisches Fett, zu wenig Ballaststoffe, zu wenig Obst und Gemüse, zu viel Süßigkeiten und Alkohol.

Krebserkrankungen frühen Stadiums und ihre häufigsten SYMPTOME

- Plötzliche, unerklärliche Gewichtsabnahme
- Hautflecken oder Muttermale, die sich vergrößern
- Knoten oder Schwellungen unter der Haut, insbesondere im Bereich der Lymphdrüsen
- Andauernder Husten, unter Umständen mit blutigem Auswurf
- Anhaltende Heiserkeit
- Chronische Schluckbeschwerden
- Stoffliche, geruchliche oder farbliche Veränderungen des Stuhls

auslösenden Umweltfaktoren können Sie reduzieren, indem Sie starke Sonneneinstrahlung meiden oder sich durch Sonnencremes mit hohem Lichtschutzfaktor schützen. Augentumoren hingegen sind zu 100 Prozent erblich bedingt.

Unter den Krebsarten steht das Lungenkarzinom bei Männern an erster Stelle der Neuerkrankungen, bei Frauen der Brustkrebs.

Freie Radikale

Freie Radikale sind u. a. die Auslöser für einschneidende Veränderungen im geregelten Zellwachstum. Es sind Moleküle bzw. ihre Bruchstücke und Atome, die durch ein ungepaartes Elektron charakterisiert sind. Dieses einzelne Elektron macht die Moleküle äußerst reaktionsfähig, denn es paart sich mit einem Elektron eines anderen Atoms und verändert dadurch dessen Ladung. Dergestalt zerstört es das elektronische Gleichgewicht dieses Atoms. Das Molekül zerfällt unwiederbringlich. Dieser chemische Zerfallsprozess läuft augenblicklich und nur in eine Richtung ab, ist folglich nicht reversibel.

Freie Radikale entstehen durch

- Schad- und Giftstoffe
- Sonneneinstrahlung
- Fehlerhaften Stoffwechsel

Bei Brustkrebs spielt zu etwa 30 Prozent die genetische Veranlagung eine Rolle, zu 70 Prozent wird er durch Umweltfaktoren wie falsche Ernährung, Rauchen und Sonneneinstrahlung verursacht.

Ebenso geht Lungenkrebs vorwiegend auf Umweltfaktoren zurück: Genetische Einflüsse sind sekundär. Risikofaktor Nummer eins ist das Rauchen.

Hautkrebs ist bei 50 Prozent der Erkrankungen auf Umweltfaktoren zurückzuführen: Während Afrikaner durch ihre genetisch bedingte starke Pigmentierung vor Hautkrebs (recht gut) geschützt sind, ist das Risiko Hellhäutiger, bei starker Sonnenbestrahlung an Hautkrebs zu erkranken, erheblich gesteigert. Diese Krebs

Vitamin A, E und C steigern den Schutz gegen freie Radikale

Kohlrabisalat mit Karottencreme

Zutaten für 3–4 Personen
Salat: *2 Kohlrabi • 2 Karotten 1/2 Chinakohl • 1 Tasse Roggensprossen • 1 Tasse Mungbohnensprossen • Petersilie*

Zubereitung des Salats

1 Die Kohlrabi und die Karotten schälen und beides auf einer groben Gemüseraffel raspeln.

2 Den Chinakohl, die Sprossen und die Petersilie waschen. Die Sprossen in einem Sieb abtropfen lassen.

3 Den Chinakohl in Streifen schneiden, die Petersilie fein hacken und sämtliche Zutaten gründlich miteinander vermischen.

Creme: *2 Karotten • 1 TL Honig 2 EL Sesamöl • 100 g Joghurt Jodsalz, Pfeffer aus der Mühle*

Zubereitung der Creme

1 2 weitere Karotten schälen, und auf der Raffel so fein wie möglich raspeln.

2 1 Teelöffel Honig mit dem Schneebesen unter das Sesamöl schlagen.

3 Dann den Joghurt unter das Öl ziehen und die Sauce mit Salz und frisch gemahlenem Pfeffer würzen.

4 Die Sauce über den Salat gießen und vor dem Servieren noch einige Zeit durchziehen lassen.

Die dadurch verursachten Schäden sind immens. Beispielweise bringen freie Radikale die Kommunikation der Zellen untereinander zum Erliegen. Unsere Körperzellen sind durch wassergefüllte Kanäle miteinander verknüpft. Baustoff dieser Kanäle ist der Eiweißstoff Konnexin. Über dieses Kanalsystem finden sowohl der Austausch von Nährstoffen als auch der Austausch von Signalen statt. Greifen freie Radikale diese mikroskopisch kleinen Verbindungen an, wird die Kommunikation der Zellen untereinander gestört. Es kommt zu Funktionsausfällen der wachstumssteuernden Faktoren der Zelle (Interleukine und Chalon) und zu beschleunigter, unkontrollierbarer Zellteilung – es droht Krebs.

Krebs hemmende Antioxidanzien

Karotene und Vitamin A vernichten die freien Radikale. Sie halten den durch fortwährende Oxidation entstehenden Schaden an Zellkernen, Zellverbindungen, Eiweißstoffen und anderen großen Molekülen minimal. Sie schützen die Zellen vor Strahlen, chemischen Substanzen und eindringenden Viren – drei Faktoren, die das Chromosomengefüge des Zellkerns verändern und so Krebs auslösen können.

Vitamin A stärkt außerdem das Immunsystem und unterstützt die Präzision seiner Abwehrarbeit. Frauen mit einer Vitamin-A-Mangelversorgung erkranken Forschungen zufolge fünfmal häufiger an Brustkrebs als ausreichend mit diesem Biostoff versorgte Frauen.

Vitamin E

Vitamin E hat die Fähigkeit, freie Radikale durch die Abgabe eines Elektrons oder Ions zu neutralisieren, also unschädlich zu machen. Der Körper restauriert das oxidierte Vitamin-E-Molekül und gleicht dessen Elektronenmangel wieder aus. Vitamin E arbeitet vor allem in der Membranschicht sämtlicher Körperzellen und schützt u. a. die Erythrozyten, die roten Blutkörperchen, vor Angriffen freier Radikale. So gewährleistet es die optimale Sauerstoffversorgung der Zellen, verhindert also direkt und indirekt deren krankhafte Veränderung.

Vitamin C – ideale Krebsprophylaxe

Askorbinsäure beugt vor allem Magenkrebserkrankungen vor: Es wird bereits im Magen in sehr hohen Konzentrationen aus der Nahrung isoliert und verhindert die Bildung Krebs erregender Nitrosamine im Magen.

Vitamin B

Vor allem für den Eiweißstoffwechsel benötigt der Organismus B-Vitamine, insbesondere Vitamin B6 und Folsäure. Denn diese B-Vitamine sind an der Bildung des Erbguts in den Zellen beteiligt. Aus Nukleinsäuren und Eiweißen setzt unser Organismus u. a. die Erbanlagen unserer Zellkerne zusammen. Ist der Eiweißstoffwechsel gestört, besteht die Gefahr, dass die Erbanlagen bei der Zellteilung fehlerhaft übermittelt werden. Die Entartung einer normalen Zelle zu einer Krebszelle wäre dann die Folge.

Ballaststoffe gegen Darmkrebs

Eine ausreichende Zufuhr von Ballaststoffen ist ideal zur Vorbeugung von Darmerkrankungen. Bei

Ihr hoher Gehalt an Saponinen und Ballaststoffen macht Kichererbsen zu einem natürlichen, schmackhaften Krebshemmer.

Menschen, die täglich mehr als 30 Gramm Ballaststoffe zu sich nehmen, ist das Erkrankungsrisiko um 50 Prozent vermindert. Denn bei der Passage der Ballaststoffe durch den Darm entsteht die kurzkettige Fettsäure Butyrat. Sie besitzt eine Krebs hemmende Wirkung.

Außerdem erhöhen Ballaststoffe die Geschwindigkeit, mit der der Stuhl den Darm passiert. Folglich verringern sie die Möglichkeit, dass sich Gift- und Schadstoffe oder Krebs auslösende Substanzen an der Darmwand anlagern und die Zellen der Darmzotten angreifen.

Zuletzt verhindern Ballaststoffe den Umbau von primären zu sekundären Gallensäuren nach dem Genuss besonders fettreicher Speisen. Sekundäre Gallensäuren greifen die Darmwände an und schwächen deren Abwehr von kanzerogenen (Krebs erregenden) Stoffen.

Saponine

Saponine vermindern das Risiko von Dickdarmkrebs, da sie die Entstehung von Gallensäuren regulieren, die zu den Hauptauslösern von Darmtumoren gehören.

Vorbeugung durch Ernährung

- Erhöhen Sie den Ballaststoffanteil in Ihrer Nahrung; tauschen Sie Weißbrot, Croissants und Eiernudeln gegen Vollkornprodukte aus; diese Umstellung vermindert das Risiko der Entwicklung von Brust- und Darmkrebs.
- Ersetzen Sie Fleisch und Wurst durch Fisch oder Sojaprodukte; dadurch erhöhen Sie die Aufnahme der Krebs hemmenden Antioxidanzien im Körper.
- Meiden Sie Süßigkeiten, Zucker und Alkohol.
- Essen Sie vermehrt frisches Obst und Gemüse, trinken Sie Gemüse- und Fruchtsäfte statt Limonade.
- Reduzieren Sie Ihr Übergewicht.
- Gehen Sie einmal im Jahr zur Krebsfrüherkennungsuntersuchung.
- Für Frauen gilt: Tasten Sie regelmäßig Ihre Brust nach Knoten und Schwellungen ab.
- Reduzieren Sie Ihren Zigarettenkonsum, oder stellen Sie das Rauchen vollständig ein.

Mit natürlichen Stoffen Krebs vorbeugen

Karotene und Vitamin A sind enthalten in

- Karotten
- Brokkoli
- Tomaten
- Paprikaschoten
- Spinat
- Aprikosen

Gemüse mit Krebs vorbeugenden Biostoffen

- Kohl, insbesondere Grün- und Weißkohl
- Kürbis
- Melonen
- Sojabohnen
- Fenchel
- Linsen

Vitamin E – der Radikalefänger steckt in allen Keimölen

- Kürbiskernöl
- Sonnenblumenöl
- Sojaöl
- Olivenöl
- Traubenkernöl

Folsäure nehmen Sie zu sich mit

- Grün-, Rot- und Rosenkohl
- Kürbis
- Walnüssen und Pekannüssen
- Leinsamen

Die wichtigsten Saponinlieferanten

- Weizen
- Sojabohnen
- Knoblauch und Zwiebeln

Magenschmerzen

Der Magen ist ein sackförmiges, etwa eineinhalb bis zweieinhalb Liter fassendes Organ unseres Verdauungstrakts, das unter dem Zwerchfell im linken Oberbauch liegt. Er besteht aus Magenwand, Magenmuskeln und Magenschleimhaut. Bedeckt wird das Organ ebenso wie der Darmabschnitt vom Bauchfell.

Die Magenwand ist dünner als die Wand der Speiseröhre und zieht sich mit Hilfe der Magenmuskeln rhythmisch wellenförmig zusammen – eine Bewegung, die die Durchmischung des Mageninhalts gewährleistet. In der Magenschleimhaut befinden sich zahlreiche kleine Verdauungsdrüsen. Sie bilden pro Tag zwischen einen und zwei Liter Magensaft, mit einem Anteil von etwa einem halben Prozent Salzsäure (Magensaft hat einen Säurewert zwischen pH 3,0 und 1,2), sowie das Verdauungsenzym Pepsin.

Säuren und Basen

Außerdem liegen in den Flimmerzellen der Magenschleimhaut kleine Drüsen, die so genannten Beleg-

Fenchel gehört zu den ältesten Heilpflanzen der Menschen. Bereits Hippokrates, Dioskurides, Paracelsus und Plinius benutzten ihn zur Beruhigung des Magens.

Magenschmerzen und ihre häufigsten SYMPTOME

Reizmagen

- Sodbrennen und saures Aufstoßen
- Appetitlosigkeit
- Völle- und Druckgefühl in der Magengegend
- Übelkeit und Erbrechen

Gastritis (Magenschleimhautentzündungen)

- Unbehagliches bis schmerzhaftes Gefühl in der Magengegend
- Aufstoßen, Übelkeit und Brechreiz oder Erbrechen
- Belegte Zunge
- Appetitlosigkeit bis Widerwillen gegen Nahrungsaufnahme

zellen. Sie bewerkstelligen die Kochsalzspaltung im Magen. Das in der Nahrung enthaltene Kochsalz spalten sie mittels Kohlendioxid und Wasser in seine Bestandteile auf. Von diesen Elementen verbindet sich Chlor mit Wasserstoff zu Salzsäure. Natrium, Wasser-, Kohlen- und Sauerstoff werden zu Natriumbikarbonat, einer basisch reagierenden Verbindung, zusammengebaut.

Aufgaben im Körper

Während die Säure im Magen verbleibt, Schwerverdauliches auflöst und Krankheitserreger abtötet, tritt das doppeltkohlensaure Natron in Blut und Darm über. Darmdrüsen, Gallenblase und Bauchspeicheldrüse brauchen Basen, um die für die Weiterverdauung benötigten Sekrete und Säfte herstellen zu können. Im Blut sorgt das Natriumbikarbonat für eine Entsäuerung der Körperzellen, besonders des Bindegewebes, indem es sich mit den Säuren zu neutralen Salzen verbindet. Diese transportiert das Blut zur Ausscheidung Richtung Darm, Nieren oder Haut.

Salzsäureüberschuss als Folge von Basenmangel

Sind für diese Entgiftung zu wenig basische Stoffe in der Nahrung enthalten, steigert die Bauchspeicheldrüse wenige Stunden nach dem Essen ihre Produktion basischer Verdauungssäfte. Doch dazu braucht sie Nachschub von Basen aus dem Magen. Folglich beginnt der Magen mit der Aufspaltung von Kochsalz zu Magensäure und Natriumbikarbonat, obwohl er mittlerweile leer ist. Es kommt zur Salzsäureüberflutung des Magens.

Die Säure greift statt die Nahrungsmittel die Magenschleimhaut an – und das wiederum führt zu Schmerzen im Oberbauch, zu Sodbrennen und langfristig zu Magen- und Zwölffingerdarmgeschwüren.

Ist die Verdauung im Magen gestört, setzt sich die ungenügende Nährstoffverwertung im Darm fort. Ein Mangel an Biostoffen in sämtlichen Körperzellen ist die Folge.

Obst und Gemüse – natürliche Säureblocker

- Die Vitamine B1, B6 und Niazin, die vorwiegend in Hülsenfrüchten, Sojaprodukten, grünem Gemüse sowie in allen Samen und Kernen enthalten sind, sorgen für eine gesunde Funktion der Magenschleimhaut und für eine ausreichende Zufuhr an basischen Stoffen.
- Karotene und Vitamin A erneuern das Epithelgewebe der Magenschleimhaut. Bei Mangel trocknen Teile der Magenschleimhaut aus. Die Folge: weniger Schleimbildung, ungenügende Abwehr gegen Bakterien, Schmerzen.
- Alkohol, Kaffee und Zucker führen zu erhöhter Säureausscheidung des Magens, ebenso das Rauchen oder ein Missbrauch von Analgetika (Schmerzmitteln). Verzichten Sie auf Alkohol, Nikotin, Kaffee und Zucker, wenn die Funktion Ihres Magen-Darm-Trakts gestört ist.

Magen und Psyche

Magenbeschwerden sind häufig zurückzuführen auf Überforderung, unterdrückte Aggression, ungelöste Konflikte oder Dauerstress. Regelmäßige Entspannungsübungen wie Yoga, Atemübungen oder autogenes Training können Magenbeschwerden vorbeugen und sind eine sinnvolle therapeutische Ergänzung.

Ersetzen Sie bei Magenschmerzen Kaffee und schwarzen Tee durch Kräuter- oder Früchtetee.

Osteoporose

Brennnesselsamen wirken im Körper wie das knochenerhaltende Östrogen. Deshalb sollten sie bei gefährdeten Personengruppen zum täglichen Speiseplan gehören.

Osteoporose ist eine verbreitete Erkrankung des Skelettsystems mit Verlust bzw. Verminderung von Knochensubstanz, Veränderung der Knochenstruktur sowie erhöhter Brüchigkeit der Knochen. Jede vierte Frau und jeder zwölfte Mann leiden an diesem »Knochenschwund«. Frauen sind deshalb in so viel stärkerem Maß betroffen, da sie sowohl während der Schwangerschaft als auch nach der Menopause einen höheren Kalziumbedarf haben.

Kalzium – ein vielseitiges Mineral

Kalzium ist ein Mineral, das der Organismus nicht nur zum Knochenbau, sondern auch zur Weiterleitung von Nervenreizen, zur Blutgerinnung und im Bewegungsablauf benötigt. Sinkt die Kalziumkonzentration im Blut, versucht der Körper den Mangel auszugleichen, indem er Kalzium aus dem Knochen freisetzt. Die Knochen werden porös und brüchig.

Weil Kalzium gern von Säuren zu schwer löslichen Salzen gebunden wird, ist seine Resorption im Körper erschwert.

- Phosphathaltige Lebensmittel behindern beispielsweise die Verwertung von Kalzium im Körper, denn Phosphate verbinden sich mit den Kalziumionen zu dem vom Organismus schwer aufschließbaren Kalziumtriphosphat.
- Auch die Phytinsäure bildet schwer lösliche, also schwer verwertbare Komplexe mit dem Kalzium. Sie ist vor allem in Getreide enthalten – einem an sich unentbehrlichen Kalziumlieferanten.

Der Realgehalt von Kalzium

Der Realanteil an Kalzium in Nahrungsmitteln ist der durch den Organismus uneingeschränkt verwertbare Anteil. Ihn können Sie erhöhen, indem Sie kalziumreiche Lebensmittel gemeinsam mit Milchzucker, Glukose (Kohlenhydraten) und Vitamin C zu sich nehmen.

- Vitamin C unterstützt den Aufbau von Kollagen, einem wichtigen Bestandteil nicht nur der Haut, sondern auch des Knochengerüsts.

Osteoporose und ihre häufigsten SYMPTOME

- Ziehen und Reißen in den Knochen
- Undefinierbare Schmerzen im Rückenbereich
- Spontane Knochenbrüche an den Hand-, Finger- und Fußgelenken
- Brüche der Oberschenkelhalsknochen
- Durch Wirbeleinbrüche entstehender Rundrücken im oberen Bereich der Wirbelsäule

- Eine gezielte Aufnahme des Spurenelements Bor verhindert zusätzlich die Ausscheidung von Kalzium und Magnesium.

Lichtmangel

Ein Mangel an Tages- und Sonnenlicht führt zu einem Defizit an Vitamin D. Ohne Vitamin D kann der Darm kein Kalzium aufnehmen und es den Osteoblasten zuführen, die es in Knochen und Zähne einbauen.

Das A und O – Vermeidung der auslösenden Faktoren

Rauchen, Kaffee, Alkohol, Süßigkeiten und tierische Eiweiße in zu hohen Mengen führen zu einem verstärkten Abbau von Kalzium. Schränken Sie diese Nahrungs- und Genussmittel ein. Durch fluorreiche Nahrung steigern Sie die Aktivität der knochenbildenden Zellen. Je mehr Magnesium mit der Nahrung aufgenommen wird, desto höher ist die Knochendichte, denn Magnesium aktiviert ein für den Knochenaufbau wichtiges Enzym. Kombinieren Sie also kalzium- und magnesiumreiche Lebensmittel miteinander. Wichtig ist eine aktive Belastung des Bewegungsapparats: Dies wirkt stimulierend auf den Knochenneuaufbau. Gleichzeitig entlastet eine Stärkung der Muskeln die Knochen. Zur Entlastung des Skeletts bei Übergewicht trägt natürlich eine Gewichtsreduzierung bei.

Vorbeugende Ernährungsumstellung

Kalziumreiche Nahrungsmittel

- Kräuter
- Milchprodukte wie Käse, Milch, Joghurt und Quark
- Samen wie Sesam, Mohn, Leinsamen

Magnesiumreiche Lebensmittel

- Samen, Kerne, Nüsse
- Vollkornprodukte
- Hülsenfrüchte und Grüngemüse

Borhaltige Nahrungsmittel

- Äpfeln, Pflaumen und Weintrauben

Fluoride – aktivieren Osteoblasten

- Meeresfrüchte, Käse, Fleisch

Vitamin D – Eigenproduktion durch Sonneneinwirkung und enthalten in

- Fisch, Butter, Käse und Milch

Milchprodukte sind reich an Kalzium und zugleich arm an kalziumbindenden Säuren.

Sehschwäche

Augentrost – ein Kraut, das seinem Namen alle Ehre macht: Als Tee überbrüht und heiß getrunken, lindert es Kopfschmerzen und Verkrampfungen im Augenbereich, als kühlende Kompresse wirkt es beruhigend und entzündungshemmend. Als Spülung heilt es Bindehautentzündung.

Das Auge liegt, geschützt durch das Lid, in der knöchernen Augenhöhle. Es ist von einer weißen Lederhaut, einer aderndurchzogenen Haut und der Netzhaut ummantelt. Sein vorderer Teil ist mit einer durchsichtigen, gefäßlosen Hornhaut bedeckt. Unter dieser Haut liegt die vordere Augenkammer. Diese ist mit Flüssigkeit gefüllt (Kammerwasser) und wird von der pigmentierten Regenbogenhaut (Iris) begrenzt. Mittig hat die Iris ein Loch, die schwarz erscheinende Pupille.

Hinter der Pupille ist eine weitere, ebenfalls mit Kammerwasser gefüllte Augenkammer, und dahinter liegt die elastische Linse. Ein großes, geleeartiges Gebilde, der Glaskörper, füllt den Rest des Augeninneren aus. Er ist von der Netzhaut umhüllt, auf der sich lichtempfindliche Rezeptoren befinden, welche das Sehen ermöglichen.

Sehschwäche und ihre häufigsten

SYMPTOME

- Verschwimmende, unscharfe Bilder
- Brennende, gerötete und juckende Augen
- Mangel an Tränenflüssigkeit
- Kopfschmerzen

Blind ohne Vitamin A

Diese Rezeptoren (Stäbchen oder Zäpfchen) setzen mittels des Sehpurpurs, Rhodopsin, Lichtenergie in Nervenimpulse um. Diese Impulse leitet der Sehnerv weiter ans Hirn, genauer bis zur Oberfläche des Hinterhautlappens des Großhirns. Rhodopsin ist von Vitamin A abhängig: Bei jedem auf der Netzhaut auftreffenden Lichtreiz werden unzählige Rhodopsinmoleküle chemisch abgebaut. Sie müssen mit Hilfe von Eiweiß und Vitamin A sofort neu hergestellt werden. Fehlt dem Auge Vitamin A, kommt es zwangsläufig zu Sehstörungen.

Sehen ist Muskelarbeit

Unser Sehvorgang ist ein aktiver Prozess der Umwandlung von elektromagnetischen Wellen in Sinneseindrücke. Damit das ins Auge einfallende Licht optimal gesteuert und gebündelt werden kann, muss sich die Pupille je nach Lichteinfall erweitern oder verengen (Lichtreaktion), die Muskeln der Regenbogenhaut müssen sich an- oder entspannen. Die Linse verändert aus eigener Elastizität sowie mit Hilfe der Muskelkraft der so genannten Ziliarkörper ihre Krümmung und bricht so die aufgefangenen Strahlen. Drei Gehirnnerven lenken die sechs für die Beweglichkeit des Auges verantwortlichen Augenmuskeln; sie bewirken das Öffnen und Schließen der Lider. Bei den unzähligen Reizen, die pro Sekunde auf der Netzhaut eintreffen, leisten die Augenmuskeln Schwerstarbeit, sie müssen folglich vom Körper optimal versorgt werden: Das Auge verbraucht bis zu fünfmal mehr Vitamine und Biostoffe als jedes andere Organ.

Tränen halten die Augen in Form

Unser Sehvermögen wird entscheidend unterstützt durch die aus der Tränendrüse abgesonderte Tränenflüssigkeit. Sie wirkt mechanischen Reizungen der Hornhaut durch Staub und Fremdkörper entgegen, sie verbessert die optischen Eigenschaften der Hornhaut, und sie schützt das Auge vor Austrocknung. Zusätzlich beliefert sie das Auge mit den wichtigen Vitaminen A, C und E und schützt es so vor Krankheitserregern und freien Radikalen.

Gereizt vor dem Computer?

Das konzentrierte Arbeiten am Bildschirm schränkt die Augenbewegung und damit die Verteilung von Tränenflüssigkeit über die Netzhaut ein. Zudem sinkt die normale Lidschlagfrequenz um 50 Prozent von 14 auf 7 Schläge pro Minute.

Augenübungen

Gönnen Sie Ihren Augen auch tagsüber Ruhe. Telefonieren Sie mit geschlossenen Augen. Legen Sie am Computer kurze Pausen ein. Schauen Sie öfter einmal von der Arbeit auf, und fixieren Sie einen entfernten Gegenstand. Das trainiert Ihre Augenmuskeln.

Einen Termin beim Augenarzt sollten Sie wahrnehmen, wenn

- Sich Ihre Sehleistung kontinuierlich verschlechtert
- Sie lichtempfindlich werden
- Sie Flocken oder Schleier vor den Augen haben
- Ihr Gesichtsfeld (der Ausschnitt dessen, was Sie scharf sehen, ohne die Augen zu bewegen) kleiner wird

Vitamin A für gutes Sehen

Vitamin A sollten Sie immer mit etwas Fett zu sich nehmen. Das erhöht seine Resorption im Körper auf das Doppelte.

Vitamin A ist reichlich enthalten in

- Karotten
- Spinat
- Kürbis
- Grünkohl und Brokkoli
- Zuckermelonen
- Tomaten
- Avocados
- Aprikosen und Pfirsiche
- Grünen Erbsen und Bohnen

Hinter Störungen des Sehvermögens können sich ernste Erkrankungen, wie z. B. Hirntumoren, Diabetes, Bluthochdruck oder Nierenerkrankungen verbergen.

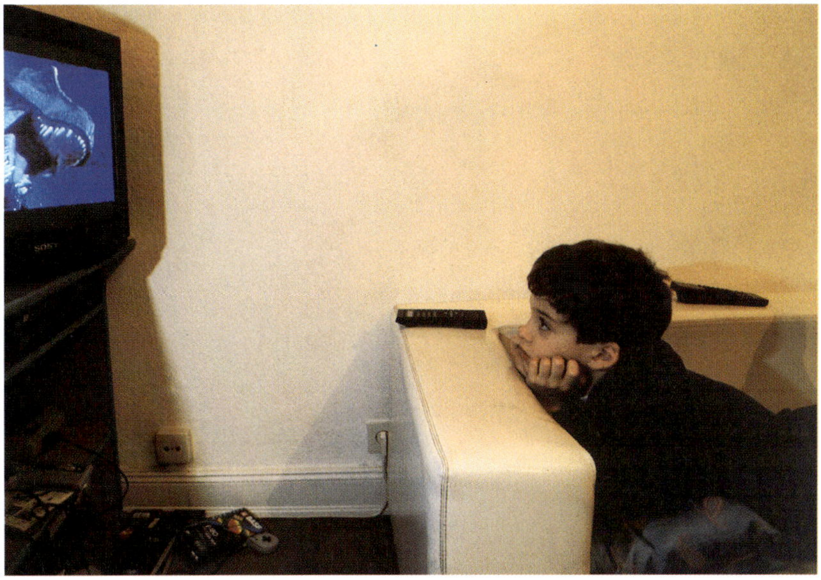

Beim Starren auf Bildschirme stellen sich die Augen täglich bis zu 10 000-mal auf Hell-Dunkel-Reize ein – das ist optische Schwerstarbeit.

Übergewicht

Übergewicht oder Fettsucht ist keine Krankheit, aber in vielen Fällen eine starke körperliche und seelische Belastung für die Betroffenen. Obwohl mit Übergewicht unmittelbar keine gesundheitlichen Gefahren verbunden sind, stellt es einen Risikofaktor für eine Reihe von Erkrankungen dar:

- Hoher Blutdruck (Hypertonie)
- Diabetes mellitus
- Gicht

Übergewicht geht meist einher mit Fettstoffwechselstörungen, also einem erhöhten (LDL-)Cholesterinspiegel im Blut. Dieser ist ein Risikofaktor für das Herz-Kreislauf-System. Fettsucht belastet Knochen und Gelenke und steigert die negativen Auswirkungen von Osteoporose. Übergewicht strapaziert zudem die Beinvenen und erhöht damit die Bildung von Krampfadern.

Granatäpfel enthalten viel Kalium, Niazin und Vitamin C. Letzteres ist an allen entfettenden Vorgängen im Körper beteiligt.

Fette machen Appetit ...

Übergewicht entsteht durch unausgewogene oder falsche Ernährungsgewohnheiten, z. B. durch die gefährliche Kombination Fett und Zucker plus helle Teigwaren. Es ist jedoch auch »Geschmackssache«: Wissenschaftlichen Untersuchungen zufolge haben Übergewichtige anders gelagerte Geschmackspräferenzen als Normalgewichtige. Ausgerechnet Übergewichtige haben besondere Lust auf fette Gerichte, während sie fettarme Speisen nur ungern konsumieren – eine Tatsache, die das Abnehmen nicht leichter macht.

... aber sie machen nicht satt

Fettreiche Speisen sind zwar besonders kalorienreich, aber Nahrungsfette besitzen nur einen geringen Sättigungsgrad. Man nimmt also im Vergleich mehr Fette als z. B. Kohlenhydrate zu sich, bis der Körper die Sättigungsmechanismen im Blutkreislauf aktiviert hat. Die möglichen Ursachen: Fette werden im Körper besonders langsam verdaut, dementsprechend länger verzögert sich ihre Signalwirkung auf den Organismus. Zudem werden bei der Fettverdauung weniger Stoffe frei, die beruhigend auf das Hungerzentrum im Gehirn wirken. Schneller reagiert dieses Zentrum auf eiweißreiche Speisen, d. h. schneller und gesünder werden Sie durch mageres Fleisch und Fisch in Kombination mit Salat, Rohkost und Obst satt.

Natürliche Schlankmacher

Fettzellen sind nicht verantwortlich für das Übergewicht, sie speichern Fett lediglich als Energiebrennstoff für härtere Zeiten, also Hungerphasen. Bestimmte Biostoffe öffnen diese Speicher, sprich: helfen dem Organismus beim Abnehmen.

Reichlich Magnesium in der Milch sorgt für schnelle Fettschmelze (Lipolyse).

- Taurin wird in der Hirnanhangsdrüse zur Produktion u. a. derjenigen Hormone gebraucht, die Fette aus den Depots abtransportieren. Taurinreich sind Austern, Krabben, Garnelen und Leber.
- Magnesium lässt die Fettzelle von innen heraus schmelzen. Es findet sich in Samen, Nüssen, Hülsenfrüchten und Vollkorngetreide.
- Die essenzielle Aminosäure Methionin ist einer der Motoren des Fettabbaus. Leber, Eigelb, Fisch, Sojaprodukte, Käse, Joghurt und Linsen enthalten Methionin.
- Vitamin C stimuliert direkt und indirekt alle entfettenden Vorgänge im Körper. Viel davon ist in frischem Gemüse und saurem Obst enthalten.
- Karnitin transportiert Fettmoleküle durch die Zellmembran in die Mitochondrien, wo sie zu Energie verbrannt werden. Es kommt insbesondere vor in Milchprodukten, Schinken, Hammel- und Lammfleisch, Geflügel und Käse.

Ein hilfreiches Ernährungsprogramm

Reduzieren Sie Ihr Gewicht nicht durch Herz und Kreislauf belastende Crashdiäten, sondern stellen Sie langfristig Ihre Ernährung um:

- Ersetzen Sie tierische Fette durch pflanzliche. Da Tiere am Ende der Nahrungskette stehen, sammeln sich in ihnen viele belastende Schadstoffe an; gesund sind maximal zwei Fleischmahlzeiten pro Woche.
- Ersetzen Sie Weißbrot und Brötchen durch Vollkornbackwaren.
- Reduzieren Sie Alkohol.
- Probieren Sie einmal Reis: Er entfettet, sättigt, ist leicht verdaulich und enthält, wenn er nicht poliert ist, Kalium, Kalzium und Fluor, die Spurenelemente Selen und Zink sowie Vitamine der B-Gruppe.

Den Cholesterinspiegel senken

- Verwenden Sie kaltgepresste Pflanzenöle und Knoblauch.

Sport hebt die Laune beim Abnehmen

- Fette brauchen zur Verbrennung viel Sauerstoff. Gehen Sie vermehrt an die frische Luft. Fette werden in den Muskeln verbrannt: Gezielte Bewegung unterstützt ihre Fettverbrennung.

Was Sie meiden sollten

- Fettes Fleisch, fette Wurst
- Helle Teigwaren, Weißbrot, Klöße
- Gebäck, Kuchen, Kekse, Torten
- Pommes frites, Bratkartoffeln, Chips
- Fertiggerichte, Dosengemüse

Verdauungs-beschwerden

Während im Magen die Nahrung in ihre Nährstoffe, also in Kohlenhydrate, Fette, Eiweiße, Vitamine, Mineralstoffe und Spurenelemente, aufgespalten wird, leistet der Darm die Aufnahme dieser Substanzen in den Blutkreislauf. Aus dem Magen gelangt die mit Hilfe der Magensäure zersetzte Nahrung portionsweise über den Magenpförtner, einen Schließmuskel, in den Dünndarm, ein schlauchartiges Gebilde von etwa sieben Meter Länge und vier Zentimeter Durchmesser. In dessen oberen Teil fließen aus dem Mündungsgang von Gallenblase und Bauchspeicheldrüse für die endgültige Nahrungsaufspaltung wesentliche Enzyme und Gallensäuren. Außerdem ist der Dünndarm selbst mit Verdauungssäfte produzierenden Drüsen ausgestattet.

Verdauungsbeschwerden und ihre

SYMPTOME

Allgemeine Krankheitszeichen für Störungen im Darmtrakt sind Leibschmerzen, Rumoren im Bauch, gesteigerte Gasbildung im Darm sowie Durchfall und Verstopfung, die auch abwechselnd auftreten.

Blähungen

- Aufgeblähter Bauch, Abgang von Winden, Darmkrämpfe, Darmkollern

Darm- oder Stuhlträgheit

- Blähungen, Sodbrennen, saures Aufstoßen, Übelkeit, Bauchschmerzen, Durchfall, Verstopfung

Verstopfung

- Harter Stuhl, weniger als dreimal pro Woche Stuhlabgang
- Völlegefühl oder Gefühl eines Fremdkörpers im Unterbauch

Magen-Darm-Katarrh

- Plötzlich einsetzende, starke, krampfartige Leibschmerzen, Durchfall
- Bei Entzündung des Dickdarms: Druckempfindlichkeit im Oberbauch
- Bei Entzündung des Enddarms: häufiger, schmerzhafter Stuhldrang, ohne dass sich Stuhl im Mastdarm befindet

Der Dünndarm

Hauptbestandteil des Dünndarms ist seine faltenreiche Schleimhaut, die mit mikroskopisch kleinen Zotten und einer dünnen Epithelzellschicht, den Mikrovilli, bedeckt ist. Durch diese Zotten, die sich mit Hilfe kleiner Muskeln rhythmisch zusammenziehen, gelangt die in ihre molekularen Bestandteile zerlegte Nahrung durch die – poröse – Darmwand in das Kapillarnetz der Blutgefäße und so über den Blutkreislauf zu allen Zellen des Körpers. Entscheidend für den Zustand der Dünndarmschleimhaut sind ihr Zottenbestand und die Dichte ihrer Epithelzellschicht.

Krank? Gesund?

Je mehr Nährstoffe in den Darm gelangen, desto mehr Darmzellen bilden sich in der Epithelschicht der Darminnenwand, und desto mehr Nährstoffe

Anis enthält wohlriechende ätherische Öle. Er ist hilfreich als krampflösendes Mittel bei Magen- und Darmkatarrh sowie bei Blähungen.

können dem Nahrungsbrei entzogen und ins Blut abgegeben werden. Im umgekehrten Fall sterben die Zotten ab, wertvolle Nährstoffe werden den Zellen nicht zugänglich gemacht und gelangen mit den Nahrungsresten in den eineinhalb Meter langen Dickdarm, wo sie weiter verdaut werden.

Der Dickdarm

Die feinen Flimmerhärchen der Dickdarmschleimhaut filtern weitere Mikrobestandteile aus der Nahrung – vorausgesetzt, die Nahrung ist in Kleinstteile zersetzt. Ist das nicht der Fall, entzieht der Dickdarm dem flüssigen Stuhl zwar das Wasser und leitet es in den Blutkreis-

Pflaumen, Zwetschgen, Mirabellen und Renekloden wirken aufgrund ihres hohen Gehalts an B-Vitaminen positiv auf den Stoffwechsel. Im Übermaß gegessen, sind sie abführend.

Nahrungsmittel zur Darmsanierung

Langfristig können Sie Ihren Darm nur mit einer endgültigen Ernährungsumstellung wieder in Schwung bringen.

Was Sie zukünftig meiden sollten

- Helle Teigwaren, polierten Reis, Süßspeisen
- Fertiggerichte

Vitamine zuführen

Gegen Blähungen und Verstopfung helfen Karotene, Vitamin A und B-Vitamine

Vitamin A und Karotene sind enthalten in

- Leber
- Karotten
- Brokkoli und Grünkohl
- Grüne Erbsen und Bohnen
- Tomaten
- Avocados
- Aprikosen und Pfirsichen
- Papayas und Melonen

Essenzielle Fettsäuren zum Schutz von Vitamin A in

- Sämtlichen Sprossen und Keimen
- Keimölen und pflanzlichen Ölen

40 bis 50 Gramm Ballaststoffe täglich – unerlässlich für einen gesunden Darm

- Weizenkleie
- Kartoffeln
- Jedes Obst und Gemüse
- Alle Vollkornprodukte und Samen
- Ungeschälter oder Parboiled Reis

lauf zurück, die Nährstoffe jedoch werden ausgeschieden. Mangelerscheinungen im Organismus und Stoffwechselstörungen sind die Folgen.

Verdauungshelfer und Immunschutz

Im Dickdarm finden sich an die 100 Billionen Bakterien. Sie sind für den Stoffwechselprozess unentbehrlich, denn sie nehmen nicht nur die letzten wertvollen Nährstoffmoleküle auf, um sie zu den Körperzellen zu leiten, sondern sie produzieren auch lebenswichtige Vitamine und Aminosäuren wie Vitamin K, Folsäure, Biotin, Vitamin B1 und B12. Die Darmflora enthält zudem eine Vielzahl an Abwehrmolekülen und -zellen, die das Eindringen von Fremdkörpern in unseren Organismus unmöglich machen. Sie bildet somit einen wichtigen Teil unseres Immunsystems.

Gefährdet durch Nahrung und Medizin

Eine funktionierende Darmflora ist folglich für den Organismus lebensnotwendig. Ernährungsfehler und einseitige Essgewohnheiten beeinträchtigen die präzise aufeinander abgestimmten Verdauungsvorgänge: Im Stress hinuntergeschlungene fett- sowie zucker- und mehlreiche Speisen, die kaum gekaut den Magen erreichen, reizen die Magen- und Darmschleimhäute. Sie zerstören die Epithelzellen und Darmzotten.

Üppige Abendessen gefährden die notwendige Regenerationsphase des Darms. Genussgifte wie Kaffee, Nikotin und Alkohol, die oft gezielt als Abführmittel eingesetzt werden, stören den Muskeltonus im Magen-Darm-Trakt. Die kurzfristigen Folgen sind Blähungen, Darmträgheit und Verstopfung. Langfristig stellen sich Hautprobleme, Fettstoffwechselstörungen, Schilddrüsenunterfunktion, Zuckerkrankheit, Infektanfälligkeit und Darmgeschwüre ein.

Töten zudem Medikamente wie Kortison und Antibiotika die Bakterien der Darmflora, dann ist das biologische Gleichgewicht im Darm endgültig zu Fall gebracht: Unwohlsein, Übelkeit, Durchfall und Verstopfung sind die Folgen.

Blähungen

Wenn Ihnen nicht der Genuss blähender Speisen, wie z. B. Hülsenfrüchten, Kohl und frischen Broten, kurzfristig Blähungen verursacht, sondern Sie häufig darunter zu leiden haben, dann können unzureichende Kaubewegungen, ein Mangel an Magensäure und unzureichender Gallenfluss die Ursache Ihrer Beschwerden sein. Eine angegriffene Magenschleimhaut gibt zu wenig

Kümmel wirkt krampflösend, entblähend und verdauungsfördernd.

Magensäure und Verdauungsenzyme ab, die Nahrung wird im Magen lediglich anverdaut. Der Darm kann die vollständige Verdauung nicht leisten, es kommt zu Gärungs-, Fäulnis- und Gasbildung im Darm. Da mit zunehmendem Alter die Produktion von Magensäure nachlässt, ist Menschen über 40 Jahre angeraten, sich vorbeugend, also ballaststoffreich, vitamin- und mineralstoffreich zu ernähren sowie auf ausreichende Flüssigkeitszufuhr zu achten.

Darm- und Stuhlträgheit

Eine unausgewogene, hektisch konsumierte Ernährung sowie mangelnde Bewegung bewirken, dass die Muskelkontraktion des Darms abnimmt. Die Verdauung im Dünndarm verzögert sich, der Nahrungsbrei staut sich am Magenausgang. Die Nahrung bleibt zu lange im Magen, Gärungs- und Fäulnisprozesse werden in Gang gesetzt. Völlegefühl, Aufstoßen und Sodbrennen sind die Folgen. Die hilfreichste Therapie bei Darmträgheit bietet Vollwertkost. Ballast- und Faserstoffe saugen sich mit Wasser und Verdauungssäften voll, beschleunigen die Darmpassage und führen zu problemloser Entleerung. Ballaststoffreiche Nahrung normalisiert außerdem den Säuregehalt im Magensaft, die wichtigste Voraussetzung für die Eiweißverdauung. Nehmen Sie keine Abführmittel ein! Sie vermindern die Eigenaktivität des Darms, machen also auf lange Sicht abhängig und müssen in immer höherer Dosis eingenommen werden. Zudem enthalten sie darmreizende Mittel und führen bei Dauergebrauch zu schweren Veränderungen der Dickdarmflora bis hin zu Darmgeschwüren.

Wermutkraut kann gegen Darmkoliken, bei Magenbeschwerden und gegen Blähungen angewendet werden.

Verstopfung

Verstopfung ist die Folge, wenn aus Mangel an Verdauungsenzymen, Überschuss an Magensäure oder aufgrund von Fehlernährung die Darmflora gestört ist: Chronische Darmträgheit führt zum Anstieg giftiger Mikroorganismen im Darm, Darmbakterien sterben ab, der Darm arbeitet nur noch eingeschränkt. Die Folge: Die Speisereste verweilen länger als notwendig im Darm, es wird ihnen mehr und mehr Flüssigkeit entzogen, der Stuhl verhärtet sich, es kommt zu Verstopfung. Auch hier hilft eine gesteigerte Ballaststoffzufuhr, kombiniert mit erhöhter Flüssigkeitszufuhr. Letztere sorgt dafür, dass die Ballaststoffe richtig quellen und so nicht nur die Verdauung stimulieren, sondern auch die Fettstoffe aufnehmen, die sonst im Blut landen würden. Die optimale Verwertung der Mineralstoffe wird so gewährleistet.

Wechseljahre

Lavendelblütenöl bzw. -duft hilft der Psyche, sich zu entspannen und zu harmonisieren.

Die Wechseljahre sind keine Krankheit, sondern eine Hormonumstellung des weiblichen Organismus: Zwischen dem 40. und dem 45. Lebensjahr beginnt die Leistungsfähigkeit der Eierstöcke nachzulassen. Die Regelblutungen werden zunächst unregelmäßig und schließlich eingestellt. Dieser physiologische Umstellungsprozess, die Menopause, ist nach dem 55. bis 58. Lebensjahr vollendet.

Hormonmangel

Sobald die Eierstöcke ihre Hormonproduktion zu reduzieren beginnen, fällt der Östrogenspiegel ab. Über einen Rückkopplungsmechanismus der Hirnanhangsdrüse wird eine verstärkte Ausschüttung von Hypophysenhormonen mit dem Ziel angeregt, die Eierstocktätigkeit wieder zu steigern – ohne Erfolg. Daraufhin beginnen die Nebennierenrinden ersatzweise mit der Produktion von Östrogenen und Androgenen, um den sinkenden Hormonspiegel auszugleichen.

Die Psyche

Viele Wechseljahrebeschwerden haben neben den hormonellen auch psychische Ursachen: Dahinter steht die durch traditionelle Rollenbilder gespeiste Angst, dass eine unfruchtbare Frau ihrer eigentlichen Daseinsberechtigung, nämlich der Rolle als Gebärende, verlustig gegangen und damit wertlos sei. Die Folgen solcher Ängste sind

- Seelische Anspannung
- Unausgeglichenheit der Lebensvorgänge
- Steigerung der klimakterischen Ausfallerscheinungen

Lang anhaltende Regelblutungen

Hormonelle Rhythmusstörungen führen zu ausbleibender oder lang anhaltender Regelblutung. In letzterem Fall unterbleibt der Eisprung, und das Eibläschen wächst ungestört weiter. Unter der Wirkung des stets ansteigenden Hormonspiegels wächst die Gebärmutterschleim-

Wechseljahre und ihre häufigsten

SYMPTOME

- Unregelmäßiger Periodenzyklus
- Spannungsgefühl in den Brüsten, Blasenbeschwerden
- Hitzewallungen mit Schweißausbrüchen, Nachtschweiß, Frösteln
- Herzjagen, Herzstechen, Schwindel, Bluthochdruck
- Stimmungsschwankungen, Ängste, unbegründete Panikattacken
- Schlafstörungen, Unruhe, nervöse Verstimmungen, Reizbarkeit
- Konzentrationsschwäche, Antriebsschwäche, Niedergeschlagenheit
- Kopfschmerzen, Migräne
- Gewichtszunahme

haut kontinuierlich, bis die Follikelhormonproduktion des Eierstocks nach vier bis acht Wochen nachlässt. Sobald nicht mehr ausreichend Hormone gebildet werden, um die hochgewachsene Gebärmutter zu unterhalten, fällt diese in sich zusammen. Es kommt zu einer verspäteten, stärkeren, lang anhaltenden Blutung, die mit starken Bauchschmerzen einhergehen kann.

Gelber Curry wirkt drüsenanregend und verlangsamt den hormonellen Umstellungsprozess.

Therapie

Die schulmedizinisch gängige Hormongabe (Östrogene und Gestagene) können Sie vermeiden, indem Sie vermehrt Vitamin E zu sich nehmen: Es hemmt den Abbau des Sexualhormons Progesteron. Durch den Östrogenmangel wird auch vermehrt Kalzium abgebaut. Gesünder als Tabletten ist eine kalzium- und magnesiumreiche Ernährung.

Hilfe gegen Hormonmangel und seine Folgen

Kalziumreiche Kost in Kombination mit Magnesium

- Dunkelgrüne Gemüse, Käse und Milchprodukte, Leber, Fisch, Hülsenfrüchte

Vitamin E hemmt den Abbau des Hormons Progesteron

- Kaltgepresste Pflanzenöle, Keimöle, Soja
- Samen, Nüsse, grünes Blattgemüse

B-Vitamine stabilisieren die Nebennieren

- Vollkornprodukte, Weizenkeime, Eigelb

Vitamin C und Zink zum Hormonaufbau

- Obst und Gemüse, Austern, Leber
- Schaltiere, Hummer, Naturreis, Aal

Vitamin D

Bewegen Sie sich täglich 30 Minuten an der frischen Luft, damit der Körper mit Hilfe der UV-Strahlen Vitamin D produziert

Hopfenblüten helfen gegen Schlafstörungen, nervöse Unruhe und Überreiztheit der Nerven.

Wer sollte was essen?

Gesunde Ernährung muss keine Strafe für Genießer sein. Wie fit, schlank und gesund man sein möchte, hat jeder selbst in der Hand. Eines ist gewiss: Über Radikaldiäten und Hungerkuren freut sich der menschliche Körper genauso wenig wie die Psyche. Weitaus besser ist es, den Gaumen mit nährstoffreicher Kost zu verwöhnen und für einen ausgewogenen Speiseplan zu sorgen.

CAMEMBERT

Gesunde Ernährung macht Spaß

In südlichen Ländern gehören die Hauptmahlzeiten zu den sozialen Höhepunkten des Tages.

Jeder Mensch is(s)t anders. Allgemeingültige Ernährungspläne erhalten Sie deshalb nicht – weil es keine gibt. Äußere Einflüsse und das persönliche Befinden bestimmen mit, was unser Körper benötigt. An manchen Tagen hat man Lust und Appetit auf ganz spezielle Speisen. Bekommt man sie nicht, fühlt man sich den ganzen Tag hungrig. Man hat zwar gegessen, aber anscheinend nicht das Richtige. Bestimmten Gelüsten kann man durchaus nachgeben, zumal ein gesunder und ausgeglichener Körper damit zu verstehen gibt, was ihm im Augenblick fehlt. Dieses Gefühl zu entwickeln, ist der zentrale Punkt eines jeden Ernährungsplans.

Essen ist mehr als Nahrungszufuhr

Man sollte sich beim Thema »Essen« nicht ausschließlich auf das rein Stoffliche konzentrieren. Eine Mahlzeit, die in geselliger Runde und mit viel Genuss gegessen wird, ist sicher nicht schädlich, auch wenn sie ausnahmsweise einmal weniger Fitmacher enthält.

Darüber hinaus hat vermutlich jeder schon an sich beobachtet, dass die Nahrungsaufnahme eng an die Außentemperaturen gekoppelt ist: An warmen Tagen will man Leichtes essen, um leichtfüßig durch den Tag zu gehen. An kalten Tagen möchte man heiße Suppen und Nahrhaftes, um sich innerlich aufzuwärmen.

Wenn es am Aschermittwoch nasskalt ist, will kein Mensch fasten. Sobald es nach Ostern warm wird, die Erdbeer- und die Spargelzeit beginnt, fällt der Verzicht auf große Portionen und Kalorienreiches leicht. Deshalb stellen wir individuelle Ernährungsprogramme nicht nur für verschiedene Menschentypen vor, sondern haben sie auch nach Breitengraden bzw. nach Temperaturstufen ausgewählt.

Unsere Vorlieben – nur schwer zu ändern

Je nach Alter und Kulturkreis kennen wir bestimmte Geschmacksvorlieben für Fettes, Süßes und Salziges. Wie lässt sich das erklären?

- Fett hat die höchste Konzentration an Brennstoff. Weil Nahrung oft knapp war, kam ihm eine zentrale Bedeutung zu.

Nüsse sättigen und sind ein ideales Kraftfutter fürs Gehirn.

- Süßer Geschmack beruhigt die Psyche und ist das Merkmal der reifen und biostoffreichen Frucht.
- Salz ist unentbehrlich für unseren Wasserhaushalt, kam jedoch in der freien Natur selten vor und war deshalb sehr begehrt.
- Dagegen mögen wir Bitteres nicht so sehr. Denn auch das haben wir im Lauf der Menschheitsgeschichte gelernt: Bitteres war oft giftig und wurde deshalb gemieden. Das liegt aber nun schon eine gewisse Zeit zurück.

Die Lebensmittelindustrie entwickelt immer neue Zusatzstoffe, die mit diesen Vorlieben spielen und süchtig machen. Hier gilt es, durch Vernunft gegenzusteuern. Denn gerade zu viel Fettes, zu viel Salziges und zu viel Süßes kann uns krank machen. Dagegen sind manche bitter schmeckende Lebensmittel wie z. B. Grapefruits oder Radicchio für den Organismus sehr nützlich.

Überflüssiges loswerden – Essen im Frühling

Wenn die Tage länger werden und die Temperaturen steigen, ist es wichtig, überschüssige Fettdepots einzuschmelzen. Dazu eignet sich am besten eine so genannte lipotrope Diät, bei der fettverwertende (lipotrope) Biostoffe im Vordergrund stehen. Sie verbessern den Fetttransport und die Verbrennung der Fette in den Zellen.

Wenig Kohlenhydrate

- Das Frühstück ist fettarm und enthält etwas mehr Eiweiß als sonst, z. B. eine Scheibe mageren Schinken, Putenfleisch oder Roastbeef, außerdem Tee oder Kaffee wie gewohnt. Bei den Kohlenhydraten, also mit Brot und Semmeln, sollte man sich sehr zurückhalten. Besser als die zweite Semmel ist ein Apfel zum Frühstück.
- Das Mittagessen beginnt mit einem großen Rohkostteller. Anschließend gibt es ein kleines Steak oder Tofuschnitzel, Geflügel bzw. Fisch, alles gegrillt und damit ohne Bratensauce. Dazu passen Gemüse wie Brokkoli, Fenchel, Karotten oder Spargel. Wieder wird bei den Kohlenhydraten gespart: Eine Scheibe helles Brot, ein Löffel Reis oder zwei kleine Kartoffeln genügen. Statt der süßen Nachspeise nimmt man reifes Obst, Fruchtsaft oder Karottensaft.
- Einmal täglich, z. B. auch abends, gibt es Müsli aus Flocken und eingeweichtem Frischkorn mit Obst. Wer zwischen den Mahlzeiten Hunger bekommt, knuspert Knäckebrot oder geröstete Sojabohnen, isst einen Joghurt oder frisches Obst.

Immer flexibel und beweglich

Wer tagsüber außer Haus isst und eigentlich nur wenig Zeit hat, legt günstigerweise das Müsli auf die Mittagsmahlzeit und kann dann abends bei Salat, Hauptspeise und einem Glas Wein richtig schlemmen.

Wichtig ist körperliche Bewegung. Einmal täglich sollte der Kreislauf so richtig in Schwung kommen, das Herz kräftig und schnell schlagen, und mindestens einmal täglich sollten Sie außer Atem geraten.

Wenn es warm wird – die Mittelmeerkur

Ein sonniger und warmer Tag ist an sich schon ein Fitmacher und lässt uns instinktiv zu wertvollen Vitaminen und Biostoffen greifen. Zum Frühstück gibt es ein Sonnenbad (mindestens 10 Minuten), wenn möglich auch eine Runde Schwimmen. Die UV-Strahlen im Sonnenlicht stimulieren die Herstellung von Vitamin D in den Hautzellen. Dieses Vitamin regt den Kalziumumsatz an, und Kalzium wiederum ist ein wichtiger Botenstoff im Zellstoffwechsel. Schon allein durch das Sonnenbad wird also unser Stoffwechsel angeregt, das Nervensystem angenehm stimuliert, und der Körper verbraucht sogar Energie. Anschließend beginnt man den Tag mit einem Glas Mineralwasser, Tee oder Kaffee und einer Scheibe Butterbrot.

Bunt und wasserhaltig

- An einem Mittelmeertag gibt es nur wenig Fleisch, dafür Fisch, jede Menge Salat und bunt gemischte Rohkost, gedünstetes Gemüse, z. B. einen italienischen oder griechischen Vorspeisenteller, der als Hauptspeise völlig ausreicht.
- Die nötigen Kohlenhydrate bekommt man in Form von Folienkartoffeln, Reis, Polenta, Knoblauchbaguette oder einer kleinen Portion Nudeln (aus Hartweizengrieß und ohne Ei).
- Auf Dips und Dressing zum Salat oder Gemüse muss man nicht völlig verzichten, man sollte sich aber eher zurückhalten.
- Statt Süßigkeiten nimmt man lieber einen Teelöffel Zucker mehr in den Kaffee oder Tee. Hier bleibt die Dosis überschaubar, und die Lust auf Süßes wird gestillt.
- Den ganzen Tag isst man reichlich frisches Obst, trinkt viel Mineralwasser und naturreine Säfte. Zur Hauptmahlzeit dürfen Sie sich ein Glas Wein oder Bier genehmigen.

Einfache Genüsse – groß im Kommen

Gerade durch einfache Gerichte, die man gründlich kaut und auf der Zunge zergehen lässt, kann man die Geschmackssinne wieder sensibilisieren. Die folgenden Speisen sind einfach zuzubereiten, unkompliziert in der Vorratshaltung und speziell für berufstätige Menschen geeignet:

- Frisches Vollkornbrot mit Butter und Schnittlauch
- Tomatensalat mit Mozzarella, Basilikum und kaltgepresstem Olivenöl
- Pellkartoffeln mit Kräuterquark
- Spaghetti mit Knoblauch, kaltgepresstem Olivenöl und Basilikum

Vollwertkost an kühlen Tagen

An kühlen Tagen ist es wichtig, Lebensmittel zu sich zu nehmen, die sättigen und Energie liefern, deren Energie aber verbraucht und nicht in Form von Fettdepots eingelagert wird. Auch wenn einem kalt ist, sollte man einen großen Bogen um die Imbissbuden und Junkfoodlokale machen, denn die Natur hat Besseres zu bieten.

Energie, die nicht dick macht

- Der Tag beginnt entweder mit einem Milchbrei (z. B. Haferflockenbrei), Müsli oder etwas Brot und einem Apfel.

Ab und zu ein Fischtag tut dem Organismus gut. Fischeiweiß ist leicht verdaulich, Fischfett versorgt den Körper mit essenziellen Fettsäuren, und auch der Magen schätzt leichte Kost.

Wichtige Tipps für den Erfolg

- Verwenden Sie zur Salatzubereitung die typischen Frühjahrsgemüse wie Lauch, jungen Löwenzahn und Blattsalate, außerdem frische Küchenkräuter und Knoblauch.
- Es ist nicht nötig, Kalorien zu zählen, doch sollte man auf alle zuckerhaltigen Pausensnacks verzichten: also kein Kuchen, keine Kekse, kein Fruchtjoghurt, auch keine Bio- oder Müsliriegel.
- Verzichten Sie auf Schmalz und Bratenfett, und verwenden Sie lieber kaltgepresste Pflanzenöle und (in Maßen) reine Butter.

- Zwischendurch essen Sie frisches, Vitamin-C-reiches Obst, ein paar Nüsse, Trockenfrüchte oder geröstete Sojabohnen.
- Das Mittagessen besteht aus einem großen Salatteller mit Saisongemüse, z. B. Blumenkohl, Karotten, Sellerie, Kohlrabi, Zucchini sowie magerem Fleisch, Hülsenfrüchten oder einem Pilzgericht. Dazu gibt es Reis.
- Abends gönnt man sich einen Teller Blattsalat, dazu Gemüsepizza, einen Getreide- oder Tofubratling oder Vollkornpfannkuchen.
- Statt Salat und Hauptspeise kann man zur Abwechslung auch einen großen Teller selbst gemachte Gemüsesuppe mit Brot oder Kartoffeln essen. Wer nachmittags hungrig wird, trinkt ein Glas Milch oder isst einen Naturjoghurt.

Nehmen Sie sich Zeit!

Auch und gerade an kühlen Tagen sollten Sie möglichst wenig industriell bearbeitete Nahrung zu sich nehmen. Essen Sie also keine Fertigprodukte wie Flockenpüree, Wurst oder Süßigkeiten. Meiden Sie auch verdächtig süße Getränke wie Fruchtnektar, Fruchtsaftgetränke, Limonade und süßen Wein. Kochen Sie lieber eine große Kanne Tee, und essen Sie Vollkorntoast mit etwas Nussmus oder Honig dazu. Stellen Sie für zwischendurch eine Portion blanchiertes Gemüse (z. B. Brokkoli oder Blumenkohl) bzw. in etwas Öl gedünstete Karotten bereit. Heiße Milch mit Honig vor dem Zubettgehen schützt vor Erkältung und kann das Einschlafen fördern.

So genannte Bewegungstypen probieren gerne Neues aus und lassen sich auch von exotischen Speisen begeistern.

Die Inuitkur – für ideale Temperaturregulation

Kaltwasserfische wie Makrelen, Kabeljau und Hering haben ihren Stoffwechsel im Lauf der Jahrtausende so perfektioniert, dass sie auch bei niedrigsten Temperaturen lebensfähig sind. Von diesen Meerestieren sowie von Robben ernähren sich die Inuit seit Jahrtausenden und können so den arktischen Temperaturen trotzen. Schweinebauch, Bockwurst und Pommes frites haben sie nicht nötig. Der Verzehr von Kaltwasserfischen hat einen entscheidenden Vorteil: Wir werden mit essenziellen mehrfach ungesättigten Fettsäuren versorgt. Diese essenziellen Fettsäuren, in erster Linie die Eikosapentaensäure, versorgen uns mit hervorragend verwertbarem Nahrungsfett, ohne jedoch die Blutfett- und Cholesterinwerte nach oben zu jagen.

Frisch ausgepresste Zitrusfrüchte sind die besten Muntermacher.

Nicht nur zur Winterszeit

- Fischtage sind grundsätzlich günstig für den Organismus, auch und gerade für Menschen, die sich nicht viel bewegen, weil sie z.B. einen sitzenden Beruf ausüben. Doch sollte man pro Tag nicht mehr als eine Fischmahlzeit zu sich nehmen.
- Zum Frühstück gibt es Brot oder Knäckebrot mit Tofuaufstrich bzw. warmen Haferbrei.
- Ansonsten isst man rohes oder frisch gedünstetes Gemüse, Vitamin-C-reiches Obst, Hülsenfrüchte, Getreide- und Pilzgerichte und ab und zu ein Ei. Dagegen sollte auf Fleisch, Innereien und Geflügel während dieser Tage verzichtet werden.

Eine wissenschaftliche Untersuchung zeigte, dass zwei Stunden nach dem Verzehr von Fischfett der Blutfettspiegel deutlich niedriger war (ca. 18 Milligramm pro Deziliter Blut) als nach dem Verzehr derselben Menge Fleischfett (ca. 70 Milligramm pro Deziliter Blut). Vier Stunden nach dem Fischverzehr war der Wert leicht gesunken, und sechs Stunden später stieg er sogar leicht an, auf 22 Milligramm pro Deziliter Blut.

Ideale Fettdosierung bei Fischverzehr

Was lässt sich daraus schließen? Fettmoleküle aus Fischfett werden nicht wie beim Fleisch mit einem großen Schwall ins Blut geschüttet und in den Zellstoffwechsel eingebaut, sondern gewissermaßen in kleinen Portionen und über einen Zeitraum von mehreren Stunden. Das hat den Vorteil, dass immer so viele Fettmoleküle zur Verfügung stehen, wie gerade gebraucht werden, so dass also kein Fett in die Speicher wandert, sondern über Stunden dem Stoffwechsel zur Verfügung steht.

Typgerechte Ernährung

In allen Jahrhunderten und Kulturen wurden Konstitutionsmodelle und Charaktereinteilungen entwickelt. Die vom Psychiater Ernst Kretschmer entwickelte Typenlehre unterscheidet, abhängig vom Körperbau, zwischen drei Menschentypen:

- Astheniker bzw. Leptosome (schlank, feingliedrig, nervös)
- Athlet (muskulös, aktiv)
- Pykniker (untersetzt, ruhig)

Ähnlich dieser Typenlehre ist die Einteilung von Carl Huter, der zwischen Empfindungs-, Bewegungs- und Entspannungstyp unterscheidet. Diese Einteilung in Naturelle wiederum liegt unserem persönlichen Ernährungsprogramm zugrunde.

Der Empfindungstyp – sensibel und introvertiert

Empfindungstypen sind feingliedrig und schmal, ihre Haut dünn und oft blass. Sie sind typische Gefühlsmenschen, feinnervig, reich an Ideen, impulsiv, aber zu wenig energisch, um Ideen konsequent in die Tat umzusetzen.

Die Empfindungsmenschen gehören zu den nachdenklichen Zeitgenossen und geraten aufgrund ihrer wachen Wahrnehmung und ihres Hangs zum Grübeln oft in Konflikt mit den Sachzwängen und Erfordernissen des Alltags. Weil er sehr feinnervig und erregbar ist, leidet dieser Typus oft an Schlaflosigkeit. Ihm wird die Charakterisierung »kühl und trocken« zugeordnet.

Trockenobst ist schwefelhaltig, fördert die Verdauung und stillt die Lust auf Süßes.

Eine nährstoffreiche Nachspeise, wie man sie in Frankreich schätzt, sind Weintrauben mit Käse.

Essverhalten des Empfindungstyps

Weil er grundsätzlich impulsiv und nervös ist, neigt der Empfindungstyp zu unregelmäßigem und schnellem Essen. Im Vergleich zu den anderen aber nimmt er am wenigsten Nahrung zu sich, denn er ist nicht nur wählerisch in Bezug auf die Zusammensetzung der Speisen, er legt auch Wert auf eine entspannte Atmosphäre bei Tisch.

- Das Frühstück besteht aus warmem Milchbrei mit Getreide, z.B. Hafer- oder Dinkelgrießbrei, bzw. aus hellem Brot oder Vollkorntoast. Dazu passen Frischkäse, Butter und ein weich gekochtes Ei, außerdem ein Glas Orangen- oder Grapefruitsaft und Tee bzw. Kräutertee oder Kaffee.
- Bei der Wahl der Gemüsesorten sollte sich der Empfindungstyp besser nicht für grobe Kohlsorten, sondern für Leichtverdauliches entscheiden, also z.B. Tomaten, Fenchel, Zucchini und Karotten. Gegartes oder blanchiertes Gemüse schmeckt ihm vermutlich besser. Dennoch sollte er sich überwinden, regelmäßig Rohkost zu essen.

Tiefkühlkost – günstig oder ungünstig

- Fertiggerichte aus dem Tiefkühlfach sollten Sie möglichst meiden. Etwas anderes ist jedoch naturbelassenes Gemüse, das meist kurz nach der Ernte verarbeitet wurde. Hier kann es sogar sein, dass Sie mit Tiefkühlgemüse besser bedient sind als mit welkem, mehrere Tage altem Gemüse aus dem so genannten Frischeregal.

- Für Wochenenden oder arbeitsreiche Abende sollten Sie im Tiefkühlfach lagern: Brokkoli, Erbsen, Brechbohnen, Rosenkohl, außerdem Erdbeeren und Himbeeren. Tiefkühlgemüse lässt sich blitzschnell zubereiten; zusammen mit ein paar Pellkartoffeln und etwas Käse hat man eine vollwertige Mahlzeit. Aufgetaute Beeren, im Mixer püriert, mit viel Milch und etwas Zucker verrührt, sind eine wunderbare Nachspeise zu jeder Jahreszeit.

Der Bewegungstyp – der Macher

Der Bewegungstyp hat einen kräftigen Knochenbau, sein Gesicht ist meist kantig. Dieser Typ ist dynamisch, ausdauernd und aktiv. Er hat Durchsetzungsvermögen, liebt die Herausforderung und braucht einen großen Aktionsradius. Hat er eine Entscheidung zu treffen, so hört er weniger auf sein Gefühl, sondern wägt Pro und Kontra pragmatisch gegeneinander ab. Ihm wird die Charakterisierung »heiß und trocken« zugeordnet.

Essverhalten des Bewegungstyps

Ist der Bewegungstyp hungrig, so muss er essen, egal was. Er bevorzugt deftige, handfeste Kost und will seine Zeit nicht ineffizient mit unergiebiger Feinschmeckerküche verlieren. Für ihn hat auch Essen effektiv zu sein. Meist fehlen ihm deshalb die Voraussetzungen zum echten Gourmetkoch. Da er aber sehr neugierig ist, probiert er gern neue (internationale) Gerichte.

- Zum Frühstück sollte der Bewegungstyp Frischkorn- oder Flockenmüsli mit Nüssen, Trockenfrüchten, frischem Obst und Sauermilch essen. Auch eine Scheibe Pumpernickel mit Käse, Schinken oder Marmelade ist günstig. Dazu passt ab und zu ein Spiegelei.
- Vor der Hauptmahlzeit nimmt man Rohkost aus Blattsalaten, gemischt mit Hülsenfrüchten und Knollengemüse zu sich. Seinen überdurchschnittlich

großen Appetit auf tierisches Eiweiß sollte der Bewegungstyp weniger mit fettem Braten, sondern lieber mit einem mageren Steak, ab und zu mit Wild und vor allem mit Fischgerichten stillen.

- Der Bewegungstyp liebt Nachspeisen, sollte sich aber besser für Fruchtsalat, ein Milchmixgetränk, eine Quarkspeise oder Käse mit Trauben statt für extrem kalorienreiche Desserts entscheiden.
- Sehr zu empfehlen sind für diesen Typus Sprossen und Keime, orientalische Gewürze und das große Sortiment an frischen Küchenkräutern.

Vor allem der Mischtyp aus Bewegung und Entspannung (siehe unten) neigt sehr zur Gewichtszunahme, zumal dann, wenn er sich mit zunehmendem Alter weniger bewegt und weniger auf Achse ist, sein Esspensum aber beibehält. Auch das sollte er als Herausforderung sehen und rechtzeitig gegensteuern.

Der Entspannungstyp – stets heiter und gemächlich

Der Entspannungstyp hat einen üppigen Körperbau, kräftige Knochen, ein eher rundes und weiches Gesicht sowie dicke und glatte Haut. Er ist heiter, bedächtig, geduldig und gelassen, Aufregung prallt an ihm ab, und seinen Panzer sieht man ihm durchaus an. Gewichtsverlust bedeutet für diesen Typus nicht nur extreme Selbstüberwindung, er fühlt sich auch nicht mehr wohl in seiner Haut. Er braucht seine Polster. Wenn er abnehmen will, sollte das keinesfalls durch eine Diät, sondern durch allmähliche Ernährungsumstellung geschehen. Schade ist nur, dass er körperliche Anstrengung meist grundsätzlich vermeidet, denn etwas Ausgleichssport würde ihm sehr gut tun. Ihm wird die Eigenschaft »feucht und kalt« zugeordnet.

Essverhalten des Entspannungstyps

Der Grund, warum Essen beim Entspannungstyp so besonders gut anschlägt, liegt zum einen sicher daran, dass er ein besonders guter Futterverwerter ist. Andererseits muss man aber auch sagen, dass der Entspannungstyp viel an das Essen denkt: Sein Tag wird durch Mahlzeiten strukturiert, und auch wenn er Kalorien zählt, denkt er ans Essen.

- Das Frühstück sollte sparsam ausfallen, wenn möglich nur aus frischem Obst bestehen, so dass man bis zur Mittagszeit hauptsächlich mit Biostoffen, aber mit wenig Brennstoff auskommt. Etwas mehr Brennwert liefert ein Becher Kefir oder Buttermilch während des Vormittags. Wer morgens quälenden Hunger verspürt, isst ein paar Löffel Flockenmüsli (ungesüßt) mit Trockenobst oder Nüssen.
- Das Mittagessen kann mit einer Portion Rohkost inklusive Sprossen und Keimen sowie mit reichlich frischen Kräutern beginnen. Dem Entspannungstyp kann man Gemüse schmackhaft machen, wenn es mit einem herzhaften Dip serviert wird. Mageres Fleisch, gegrillt oder geschmort, sollte im Wechsel mit Fisch oder Tofu auf dem Plan stehen.
- Statt Wurst und Käse empfehlen sich Brotaufstriche auf Tofu- oder Hefebasis. Der Entspannungstyp kann seinen großen Appetit auf Kohlenhydrate mit Pell- und Folienkartoffeln oder Reis stillen, nicht mit Pommes frites oder Eiernudeln.
- Reifes Obst, z. B. eine Scheibe Honigmelone, schmeckt köstlich süß und kann mit jedem Pudding mithalten. Der Entspannungstyp sollte versuchen, seine Lust auf Süßes mit Früchten zu befriedigen.

Exotisches mit viel Vitamin C: die Pepino, ein Nachtschattengewächs aus Südamerika.

Fachbegriffe leicht verständlich

Absorption

Die allgemeine Bezeichnung für Aufnahme, »Verschlucken«. Auch Strahlen können durch entsprechende Strahlenschutzvorrichtungen absorbiert werden. Im Zusammenhang mit Verdauungsvorgängen ist der Begriff gleichbedeutend mit Resorption und bedeutet die Aufnahme von Nährstoffen und Biostoffen über die Darmwand in den Körper.

Adrenalin

Hormon des Nebennierenmarks, das zusammen mit Noradrenalin als natürlicher Reizübermittler des vegetativen Nervensystems wirkt. Adrenalin wirkt u. a. gefäßverengend und blutdrucksteigernd und wird auch als Stresshormon bezeichnet.

Aminosäuren

Molekulare Bausteine der Eiweiße. Mehrere Aminosäuren zusammen bilden die so genannten Peptide. Dipeptide bestehen aus zwei, Tripeptide aus drei Aminosäuren. Bei bis zu zehn Aminosäuren spricht man von Oligopeptiden, bei mehr als zehn von Polypeptiden. Eine Eiweißverbindung aus mehr als 100 bis zu mehreren Millionen Aminosäuren bezeichnet man als Protein.

Antioxidanzien

Von außen zugeführte (exogene) Substanzen, die als Radikalefänger wirken und damit den zerstörerischen Oxidationsprozess stoppen können. Als Radikalefänger wirken die Vitamine C und E sowie Beta-Karotin (die Vorstufe von Vitamin A). Darüber hinaus haben auch die Spurenelemente Selen, Zink, Mangan, Eisen und Kupfer antioxidative Eigenschaften bzw. finden sich in antioxidativ wirkenden Enzymen.

Biosynthese

Der Aufbau komplexer chemischer Verbindungen aus einfachen Bausteinen. Unter dem Begriff »Proteinbiosynthese« versteht man beispielsweise den Aufbau von Proteinen aus Aminosäuren.

Cholesterin

Ein Nahrungsfett, das vor allem in tierischen Lebensmitteln enthalten ist. Damit Cholesterin zu den Körperzellen gelangen kann, wird es in der Leber in Eiweißhüllen verpackt. Dabei unterscheidet man zwischen einem »schlechten« Transporteiweiß, dem LDL (low density lipoprotein), und einem »guten« Transporteiweiß, dem HDL (high density lipoprotein). HDL-Moleküle haben einen günstigen Einfluss auf den Stoffwechsel, weil sie in der Lage sind, überschüssiges Cholesterin aus den Zellen aufzunehmen und zum weiteren Abbau zur Leber zu transportieren. Sie verhindern die Bildung von Ablagerungen in den Gefäßen, so genannten Plaques, und vermindern damit das Arterioskleroserisiko beträchtlich.

Chromosomen

»Erbkörperchen«. Faden- oder schleifenförmige Bestandteile jedes Zellkerns; sichtbare Träger der genetischen Information. Der Mensch besitzt 23 Chromosomenpaare.

DNS

Abkürzung für Desoxyribonukleinsäure. Die genetische Information ist in Form der DNS in den Chromosomen gespeichert. Die DNS (englische Abkürzung DNA) hat die Form einer Doppelhelix, d. h. einer sich um die eigene Achse drehenden Leiter. Die »Leitersprossen« bestehen aus den Substanzen Adenin, Guanin, Zytosin und Thymin. Die Reihenfolge, in der diese vier Substanzen angeordnet sind, entscheidet über die genetische Information.

Vielfalt ist gesund: Essen Sie möglichst abwechslungsreich.

Elektrolyte

Jeder Stoff, der in entgegengesetzt geladene Ionen aufgespalten werden kann und damit in gelöstem Zustand elektrischen Strom leitet. Zu den für den menschlichen Körper wichtigen Elektrolyten zählen »Körpersalze« wie Natrium- und Kaliumsalze sowie Säuren und Basen.

Enzyme

Eiweißkörper, die im Körper chemische Reaktionen auslösen, ermöglichen oder beschleunigen und damit als Katalysatoren wirken. Auch zur Neutralisierung von Stoffwechselradikalen benötigt der Organismus unterschiedliche Enzyme, als wichtigste gehören dazu die Glutathionperoxidase, die Katalase und die Superoxiddismutase.

Essenziell

Wesentlich, unerlässlich. Allgemeine Bezeichnung für alle Stoffe, die der Körper nicht selbst herstellen kann. Von den rund 20 Aminosäuren z. B. diejenigen, die für den Aufbau der Körpereiweiße nötig sind, werden mehr als die Hälfte aus anderen Bausteinen zusammengesetzt. Acht Aminosäuren (bei Säuglingen sind es zehn) kann der Organismus nicht selbst bilden. Sie müssen deshalb mit der Nahrung zugeführt werden. Die acht essenziellen Aminosäuren heißen Isoleuzin, Leuzin, Lysin, Methionin, Phenylalanin, Threonin, Tryptophan und Valin.

Flavonoid

Antioxidativ wirkende bioaktive Substanz. Flavonoide sind in den Randschichten bestimmter Obst- und Gemüsesorten enthalten und wirken sich günstig auf den Stoffwechsel aus. Sie verhindern eine Verengung der Blutgefäße und helfen damit, den Blutdruck zu senken. Flavonoide verhindern die Bildung von Blutgerinnseln und können damit einem Infarkt vorbeugen. Außerdem steuern sie die Immunabwehr und haben vermutlich sogar eine Krebs hemmende (antikanzerogene) Wirkung. Flavonoide sind u. a. enthalten in (roten) Weintrauben und Rotwein, in schwarzem und grünem Tee, in Blattsalaten, Zwiebeln, in der weißen Haut von Zitrusfrüchten.

Freie Radikale

Atome oder Moleküle, die ein oder mehrere ungepaarte Elektronen haben und dadurch chemisch instabil sind. Radikale sind bestrebt, sich zu einem stabilen Atom oder Molekül zu vervollständigen. Dazu rauben sie einer anderen chemischen Verbindung ein Elektron. Radikale sind manchmal so hochreaktiv und aggressiv, dass sie Elektronen aus anderen Molekülen regelrecht heraussprengen und damit die Zellen schädigen oder sogar zerstören.

Glukose

Traubenzucker, der wichtigste Einfachzucker im menschlichen Organismus. Der Glukosespiegel im Blut wird durch die Hormone Insulin, Adrenalin und Glukagon reguliert.

Hämoglobin

Farbstoff der roten Blutkörperchen (Erythrozyten), bestehend aus einem Eiweißanteil (Globin) und einem eisenhaltigen Farbstoffanteil (Häm). Hämoglobinmoleküle sind wie kleine Lkw: In der Lunge werden sie mit Sauerstoff beladen, den sie an das Körpergewebe abgeben. Gleichzeitig nehmen sie aus den Gewebezellen das Abfallprodukt Kohlendioxid wieder mit zurück zur Lunge, wo es abgeatmet wird.

Hormon

Körpereigener Wirkstoff, der ganz gezielt auf ein bestimmtes Organ wirkt und dessen Funktionen reguliert. Für den Stoffwechsel wichtig sind u.a. die Hormone der Schilddrüse (Trijodthyronin und Tetrajodthyronin), der Bauchspeicheldrüse (Insulin und Glukagon) und der Nebennieren (Adrenalin und Noradrenalin).

Hypothalamus

Teil des Zwischenhirns. Dort befinden sich wichtige, dem vegetativen Nervensystem übergeordnete Zentren, die bestimmte Regulationsvorgänge wie Wach- und Schlafrhythmus, Hunger- und Sättigungsgefühl, Blutdruck-, Atmungs- und Wärmeregulation, Wasserhaushalt, Schweißsekretion und Sexualfunktion koordinieren. Der Hypothalamus ist mit der Hypophyse (Hirnanhangsdrüse) direkt verbunden, welche die Funktion der Hormondrüsen im ganzen Körper reguliert, und bildet auch selbst verschiedene Hormone.

Kollagen

»Leimbildner«. Ein Gerüsteiweiß mit starker Quelleigenschaft, das sich im Bindegewebe, in Sehnen, Knorpeln und Knochen befindet. Kollagen gibt dem Bindegewebe eine dehnbare Festigkeit, auf den ersten Blick sichtbar an der Straffheit und Elastizität der Körperhaut. Kollagen wird vom Körper andauernd auf- und abgebaut. Für diese Prozesse benötigt der Organismus Eiweiße, vor allem die Aminosäuren Prolin, Lysin und Glyzin, außerdem das Spurenelement Zink und Vitamin C.

Mitochondrien

Mitochondrien sind ovale Körnchen im Zellplasma, die zumeist stäbchen- oder fadenförmig aneinander liegen. Sie sind die »Energiebrennkammern« der Zellen.

Noradrenalin

Hormon des Nebennierenmarks, das zusammen mit Adrenalin als natürlicher Reizübermittler des vegetativen Nervensystems wirkt. Weil es

Hauptsache frisch – dann stimmt die Vitaminbilanz.

eine euphorische Stimmung erzeugen kann, wird es oft auch als Glückshormon bezeichnet.

Östrogen

Weibliches Sexualhormon. Es gibt eine Vielzahl von Östrogenen. Sie werden in den Follikeln der weiblichen Eierstöcke gebildet. Unter dem Einfluss der Östrogene vergrößern sich die Brüste, in der Gebärmutter wird vermehrt Schleim produziert, die Gebärmutterschleimhaut bereitet sich auf die Einnistung eines befruchteten Eis vor. Östrogen spielt bei der Frau auch eine wichtige Rolle beim Kalziumstoffwechsel und damit beim Aufbau der Knochensubstanz. Nach den Wechseljahren leiden Frauen durch den Östrogenmangel oft an Knochenbrüchigkeit (Osteoporose). Reichliche Kalziumzufuhr beugt dem vor.

Oxidation

Reaktion, bei der ein Element bzw. Stoff mit Sauerstoff eine Verbindung eingeht und dabei ein Elektron abgibt (siehe auch: »Freie Radikale«). Der Organismus kann energetisch instabile Moleküle, so genannte freie Radikale, verkraften, solange sie nicht überhand nehmen. Sie sprengen nämlich nicht nur die Membran gesunder Zellen, sondern zerstören auch eindringende Viren und Bakterien. Durch Rauchen, Ozonbelastung, UV-Strahlen und bestimmte Medikamente werden sie jedoch stark vermehrt. Biostoffe, die die Oxidation gesunder Zellen verhindern, nennt man Antioxidanzien. Zu ihnen zählen die Vitamine C und E sowie Beta-Karotin.

Prothrombin

Im Blutplasma enthaltener Zucker-Eiweiß-Körper (der so genannte Faktor II). Er wird unter dem Einfluss von Vitamin K in der Leber gebildet und durch einen speziellen Aktivator in Thrombin umgewandelt. Dieses Thrombin wiederum löst das Aneinanderkleben der Blutplättchen (Thrombozytenaggregation) sowie die Bildung von Fibrin und damit die eigentliche Blutgerinnung aus.

Saponine

Saponine bilden in einer wässrigen Flüssigkeit Schaum. Im menschlichen Verdauungstrakt sind sie regelrechte Cholesterinjäger. Sie binden Nahrungscholesterin und verhindern, dass es ins Blut übertritt (resorbiert wird). Sie haben auch eine negative Eigenschaft: Sie wirken hämolytisch, d. h., sie lösen Blutzellen auf. Ihre nützliche stoffwechselregulierende Wirkung steht jedoch absolut im Vordergrund. Saponine sind u. a. enthalten in Kichererbsen, Bohnen und Sojabohnen.

Säure-Basen-Gleichgewicht

Komplexer Mechanismus zur Aufrechterhaltung einer für den Körper optimalen Konzentration an Wasserstoff (H^+)-Ionen. Diese Konzentration wird mit dem pH-Wert angegeben. Der pH-Wert im Blut liegt normalerweise bei 7,4. Bei Werten unter 7,35 spricht man von Übersäuerung (Azidose). Bei Werten über 7,45 spricht man von Alkalose. Verschiedene Mechanismen regulieren den pH-Wert: Im Blut werden Wasserstoffionen gebunden, die Nieren scheiden überschüssige Wasserstoffionen aus, und über die Lunge wird Kohlensäure abgeatmet. Auch über die Nahrung kann man dieses Gleichgewicht beeinflussen. Zu den Säurebildnern zählen tierische Eiweiße wie Fleisch, Milch und Milchprodukte. Als Basenbildner wirken kaliumreiche Lebensmittel wie Kartoffeln oder Karotten.

Sulfid

Schwefelverbindung. Sulfide aus der Nahrung stimulieren das Immunsystem, hemmen die Entwicklung und Ausbreitung von Krankheitskeimen und wirken antioxidativ. Zu den sulfidhaltigen Lebensmitteln zählen Zwiebeln und Knoblauch.

Zellulose

Gerüstsubstanz aller Pflanzen und unverdaulicher Faserstoff. Zellulose zählt zu den Ballaststoffen und ist als Quellsubstanz für die Verdauung unentbehrlich. Ballaststoffe beschleunigen die Darmpassage und verhindern krankhafte Gärungs- und Fäulnisprozesse.

Impressum

Über die Autoren

Klaus Oberbeil, Medizinjournalist und Fachautor für Gesundheits- und Ernährungsthemen, ist bekannt aus zahlreichen Fernseh- und Radiosendungen. Er ist Spezialist für Molekularbiologie und Genforschung.

Norbert Treutwein ist Journalist und arbeitet fast ausschließlich in den Bereichen Wissenschaft und Gesundheit. Er war Chefredakteur verschiedener medizinischer Fachzeitschriften.

Hinweis

Das vorliegende Buch ist sorgfältig erarbeitet worden. Dennoch erfolgen alle Angaben ohne Gewähr. Weder Autoren noch Verlag können für eventuelle Nachteile oder Schäden, die aus den im Buch gemachten praktischen Hinweisen resultieren, eine Haftung übernehmen. Die in diesem Buch enthaltenen Informationen sind kein Ersatz für eine ärztliche Diagnose und Behandlung. Der Verlag rät allen Patienten mit andauernden Krankheitssymptomen, sich an einen Arzt zu wenden.

Bildnachweis

Alle Fotos Südwest Verlagsarchiv, München, mit Ausnahme von:

Sperl, Siegfried, München: Vorsatz, 8/9, 13, 16/17, 44, 82, 84/85, 116, 124/125, 151, 162/163, 168, 172/173, 193, 211, 228/229, 251, 278/279, 283; Bilderberg, Hamburg: 10, 11, 110, 135, 150, 215 o., 230, 233, 241, 243, 246, 268, 276 (E. Grames), 20, 66, 99, 121, 143, 183 (M. Kirchgessner), 28, 81, 89 o., 98, 100, 101, 114, 158, 194, 197, 244, 255, 275 (F. Bickle), 31, 56 (P. Ginter), 34 (N. Baumgartl), 38 (D. Obertreis), 42 (T. Dorn), 49, 60 (H.-J. Burkhard), 52, 91 (W. Schmitz), 58 o. und u. (G. Wagner), 62, 139 (Ellerbrock & Schafft), 65, 215 u. (S. Puschmann), 67 (D. Schmid), 70 (H. Madej), 76, 213, 214, 218, 273 o. (W. Kunz), 77, 79, 118, 136, 154 , 277 u. (A. Reiser), 89 u. (H.-J. Ellerbrock), 95 (Nonstock-F. Hammond), 96 (Aurora-B. Wald), 115 (W. Volz), 122 (Nonstock-H. Griglio), 130 (M. Engler), 131 o. (R. Wolf), 131 u., 134 o. (C. v. Alvensleben), 157, 177, 187, 189, 236, 259, 269, 280 (M. Horacek), 160, 225 (G. Fischer), 164, 209 (Nonstock-K. Willardt), 184 li. (A. Taubert), 226 (T. Leeser), 231 (K. Kallay), 235 (K.-D. Francke), 252 (Aurora-P. Essick), 257 (K. Bossemeyer)

Impressum

Dieses Buch entstand in Zusammenarbeit zwischen dem Verlag Das Beste GmbH, Stuttgart, Zürich, Wien und dem Südwest Verlag, München

Südwest Verlag
Redaktion: Florian Karlstetter, Gabriele Otto, Dr. Annette Rehrl, Cornelia Zucker
Projektleitung: Dr. Alex Klubertanz
Redaktionsleitung und medizinische Fachberatung: Dr. med. Christiane Lentz
Illustrationen: Theiss Heidolph
Bildredaktion: Beate Wagner
Produktion: Manfred Metzger
Layout und Umschlag: Dr. Alex Klubertanz, Wolfgang Lehner
DTP: Wolfgang Lehner, Klaus Rehfeld, Maren Scherer, Ludger Vorfeld

Verlag Das Beste
Redaktionelle Mitarbeit: Annegret Diener-Steinherr, Christof Schmid-Flemmig
Grafische Mitarbeit: Rudi K. F. Schmidt, Nicole Teufel, Gunthara Michaelis

Gedruckt auf chlor- und säurefreiem Papier

Printed in France
ISBN 3-517-07682-1

Sachregister

Rezepteregister

Beschwerdenregister